电网企业师徒制
人才培养与典型案例

DIANWANG QIYE SHITUZHI
RENCAI PEIYANG YU DIANXING ANLI

国网内蒙古东部电力有限公司　组编

中国电力出版社
CHINA ELECTRIC POWER PRESS

内 容 提 要

本书以教学资源深化为重点，提高教学资源应用广度和宽度，提升教材应用水平，拓宽教学应用途径，实现工学结合，使学习从单独指导向多向引导发展。全书共分 6 章 22 节，包含电网师带徒体制发展概述，师带徒培训制度、办法与应用，师傅及徒弟综合能力培养，以及国内外、电网企业典型师带徒应用案例等内容。深入分析新型师带徒培养现状，实现师带徒的产业落地，促进产业发展，提升培训教育水平。

图书在版编目（CIP）数据

电网企业师徒制人才培养与典型案例 / 国网内蒙古东部电力有限公司组编. —北京：中国电力出版社，2024.7
ISBN 978-7-5198-7918-1

Ⅰ.①电… Ⅱ.①国… Ⅲ.①电力工业 - 工业企业 - 学徒 - 人才培养 - 案例 - 中国 Ⅳ.①F426.61

中国国家版本馆 CIP 数据核字（2023）第 109015 号

出版发行：中国电力出版社
地　　址：北京市东城区北京站西街 19 号（邮政编码 100005）
网　　址：http://www.cepp.sgcc.com.cn
责任编辑：周秋慧（010-63412627）
责任校对：黄　蓓　常燕昆
装帧设计：赵丽媛
责任印制：石　雷

印　　刷：北京九州迅驰传媒文化有限公司
版　　次：2024 年 7 月第一版
印　　次：2024 年 7 月北京第一次印刷
开　　本：787 毫米 ×1092 毫米　16 开本
印　　张：18.25
字　　数：363 千字
定　　价：90.00 元

编 委 会

前 言

　　培训管理者认知自己的角色定位，坚持做正确的事情，不抛弃、不放弃，就能打开企业培训工作的新局面。但作为培训管理者总会有困惑，比如培训工作高层领导不重视、参加培训人员积极性不高、专业部门不支持，培训的效果难以评价，培训管理者像"当家不做主的丫头"夹在领导和参训人员之间很彷徨，整个培训工作始终不能按照培训管理者设想的目标去进行，当企业效益攀升的时候，没有人认为有培训管理者的功劳，而当企业效益下滑的时候，大家又往往不约而同去责怪培训管理者，培训工作充满热情的管理人员有时很尴尬，怀疑自己的能力，以致失去信心不知所措，甚至有些思想也渐渐被同化，始终认为培训工作是可有可无的事情，企业对培训管理者的全身心投入缺乏了解，培训工作就缺少了主心骨，在这种情况的影响下，时间久了，整个培训工作只会陷入泥潭，这又必然会影响企业的人力资源开发效果，最终影响企业的综合竞争能力。因此，如何解除这些长期困扰培训管理者的心理包袱，为他们指明努力方向，使他们能够开动机器，具有非常紧迫的现实意义。

　　编者针对培训管理者的困惑，在电网企业师徒制人才培养实践方面不断探索。师带徒模式历史悠久，在古时三百六十行都靠师傅传授秘籍，不同的师傅有不同的经验，处事方法也不尽相同，高效率处事的方法对于徒弟的学习成长益处颇多。师者，所以传道授业解惑也，此谓师带徒制度之核心，师带徒制度的设立，能够帮助徒弟快速完成角色转变，熟悉规章制度，学习岗位技能，融入工作环境，在师傅的带领下，徒弟可以最大程度地发挥最大潜力，释放其独当一面的能力，这是师带徒制度的作用及优势所在。除此之外，师带徒作为企业新员工培养的重要手段，在员工成长、成才过程中发挥了不可或缺的作用，师带徒制度广泛应用于各行各业对于新人的培养之中，师带徒人才培养模式缩减了新员工的培训时间，促进新员工更快成长。

　　中国正朝着社会主义现代化强国的新征程不断迈进，电网企业的竞争也日益加剧，提升企业的综合竞争力是电网企业发展壮大的主要方法，新鲜血液的注入、公司人才的培养是电网企业综合竞争力最明显的体现，师带徒在电网企业中得到了最广泛的应用并根据行业特点产生了新的发展趋势。电网企业的性质决定了对于人才的培养是以技能培养为主的，不可能耗费大量的时间在企业里进行长时间理论知识的学习，深入一线现场，在实践中学习是电网企业的惯例。电网企业现行的师带徒模式倡导以部门负责人作为师傅和新员工结对，希望能以单位最优秀、经验最丰富的人来保障新员工的职业发展、未来规划、工作经验学习成长乃至物质生活上的保障，这对新人的成长可以起到重要作用，但这种传统的模式已经越来越不适宜电网企业的现状，根据电网企业师傅在实践工作中的亲身经历，通过师带徒的传承，师带徒模式让师傅在工作中潜移默化地完成对徒弟传道授业解惑的过程，以自己的工作经验教训，让新员工在成长过程中可以规避一些简单和易犯的错误，以更多的成长时间、更有效率的学习方式、更明确可见的职业规划带给新成员更快的成长。总而言之，师带徒模式是电网企业现行最有效的人才培养方式之一，是建设具有国际领先的能源互联网企业的迫切需要，也是促进企业高质量可持续发展的重要途径。

编者通过电网企业师徒制人才培养应用实践，针对电网企业师带徒机制发展概述，国内新型师带徒发展历程，电网企业师带徒机制应用现状，师带徒培训制度、考核办法与制度应用，师傅的教练、沟通、授课、萃取综合能力培养，徒弟的自我学习、协调沟通、学后施讲、开发创新、解决现场实际问题、总结反思综合能力培养，结合国内外电网企业师带徒应用案例等形成师带徒培训管理实用教材，形成一套为培训管理者所用的方法论，为培训管理者做好师带徒相关工作带来了便利条件。这本教材也可为其他行业、企业培训管理者借鉴和使用。

编者
2024 年 5 月

目 录

1　电网师带徒机制发展概述

1.1　国外导师制介绍

1.1.1　教育领域的导师制

1. 导师制的起源

导师制最早是在英国出现的，早在 14 世纪时期，英国牛津大学就采用了导师制，培养出了大批优秀人才。本科生导师制这一说法是在后来才出现的，因为在英国的高等教育体系中，很早就使用了导师制，一直以来并不存在本科生导师制和研究生导师制的区别。本科生导师制是由我国学者提出来的，主要是为了在我国的高等教育事业中和研究生导师制做区分。随着博洛尼亚进程的启动，欧洲范围内才逐渐出现了本科生导师制和研究生导师制的明确区分。导师制属于三大教育模式之一，与班建制、学分制相似，它属于一种历史悠久的教育制度。导师制的发展历史可以追溯到 14 世纪时期，当时的牛津大学在教学活动中实行了这一教育模式。

2. 导师制的定义

关于导师制的定义比较多，《西方教育词典》对导师制的定义是高等教育中（特别用于牛津大学和剑桥大学的学院）的一种教学方法。其方法是以导师个别指导而不是以讲课为中心。我国《教育大辞典》中对导师制的定义为："导师制是指高等教育学校实行的一种由教师对学生的学习、品德及生活等方面进行个别指导的一种教导制度"。《实用教育大辞典》对导师制是这样定义的："导师制起源于英国，是 14 世纪英国高等教育学校开始采用的教育和训练学生的一种制度，英国牛津大学、剑桥大学率先实行，以后逐步推广并形成一套完整的制度。每个导师指导 4~10 个人，负责学生的教育、行为及其生活，至今 600 多年，导师制仍然流行于欧美众多大学之中"。目前，国内外学者关于导师制的界定引用最为广泛的是《教育辞典》，主要从四个方面界定：一是以学生为中心而不是以学科为中心的苏格拉底式教学方式；二是将导师制限定为牛津大学和剑桥大学所独有的始自 14 世纪的教学制度；三是将其作为研究生管理制度；四是指教师指导本科生学习、生活与思想的教学管理制度，从学生入学到毕业，指导他们选课、学习、关心他们思想品德的养成。

总的来看，教育领域的导师制分为本科生导师制和研究生导师制，二者具有一定的联系，但也存在很多区别，二者的区别包括：首先，在本科生导师制中，导师主要在大学四年内给予学生学习、生活和未来职业发展方面的指导，解答学生们遇到的困惑，引导学生们在正确的道路上发展，帮助学生们提升综合素质，本科生导师的门槛不是特别高，只要是具备正确的理想信念和基本的教学能力，就可以担任本科生的导师；其次，研究生导师制可以分为两种类型，即硕士研究生导师和博士研究生导师；最后，研究生导师需要具备较高的学术造诣，基本上要具备教授职称，或者具有较高的专业技术职称，他们的学术水平都比较高，基本上都在特定领域内取得了一定的研究成果，成为特定领域的专家。研究生导师重点培养学生们的独立思考能力，引导学生接受对应的学术训练，让学生们获得能够独立开展研究的能力。

导师制不仅在学校内深受推崇，在企业管理领域也得到了广泛的应用，在企业导师制的帮助下，企业培养出了大量人才。企业导师制包含四个方面的要素：一是企业导师制中包含指导者和被指导者，这二者是企业导师制的互动主体；二是在企业导师制指引下，企业导师需要帮助员工做好职业生涯规划，引导员工做好自我定位，同时向员工做好榜样示范；三是企业导师制是一种处于不断发展中的人际交换关系；四是实施企业导师制的目的是引导员工更快地适应企业发展的需要，让徒弟能够取得客观层面上的职业成功，提升自己对职业的满意度，突破职业瓶颈等。教育层面的导师制和企业导师制基本上都起源于国外，对国外导师制进行梳理，具有重要的意义。

3. 导师制的发展历程

（1）萌芽时期的导师制。在 15 世纪之前，并没有导师（tutor）这一概念，但是有其他与其意思和角色相似的词语，如监护人（curator）、保护者（guardian）、债权人（creditor）等，直到 1509 年，布鲁齐诺斯学院最先使用"tutor"（导师）这个词汇。其实，从这个单词的意思当中就可以看出早期导师的主要职责就是作为学生的监护人和保护者，指导他们的行为规范、思想道德和经济开支。最初，牛津大学的学生年龄差别较大，最小的 14 岁就可以进入大学学习，为了保障学生的生命安全和行为规范，部分家长会选择导师来帮助看管，家长给予孩子的学费和生活开支都由导师进行管理，并且导师也需要对学生在道德上进行监督，家长也会付给导师一定的报酬。在当时，导师是学生经济和道德方面的"监护人"。

（2）确立时期的导师制。1379 年 11 月，温切斯特主教威廉·威克姆创建了新学院。14 世纪初，在新学院中首次施行了付薪的导师制，从时间上看，距今已经有 600 多年的历史，这一制度使之前世俗学院的非正式的、无报酬的导师教学走向制度化，导师制从一种个人指导行为转变为一项学院明文规定的制度。威廉·威科姆在新学院制订了限制学生、管理学生的细则，在学校里选拔一些老师来监督学生的学习和行为，并为每个学生配备一名导师，给予导师一定的报酬，一些私人导师逐渐转变为学院导师，这样导师除了可以从个别学生那里获得津贴，他们从学院中也可以获得额外的收入，使教师的经济利益得到了双重保障。威廉·威克姆首创的付薪导师制转变了以往由家长给予薪金的制度，改由学院为导师发放津贴，这就是本科生导师制的最初雏形。随后，在新学院实行的这种规定被其他学院纷纷效仿，成为牛津大学、剑桥大学新建学院的模板。此时，导师的职责还只是停留在道德和经济方面，没有指导学业等教学任务，指导的内容也是以神学等宗教学科为主，师生之间的关系也带有浓厚的宗教色彩，但 14 世纪新学院实行的付薪导师制标志着正式的、制度化的导师制在牛津大学的最初确立，被学者普遍认为是牛津导师制的开端。

（3）成熟时期的导师制。16 世纪中期起，各个学院纷纷效仿新学院实行导师制，但各个学院对导师制的实施办法和内容规定不同，是学院的自主行为，没有统一的规定，直到 1636 年，时任牛津大学校长的威廉·劳德颁布了《劳德规约》，才使得这种状况得以改变，该规约的颁布也标志着导师制的正式确立。该规约规定，所有学生都必须配备导师，都必须有导师指导，并且要经首长批准，在品格、学习和宗教等方面都达到一定的要求。这些导师不仅要灌输教会的教义和纪律，而且还要关注学生的着装和行为。该规约首次将导师制确认为牛津大学体制不可分割的一部分，并且对导师的任职资格和职责做了详细规定。《劳德规约》对牛津大学导师制的意义非同一般，虽然该规约在 1864 年被废止，但在其规定下建立起来的学院制和导师制却被牛津人一直保留至今。

16 世纪中叶以后，随着学院数量的不断增加，大学的教学职能也不断地转移到学院手中，学院担任起组织教学的任务。17 世纪末至 18 世纪，导师除了作为学生的监护人，有的学院导师还会讲授一些课程范围内的内容，担任教育顾问，不仅对学院负责也要对学生家长负责。这个时期，一些导师花费精力和他们的学生一起阅读、监督他们学习，如果一名老师被任命为导师，则意味着他每天都要参加讲座或辩论，同时通过每周一次的导师课与学生建立密切的师生关系，为学生在学院的生活和学习提供全方位的指导。

（4）改革时期的导师制。18 世纪，大学的发展受到了严峻的挑战，牛津大学仅在 1714 年建立了武斯特学院（Worcester College）这一所学院，本科生数量大幅减少，牛津大学进入衰落期，衰落的牛津大学成为社会各界攻击的对象。进入 19 世纪，德国柏林大学的建立及新大学理念的兴起，更使得英国传统大学受到了巨大的冲击和前所未有的挑战，人们强烈要求英国政府对牛津大学和剑桥大学的改革进行干预。

在外界压力下，牛津大学开始进行一系列改革。18 世纪，混乱的教学秩序及低劣的教学质量被大学的学者们归咎于考试制度的不当，于是从变革文科考试开始，进行了 19 世纪牛津大学的考试制度改革，牛津大学从此踏上了前进的道路。1800 年颁布的《新考试法》以及 1807 年颁布的《考试条例》，牛津大学引入笔试且公布学生的考试成绩。1807 年的《考试条例》规定，学院的导师不能考核其所在院的学生，自此，牛津大学的考试开始变得有竞争性，并且被置于社会公众的监督之下，学生为了应对考试对教学的需求明显增强，要想获得荣誉学位必须要通过大学的考试。19 世纪，考试制度改革之后，牛津大学学院的招生数量也开始快速增长，导师的教学质量也显著提升，导师的地位也越来越高，导师制逐渐发展成熟，导师的角色也转变为以教学为核心职能的专任教师，成为一种真正意义上的学术性职业，由此具有现代意义的导师制正式建立起来。

（5）分化时期的导师制。19 世纪，考试制度改革之后，导师制一直存在于牛津大学、剑桥大学的教学制度之中，进入 20 世纪，其基本的指导模式也没有发生太大的变化，随着高等教育大众化的发展，这种传统的导师制也备受学者的质疑，从第二次世界大战结束到 20 世纪 60 年代，这两所大学的招生人数不断增加，学校在住房、师资、财政等方面有了更大压力。一方面，部分老师不再住在学院内，与学生的沟通交流减少，对学生的了解和关心不再那么全面；另一方面，导师在指导学生和学术研究之间无法保持平衡。面对诸多的挑战，牛津大学、剑桥大学等学院制大学依然选择保留这种精英人才的培养模式，坚持导师制的传统，但是这种导师制模式已经很难实施。

为保证本科人才培养的质量，除了牛津大学、剑桥大学等英国古典大学保留了其导师制的教学传统之外，英国其他非学院制大学如巴斯大学、伦敦大学学院、谢菲尔德大学、曼彻斯特大学等形成了有别于牛津大学、剑桥大学的个人导师制（personal tutor system）。如今，在英国大部分学校都实施了个人导师制，并且成为英国高等教育体系的特色，这种类型的导师制也被学者称为职业式导师制。因此，源于 14 世纪牛津大学的导师制经过了几百年的发展和演进，当今在英国各高校中实施本科生导师制分化为两种类型：一种是在牛津大学、剑桥大学为代表的学院制大学中，导师一对一或一对几辅导学生，主要以学业指导为主包括心理疏导、品德养成等在内的牧师式导师制；另一种是存在于非学院制大学之中的职业式导师制，导师并不是通过教授学生具体的课程，而是通过小组会议或导师与学生之间一对一会谈的形式，导师主要负责解决学生遇到的各种学业问题、心理问题、情感问题、人际交往问题等各方面的问题，并且学校还设置了学生服务中心，配备专业的咨询服务部门和顾问协助导师的工作，侧重学生的全方位指导。

4. 导师制的分类

（1）学院制大学中的牧师式导师制。在当今世界各国的高等教育中，实施本科生导师制的国家不在少数，且各国国情和教育制度不同，本科生导师制的实施方式和途径也有所差别。厄伟克（Earwaker）在其著作中将导师制分为三种模式：牧师式模式（pastoral model）、职业式模式（professional model）和课程式模式（curriculum model）。牧师式模式主要指牛津大学、剑桥大学式的培养模式，也是传统的被世界各国所知晓的模式。本科生导师制最初起源于 14 世纪的牛津大学，由于当时入学的学生年龄较小，为了保护学生，学校给每位本科生配备一名导师，传统上被称为道德导师，早期导师的主要职责就是作为学生的监护人和保护者，指导他们的行为规范、思想道德和经济开支，注重学生纪律和人格塑造，而后随着导师制的发展才形成了现代意义上的本科生导师制模式，所以传统的"牛桥式"导师制也被称为牧师式导师制。

（2）非学院制大学中的职业式导师制。目前，英国保留了学院制的大学屈指可数，以牛津大学和剑桥大学为代表，大部分的高校都是非学院制大学，没有了学院制的保障，传统的"牛桥式"的牧师式导师制难以实施，但英国的非学院制大学同样实施了适合学校发展的兼具行政管理和教研职能的个人导师制，也被学者称为职业式导师制。与作为教学制度而存在的牧师式导师制不同，职业式导师是一种对学生的咨询指导制度，学校为每位学生配备导师，针对学生的学习、心理、生活、健康、就业等方面进行指导，除此之外，还配备了专业的心理咨询、就业指导部门的导师团队为学生服务，负责对学生遇到的问题和困难进行答疑解惑。如今，职业式导师制已在英国许多高校全面施行，成为英国高等教育中普遍推行的重要制度。

1.1.2 企业导师制

1. 企业导师制的定义

企业导师制这一概念是卡拉姆（Kram）于 1985 年正式提出，即组织中资历较深者（mentor）与资历较浅者（protegé）之间建立的一种深刻的二元关系，提供职业生涯帮助和社会心理支持。在此基础上，一些学者认为导师本身是徒弟的榜样，因此增加了"模范榜样"这一维度。综合多位学者的研究观点，可以得出这样的结论，企业导师制被认为是一位比较有经验的个体凭借其特定的、一直的绩效优势指导另一位/多位缺乏经验的个体的过程。其指导内容包括但不限于专业知识、工作技能、综合素质、社会化心理支持、职业发展规划引导等。

2. 企业导师制的发展

师徒制曾是企业新员工入门的一个最通用有效的培训方式。在西方国家,师徒制一直是企业培养熟练工人的方式,从未间断,特别是进入 20 世纪 90 年代以后,师徒制实现了升华,发展为更加完善的企业导师制。而我国在 20 世纪 80 年代以后,很多企业一度忽视或放弃了师徒制,直到最近几年,才从国外重新引进改善后的企业导师制。

企业导师制是依靠企业内部人才资源,加速新员工成长和培养技术及管理核心人才的一种良好的工作学习环境和培训机制。在西方各大公司中,企业导师制是深受欢迎和应用的员工培训工具,美国有将近二分之一的大企业正式实施了这种培训制度,并且其普及率还在不断增加。近年来,企业导师制也已由世界 500 强企业悄然带入中国,未来将成为企业管理和培训的一种新型模式。

如今,企业导师制的适用范围得到了很大的扩展。导师对学生的指导不仅从专业技能扩展到管理技巧,而且对其生活等个人问题都进行了一定的指导和建议。在企业中,导师制也不仅仅只针对新员工,而是认为企业中的每个人都需要发展,应该给每个员工配备导师。所以,现在的企业导师制主要包含以下三种形式:

(1)新员工导师制。新员工导师制即传统意义上的师徒制。建立新员工导师制的初衷是为了充分利用公司内部优秀员工的先进技能和经验,帮助新员工尽快提高业务技能,适应岗位工作的要求。

(2)骨干员工导师制。骨干员工指已经掌握了一定的技术或管理技能,具有向更高水平发展的潜力员工。随着公司的不断发展,这些骨干员工也希望在工作中有导师辅导他们,以帮助他们更快地实现自身的职业素质提升。骨干员工导师制在企业中也得到了长足的发展,一般由公司的中高层领导或技术专家担任骨干员工的导师。

(3)全员导师制。在实施新员工导师制和骨干员工导师制的过程中,企业导师制使得学生能够快速提升专业技能、适应发展要求,同时提升了导师领导力和管理能力,对双方都有着明显的帮助,对企业关键知识、提高竞争力起着不可忽略的作用。因此,很多企业开始推行全员导师制,即每位员工都参与到导师制项目中去,将参与度与个人的绩效相结合,从而使辅导成为员工日常工作的一个重要部分,上下级之间的工作辅导关系成为员工的义务和职责,从而促进企业员工的职业生涯发展。

企业导师制结合传统的师徒制和导师制,得到了广泛的发展,它的内涵和外延得到了扩展,包括新员工导师制、骨干员工导师制和全员导师制。

3. 企业导师制实施涉及的人群

企业实施导师制项目,主要涉及五类人群。

（1）导师。1999 年，拉金斯（Ragins）提出导师通常指经验和知识丰富，能够为徒弟的职业发展提供动力和支持的人。恩舍（Ensher）、托马斯（Thomas）和墨菲（Murphy）认为，组织在为员工提供帮助和支持时不应仅仅局限在传统的纵向等级的导师制关系上，还应该考虑高一级导师制、横向同级导师制，以及团队导师制所产生的不同影响。因此，综合多位学者的观点，本文提出：导师是指那些相较于被辅导人有着更多经验，能够为被辅导人提供积极的角色榜样作用、成长关怀和职业发展支持的同事。

（2）被辅导人。知识储备、技能及经验水平等方面均处于较低于导师的新员工或新转岗人员，包含但不限于应届毕业生、新到岗员工、新任管理者等。

（3）辅导双方的直属领导。参与企业导师制项目的辅导双方的直属上级领导，能够直接评价导师及被辅导人在辅导期间的成长变化的管理者。

（4）导师制项目管理部门。企业导师制项目的组织方，负责项目的统筹策划及实施推进，同时亦对项目实施效果进行评估。通常为组织内部负责人才培养的部门或团队承担。

（5）组织高层管理者。从组织战略发展视角对导师制实施提出目标与要求，愿意为导师制实施提供管理支持，能够代表组织高层管理团队对导师的敬业精神和专业能力深感钦佩，感谢领导的悉心指导和卓越贡献。

4. 企业导师制的类型

依据导师制形成的机理差异，可将其分为非正式与正式导师制；从隶属关系看，可分为直属导师制和非直属导师制；从管理层级来看，可分为层级式导师制（纵向）和非层级式导师制（横向）；从所属范围看，可分为同组织导师制和跨组织导师制；从参与主体数量看，可分为一对一、一对多（一个师父多个徒弟）及多对一（多个师父一个徒弟）导师制。另外，所罗门（Solomon）提出了反向教导（reverse-mentoring），即由徒弟将新知识教给师父，其适用于知识更新速率较快的行业，如 IT 行业等，也为导师制类型的划分提出了更新的视角。

企业导师制项目在实践中的分类原则各有不同，但其核心都是以确保导师制项目实施效果为初衷，在选取企业导师制的划分类型时，需要综合考虑组织文化、管理风格、辅导双方的特质、环境及资源基础等因素。

5. 企业导师制的功能

企业导师制是人才发展的一种方式，自 1985 年正式提出后开始逐步在欧美企业中实践应用，已经拥有 30 多年的历史累积。

海格斯塔德（Hegstad）和温德林（Wentling）提出，企业导师制不仅仅在徒弟和导师间个体层面对双方绩效提高产生积极影响，同时也有助于在组织中形成和谐的工作团队，提高企业的凝聚力，促进企业文化传播。

马伦（Mullen）、伊比（Eby）、阿德沃茵（Adewoyin）等学者对企业导师制过程中导师表现出的新思想激发、工作满足感、自我效能感和声誉地位提升等方面进行了研究，印证了企业导师制对于导师具有上述几方面价值。

布莱恩特（Bryant）、艾伦（Allen）、马修斯（Mathews）等学者提出了导师制对组织的好处是促进知识共享、增加组织吸引力并提升企业竞争力。

简而言之，导师制被认为是一位比较有经验的个体凭借其特定的、持续的绩效优势指导另一位缺乏经验的个体的过程。导师制的有效落地实施对被辅导者、导师和组织都能产生效益。对被辅导者有助于提高工作绩效、提高组织承诺和工作满意度、获得更高的报酬、降低缺勤率和离职率等。导师通过辅导徒弟，也可以为自身带来效益，如扩大社会网络规模、获得人际支持，发展得力的助手以提高工作绩效和工作满意度，提升自己的领导力，为未来升迁奠定基础，提炼升华自身的经验、知识、技能等。导师制对组织的效益则包括促进组织社会化、降低员工缺勤率和离职率、提高对劳动者的吸引力、提高员工工作绩效进而提升组织的竞争优势等。

在国内近十年的导师制实践研究中发现，企业导师制的功能价值还包括：导师与被辅导人的职业道德、专业素质、积极主动性等均得到了提高；担任导师的绩优员工在承担"辅导培养"责任的过程中逐渐调整心态，强化领导力提升；高质量的辅导关系增强了团队凝聚力和向心力；实施导师制后，部分企业反馈其新员工转正率大幅提高，流失率明显降低。

但在研究中同样发现，企业导师制项目也存在一些弊端，如容易形成非正式组织，即小团体，影响组织氛围；容易导致徒弟对导师的依赖，削弱新员工的创新变革意识等。

综合国内外学者的研究成果，结合诸多企业导师制项目实施案例，可以得出：企业导师制项目对被辅导人、导师和组织都有一定助益，如表1-1所示。

表1-1　　　　　　　　　　　　企业导师制影响一览表

被辅导人收益	导师收益	组织收益
获取知识和技能	梳理知识和经验	促进组织隐性经验传承
工作效率及满意度提升	增加自我效能感	降低新到岗人员离职率
获得职业发展	获得组织激励和回馈	盘活组织内部人才梯队
获得心理及人际支持	提升声誉地位及影响力	促进学习型组织建设
加深组织认同感	加强组织认同及领导认可	加强组织文化宣传

6. 企业导师制的影响因素

企业培养人才的一个重要方式就是企业导师制，而企业导师制实施的效果会受到多方面因素的影响，研究这些影响因素对企业如何因地制宜地实施导师制是非常重要的。综合国内外的相关文献，影响企业导师制的因素主要表现在师徒个性特征、环境因素和关系因素这三个方面。

（1）师徒个性特征。在导师特征方面，影响导师制效果的因素包括年龄、性别、职位等方面。

艾伦（Allen）、波提特（Poteet）、罗素（Russell）和杜宾斯（Dobbins）认为，年轻的主管由于刚刚经历过新员工时期，印象要比年长的主管更深刻，所以年轻的主管通常对导师制的参与更加积极；坎皮恩（Campion）和金翅雀（The Goldfinch）指出，受教育程度高的企业员工，更愿意发展导师制；诺伊（Noe）认为，从高层管理者中女性的比例较低的情况可以说明，女性的指导意愿不如男性，相对较弱，但是拉金斯（Ragins）和斯坎杜拉（Scandura）却通过研究发现，男、女性在指导意愿上并不存在显著的差异。

泽伊（Zey）认为职位也是影响导师制效果的因素，组织中导师的地位越高，对学生的职业发展就越有帮助。相反，如果导师在组织中的地位不稳定，那么导师制便会产生副作用，如黑色光环效应。在这种情况下，学徒获得的帮助和支持就很少，甚至会对徒弟的前程产生不利影响。

怀特利（Whitely），美国新罕布什尔州的多格蒂（Dougherty NH De）可以事先很好地感知到导师制的职业功能，导师制效果的影响。研究发现，年轻的徒弟可以更好地感知到导师制的职业功能，以及对于受教育程度高的徒弟，他们则能更多地从导师制的职业功能中获得激励与报酬。

（2）环境因素。环境因素包括指导机会、奖励程度和组织氛围等。当人们感知到通过参与导师制的指导，师徒双方都能获得利益的时候，人们会更积极主动地参与指导项目。卡拉姆（Kram）指出，徒弟能够通过导师制得到相比导师更多的益处，因此为了激励导师的积极性及保证参与者双方都受益，组织需要提供给导师更大的奖励程度。艾伦（Allen）发现导师制还受到组织氛围的影响，如组织是否正面临着重组、组织是否面临裁员的危机等，这些环境上的变化都会影响员工对组织的认知和信心。导师制在处于稳定期的组织中，会受到足够的重视，而当组织处于经济危机时期时，导师制也不可能在组织中有效地推行，导师制效果更无从说起。

（3）关系因素。关系因素主要有三个方面：人际吸引，对导师制的情感以及感知的承诺。人际吸引是人际关系中的一种肯定形式，是师徒双方建立良好关系的基础，如果师徒双方的价值观比较相似，那么彼此之间的吸引会得到进一步加强。一般而言，对于那些有参与导师制经历的员工，对导师制的情感也已经形成，当他们再次参与导师制时，会有着更加强烈的指导意愿。伯希德（Berscheid）的研究指出，如果导师能够提供徒弟与组织更密切的人

际关系，也即工作嵌入，那么徒弟就可以感知到更多的承诺和更高的指导关系质量。

7. 企业导师制研究的三个阶段

1985 年，卡拉姆（Kram）正式提出导师制，欧美诸多学者关于企业导师制的研究已有 30 多年的历史。企业导师研究大致可以分为三个阶段。

第一阶段：探索阶段（1980—1989 年）。此阶段的研究主要集中在企业导师制的结构与关键维度。此阶段多数访谈调研信息来源于被辅导人。

第二阶段：发展初期（1989—1995 年）。在研究维度上，导师作为关键角色被考虑其中，导师的意愿、动机、个性特征和资质等均被称为研究的突破口；关注到导师与被辅导人的视角，必然引起"师徒组合"对辅导效果的影响的思考与研究，基于辅导双方特征的研究也随之逐步展开。

第三阶段：丰富阶段（1995—2009 年）。主要围绕企业导师制的价值收益、影响因素、形式等内容展开研究，如企业导师制对徒弟晋升、薪酬、工作满意度、文化认同及敬业度等影响，对导师领导力、专业精进、晋升、薪酬与工作满意度等的影响等。同时，企业导师制的形式逐步被丰富、阶段逐步被完善。

随着人才发展导师制逐渐被管理者所重视，企业导师制项目的实践推行也日益丰富，近年来关于企业导师制项目成功特征的研究被广泛关注，学者和人才发展领域的从业者均在研究如何能够将企业导师制项目更好地运用到人才培养、隐性经验传承、领导力提升等方面。企业导师制发展至今，已成为组织人才发展的重要举措，其对导师、徒弟、组织的收益均已被证实。纵观企业导师制 30 多年的研究，可以发现学者们已对导师制的定义、类型、功能价值、影响因素等方面进行了探索，但同时也存在以下不足：

（1）基于我国企业及文化背景的企业导师制学术研究较少，虽然师徒制在我国有久远的历史，但我国关于企业导师制的研究却非常少，尤其缺乏实证研究。

（2）企业导师制的研究多以单点为主，如"导师制与知识共享""导师制与学习型组织""导师制与信任关系"等，缺乏企业导师制项目实施的整体研究。

（3）明确企业导师制对徒弟、导师、组织均有益处，但也存在产生负面影响的风险，缺乏对企业导师制项目实施的诊断与规划。

1.2　国内新型师带徒发展历程

师带徒最初由学徒制演变而来，学徒制是我国最古老的职业教育形式，为我国的文明发展做出了巨大贡献。我国学徒制的历史悠久，从封建社会艺徒制的师徒关系，逐渐演变成了现代企业组织的雇佣关系。每一次社会变革都会推动学徒制的发展变化，从学徒制的发展历程与影响因素来看，可以把学徒制分为近代学徒制和现代学徒制。

师带徒归属于学徒制的范畴，也可以称作师徒制。目前，国内关于师带徒的研究主要集中在两个方面：一方面，对各级各类学校中的师带徒进行研究；另一方面，除学校教育外，各行各业关于师带徒应用的研究。

1.2.1 师带徒的起源、淡出与回归

1. 师带徒的起源

师带徒在我国有很多种叫法，如师带徒模式、师徒结对、师徒绑带、以老带新等，尽管叫法不一，内容却无太大差别，最初是指在实际工作过程中以师傅的言传身教为主要方式的职业技能教学形式。

我国最早的师带徒可以追溯到先秦时期，"一日为师，终身为父"的师徒关系曾一度成为我国古代手工业发展过程中最重要的人际关系。在计划经济时代，师带徒模式在国有企业和集体企业普遍盛行，根据管理规定逐渐规范化。之后，随着社会经济体制的改革和社会环境的变迁，师徒制曾一度被企业淡化。当前，工匠精神的打造和国家对高技能人才的重视使得师带徒模式再一次成为企业关注的重点。有别于传统的学徒制，现代企业一般需要根据自身发展战略和员工成长需求，制订符合自身实际的师带徒管理制度，对人才培养过程进行监督和考核，确保实现企业人才培养目标。

2. 师带徒的淡出

（1）走技术不走心，思想教育不够。早期的师带徒，师父不仅是徒弟技术上的导师，更是徒弟品行上的模范。而现代的师带徒，企业更重视员工技术技能的提升，很少重视员工思想素质方面的教育，导致徒弟对师带徒的意义认识不够，缺乏学习主动性，尤其是高学历的新员工，对学历较低的师父不认同，导致师父力不从心，师带徒效果大打折扣。

（2）监督不到位，制度流于形式。大部分采用师带徒模式的企业，都会出台相应的管理和考核制度。但实践中却存在大量考核目标模糊、师徒关系矛盾突出、师徒协议无法落实等问题。师徒双方靠自觉实现教与学，依靠工作总结应付考核，甚至是不了了之，这使得师带徒模式流于形式，难以实现预期的人才培养效果。

（3）重考核轻激励，师带徒动力不足。师父是师带徒的重要相关方，一方面，企业对师带徒的师激励机制不够完善，或者奖励措施落实不到位，因此无法调动师父带徒弟的积极性；另一方面，企业过多关注徒弟的成长情况，却没有考虑保障师父的权益，这导致师父担心"教会徒弟、饿死师父"，在学徒培养的过程中束手束脚，会出现"师父不愿意教"的现象。

3．师带徒的回归

目前，为了加快建设知识型、技能型、创新型劳动者大军，贯彻落实党的十九大精神，人力资源社会保障部和财政部在2018年10月，共同印发了《关于全面推行企业新型学徒制的意见》（人社部发〔2018〕66号），并出台了相应的支持与补贴政策。各大企业应响应国家政策的号召，传承和弘扬工匠精神，实践并推广师带徒模式。师带徒模式的回归基本上是从以下四个方面着手的。

（1）明确指导思想，树立目标任务。当前，国家正处于产业转型和新能源战略建设的关键时期，企业战略制度的制定应以习近平新时代中国特色社会主义思想为总体指导，以建立规范化、科学化、体系化的特色人才培养模式为目标，实现人才高质量的引进、培育与输出。同时，充分发挥企业的主体作用，明确培育的对象及职责，加强组织和制度建设，细化标准设置。

（2）强化组织领导，完善机制建设。首先，企业各级部门要加强理论政策学习，提高对高技能人才培养的全面认识，深化对工匠精神的理解。具体而言，人资部门要把推行师带徒模式作为技能培训和人才建设的重要工作内容，认真制订相关工作方案并组织实施，建立人力资源部门牵头、其他部门与机构协同配合的工作机制，制订具体的实施办法，做好配套的管理服务工作，总体上规范组织实施。然后，企业要加快建立健全"企校双师"联合培养制度、培训质量评估监督机制和师带徒模式资金投入和管理制度。一方面，加强与高校的合作，提升技术水平；另一方面，打造培训公共服务和质量监督评估的互联网平台，对师带徒系列项目进行实名制信息管理和实时监控，同时合理安排资金支出，保障师徒权益。

（3）明确主体职责，强化监督落实。作为实施师带徒模式的主体，企业应根据企业内部人才培养目标，全面系统地组织管理学徒的培养。首先，师徒双方签订师徒协议并明确培养目标、内容、期限及考核标准等。其次，加强师带徒模式的过程管控，定期收集总结报告，汇总项目成果，并依据协议履行情况定期提供指导和帮助，落实监督责任，保证师徒协议/合同得到落实。最后，实施中还要巧用激励方式，既可以将师带徒的成效与个人绩效挂钩，用物质激励提升师带徒的积极性，也可以采用学徒弹性学制和学分制，减轻师和徒的压力，从而确保师带徒模式的培养效果。

（4）培育工匠精神，加大宣传力度。"师带徒"模式的实施中要重视工匠精神的培育和传承，让工匠精神在"传帮带"的过程得到传承和发扬。师父在带徒的过程中以身作则，不仅能够充分展示自身的高超技艺，还能够展示精益求精、不断追求卓越的精神力量，体现师父榜样的力量。此外，企业还要加强宣传力度，通过创新多种宣传方式和手段，树立典型，营造尊重技能人才、重视技能培训的良好企业氛围，加深员工的理解与支持，提升参与的热情，不断扩大"师带徒"的覆盖面和影响力。

从企业管理的角度来看，师带徒属于师徒制的范畴，是手工艺人传授徒弟的一种古老方式。师徒制的出现，顺应了当时产业发展的需要。在当今时代，师徒传承依然是企业提升职工技能的重要举措，是培养技能人才最有效的途径之一。

在现代教师培训中，是指初任教师（新教师）入职学习过程中，通常采取有经验的教师与初任教师结成对子的方法，对初任教师进行个别指导，因为该法借鉴古代行会中的学徒制，因此得名"师徒制"，即师带徒。此外，还有学者对师带徒下操作性定义，认为师带徒是指在一种工作环境中，一位经验丰富的老手与该职业的新手之间发生动态的、互惠的关系，旨在促进双方的职业发展。

1.2.2　师带徒与企业导师制的联系与区别

1. 师带徒与企业导师制的联系

师带徒与企业导师制存在一定的联系，前者是后者产生的基础，后者是在前者的基础上产生的。随着经济社会的发展，二者的影响力越来越大，二者彼此吸收对方的经验，它们的内涵和外延更加深刻。

2. 师带徒与企业导师制的区别

（1）产生基础不同。导师制随着现代工业生产大发展、社会组织的产生而发展，是基于现代社会和工业组织的一种教授模式；而师徒制以传统手工业为基础，是以家文化为中心的一种传承方式。

（2）体现的文化不同。西方导师制是基于西方契约精神，是始于认同的尊重；而中国的师徒制注重儒家倡导的尊师重道，"一日为师终身为父"的理念，对师傅顺从、听从。

（3）指导功能不同。企业导师制的功能包括职业生涯发展、社会心理支持、角色榜样；传统师徒制主要是技术、技能的培训。

（4）理论基础不同。导师制以学习理论和认知理论为基础，强调人的认知过程；传统学徒制为强调行动方向的研究。

（5）指导关系不同。企业导师制是一种发展性的人际互动；传统师徒制则表现为更为紧密的类似亲情关系。

1.2.3　学校教育中的师带徒

1. 学校教育中师带徒的产生

（1）职业教育中师带徒的产生。师带徒是由学徒制演变而来。学徒制最初是由父亲将自己的职业技能传授给儿子，随着社会经济的不断发展，手工作坊逐渐扩大，父亲与儿子不能维持手工作坊的劳动力需求，父亲开始向外招工并且传授职业技能，由此学徒制开始走向制度化。此后，随着贸易的发展，个体手工业逐渐发展为工场手工业，自此劳动者分工更加明晰，由一人参与生产全程转变为只参与生产过程中的一个环节，加之生产机械的出现及发展，使得劳动者从使用机械转变为服侍机器，加大了个人手工技能的价值，导致学徒制瓦解，学徒制瓦解之后，职业教育迅速发展起来。职业教育开展过程中，暴露出许多弊端，如职业教育与实际生产相脱离、职业学校赶不上生产知识的更新速度等。至此，各国根据现实生产的需要，对职业教育进行反思，并将学徒方法纳入职业教育中，在将早期学徒制的优点与职业教育长处相结合的基础上，促成了现代职业教育中的师带徒。

（2）现代教师培训中师带徒的产生。随着经济不断发展，各国对教育的重视程度不断提升，加速了义务教育的发展与普及，在这种情况下，对教师的数量和质量需求加大，师范教育承担了培养师资的任务。然而师范教育在进行师资培养的过程中，也出现了许多问题：就职前教育而言，以大学为本的师范教育在课程设计过程中，是根据大学学科体系的学术性和专门性进行的，导致课程理论性、抽象性较强，课程教学局限在课堂之内，教育教学活动封闭在校园内，致使学生在学习过程中脱离实践，无法将所学知识很好地应用于实践；就在职培训而言，传统的教师在职培训一般是由大学或教师教育机构对教师集中起来进行统一培训，这种培训方式依旧着重于理论知识的传授，此外统一培训在一定程度上忽略了教师个体发展阶段与具体情况。

针对师资培养出现的问题，根据不同形式学者提出不同的解决方法，以其促进教师专业知识指导实践的能力。一是关于职前教育，在接受系统的师范教育后进行实习，能够有机会接触到中小学教育的实际情况，但也因为实习时间短、安排不合理、相关政策不明确、法规简略、社会压力（如中小学因担心影响升学率和扰乱教学秩序而不愿意接受实习等）等原因的影响，导致实习在提升师范生教育教学实践能力的作用受到了一定影响。二是关于在职培训，教育界主张推行以学校为单位的教师在职培训，教育工作岗位主要在中小学课堂上，教师专业发展也需要在学校教学、课堂实践中实现，由此校本教师培训作为教师在职培训的方式在 20 世纪 70 年代中期产生，最先在英国、美国等国家实施，后逐步得到世界各国的认可。

在现代教师培训中，师带徒成为校本培训的形式是因为与其余教师培训方式相比，有着不可替代的优点。首先，是因为师傅产生于本校，不需要专设机构聘请人员、不占编制，节约成本。其次，是师徒处于一所学校，更加有利于师徒交流。最后，师徒搭配时，学校尽可能根据师徒双方情况进行适当匹配，因此师傅对徒弟进行指导和培训更具有针对性。因此，师带徒作为校本教师培训形式之一，被学校广泛采用。

2. 学校教育中师带徒发展的研究

我国各类学校均存在以老带新的形式，这种形式虽没有对新老教师的责任与义务进行明确规定，但如此培养新教师的形式却备受关注。以老带新培养新教师的形式在民间自发存在是我国师徒制的萌芽。1986年，中华人民共和国国家教育委员会（简称国家教育委员会）颁布《中小学教师职务条例》中规定："中学一级及高级教师具有指导二、三级教师的教育教学工作或承担培养教师的任务。"这是我国首次以正式条例的方式规定高职称教师培养低职称教师的专业水平，即现代教师培训中师带徒的雏形。此后，国家教育委员会、人事部和财政部在1993年联合颁发了《特级教师评选规定》（教人〔1993〕38号）中明确规定："特级教师要模范地做好本职工作，要不断钻研教育教学理论，坚持教育教学改革实验；研究教育教学中普遍存在的问题，积极主动地提出改进措施。"

3. 学校教育中师带徒研究的重点

通过分析国内师带徒研究的相关资料，可以发现关于现代教师培训中师带徒的研究文献重点主要是阐述了师带徒的内涵，在此基础上分析了师带徒的困境及相应的对策。

（1）师带徒的内涵研究。对于师带徒的内涵，我国学者提出许多不同见解，笔者整理分析之后，将其分为三类，包括单方传帮带说、二元合作发展说、多元异质说。

1）单方传帮带说。该观点认为师带徒是由经验丰富的老教师单方面对新手教师进行传、帮、带功能，帮助新教师专业发展，是对新教师的培训形式之一。主张该观点的代表学者包括陈应纯、张永仙、沈丽莉等。

2）二元合作发展说。该观点主张师带徒是在教师专业发展的基础上，满足双方的发展需要，根据自愿进行的双向选择，师徒在合作的基础上进行对话、交流，促进师徒双方的共同发展的教师专业发展的途径，其代表人物有范蔚、廖青等。

3）多元异质说。该观点认为在学习过程中，师带徒会出现异化、窄化和僵化等问题，因此应该对师带徒进行改造，从多种途径促进师徒专业发展，包括积极推行师徒同台上课、多方引入专业发展资源及实施多层会议等。此观点以王洁、王培芳、李东斌为代表人物。

（2）师带徒的现行困境研究。

1）师带徒多以单向交流为主，导致老教师动力不足。根据当前老师们对师带徒的理解，普遍认为师带徒是老教师单方面向新教师输出教学经验，新教师只需要吸收老教师传授的教学经验即可，在这种老教师单方面进行教学经验知识的传授方式下，师徒之间没有形成平等的合作关系，导致老教师对新教师的指导意愿并不强烈。此外，在职称评聘过程中，新、老教师处于同一竞争环境中，并且聘任很大程度以学生成绩为依据对教师的优劣进行判定，由此老教师出于对自身职业发展的考虑，导致老教师在传授教学经验时有所保留。

2）师带徒传授经验是模仿的过程，导致新教师创造意识下降。老教师对新教师进行指导时，通常注重强调教学技能技巧、课堂管理技能技巧的传授，新教师因为对教学经验的缺失，对老教师的传授全盘照搬，这种情况下，新教师会弱化自我思考与创新意识。不仅如此，在单向输出的方式下，老教师具有一定的权威性，新教师很少会冒险尝试新的教学方法，在缺乏教学经验与老教师权威的双重作用下，新教师对教学的创新机会减少。

3）老教师对自身认知的局限性，导致教学经验传授带有个体性。老教师根据多年的教学经验和环境会形成非教育的缄默知识，非教育的有效教育方法和策略对教师的专业发展没有影响，对提高教学质量非常有益，这种缄默知识是老教师自身难以意识到，并且这种无意识使得教师个体无法澄清或批判。这种情况下，老教师在对新教师进行指导时，会不自觉地带着自身的缄默知识，使得新教师在学习过程中也会习得一些老教师的缄默知识。除老教师自身局限外，在现行的师带徒过程中，没有老教师的同意，新教师一般不会与其余教师进行教学交流，其余教师也不会对新教师进行指点和评价，因此会造成新教师的教学风格与技巧带有强烈的老教师风格。

（3）师带徒的对策建议研究。

1）建立新型的师带徒关系。随着信息时代的发展，新教师所掌握的更新的学科知识、跨学科能力、计算机能力、外语能力等是老教师所欠缺的，老教师处于绝对优势的局面有所改变，基于此，学术界提出建立一种新型的师带徒关系，使得师徒教师在教学过程中相互学习、互帮互助、共同提高。这种新型师徒关系改变了传统的老教师的单向输出，更利于师徒关系的和谐和稳定。

2）改变师带徒的指导方式。一是要根据新教师的学习进展，不断改变老教师的指导方式，如在师带徒的初期，采用"师傅主讲徒弟协助"的方法；在师带徒的中后期逐步过渡到"徒弟主讲师傅协助"；二是要根据任务的难易程度进行师徒分工，譬如，在课程导入部分由徒弟主讲，课程重难点由师傅负责，小组活动时师徒各负其责。除了改变课程教学过程中的指导方式，在课后指导活动中，也应该确定主题、保证内容质量，采用一些新的活动形式，如学术沙龙、研讨组等，更有利于教师的思维活跃、个性培养。

3）形成"多对多"的师带徒模式。在突破传统的"一对一"或"一对多"的师带徒模式，实现"多对多"的团队指导，即多名指导教师对多名新教师。这种团队指导由学校统一集中多名优秀教师对新教师进行指导，又不拘泥于某位优秀教师的指导风格，又综合各位老教师的优秀教学技能，能够促进新教师对教学实践的思考，更利于新教师的专业发展。

4）构建师带徒考核体系。以学校为单位制订师带徒考核标准，在带教结束阶段对师徒进行考核，结合形成性评价与终结性评价，并且着重于过程性的成果，给出综合评价，使得师带徒指导不断落实并且能够关注过程。如此对师徒都进行有效监督，能在一定程度上弱化老教师的权威性。此外，学校应该采取有效的激励措施，根据考核的具体情况，对老教师在评聘职称、在职培训、个人荣誉方面进行物质和精神方面的奖励，更好地促进师带徒培训的开展实施。

1.2.4 企业管理中的师带徒

1. 师带徒的定义

师带徒在企业中的运用很普遍，很多企业都采用师带徒的培训模式。当新人入职后，企业会安排经验丰富的老员工来指导新员工。企业管理中的师带徒也叫师徒制，企业师徒制指组织内资深者与资浅者之间建立起来的支持性师徒关系，师傅向徒弟提供高度的支持与协助，徒弟通过观察、借鉴和模仿过程吸收并升华蕴含于师傅分析和解决问题过程中的知识、技能。

师徒制一般是由经验丰富的任职者担任师傅的角色，以"一对一"的指导方式带领徒弟，通过进行一定时间的共同实务操作，使徒弟能够充分领会师傅所拥有的专业素养与能力，并具备独立操作的能力。从古至今，师徒制一直是知识技能传承的重要方法和开发人才的手段。

（1）传统师带徒。在传统师带徒模式中，研究对象基本聚焦于"一对一"的二元关系，侧重于师徒关系的静态研究。结合这些特点，可以认为传统师徒制即组织中年长或资历较深者与年轻或资历较浅者之间建立的一种深刻的二元关系，并提供职业生涯帮助和社会心理支持。职业生涯帮助旨在提高个人职业晋升的帮助，主要体现在对选拔任用徒弟的提名推荐、职业生涯辅导、庇护、挑战性任务或工作的分配、人脉经营等方面。社会心理支持旨在提高个人自我效能感、职业身份认同感、职业效益的帮助，主要体现在师傅对徒弟的认同与接受、劝诫与咨询，以及友谊。

一直到20世纪70年代，传统师徒制在我国企业中仍是主要的技工培训方式。20世纪80年代以后，中国工业开始了以数量扩张为主的发展阶段，许多西方国家在工业革命之后出现的状况，此时在中国才有所表现。也正是20世纪80年代开始，国家用工制度进行了重大改革，即采取"先招生，后招工""先培训，后就业"的方针，企业招收工人的形式从过去招收学徒工为主转变为以各大、中专、技工学校、职业高中毕业生为主补充新工人，至此，中国传统的师徒制基本上不复存在。

（2）新型师带徒。新型师徒制不再局限于师徒间的关系质量研究，而是从二元制的视角过渡到了社会网络视角，除研究师徒间"一对一"的关系外，开始考虑整个网络体系中师傅和徒弟、师傅和师傅之间的关系及运作机制。此外，由于网络观的引入，研究对象从侧重徒弟到侧重师徒双方转变，研究方法已经不仅限于叙述式的定性研究和横截面数据的量化研究，而是通过荟萃分析、纵向研究等定量方法较为全面地研究。

2. 企业师带徒的分类

企业师徒制按照性质进行分类可以分为正式的指导关系和非正式的指导关系。正式的指导关系被组织纳入系统进行设计并实施，以便能到达组织的预期目标，而非正式的指导关系则是一种无计划、无固定实施组织和模式的关系，它主要依存于人们之间的某种特殊情感而存在。

此外，师徒制还被划分成人才培养型师徒制和关系网师徒制这两种类型。人才培养型师徒制指经验丰富的专业人员帮助徒弟在职业发展道路上迅速成长的一种关系。而关系网师徒制则是一种新兴的师徒制模式，它以多方互动、资源共享和机制灵活为基础，从而达到师徒双方职业共同发展的目的，把师傅在指导徒弟的过程中表现出的不同作用和指导方式进行交叉分类。其中，作用方面分为与工作相关和与人际相关两类，指导方式上分为直接指导和间接指导这两种类型。从上述两个维度上两两组合将师徒制分为教练、咨询者、网络工作者、促进者或者保护者四种不同的类型。

3. 企业师带徒的优缺点

（1）企业师带徒的优点。

1）减少了新人工作困惑。每个走出校园走向社会踏进职场的新人，到一个陌生环境时，都会有这样或那样的困惑。新员工进入公司，许多事情都要从头学起，如查询资料、接听电话，都会遇到难以预料的事情，由于缺乏足够的经验应对，自身的绩效普遍低于经验丰富的老员工，而且有时还会遇到难以预料的事情，由于缺乏经验，人就会产生羞愧感、挫败感和糟糕的心情，甚至造成对自己工作能力的怀疑和否定。此时，通过师傅的带领，尽快掌握自己立足立身的本领，积累更多的工作经验和社会经验，大大缓解了新人初入社会面临的各种压力和困惑，对其更好地融入社会有着巨大的帮助作用。从某种程度上讲，师傅就是新人步入社会的一座灯塔。

2）减少了主管的工作压力。直属上司在带领新员工时，通常存在以下几种情况：采用个别辅导，经验技巧单一；陪同开展业务，时间有限，忙不过来；小组所有的新人压力和公司考核业绩指标全都在自己身上；有时增员人认为主管没有把他增员的人带好；主管还是业务单位主要的任务承担者和主体客户的服务者，自身的工作量很大；同时，还是小组里最大的增员者，是徒弟最多的师傅。有了师徒制的培养模式，部分工作转移到徒弟身上，锻炼了徒弟，加强了员工之间的合作，降低了直属上司的压力，也提升了整个团队的凝聚力。

3）克服胆怯心理敢于问师傅。新人在工作初期，往往会遇到各种疑难问题。由于对直属上司的敬畏，他们可能不敢轻易提问，担心给上司留下自己能力不足的印象，从而影响工作绩效。然而，有了师傅的存在，这种担忧得到了极大的缓解。

师傅通常不是直属上司，而是具有丰富工作经验的同级老同事。他们不仅具备扎实的专业知识和技能，还具备耐心和热情，愿意分享自己的经验和心得。由于师傅与新人处于同一层级，新人更容易建立起与师傅之间的信任和亲近感，从而敢于提出各种各样的问题。

在师傅的指导下，新人不再担心和恐惧，他们敢于不耻下问，积极寻求答案和解决方案。师傅会耐心地解答新人的问题，帮助他们理解问题的本质和解决方法，同时也会给予新人一些实用的建议和指导。

通过与师傅的交流和学习，新人不仅能解决当前遇到的疑难问题，还能逐渐提升自己的工作能力和水平。他们逐渐适应工作环境，掌握工作技巧，成为更加优秀的员工。

因此，师傅的存在对于新人的成长和发展具有非常重要的意义。他们不仅能帮助新人解决疑难问题，还能给予新人信心和勇气，让他们更加自信地面对工作中的挑战和困难。

（2）企业师带徒的缺点。

1）缺少完善的师徒管理制度。师徒制作为一种传统而有效的传承方式，在许多企业已运用很久，但在师徒制度建设方面不够健全和完善，如新人的比例和简单的拜师仪式，师徒制培养目的、新人的培养目标及培养周期、师徒制度的流程、师傅的资格评估、师傅的理念与职责、徒弟的理念与职责、师徒活动管理的追踪与评估、师傅和徒弟各自的职业操守等。

2）少数师傅缺乏职业操守。现在是信息过剩的年代，过去"教会徒弟，饿死师傅"的年代已经一去不复返。但如今在师徒制运行过程中，仍然有个别师傅心中存在这种想法，惧怕竞争、惧怕超越，甚至自私自利、搞小动作、耍手段，不尽职尽责，不及时传递信息，隐瞒重要的能力提升学习资料，对上一套、对下一套等，个别师傅的这种表现说小了是自私自利，说大了是缺乏职业操守，这种现象的存在不仅影响新人的快速成长，更影响团队的凝聚力和团队绩效，所以师傅的选择和规范评估非常重要，必须具有良好的职业操守和职业道德。

4. 企业师带徒的工作目标

师带徒培训管理的目标是研究制订师带徒培训政策，分析岗位工作标准要求，根据要求对知识水平和技能水平差异进行分析，确立师徒关系主体，组织签订师徒合同，确定师带徒培训目标、学习资料购买、学习题库建设、制订培训计划，培训过程的实施、监督、考核和考评鉴定，师带徒效果评估，师傅津贴的发放等。

1.2.5 新型师带徒的发展

从师徒制的研究历史来看，未来国内新型师徒制的研究将呈现出三大趋势。

（1）研究视角的转变。嵌入发展性网络的师徒制将成为未来的研究方向，而目前现有的研究仅局限于概念模型的构建，缺少较为深入的实证定量研究。尽管以往的研究已说明嵌入网络的师徒制与传统非网络化的师徒制相比，增强了徒弟的绩效，但仍未深入探究师徒网络是通过何种有别于传统师徒制的机制增强了徒弟的绩效。除了徒弟绩效的增长，嵌入网络的师徒制是否还带来了传统师徒制所不能带来的其他效果？同时，考虑到嵌入社会网络的师徒制仍包含传统师徒制的特点，同一师徒网络中的师徒配对关系有可能存在正式和非正式、直属和非直属等传统师徒关系，因此在以上关系混合的师徒网络中，师徒双方将受到何种影响？他们将如何对自身进行定位？如何处理该类网络的治理关系？由于师徒发展性网络是介于亲友网和工作咨询网之间的社会网络，从理论上而言，它的产生机制与其他社会网络存在差别，那这些差别体现在哪里？由此产生的对师徒双方的影响是否有别于一般的社会网络？

例如，已有研究表明，处于中心网络的师傅主要向徒弟提供社会心理支持，而处于外围网络的师傅则主要提供职业生涯帮助，那么师傅或徒弟处于何种网络位置时，师徒网络将产生最佳效果？此外，由于网络强度、网络多样性等社会网络特征变量之间存在较为复杂的交互关系，社会网络特征变量的交互影响机制及产生的相应后果，也具有巨大的研究空间。现有研究表明，对于徒弟而言，低网络密度能促进师徒网络中非冗余知识的传递；而对于师傅而言，高网络密度增加了师傅间的密切程度，因此是否存在对师徒双方都有利的网络结构？目前，研究假定徒弟或师傅面临同一个发展性网络，而事实上，可能存在跨网络边界的师傅或徒弟。社会网络研究表明，该类跨边界者对其所在的网络影响巨大，那么怎样定义和识别师徒关系中的跨边界者？怎样研究这类成员对于网络的影响？

（2）研究对象和指标选取。首先，由于早期的师徒制研究对象侧重于徒弟，因此其指标选取更偏向于徒弟。尽管目前已意识到需要将师徒双方作为研究对象，但在指标和问卷题项设置上仍与早期相似，可能造成研究上不容忽视的误差。而由于师徒双方认知度较低，作为变量存在于师徒定义的指标中，因此可能会造成师徒关系不匹配。其次，随着传统师徒制的变迁，徒弟已不仅限于社会心理支持和职业生涯帮助中的接受方这一角色，他们可能同时扮演着"其他人的师傅"这一角色，这会使以徒弟作为研究对象的师徒制范畴增加了复杂度，同时在研究中也需要将其作为徒弟的角色和作为师傅的角色区分开来。最后，尽管当前已开始从师傅角度研究师徒制，国外也有学者从动机角度将师傅发起师徒制归为态度性、器质性和社会性三类，但从整体而言，师傅仍没有成为研究重点。由于同样存在师傅的"师徒双重角色"问题，此领域也未得到有效深入的探索和研究。

（3）研究方法的探索。据上所述，纵向分析法是研究动态化师徒制的热点方法之一。然而现实中，纵向分析法受研究对象的约束很难在非正式师徒制研究中开展。与正式师徒制具有师徒制项目时长、师徒双方的所属组织、职位等变量相对稳定的特点相比较，非正式师徒制的人员流动性较大，给纵向跟踪研究带来一定挑战。另外，至今为止，网络观的师徒制却很少使用社会网络分析法。研究工具的滞后也在一定程度上造成了师徒制研究的困难。因此，急需探索更适用于动态化、网络化的师徒制研究方法。

1.3　电网企业师带徒机制应用现状

随着电力企业的改革，电力企业领导对人才培养的重视程度与日俱增，传统师带徒在电力企业内部得到了拓展，培训模式得到了创新和发展。在传统师徒培训方式的基础上，引入了现代培训理念和标准化管理方式及激励措施，发展成了新型师带徒这种模式。新型师带徒这种培训模式更加贴合电力企业的实际情况，为供电企业技能、技术人才的发展，提供了人才孵化器的功效。

在传统师带徒的基础上，大力发展新型师带徒这种培训模式，融合了现代培训理论和标准化管理的培训模式，有效解决了以理论、技术为出发点的课程培训班效果不理想的问题，能够取得良好的效果。

1.3.1　电网企业师带徒的应用范围

师徒培训方式主要适用于技术性、技巧性较强的一线岗位（工种）的新员工和转岗员工的培训。这种方式的优点在于可以通过师傅的言传身教来带徒弟。对于技术性、技巧性强的岗位（工种），如果采用课堂教学来培训，通过抽象的理论、概念来阐述原理或者通过一些幻灯片来展示现场操作技艺，往往使培训人员的操作技能停留在印象阶段，得不到实际操作技能的提高和改善，且记忆不深刻，到实际操作时又忘得一干二净。因此，应用"师带徒"这种方式，让徒弟跟着师傅出门，在工作现场边看边学，不仅能够迅速提升徒弟的现场操作能力，而且可使其从实践中领悟技术理论，形成从理论到实践，再从实践提升到理论的不断学习的过程。通过这种方式，减少徒弟在现场实际工作中摸索的过程，能够有效地、迅速地提升徒弟的技能和技术。

1.3.2　电网企业师带徒的实施

由于传统的师徒培训模式已经不能适应当前现代企业的培训机制，因此供电企业根据自身企业文化及企业特点，在传统的师徒培训方式的基础上，引入现代培训理念和标准化管理方式，使师带徒这种培训模式更加贴合供电企业，为供电企业技能、技术人才的发展发挥人才孵化器的功效。在供电企业内部，建立一系列标准化的流程来实现整个师带徒培训的规范化管理，同时通过有效的激励手段来推动和促进培训效果。

建立师带徒培训标准化流程。通过多年来师带徒培训活动的实施，在充分吸收以往经验的基础上，通过流程优化设计，最终形成具有供电企业特色的标准化培训流程。同时，明确了各部门之间的分工与职责。

（1）师带徒人员的选定。在师傅的选择上，应选择具有熟练的岗位技能，较高实践能力的工人和科技人员，这些人员需要具备优良的职业道德及较高的安全生产意识，能够严守岗位纪律、坚守岗位职责、坚持安全文明生产的人员。在确认师傅人选的方式上，可以通过采取自愿报名、基层推荐、组织委派等方式进行。在徒弟的确认上，主要分成三个选择方式：一是针对新入选人员或转岗人员的选拔；二是主动要求培训提升岗位技能、技术的员工；三是基于业绩和潜力的选拔。

（2）师徒结对的方式可以让徒弟自主选择，也可以由培训主管部门指定。可以一个师傅带一个徒弟，也可以是一个师傅带多个徒弟，师傅所带徒弟最好不超过两个。

（3）按季度制订培训计划及培训目标。师徒培训中，师傅根据师徒协议的总计划，由师傅于每个季度初制订本季度的培训计划、培训方案、培训内容及实施过程和要达到的培训目标，并将月度计划报送培训部门。培训部门根据季度计划对培训过程进行监督指导。

（4）师带徒培训的实施。根据师徒协议的总体要求及季度培训计划，由师傅结合徒弟的岗位实际，将相应操作规范、岗位规范及相应的安全规程等向徒弟传授。

师傅主要通过口耳相传方式、现场带教方式及情景练习方式三种方式进行带教。通过口耳相传方式，向徒弟传递工作规章规程、安全法规等应知应会规定和一些基础理论知识，以及工作方式、方法的教学。现场带教方式，通过师傅在工作现场的操作，让徒弟有一定直观的认识，逐步向加强徒弟动手能力的方向前进。情景练习方式，主要是通过一些口头或者模拟装置的方式，向徒弟展示异常情况下可能发生的极端问题，并讲解在极端条件下如何安全应对或操作。徒弟根据师傅的教学方式，通过与师傅一起工作，现场观摩、现场实习操作方式进行动手演练，在熟悉现场的同时提高动手操作能力，并进行每月培训小结，将一个月以来学习到的内容进行复习小结，形成书面心得。

（5）师徒培训期满考核鉴定。为加强对师徒培训效果的跟踪，在培训期满后对师徒培训效果开展鉴定活动。鉴定首先由徒弟对培训期间所学、所获进行总结，再由师傅对徒弟培训期间的表现情况及技能、技术的掌握情况做出鉴定，最后由师徒双方所在部门对本次结对培训情况做出鉴定。为了更好地巩固徒弟的学习成果，在每期师徒培训活动结束后，由徒弟所在部门举行学习成果发布会。由徒弟上台汇报，通过 PPT 图文并茂的形式，以自己的亲身感受和体会，汇报学习成果。最后，由培训部门牵头组织期满考评，主要根据培训工种，组织相关的专家对徒弟掌握的理论、操作技能进行考核，根据考评结果评选优秀导师和培训对象。

（6）师徒培训全程监控指导。成立师带徒考核领导小组，由领导小组负责师带徒活动的顺利开展，研究解决活动中存在的问题，落实各项措施。负责理论知识考试和实践考核要求的审定，并负责组织统一的理论考试，监督实施实践技能的考试。

在生产部门成立师带徒专业督导小组，负责检查、审核每对师徒培训计划的内容、进度的可操作性，并按季度督促检查计划完成情况；负责期满理论知识模拟试题的出题和评判工作；根据实际技能操作考核要求，负责配备必需的鉴定工器具、材料和设备；实施思想品德的考评和操作技能的考试考核。

（7）资料归档。培训部门制订标准档案模板，徒弟及时收集培训期间所有资料，按文件考核时限上报完整培训档案。

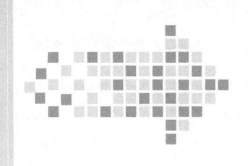

2 师带徒培训制度、办法与应用

电网企业一直有实际工作经验丰富的师傅手把手传授徒弟生产岗位实际理论知识和操作技能的传统，这就是师带徒制度，是电网企业对新到生产岗位的人员的一种训练形式，是一种既有课堂授课又有现场实际操作的培训方法，这是一种真正的工作学习法，完全可以发展成一种更正式规范的师带徒制度。师带徒培养方案，让师傅教徒弟变得更专业、更高效。建立师带徒制度的目的是传承知识和技能，培养人才和专业技能，以及加速新员工融入公司，建立规范体系，培养学习兴趣，探索新到生产岗位人员的培养模式，通过师傅对徒弟的定期指导，传播电网企业文化理念，加强岗位知识、技能和经验的归纳和提炼，并有效分享和传承，加快新到生产岗位人员的成长，在具体工作过程中激发资深师傅和各级管理者的带徒热情，创造全员学习、乐于分享和帮助他人的文化氛围。师带徒的原则就是针对电网企业不同专业、不同岗位的人员分专业实施、跨专业结合，规范师带徒管理制度，有效激励师傅和成长为专业技能人员的徒弟，师傅指导徒弟形式灵活多样，倡导师傅和徒弟互学共赢。

师带徒培训是技能传承的有效方式，是技能人才培养的重要途径。为了探索师带徒新形式、新方法、新途径，丰富师带徒新模式，构建师带徒新机制，切实调动各专业、各岗位师带徒的积极性、创造性和灵活性，形成生产岗位新到人员一体化的人才培养模式，有效加快电网企业青年员工的成长、成才速度，为电网企业持续有效发展提供有力的技术支持和坚强的人才保障。为进一步加强和加快新员工培养速度，促进公司师带徒工作步入制度化、规范化、常态化，更好地发挥优秀人才的传帮带作用，通过"强基、增效、超越"的培养历练，达到师带徒的工作目标，薪火相传；通过合同的形式选育一批师徒，制订师带徒三年工作计划，入职三年的新到生产岗位的员工取得初级技能等级（职称）达到100%，培养一批优秀青年业务骨干，建立一支规模适当、结构合理、业务精湛、素质优良的师傅队伍，这也是电网企业一体化人才培养模式的一种探索；构建适应新常态、新形势、新任务要求的多维师带徒培训制度体系，建立完善的师带徒管理制度，加强师带徒组织运行，健全师带徒评价机制，全面追踪师带徒培养效果；设计《师带徒工作指导手册》，明确理念体系、实施路径、工作保障、任务清单等内容，确保师带徒活动正常规范开展，形成具有电网企业特色的师带徒品牌项目，发挥品牌效应，营造传帮带的良好氛围；创新攻关，强化团队凝聚力和协作能力，通过师带徒，营造学技能、练本领的良好氛围，实现全员安全服务履职能力提升、岗位胜任能力提高，数据感知能力更强；通过发挥师傅的传、帮、带作用，进一步提高生产岗位新进人员的岗位素质和实际操作技能。师带徒培训制度具有独特的培训优势和很强的针对性、实用性，是高技能人才培养的重要方式。通过师带徒培训，使新入职、转岗、晋升人员和新接收录用分配到生产操作技能岗位的大学毕业生掌握岗位作业基本知识和实际操作技能，达到独立顶岗要求。

2.1　师带徒培训制度

2.1.1　企业师带徒培训制度概述

企业师带徒制度指在企业组织内资深者与资浅者之间建立起来的支持性师徒关系制度，由师傅向徒弟提供高度的支持与协助，徒弟通过观察、借鉴和模仿等吸收并升华蕴含于师傅分析问题和解决问题过程中的知识、技能。

电网企业师带徒制度一般是由经验丰富的、从业多年的电网企业任职者担任师傅的角色，以"一对一"的指导方式带领徒弟，通过一定时间的共同实务操作，使徒弟能够充分领会师傅所拥有的专业素养与能力，并具备独立操作能力。在国内外，师徒制一直是电网企业知识技能传承的重要方法和开发人才的手段。

随着工业革命的兴起，机器大工业代替了传统的人力手工制造。机器的广泛使用，工作的分工细化，使得原本需要一整套技能体系的工作被分成简单的、序列的、易操作的、重复性的工作。对技工能力要求下降，对技工需求数量却增加，使得传统师徒制逐渐被学校式职业教育取代。

20 世纪 80 年代以后，师徒制在中国企业中被忽视或放弃，而在西方国家师徒制的培训方式却从未间断，它一直是培养熟练工人的一种方法。进入 20 世纪 90 年代以后，西方师徒制实现了升华，由传统师徒制发展成为更加完善的现代师徒制。它是在弥补学校教育缺陷的基础上发展起来的，以保证毕业生实现从学校到工作的平稳过渡。它也改善了熟练工市场的供求状况。德国、英国、澳大利亚等国先后实行了现代学徒制，取得了显著的效果。

西方国家早在中世纪就形成了由行会严格监督和控制的师徒制培训模式，行会对学徒进行正规化管理：编制师徒合同，规定师徒各自的权利和义务，登记徒弟姓名，规定师傅的从业资格等。师徒关系一旦建立，师傅对徒弟负有全面教育的责任，包括传授职业知识和技能，读、写、算等文化知识教育及思想品德和宗教教育，徒弟无正当理由不能擅自终止合同，否则要承担相应的经济责任。师徒制是一种社会行为。而中国古代师徒制只是简单的师傅与徒弟或第三方担保人订立契约，没有更高一级的组织进行规范，虽然后期行会有所干预，但也仅对招徒的数量进行限制，其本质是个人行为。

英国的师徒制起源于中世纪，是随着工业和贸易行会的出现而发展起来的。12世纪起，英国就开始运用师徒制对学徒进行职业和技术的训练。第二次世界大战后，英国政府因为缺乏各级技术人才来发展经济，又开始启动师徒制。后来，英国政府正式宣布并实施了师徒制计划，帮助青年人更好地从学校向工作过渡，提高他们的就业机会。

在德国，师徒制的学习计划普及到了大部分的高中毕业生。政府、企业、劳动者和教育部门都参与这一制度。例如，西门子公司拨专款设立了专门培训工人的"学徒基金"。学徒接受第一职业培训，他们学习工商知识和技术，毕业后可以直接到生产第一线工作，师徒制为德国的制造产业输送了大量的高技术水平的员工，为德国制造的品质优良产品提供了人才条件。

2.1.2　电网企业师带徒培训制度的分类

电网企业师带徒培训制度按照性质进行分类可以分为正式的指导关系和非正式的指导关系。正式的指导关系被电网企业组织纳入系统进行培训制度设计并持续实施，以便能到达组织的预期培训目标；非正式的指导关系则是一种无计划、无固定实施组织和模式的培训关系，它主要依存人们之间的某种特殊情感而存在。

此外，师徒培训制被划分成人才培养型师徒制和关系网师徒制两个类型。人才培养型师徒制指由经验丰富的电网企业专业人员帮助徒弟在职业发展道路上迅速提升的一种制度。而关系网师徒制则是一种新兴的师徒制模式，它以多方互动、资源共享和机制灵活为基础，从而达到师徒双方职业共同发展的目的。查波哈克（Clutter Huek）把师傅在指导徒弟的过程中表现出来的不同作用和指导方式进行交叉分类。其中，作用方面分为与工作相关和与人际相关两类，指导方式上分为直接指导和间接指导两种。从上述两个维度上两两组合将师徒制分为教练、咨询者、网络工作者、促进者或者保护者四种不同的类型。

基于查波哈克（Clutter Huek）的分类，我国学者王胜桥把指导关系分为教练辅导型、关系守护型、咨询协调型和工作协作型四类。

在教练辅导型指导关系中，导师与徒弟之间的交流仅限于与组织或任务相关的话题，不涉及心理或个人相关话题，培训方式主要采取直接干预，如导师密切关注徒弟的工作，适时进行批评、纠正、告知，一般是从导师到徒弟的单向交流。

在关系守护型指导关系中，导师与徒弟之间的交流大多与心理和个人因素相关：主要采取直接干预，如导师把工作任务分配给徒弟并相信他可以做好，如果在任务执行的过程中需要帮助，导师会随时给予直接支持。

在咨询协调型指导关系中，双方的交流话题主要在心理层面和个人话题领域，且主要是间接指导，如导师积极倾听徒弟的心声、在工作中遇到的问题等，通过与徒弟进行逻辑性对话，启发徒弟自己找到解决问题的办法。

在工作协调型指导关系中，师徒双方的交流主要集中于任务和组织方面的话题，且主要采取间接的方式，如导师和徒弟之间的任务和职责边界划分得很清楚，导师主要负责工作进程中的关键点，适时进行工作总结，如果发现徒弟需要帮助，导师会适时引导、配合徒弟解决问题等。

2.1.3　企业师带徒制度是企业发展的趋势

企业师带徒培训制的概念在西方已经有相当长的发展历史，这种制度是指导者为被指导者在企业内提供专业技术方面的指导、训练、忠告以及日常工作中的支持。要说明的是，指导者与被指导者之间的这种师徒关系发展到现在，已经有正式和非正式之分。企业职业导师制指企业中富有经验的、有良好管理技能的资深管理者或技术专家，与新员工或经验不足但有发展潜力的员工建立的支持性关系。建立师徒制的初衷是为了最大化地发挥公司内部优秀员工的技能和经验，以便于新员工和部分转岗人员能尽快提升业务技能，满足岗位工作的需要。这个概念发展到今天，导师的指导范围已经从专业技术扩展到管理技巧，甚至一些个人问题，而且并不只是针对新员工，而是针对企业内每个人，企业中的每个人都要发展，都应该配备导师。师带徒培训制不仅是通过师傅带徒弟的方式，对新员工在技术上的传授，而且还对徒弟的职业生涯进行指导。这种人才开发机制，通过在企业智力层面构建的一种良好的工作学习氛围和机制，培养满足企业发展所需要的人才。

如今，在国内外的外资企业或者规模较大的民营企业，师带徒的导师培训制越来越被接受为一种行之有效的培训方法。在微软，师带徒的导师培训制是培训体系中的重要一环，其目标在于帮助其他员工成功入职。师带徒的导师培训制指导体系核心是帮助所有员工提高专业素质，提供职业发展的机会，其中很重要的目的之一是达成企业共识。

相对于企业整体的培训体系来讲，师带徒的导师培训制注重的并不是技能传授，而是企业团队的凝聚力。它缺乏量化的评估体系，而是化解成了工作中的经验分享。从某种程度上来讲，师带徒的导师培训制并不能称之为制度，而是一种企业的知识分享形态。

基于这样的认识，我们有理由相信，师带徒培训制的目的在于平衡，即精神追求与职业技能的平衡。师带徒的导师培训制的一个重要作用就是让那些担任导师的高级经理代表企业，让受指导的员工能真实地感受到企业对他们职业发展生涯的关怀和重视，而不只是把员工们当成经营和生产的生产力而已。而在此过程中形成的员工私人之间的默契，则在企业管理体系之外提高了团队的效率。在员工对企业忠诚度日益减轻的今天，师带徒的导师培训制的作用就在于此。

许多企业都实行师带徒的导师培训制，以求将老员工的知识通过正式与非正式的途径传授给新员工。导师制是一种应用非常广泛的知识管理工具，类似于以前帮传带的师傅和徒弟的关系。它是为每一位新员工有针对性地指定一位导师，这位导师通过正式与非正式的途径将自己的知识传授给新员工，使新员工能够在新的工作岗位上更好地适应和发展。导师一般由企业里富有经验的资深员工担任，他有培养和指导别人的责任和义务。对新员工来说，借助导师的经验也可以早点进入工作状态，同时导师还可以在职业生涯规划上充当良师益友。

2.1.4 建立师带徒培训制度的目的和原则

1. 师带徒培训制度的目的

根据不同企业在各个发展阶段中的培训制度进行抽样调查及研究可以得出，一般来说建立企业师带徒培训制度的总体目的有以下三点：

（1）建立规范、系统的导师培养制度，为企业培育、储备人才及传承技术知识，并探索新的人才培养模式。

（2）通过导师对指导对象的定期指导，传播公司文化理念，加强岗位知识、技能和经验的归纳和提炼，并有效分享和传承，加快企业后续人才的成长。

（3）在企业的学习型组织创建的过程中，通过激发资深员工和各级管理者的带教热情，能够为企业创造全员学习、乐于分享和发展他人的企业文化氛围。

2. 师带徒培训制度的原则

在建立企业师带徒培训制度的过程中，企业的指导者、被指导者、培训内容及环节一般来说遵循的原则有以下四点：

（1）指导者要针对不同指导对象，实施分层实施、统分结合的措施。

（2）在指导者对被指导者实施培训的过程中，要规范管理，更要实施有效的激励措施。

（3）在培训的过程中，指导形式要灵活多样，适应被指导者不同的学习习惯、基础和状态。

（4）在师带徒培训过程中，倡导导师和指导对象互学共赢的理念。

2.1.5 导师的界定及职责划分

1. 导师的定义

在特定的时期内，周期性地对指导对象进行指导，使其快速融入公司文化，在知识、技能、工作方法等方面显著提高，成为公司发展的骨干人才。

2. 导师的基本要求

（1）对公司文化有强烈的认同感和深刻的理解。

（2）在某一业务领域具有专长。

（3）具备熟练的沟通和指导技巧。

（4）有分享传承意愿，将带教视为个人发展的机会。

3. 导师和直线经理的差异

所有的管理者都是自己负责区域内员工培养的第一责任人，有义务和责任成为自己下属的业务和管理上的导师，同时，鼓励具有专长的员工带教其他员工。导师和直线经理的差异见表2-1。

表2-1　　　　　　　　　　　导师和直线经理的差异

类别	导师	直线经理
组织机构	非正式	正式
目标	主要以员工成长为导向	主要以业绩为导向
指导方式	影响为主，包括倾听、分享、反馈、提供资源等	管理为主，包括分配工作、听取汇报、绩效指导、激励等
指导内容	侧重于知识经验交流和工作思路指点	侧重于工作方法、技能和技巧
心理距离	比较平等，交流开放	有上下级的距离感

4. 导师分类和导师资质要求

导师分类及导师资质要求见表2-2。

表2-2　　　　　　　　　　　导师分类和导师资质要求

导师分类	指导对象	导师资质要求
新员工导师	新员工、换岗员工	2年以上工作经验，绩效3分及以上
管理导师	有管理潜质的员工	2年以上团队管理经验，绩效3分及以上
专业导师	在岗员工	5年以上工作经验，绩效3分及以上

2.1.6 师带徒培训制中角色和职责的划分

1. 总经理

（1）审批导师制度和方案。

（2）审批公司级导师名单。

（3）关注导师制实施情况。

（4）审批导师激励报告。

2. 人力资源部

（1）人力资源部是导师制的责任部门，负责制订和完善导师制度和方案。

（2）提请公司批准公司级导师名单。

（3）收集整理指导对象提交的指导总结和导师的指导记录。

（4）组织导师、指导对象交流会。

（5）向总经理提交导师激励申请。

3. 部门经理

（1）以身作则，支持、参与导师制的实施。

（2）对下属选择导师提供建议，与导师保持沟通，实现信息共享。

（3）负责制订本部门新员工的导师制实施方案。

（4）参与制订其他与部门相关的导师制专项方案。

4. 导师

（1）明确公司及指导对象的指导目标。

（2）与指导对象建立良好的互动关系。

（3）根据指导对象发展的需要，制订有针对性的指导计划。

（4）定期与指导对象沟通交流，跟进指导计划的实施，并反馈其表现。

（5）整理、提炼相关知识和经验，并有计划地向指导对象传授。

5. 被指导对象

（1）维护导师制的指导关系，并按规定向人力资源部提交相应材料备案。

（2）与导师约定指导频率、方式、内容等。

（3）尽量为导师提供增值信息。

（4）对每次指导进行总结，并提交给人力资源部备案。

6. 导师和指导对象职责的详细规定

（1）导师。导师填写指导协议和承诺，并报人力资源部备案，正式建立双方的指导关系，导师有权利和义务对寻求指导的对象进行指导和帮助。

1）导师同时指导的对象不超过3名（新员工导师不限定带教人数）。

2）导师要定期与指导对象进行交流（可以通过电话，面谈或者 E-mail 的方式），每季度对指导情况进行回顾总结，并交人力资源部保存。

3）导师要保持公正性和客观性，与指导对象交流的隐私性话题不得泄露给第三方。

4）导师指导周期原则上为一年，人力资源部每6个月组织一次对导师的评价反馈。

5）导师在指导过程中如需资源或其他相关支持，可向人力资源部反馈。

6）指导内容不违反公司保密制度，并维护指导对象自尊。

（2）指导对象。

1）填写导师指导协议和承诺，并报人力资源部备案，正式建立双方的指导关系。

2）具有积极主动的学习意愿，勤于思考，善于发现学习机会。

3）有明确的个人发展目标和要求。

4）定期主动地与导师进行交流（可以通过电话，面谈或者 E-mail 的方式），虚心接受导师的指导并及时记录。

5）每季度进行一次总结回顾，并交人力资源部保存。

6）根据人力资源部的要求，定期对导师指导情况进行评价反馈。

2.1.7 企业师带徒培训制度建立的要点

在师带徒培训制度被企业全面认可的前提之下，如何制订一项真正有效的，而不是流于表面的师带徒培训制，以求为企业的长远发展掀起一场从上到下的头脑风暴，并源源不断地培养出优秀的人才，这个问题的解决需要从以下两点做起。

1. 师徒之间的信任是企业师带徒培训制实施的前提

研究表明，在企业师徒制培训过程中，被指导者受到的职业生涯指导直接关系四年后的更多晋升和更高工资，可见职业生涯功能对被指导者未来的成功非常重要。导师的心理功能则包括充当一个朋友的角色，为被指导者提供积极的关心与认可，并创造一种能让被指导者说出自己心中的焦虑与担心的渠道。这种指导关系的获益往往是双方的，导师的忠告可以帮助被指导人探索新的、需要帮助的个人问题，导师则从下属的关心和感激中获得心理上的满足感。导师提供的职业生涯功能包括支持、提高可见度、指导和保护。其中，支持是指积极帮助个人获得工作经验和提升；提高可见度是为被指导者提供与组织内关键人物发展关系的机会，从而获得职业生涯的进步；指导是对职业和工作绩效两方面提供建议；保护是指使被指导者幸免于潜在的危害性经历。

【案例 1】信任在企业师带徒培训制度中发挥作用的典型案例。

"辅导的结果相信连公司都没有想到：我、我的教练、我的教练的教练都先后离开了公司。我的离开原因部分是因为我的教练和我的教练的教练。几乎每次在办公桌旁落定，都会感觉到有一双眼睛盯着我，那是来自我的教练的不信任的眼光，或者可以理解为一种充满防备心理的不信任。"

这是某公司的一名离职员工在辞职后在网上写的一段话，内容是对公司师带徒培训导师制的反思。当大家都在为师带徒培训制拍手叫好之际，或许我们更应该关注这些不怎么动听的声音。

没有信任基础，教练和辅导就只能沦为走过场的形式。首先也是最重要的一点，优秀的辅导是一种伙伴关系，而这种伙伴关系是由和谐开始的。优秀的导师必须具备和谐、真实、信任、丰富、热情、勇气等品质。我们必须树立这样的前提，即导师也是学习者。不可能所有的导师都是行业的第一，他们也需要不断提高。在指导他人的过程中，某些导师也不可避免地会对工作产生力不从心的感觉。但即使他力不从心，只要具备真实、信任、勇气，这一段辅导关系仍然可以卓有成效。

反之，如果不虚心向学，而是出于自己仕途的考虑，把被辅导者的创意占为己有，这样的导师就不是好导师，甚至连导师角色的基本含义也抛之脑后了。导师就是那个帮助他人学习知识的人，这个定义在本质上与其个人升迁无关。导师既具有职业生涯功能，又具有心理功能。

馈赠是在整个师带徒辅导过程的重点部分，它意味着把某种价值给予另一个人却不求回报。换句话说，导师们有很多可以分享的才能，当他们把这些才能慷慨地、无条件地馈赠给学徒时，他们加强了这种辅导关系，并使之健康发展。但仅仅是导师有满腔热情还不行，如果学生没有做好接受馈赠的准备，效果就会大打折扣。而放弃和接纳正是让学生准备就绪的重要步骤。而扩展则意味着将辅导关系延伸，超过预期的界限，把学徒塑造成为一个独立的、能自我辅导的学习者。完善的制度设计导师制虽然是企业人才发展的规划内容之一，但它天生带有分散化和非正式化的特点。因此，如何根据实际情况制订切实可行的师带徒培训制是每个公司从事培训和人力资源的管理者应该认真思考的问题。

以新员工为实施对象举例。新员工在入职的 3～4 个月内是最需要指导的时期，在这段时间内，他们要迅速融入公司文化，了解工作环境，熟悉工作流程，学会使用各种工具。在这里，我们可以考察 UT 斯达康的新员工导师计划。

【案例 2】UT 斯达康师带徒导师制培训制度的项目设计。

UT 斯达康一般会先对新进员工进行详细的调查，根据前期调查的资料，针对部门和新员工的需求，设定新员工导师制度的培训内容。主要有以下四点。

第一，"一对一"的辅导形式。担任导师的员工是比较优秀的员工，本身的工作任务很繁重，如果辅导的新员工数目过多，就会影响导师的工作或者影响辅导效果的情况。

第二，导师要为辅导对象制订计划。导师在制订辅导计划之前要与新员工进行沟通，了解他的知识结构、开发经验、特长和个人发展意向等，根据沟通结果，为新员工制订4个月的辅导计划。辅导计划要详细描述每一周的学习目标、学习内容、参考资料、项目工作内容等。

第三，导师和新员工之间要经常沟通。导师和新员工之间只有经常进行沟通，才能知道新员工的学习进度，保证新员工遇到的困难和疑惑都能及时得到解决，沟通也有助于加深彼此的了解，营造良好的部门氛围。

第四，考核。辅导的效果需要通过考核和反馈体现，在辅导期结束时，有"撰写技术论文""现场答辩""反馈"等活动来评估辅导的效果。新员工在辅导结束后需要撰写与工作结合紧密的技术性论文，公司技术专家组成评审委员会，对他们的论文进行评审。评审结果会记录到新员工的辅导期考核记录中，并反馈给直接主管。

从上面这个例子我们可以看出：师带徒导师制培训制度项目设计的第一步是选拔导师。为保证导师有能力辅导新员工，导师（师傅）必须是部门的技术骨干，工作业绩突出，与所辅导的新员工属于同一个项目组。除了这些硬性条件，其他软件方面的要求，还包括认同公司文化、有良好的沟通能力、有较强的管理技巧等。同时，我们必须认识到，因为导师制的实施是分散在公司日常的工作中的，所以为了鼓励导师更加积极主动地担任导师，先要争取其直线主管的支持。

首先，要让直线主管看到新老员工之间工作负荷量的差异，认识到加速新员工成长的重要性和紧迫性。其次，通过其他公司的成功经验让主管知道，导师制确实能够加速新员工的成长。最后，UT斯达康大学和HR将投入足够的人力来帮助部门运行这项制度，解决部门主管在人力投入方面的担忧。有了部门领导的支持，发动精英员工担任导师就比较容易。部门领导亲自与被选中的员工谈话，给予一定的物质鼓励，保证所有的导师都是自愿的、积极的，这样才能使导师制能够顺利地执行。

导师制不能发挥作用的原因之一，是因为其实践性效果不容易被考量，因此在项目运作的过程中，经常性的监督和抽查必不可少。每个月都检查导师和新员工之间的沟通记录，抽取一定比例的员工进行面对面的访谈，及时了解项目运行过程中的问题，并进行解决。另外，不定期地召开座谈会，邀请导师和新员工参加，一起来谈谈对这个培训项目的感受和建议。

在具体实施过程中，各个企业的操作模式会有所不同。但万变不离其宗，这个"宗"就是让员工迅速地成为公司的优秀员工，并能不断地自我提高。而"一个正式的师带徒培训计划就像是由某人安排仅略知一二的两个人进行一场盲目的约会，这两个人未必是一个好搭配。而且如果正式的导师计划仅仅是让导师在每季度和受指导者进行一次 1h 左右的谈话，向受指导者讲述他的职业生涯，这样的导师计划并没有什么意义。"在这方面，我们需要重视的问题是，导师制的制订不能只注重受指导员工，在某些情况下，我们需要鼓励导师们，让他们知道导师们在发展后进员工方面具有重要作用，并让经理们主动对他们伸出援手，而他们自己也将在这样的指导过程中获取他人身上的工作智慧，并将为自己的职业生涯增加非常有益的经历，也许这样的双赢激励会更有成效。

2. 师生关系决定企业师带徒培训制度实施的成效

与传统的培训不同，师带徒培训制度中师徒关系能鼓励被指导者主动与经验丰富的专家沟通和互动，从而获取某项任务或领域的内隐知识并提高其综合素质。综合素质的概念包括与工作的高绩效相关的知识、技能、能力等特征，如解决问题能力、思考分析能力或领导能力等。但是，正式的导师制关系并不是单纯的老师和学生的关系，他们可能因为掺进一些工作伙伴关系而显得复杂。如何有效地发挥导师制在企业中的积极作用呢？

作为导师，应该什么时候对自己的学生宽容，什么时候应该严厉？俗话说，严师出高徒，但也不是说导师天天都铁青着脸对徒弟，张弛有度的教导方式效率会更高。作为导师，不应该有问必答。导师的职责是教练和引导，而不是"保姆"，应该培养学生自己动手解决问题的能力，教授学生解决问题的方法和技巧。作为学生，找一个无论是教学方式还是性格特质都与自己相切合的导师是导师制事半功倍的关键。如果教学方法不适合或是性格脾气不融洽，就会直接影响学习过程的流畅程度。不过从学生的角度来说，应该更多地去适应导师的个性脾气，本着谦虚的态度求教才是良策。作为学生，对于导师的批评应该"有则改之，无则加勉"，毕竟"忠言逆耳利于行"，做个谦虚求教的学生才能从老师那里学到真本领。

2.1.8 推行企业师带徒培训制度的步骤

具体而言，师带徒培训制是在一定的企业环境中，为每一位新加入的员工以及具有一定发展潜力的员工，指定一名或几名具有丰富工作经验、突出工作业绩的导师，帮助其适应新的环境、迅速融入企业文化、提升自我业务水平等。这种制度作为一种人才培养机制，由于各个企业具体情况有所不同，加之文化上的差异，实施起来会各有千秋，但以下几个步骤是人才培养机制必须遵循的步骤，如图 2-1 所示。

1. 确定导师和被指导者的范畴

由企业的人力资源或人事部门负责具体实施，企业应制定相关的制度规范，确定相应

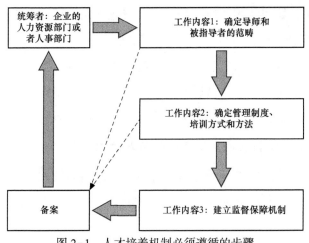

图 2-1 人才培养机制必须遵循的步骤

的标准，如综合工作年限、工作业绩、工作经验、工作表现等因素确定不同级别的导师。对于被指导者，选拔的范围可以适当拓宽，如新进员工，如作为后备力量培养的、具有一定潜力的员工等。但是无论二者的选拔范围如何宽泛，都应以硬性的制度规范作支撑，发挥民主机制，避免一言堂，避免带来企业内部的不团结，进而引起企业内部不稳定。

2. 确定管理制度、培训方式和方法

企业的人力资源部门应对导师的培训方式、内容及时间的投入，予以一定的规定。这里应该掌握一个度的问题，既不能因为规定得过细而影响了导师的创造性及自主性的发挥，也不能因为缺乏必要规定而导致个别导师不负责任。企业可以结合自我实际，确立若干的引导性内容，供导师们参考，在此基础上导师可以适当发挥。在培训方式上，弹性可以稍大一些。工作上的即兴和随时指导、课题实践、业务咨询及培训等方式均可采用。

3. 建立监督保障机制

没有完善的监督保障机制，即使设立导师制的初衷有多美好，都将昙花一现。因此，在这一过程中，企业人力资源部门需要随时跟进，以便发现问题及时解决。对于被指导的员工及导师资料，被指导员工学习的成效，导师指导的内容、时间及精力投入等信息，予以及时备案。对于表现优秀的学员，为其提供更高级别的导师指导，为其个人成长提供积极的平台。对于积极奉献、指导业绩突出的导师，要给予晋级。这种评价应通过量化的方式进行。

当然，师带徒培训导师制的顺利实施还要借助外在力量，不能闭门造车。在正式实施之前，还应请专业人士对导师和被指导者进行培训，以明确各自在这种机制中的角色和作用。对于被指导者而言，要使其有适当的心理预期，即通过这一过程自己将会获得哪些成长，避免因为不理解具体内容架构而带来的排斥心理；对于导师而言，则要使其学会如何与被指导者沟通交流、如何使用相应技巧等。相应地，在实行这一机制的过程中，企业的管理者及负责具体实施的人力资源等部门，也需要注意一些相关问题发生的可能。

最为重要的一点是负责此项机制统筹实施的人力资源等部门，应首先获取企业内部整体的认同。如果获得了企业全员的认同和支持，推行师带徒培训制度才富有生命力，其发展才有不懈的动力，才会使企业的师带徒培训制度真正发挥作用。

4. 推行企业师带徒培训制度具体步骤的经典案例

对国内一些已着手建立或准备建立这种师带徒人才培养模式的企业来说，国际商业机器公司（International Business Machines Corporation，IBM）的导师制与反向导师制做法可供借鉴。

（1）导师制：老员工引路，新员工快行。

IBM 新进员工首先要进行 4 个月的集中培训，培训内容包括 IBM 的发展历史、规章制度、技术和产品工艺、工作规范和工作技巧，之后还要经过一年的实习才能成为正式员工。实习期间，公司给每个新员工分派一位导师，这是新员工在 IBM 的"引路人"。这种措施会让新员工较快地熟悉并融入新的工作环境，缩短了引进人才的"同化期"。

IBM 导师制的具体实施包括如下四个方面内容：

1）导师的选择。能成为导师的资深员工，一定是新员工即将工作的领域的专家，拥有该领域丰富的知识和经验。

2）教学方式。老师和学生一般是"一对一"地进行教学。新员工将在导师的指导下参与部门的业务工作，逐渐熟悉公司的业务流程和产品性能，从而理解 IBM 的文化及价值观，提高技术能力。

3）教学内容。在这个学习和实践的过程中，IBM 鼓励新员工与导师沟通和互动，从而提高综合素质，这里的综合素质包括外显知识和内隐知识。外显知识的传递并不复杂，但内隐知识的传承一直是个难题。而在导师制实施的过程中，导师对新员工在处理问题、相互交流的过程中，有针对性地进行培养和指导，会在潜移默化中将内隐知识传授给新员工。同时，导师也会在职业规划方面给予新员工一定的指导和建议。

4）适时反馈。指定的导师定期要向人力资源部和新员工所在部门反馈学生实习情况，实习结束后，员工根据实习的实际情况和导师有针对性的指导，做出工作计划和个人发展计划，提出继续做现在岗位工作的深入计划或变换岗位的计划，以及职业生涯发展计划。

师带徒培训导师制对企业人才培养的益处是显而易见的，如培养出符合自己企业发展要求的人才，最大可能地发挥人才的潜能；解决引进人才"水土不服"等问题；构建良好的工作学习氛围和机制等。

（2）反向导师制：互助式学习。

在 IBM，年轻人可以从资深员工处学到丰富的经验，同样，资深员工也可以从年轻人身上获得知识更新，反向导师制（reverse mentoring）应运而生。IBM 高级学习项目首席设计师邰宏伟对反向导师制颇有感触，他曾收到未曾谋面的一位同事的邮件，对方表达了向他请教问题的愿望，提出让邰宏伟做他学习导师（mentor）的请求，邰宏伟非常高兴地接受了。出乎他意料的是，对方是一位在 IBM 已经有 32 年工作经验的"老人"。

反向导师制是让新人给"老人"做导师，目的是让新人把最新的时代理念、技术发展等带给"老人"。这种学习方式让新老员工充分交流，互相学习，使得 IBM 永远保持活力，不落后于时代。反向导师制度的另外一个好处是，新老员工之间的工作关系和效率都有了大幅度的提升，老员工了解年轻人的思想，年轻人明白老员工的想法。

2.1.9 企业师带徒培训制度的优势及需要注意的问题

作为优秀的企业管理者必须意识到，即使师带徒导师制确实在企业中发挥着行之有效的作用，但作为一项具体的制度设计，导师制毕竟有其特殊性。作为制度，导师制的实施也受到具体的企业环境限制，而并不是放之四海而皆准的真理。要想让导师制能够最大限度地为企业人才培养服务，必须对它做具体的考察和设计，才能规避其中的缺陷。

1. 企业师带徒培训制度的优势

事实上，国外许多大公司的职业导师制已经发展得比较成熟，相应的理论研究也有 20 多年的历史。如强生公司等都已经建立了正式的导师制。国内也有一些企业，如中国兵器工业集团、南京北方光电装备技术有限公司等已经开始实施正式的导师制，培养复合型高级人才梯队。它的优点相当明显，具体如下：

（1）通过师徒制培训减少新人工作困惑。职场新人刚刚踏入社会，来到一个陌生环境时，都会有各种各样的困惑，新员工进入公司，许多事情都要从头学起，如从查询资料、接听电话、书写文案等做起。尽管大多数新人都会用心去学，然而从陌生到熟练毕竟需要一定的过程。在工作之初，新员工的工作绩效普遍低于经验丰富的老员工，而且有时还会遇到难以预料的事情，由于缺乏足够的经验应对，致使工作效率低下，工作出现失误。这时，新员工就会产生羞愧感、挫败感和尴尬的心情，甚至造成对自己工作能力的怀疑和否定。此时，通过师傅的专业指导，在入职之初能够学习到更多的工作方面和社会方面的经验，能够尽快地掌握自己立足、立身的本领，在工作方面能够快速地上手，在专业技术方面能够迅速地将理论与实践相结合，把所学的理论知识与企业的实际工作有机结合起来，遇到突发的问题能够镇定面对，能够更好、更快地融入企业的工作大环境之中，成为系统中一个快速反应、运转良好的一分子，这就能够大大缓解新员工初入社会面临的各种压力和困惑，对其更好地融入社会有巨大帮助。从某种程度上讲，师傅就是徒弟步入社会、走进工作岗位的一座灯塔。

（2）通过师徒制培训减少主管的工作压力。工作任务，从而减轻主管的工作负担。通过师徒制培训，可以有效地减少主管的工作压力，具体体现在以下几个方面：

1）分担工作。新员工在师傅的指导下，可以逐步承担一些工作。

2）提高新员工的工作效率。在师徒制培训中，新员工可以直接从实践中学习，更快地掌握工作技能和知识，从而提高他们的工作效率。

3）培养新员工的独立工作能力。在师傅的指导下，新员工可以逐渐培养自己的独立工作能力，减少对主管的依赖。

4）提高团队的整体素质。通过师徒制培训，可以提高整个团队的业务水平和工作效率，从而减轻主管的工作压力。

5）建立良好的团队氛围。师徒制培训有助于建立良好的团队氛围，增强团队凝聚力，使团队成员更加积极地投入到工作中，从而减轻主管的工作压力。

6）培养潜在的领导力。通过师徒制培训，可以发现并培养具有潜在领导力的新员工，为企业的长远发展储备人才，从而减轻主管的工作压力。

通过师徒制培训，可以有效地减轻主管的工作压力，提高工作效率，培养优秀人才，为企业的发展做出贡献。

（3）通过师徒制培训克服胆怯心理。通过师徒制培训，新员工可以有效地克服胆怯心理，增强自信心和适应能力。

1）提供安全感。在师徒制中，新员工有一个经验丰富的师傅作为指导者和支持者。师傅的存在可以为新员工提供安全感，使他们在面对新环境和新任务时感到更加自在和放松。

2）逐步适应。师傅会根据新员工的实际情况，逐步引导他们接触和完成工作任务。这种渐进式的培训方式可以帮助新员工逐步适应工作环境，减少因突然面对大量工作而产生的胆怯心理。

3）实时反馈与指导。在师徒制培训中，师傅会实时关注新员工的表现，并给予及时的反馈和指导。这种反馈可以帮助新员工了解自己的优点和不足，从而有针对性地改进和提高。同时，师傅的指导也可以帮助新员工更好地应对工作中的挑战和困难，增强他们的自信心。

4）建立自信。通过师傅的指导和鼓励，新员工可以逐步克服胆怯心理，展示自己的能力和才华。随着工作经验的积累和技能的提升，新员工会逐渐建立起自信心，更加积极地面对工作中的挑战。

5）学习沟通技巧。在师徒制中，新员工不仅可以学习工作技能，还可以学习如何与同事、上级和客户进行有效沟通。良好的沟通技巧有助于新员工更好地融入团队，减少因沟通不畅而产生的胆怯心理。

6）分享经验。师傅通常会分享自己的工作经验和人生智慧，帮助新员工更好地应对工作中的挑战。这种经验分享不仅有助于新员工解决问题，还能让他们感受到团队的温暖和支持，从而减轻胆怯心理。

师徒制培训为新员工提供了一个安全、渐进的学习环境，使他们能够在师傅的指导下逐步克服胆怯心理，增强自信心和适应能力。

（4）通过师徒制培训制度能够指导未来，使双方获益。职业导师制与我国以往国企内的"学徒制"是不一样的。传统的企业"学徒制"仅仅是通过师傅带徒弟的方式，对新员工在技术上的传授，并不涉及对职业生涯的指导。而导师制是一种人才开发机制，通过在企业智力层面构建的一种良好的工作学习氛围和机制，培养满足企业发展所需要的人才。与传统的培训不同，这种导师关系能鼓励被指导者主动与经验丰富的专家沟通和互动，从而获取某项任务或领域的内隐知识并提高其综合素质。综合素质的概念包括了与工作的高绩效相关的知识、技能、能力等特征，如解决问题能力、思考分析能力或领导能力等。

在正式的导师制计划中，指导的内容与考核往往是围绕企业的生产、攻关、产品开发等具体内容展开，与企业实践密切相关。尤其是在管理工作中，通常涉及对模糊情景的不断定义、分解、目标设定的过程，导师管理综合素质会在这个过程中得以表现。导师在这个过程中的言传身教，使被指导者获取有关目标分解与设定方面的能力训练，这种动态的能力培养是课堂教学无法完成的。

导师既具有职业生涯功能，又具有心理功能。导师提供的职业生涯功能包括支持、提高可见度、指导和保护。其中，支持是指积极帮助个人获得工作经验和提升；提高可见度是指为被指导者提供与组织内关键人物发展关系的机会，从而获得职业生涯的进步；指导是对职业和工作绩效两方面提供建议；保护是使被指导者幸免于潜在的危害性经历。导师的心理功能则包括充当一个朋友的角色，为被指导者提供积极的关心与认可，并创造一种能让被指导者说出自己心中的焦虑与担心的渠道。这种指导关系的获益往往是双向的。

（5）师徒培训制度目标清晰，结果可测。美国辛辛那提大学格林（Green）教授在对日本丰田汽车公司15年的追踪研究中提出了领导—成员交换理论。他们认为，在企业中领导者会与一定的下属形成圈内与圈外人的关系，即形成非正式的导师关系。这种关系对被指导者的职业发展有着深刻的影响，更加侧重于价值观的培养与职业发展的建议，而且主要是指导者和被指导者之间的私人行为，自行选择，没有指定目标，较少培训与支援。正式的导师则源于组织的期望，经公司的安排建立，指导关系是结构化、合约化的，一般持续比较短，更加集中于培养被指导人的核心胜任力和动态的能力。因而，正式职业导师关系有清晰的指定目标，可量度的结果，提供正统培训，有固定沟通时间。

2. 师带徒培训制度需要注意的问题

不可否认，导师制是一项不错的制度设计。然而，我们必须注意到，西方的企业由于发展时间相对较长，和中国企业相比，其优势之一在于其有完善的企业体系和制度规范。导师制作为企业人力资源方面的制度设计之一，是受到公司整体制度规范的，因此对于其中的一些缺陷和受到的约束也相对较强。

（1）缺少完善的师徒管理制度。缺少完善的师徒管理制度会对师徒制的实施效果产生负面影响。一个完善的师徒管理制度能够确保师徒关系的健康发展，提高培训效果，并促进组织内部的知识传承和技能提升。

首先，完善的师徒管理制度应该明确师徒双方的职责和权益。师傅需要承担起指导、传授经验和知识的责任，而徒弟则需要积极学习、主动请教，并按时完成学习任务。同时，制度还应明确师徒关系的建立、维护和终止等流程，确保双方权益得到保障。

其次，制度应该设立明确的培训计划和目标。包括制订具体的培训内容、培训周期和评估标准，以便对徒弟的学习进度和成果进行有效的跟踪和评估。同时，制度还应鼓励师傅和徒弟之间的交流和互动，促进知识的共享和传承。

再次，完善的师徒管理制度还应包括激励机制和约束机制。通过设立奖励机制，可以激发师傅和徒弟的积极性和参与度；而约束机制则可以规范双方的行为，确保师徒关系的健康发展。

最后，制度应该注重监督和反馈。通过定期的检查和评估，可以及时发现和解决师徒制实施过程中存在的问题和不足，从而不断完善和优化制度。

一个完善的师徒管理制度对于确保师徒制的顺利实施和取得良好效果至关重要。通过明确职责、设立培训计划、建立激励机制和约束机制及加强监督和反馈，可以有效地促进师徒关系的健康发展，提高培训效果，并推动组织内部的知识传承和技能提升。

（2）少数师傅缺乏职业操守。少数师傅缺乏职业操守是一个需要重视的问题。在师徒制中，师傅的职业操守对于徒弟的成长和整个制度的健康发展至关重要。

1）缺乏职业操守的师傅可能会对待徒弟不负责任，不认真对待任务，甚至敷衍了事。这不仅会影响徒弟的学习效果，还可能给他们带来错误的职业观念和行为习惯。

2）缺乏职业操守的师傅可能会利用师徒关系谋取私利，如要求徒弟为自己完成私人任务或谋取不正当利益。这种行为不仅违背了师徒制的初衷，也损害了组织的形象和利益。为了解决这个问题，可以采取以下措施：

a. 加强师傅的选拔和培训。在选拔师傅时，除考虑其专业技能和经验外，还应注重其职业操守和道德品质。同时，定期对师傅进行培训和考核，提高他们的职业素养和指导能力。

b. 建立师傅的考核机制。通过设立明确的考核指标和奖惩机制，对师傅的指导效果进行客观评价。对于表现优秀的师傅给予奖励和表彰，对于表现不佳的师傅进行提醒和纠正。

c. 加强师徒关系的监督和管理。组织应建立师徒关系的监督机制，定期对师徒关系进行评估和反馈。同时，鼓励徒弟积极反映师傅的问题和不足，及时采取措施进行纠正。

d. 营造良好的组织氛围。通过加强组织文化建设，营造尊重职业、崇尚操守的良好氛围。让师傅和徒弟都明白，职业操守是每个人应该具备的基本素质，也是实现个人和组织共同发展的基础。解决少数师傅缺乏职业操守的问题需要从多个方面入手，包括加强师傅的选拔和培训、建立考核机制、加强监督和管理及营造良好的组织氛围等。这样，才能确保师徒制的健康发展，为组织培养更多优秀的人才。

（3）师带徒培训导师制受制于企业文化发展程度。目前，中国的企业还处在企业发展轨迹上的前期阶段，其企业制度规范，企业文化建设都还处在一个不完善的发展点上。有很多人力资源的管理者都在宣扬导师制对国内中小企业快速培养人才方面的积极作用。但恰恰是中小企业，由于制度建设更加不完善，在实施导师制的过程中更容易出现问题。

而作为企业的制度设计，其目标是为企业的发展服务的，如果其带来负面效果，如小团体主义，已经有了威胁其正面效果的危险，那么这项制度就失去了存在的意义。

（4）师带徒培训导师制带有明显非制度特点。作为企业制度体系的一部分，导师制恰恰带着非制度的特点，因为其实施是以小众化为前提的。导师制缺乏严格的执行和考评体系，并常常带有个人因素在里面，和课堂培训相比，它更多的只能算是非正式的知识交流。这些特点很容易造成传授者与学习者之间的私人忠诚超越对企业的忠诚。

因此，导师制可以通过这种私人的纽带增加员工对企业的忠诚度，也可能因传授者的离开而导致学习者失去对企业的忠诚。在西方企业中，无论是多么强调员工间的知识分享，其员工培训体系还是以课程培训为重点。因为作为企业的员工，最重要、最需要掌握的技能应该是企业的共同技能。这些技能通过课程培训能更快速而有效地传授给员工。而导师制所关注的重点只是所谓的内隐知识，带着明显的个人化特征在内，导师和学生之间的知识交流形态始终带着点拨的特质，它的存在是作为企业培训体系的有益补充，而非关键部分。

基于这样的认识，我们有理由判断，企业导师制就是企业培训体系中的一环，和其他培训方法相比并无不同，其实施要根据具体的企业特点设计，成败也受具体企业环境的约束。

2.2　师带徒考核办法

2.2.1　师带徒培训工作考核目的

师带徒培训制度考核的目的是针对本次培训的目标是否达成，以及达成的程度如何进行判定和证明。例如，师带徒培训的目标为：是否系统地掌握本工种的专业理论知识、技能操作是否达到较高水平、是否能够创造性地工作并解决生产过程中的一些关键难题；在培训过程中，师傅的职责是否完整履行，徒弟的职责是否完整履行，双方的配合程度、履约程度如何，徒弟实践经验和技术知识的积累程度，基层单位是否尽到自身的职责和权利等。

2.2.2　师带徒培训工作的考核原则

师带徒培训工作有制度建设，有系统执行，也要有相应的考核办法。师带徒培训工作的考核办法要坚持以下三个原则：

（1）坚持工种对口原则。

（2）坚持分层次培训原则。

（3）坚持培养与考核评价相结合原则。

2.2.3　师带徒培训考核中对师傅的条件要求

1. 师傅应同时具备的条件

（1）具有良好的职业道德，熟悉掌握本工种的理论和实际操作知识，技能水平高、技术全面。

（2）岗位业绩突出，能够解决生产过程中的突发问题。

（3）一般应具备中级工及以上资格；新进青工和青年职工的师傅必须具备高级工及以上技能水平。

（4）一般在本岗位工作三年及以上，具备指导培训对象的条件和能力。

（5）新进院校毕业生的师傅选定，必须是主管技术员以上的管技术人员。

2. 师傅选定程序

（1）个人申报或单位指定。

（2）单位意见。

（3）分管领导意见。

（4）考核确定。

2.2.4　师带徒培训考核中徒弟的选定程序

（1）个人申报或单位指定。

（2）单位意见。

（3）分管领导意见。

（4）考核确定。

2.2.5　师带徒培训的考核协议

1. 徒弟应与师傅签订培训协议

技师建议带 2 名徒弟，高级技师建议带 3 名徒弟。

2. 协议内容

协议内容主要包括培训内容、培训目标、协议期限、师傅职责、徒弟职责等。

（1）培训内容。各工种专业的培训，首先由师傅编制培训方案，报相关专业技术负责人批准后实施。

（2）培训目标。系统掌握本工种专业理论知识，技能操作达到较高水平，能够创造性地工作，解决生产过程中的一些关键难题。

（3）协议期限。1～3 年（可根据工种情况适当选择）。

（4）师傅职责。

1）承担对徒弟的全面培养工作，制订有针对性的培训计划、目标和学习书目，监督检查徒弟对计划的执行情况。

2）耐心、细致地指导徒弟学习，严格训练、严格要求，及时帮助徒弟解决工作学习中遇到的问题，真正把技术本领和自身所长传授给徒弟。

3）在传授技艺的同时，要把优良作风、安全生产知识及各种规章制度等传授给徒弟，培养徒弟认真负责、爱岗敬业、安全生产、遵纪守法的思想作风和刻苦钻研的学习态度。

4）定期检查徒弟的工作、学习情况，协助做好对徒弟的考核评价。

5）认真遵守相关规定，履行相关职责，按要求完成培训任务，实现培训目标。

6）及时总结徒弟的进步和不足，每月向部门提交一份反映徒弟各方面表现的工作小结，协议期满后提交一份培训总结。

（5）徒弟职责。

1）按照制订的培训目标，努力学习，有计划、有步骤、有措施地圆满完成培训计划。

2）尊敬师傅，虚心请教，服从指导，勤问、勤记、勤练。经常向师傅汇报工作、学习和思想情况，每月向部门和师傅提交一份工作小结，协议期满，提交培训总结。

3）在学习技艺的同时，要学习师傅的优良作风，学习安全生产知识，学习各项规章制度。

4）认真遵守相关规定，履行相关职责，按要求完成培训任务，实现培训目标。

（6）培训协议期内，如师傅或徒弟一方工作变动，导致不能继续履行协议的，协议即行终止。

（7）根据工作需要和个人申请，可变更师徒人选，变更后应重新签订或变更师带徒培训协议。

2.2.6　师带徒培训考核中基层单位职责和权利

1. 基层单位必须尽到的职责

（1）应对本单位的师带徒工作全程跟踪管理，及时向职能部门反馈本单位师带徒工作的进展情况。

（2）负责组织每月不少于两次的专业技能培训，做好培训效果跟踪评价。

（3）积极为师带徒创造条件，在思想上、工作上、生活上关心他们。对师带徒工作中师傅和徒弟所取得的成绩，及时给予表扬和鼓励。

（4）每月对师傅和徒弟考核一次。

（5）师带徒工作结束后，一周内进行组织期末评估考核、考试，期末评估考核得分占最终得分的75%，平时考核占最终得分的25%。

2. 考核师傅的标准

按出勤、安全情况、工作态度和学习情况四方面对师傅进行考核。

（1）出勤方面（20分）：能严格遵守（科区）安排同岗传艺、指导无缺班，认真履行带徒义务的，为优秀；能遵守带徒要求有事事先请假的，为良好；不能履行带徒义务，并有漏带现象的，为差。

（2）安全情况（25分）：月度带徒无"三违"，无机械事故、人身事故，不违章指挥徒弟的，为优秀；有轻微"三违"但不违章的师傅，为良好；有一般"三违"及以上、重大机械事故或人身事故等情况之一的即评定为差。

（3）工作态度（25分）：工作积极主动、认真履行师傅职责，耐心传教，关心徒弟学习和生活，善于和徒弟沟通的，为优秀；能履行职责的，为良好；不履行带徒义务或师徒关系平淡的，为差。

（4）学习情况（30分）：主动无保留地传授技艺和经验，并积极参加职工培训授课的，为优秀，主动传授技艺的，为良好；只顾个人干活，技术保守，不传授技艺的，为差。

3. 考核徒弟的标准

按出勤、安全情况、工作态度和学习情况四方面对徒弟进行考核，每月考核一次。

（1）出勤方面（20分）：能按照（科区）排定的随师学艺出满勤的，为优秀；出勤20个班做到有事按规定请假的，为良好；不随师学艺出勤不满20个班，并有旷工的，为差。

（2）安全情况（25分）：积极参加安全学习和培训，月度无"三违"、机械事故、人身事故的，为优秀；有轻微"三违"的，为良好；有严重"三违"、重大机械事故和人身事故的，为差。

（3）工作态度（25分）：工作积极主动、尊敬师傅，服从指导，师徒关系融洽的，为优秀；工作负责、服从分配，能完成师傅安排的学艺内容的，为良好；工作不服从分配、不负责任的，为差。

（4）学习情况（30分）：积极参加技术培训、岗位技能测试，认真做好笔记，虚心向师傅请教，学习新技术的，为优秀，参加培训；学习笔记认真的，为良好；学习不认真的，为差。

4. 基层单位有权向职能部门提出奖罚建议

对本单位师带徒工作中取得突出成绩的职工，基层单位有权适当提高其工资待遇。

2.2.7 师带徒培训制度的考核与奖惩

师带徒培训是提高技能操作人员技能水平和综合素质的重要培训方式，通过不脱离生产岗位的"传、帮、带"活动，较好地解决了工学矛盾，企业各部门要将师带徒工作纳入日常管理范畴，加强对师带徒工作的检查、指导和考核评价工作，采取切实有效的措施做好这项工作。人力资源部、职教学校和基层单位要做好考核评价结果的登记备案工作。

（1）对于在"名师带高徒"活动中取得优异成绩的单位和个人，企业要给予表彰。

（2）徒弟在规定时间内未达标，其师傅不享受带徒津贴，带徒资格取消，并追究师带徒责任；徒弟发生违章违纪及责任事故，如系师傅未履行合同所致，师傅应承担责任并接受处罚。

师傅或徒弟一方不认真履行师徒合同，另一方有权向单位申请终止师徒合同，其所在单位有权对有关责任者进行处罚。

（3）对未按规定开展"名师带高徒"活动的单位，对在"名师带高徒"活动中弄虚作假的单位和个人，要给予通报批评和罚款处理。

培训考核从知识、技能、职业素养等三个方面进行考核。

1. 知识方面

知识方面包括基本知识和专业知识。

（1）基本知识。基本知识涵盖公司知识、基本法律法规和计算机基础知识。

1）公司知识。

a. 了解公司员工管理制度与职位相关内容，了解公司发展历史，熟悉与本岗位有关的管理制度和流程。

b. 了解行业状况，熟悉公司的历史、现状、未来发展方向，以及相关管理制度、整体运作流程，了解公司整体战略规划及战略步骤。

c. 洞悉行业状况重大变化与趋势，能基于公司整体战略规划及战略步骤对公司运作流程与制度提出系统、科学的建设方案，以支持、保证战略目标的实现。

d. 参与制定公司战略目标，制定战略途径，向外传播公司文化，向内发展员工凝聚力。

2）基本法律法规。

a. 了解《中华人民共和国公司法》（简称《公司法》)《中华人民共和国合同法》（简称《合同法》)，以及与工作范围相关的法律法规，具备一定的法律专业知识。

b. 熟悉《公司法》《合同法》，以及与工作范围相关的法律法规，能就一般法律问题进行解答和提供建议；熟悉合同管理流程，能协助进行合同谈判、合同审查等工作。

c. 全面掌握《公司法》《合同法》，以及与工作范围相关的法律法规；掌握司法行政机关工作程序，能够独立处理经济纠纷和诉讼等法律工作。

d. 精通《公司法》《合同法》，以及与企业业务相关领域的国家法律法规，能指导各类法律事务的处理。

3）计算机基础知识。

a. 会使用计算机操作系统；运用必要的办公自动化软件完成简单的文档；使用与工作相关的专用软件中的简单功能；能处理简单的计算机操作问题。

b. 运用办公室自动化软件完成高质量或专业文档；熟练使用与工作相关的专用软件。

c. 推广新的办公室自动化软件；制订公司的文档模板；能够分析应用系统使用中的问题，并总结成业务需求，反馈给信息技术部门以更改应用系统。

d. 精通相关业务区域的业务运作，深刻理解业务及应用系统为何如此设计和互相匹配。

（2）专业知识。专业知识涵盖电力专业知识、电力技术知识、项目管理知识等三个方面。

1）电力专业知识。① 当被问及有关电力专业知识问题时，能以专家的心态回答问题，告诉别人对一些技术问题的理解；② 尽力回答更深入的专业知识，并花时间告诉他人额外的知识，帮助他们解决技术问题，或帮助其影响客户。

2）电力技术知识。了解工作相关的基础理论知识和专业技术知识、技术标准。

掌握本岗位的基础理论知识，专业技术知识，技术标准、规范和规程及相关岗位专业技术知识，熟悉技术状况和发展趋势，能对一般技术问题进行总结和分析。

精通工作相关的基础理论知识，专业技术知识，技术标准、规范和规程。熟悉技术状况和发展趋势，能对重大问题进行总结和分析，并具有以下能力：① 能凝练、总结电力技术知识，并就具体技术应用给出指导性建议；② 能提出创新性的电力技术知识，对提高生产效率有巨大贡献；③ 项目管理知识。

其中项目管理知识包括以下几个方面。

a. 第一阶段。

a）能够按照项目总体要求，就被分配的工作任务制订合理的工作计划，自我控制工作进度，按期完成工作任务。

b）能够服从项目组的统一指挥，主动向项目管理人员报告任务的进展情况，及时反映遇到的问题。

c）能够自我监控工作质量，尽力按要求完成项目中的任务。

b. 第二阶段。

a）具备一定的组织和管理能力，具体组织并实施子项目的开发工作，就工作进度安排和工程的具体要求等制订详细的工作计划。

b）做好项目小组内的沟通和协调工作，定期检查工作进展和工作质量，及时收集并解决工作中遇到的问题，保证项目正常运作。

c）能够定期向项目的总管报告工作进展情况，及时反映组内不能解决的问题。

c. 第三阶段。

a）具备良好的组织管理能力，具体组织并实施项目的整体开发工作，按照项目要求，制订合理的项目实施计划（包括分配项目开发所需的人力、物力资源，制订项目预算，安排进度等）并组织实施。

b）具备较高的协调能力，能够做好项目组内外的沟通工作，保证项目整体的正常运作。

c）能够制订有效措施保证项目质量和项目实施进度，如在项目的主要时间节点审查工作进展是否达到要求，及时纠正工作中的偏差。

d）具备敏锐的洞察力，能及时发现项目中存在的问题并制订应对措施。

e）能够制订项目验收方案和计划，组织对项目进行验收。

d. 第四阶段。

a）具备丰富的项目管理经验，能确定项目的整体目标和要求。

b）能组织进行项目可行性的论证和评审，并对项目的各种实施方案进行评估，挑选最优方案。

c）能对项目进行合理的估算，包括项目预算、工作量、所需人力/物力资源、时间及可能存在的风险等，并在此基础上监控项目计划的制订及实施。

d）能合理调配项目资源，尽可能地降低项目成本，控制项目的风险。

e）能通过对项目各实施阶段的评估，及时发现并解决问题，严格监控项目的质量。

2. 技能

技能包含系统思考能力、分析判断能力、沟通协调能力、解决问题能力、业务操作能力、技术应用能力、应对能力、安全意识等。

（1）系统思考能力。系统思考能力主要有以下几个方面。

1）第一阶段。

a. 综合考虑工作中每个环节的逻辑关系。

b. 预先设想自身的工作对于客户和同事的影响，并做好事先沟通。

c. 考虑自身决策对于上下道工序或团队的影响。

d. 摒弃官僚作风，随时为其他团队提供所需的服务。

e. 学习国家和行业的政策，保持行动与政策的一致。

2）第二阶段。

a. 联合相关部门共同创造更出色的解决方案。

b. 合理分配资源，充分发挥可用的技能和资源。

c. 考虑自身决策对于组织的影响。

d. 在必要时为了达到全局的利益，可以放弃或让步自身的利益。

e. 分析归纳国际和行业的重要政策，支持和推动变革活动。

3）第三阶段。

a. 综合考虑工作中每个环节的逻辑关系。

b. 预先设想自身的工作对顾客和同事的影响，并做好事先沟通。

c. 考虑自身决策对于上、下道工序或团队的影响。

d. 摒弃官僚作风，随时为其他团队提供其所需的服务。

e. 学习国家和行业的政策，保持行动与政策的一致。

4）第四阶段。

a. 针对环境的改变而重新整合公司的资源。

b. 以企业利益为中心，综合考虑各个部门之间的工作关系。

c. 考虑自身决策对组织和外部社会的影响。

d. 预见国家和行业的重要政策，领导公司的变革。

（2）分析判断能力。判断能力主要有以下几个方面。

1）第一阶段。

a. 定义、记录和评估问题的广度。

b. 能解释分析问题的基本步骤，分析一些最基本的问题。

2）第二阶段。

a. 将复杂的问题拆成可管理的各个部分，并系统性地从多个方案中选择最佳方案。

b. 运用过去的经验来定义问题并进行分析。

c. 能主持小组会议来分析问题。

3）第三阶段。

a. 建立和促进一个良好的环境对问题进行定义和分析。

b. 能很快确定问题的根源所在，并找出与问题和建议方案相关的风险所在。

c. 从多个角度分析问题，并对分析结果整理归纳，以便将来遇到类似的情况可以应用。

d. 组织适当的人员一同来分析复杂的、跨功能部门的问题。

（3）沟通协调能力。沟通协调能力主要有以下几个方面。

1）第一阶段。

a. 熟练运用口头和书面的沟通技巧。

b. 在不同场合能树立自己适当的形象。

c. 以开放心态接纳各种不同的声音。

d. 公私分明，不计前嫌，以德服人。

2）第二阶段。

a. 有说服力地表达自己的观点。

b. 熟练地运用各种论证方式对他人产生影响。

c. 通过沟通各个建议方案的潜在利益帮助各方达成共识。

d. 以身作则，实现终身学习和知识分享。

3）第三阶段。

a. 清晰地阐述他人的观点并能利用这些观点进行反面论证或树立新的观点。

b. 打破部门及阶层界限，营造开放自由、相互信任的沟通环境。

c. 运用有力的事例论证说服他人接受新的想法。

d. 关心并重视团队的工作士气和取得的成功，不断增强团队的凝聚力。

4）第四阶段。

a. 有优秀的沟通能力，社会交往面较宽，善于与外界建立合作关系，利用方方面面的资源为工作服务。

b. 通过及时有效的分配和调动资源，克服由于他人原因引起的延误，圆满解决超出自己控制范围的问题。

（4）解决问题能力。解决问题能力主要有以下几个方面。

1）第一阶段。

a. 定义、记录和评估问题的广度。

b. 能解释解决问题的基本步骤，并运用组织的指导原则解决一些最基本的问题。

c. 通过收集相关的数据来定义问题，将问题拆成可管理的各个部分，并确定解决方案。

d. 证明问题的解决方法是有逻辑性的，并能提供建议方案的理由。

e. 在适当的时候能有其他资源/专家来提供解决方案。

f. 在自身的工作环境下确定问题潜在的影响。

g. 能实施迅速见效、复杂性低的解决方案。

2）第二阶段。

a. 为问题定义有创意的解决方案，并设计解决方案的实施计划。

b. 确定问题的根源所在，并找出与问题和建议方案相关的风险所在。

c. 将复杂的问题拆成可管理的简单问题，并系统地从多个方案中选择最佳方案。

d. 预期可能发生的问题，并采取适当的预防措施。

e. 运用过去的经验来确定问题和实施有多个影响的选择方案。

f. 能主持小组会议来解决问题。

3）第三阶段。

a. 建立和促进一个良好的环境来鼓励具有创造性的解决问题的办法。

b. 从多种问题解决的方法中选择最佳方法，并将之整理归纳，以便将来遇到类似的情况可以应用。

c. 组织适当的人员一同来解决复杂的、跨功能部门的问题。

d. 预料解决方案可能对相关方造成的影响，并使得相关方能接受建议的方案。

4）第四阶段。

a. 解决与组织的战略方向有关的重要问题。

b. 为以前认为是不可解决的问题创造出解决方案。

c. 创建全新的方法论来解决问题。

（5）业务操作能力。业务操作能力主要有以下几个方面。

1）第一阶段。

a. 能够描述流程的指标，并收集和分析流程衡量指标。

b. 在一个工作组内操作流程并建档，根据目的、输入、步骤和输出来描述流程。

c. 在自身涉及的工作流程范围内进行改善并建档。

d. 定义影响流程实施的关键成功要素。

e. 建档分析和改善一个完整的工作流程，评估流程变化对于人员、技术和业务的影响。

f. 为一个工作组规划新工作流程。

g. 为多个工作组实施流程。

2）第二阶段。

a. 规划和实施指标以监控和检查流程。

b. 根据标杆对照分析流程可改进的领域并组织改进流程。

c. 规划多个工作组共享的新工作流程。

d. 实施跨功能部门的流程。

e. 获得人员对于新流程的理解、认同和承诺。

3）第三阶段。

a. 统计流程的控制指标，根据统计分析对流程进行改进建议。

b. 规划新的公司范围的业务流程。

c. 实施一个公司范围的流程。

d. 整合流程设计和实施的方法，形成一套共通的模式。

e. 指导他人进行流程设计和实施。

4）第四阶段。

a. 计划和设计公司范围的业务流程的变革性重组。

b. 改进和供应链各方（包括多个供应商及顾客）之间的流程。

c. 能够对组织重要的业务流程进行重组，以达到突破的结果。

d. 管理变革性重组流程的实施。

（6）技术应用能力。技术应用能力主要有以下几个方面。

1）第一阶段。

a. 能主动学习理论技术知识，并在实际工作中运用。

b. 能了解不经常使用的技能方法，在理论上有一定的认识。

c. 在日常工作中能运用基本技能并完成工作任务。

2）第二阶段。

a. 能够提供具有实用性又具有可操作性的技能方案帮助别人决策。

b. 能够用通俗易懂的理论、框架来总结和阐述自己的专业技能知识，选用适当的方式让别人理解解决方案。

c. 了解专业技术领域的最新发展情况并思考怎样运用。

d. 运用技术与专业能力促进项目与局面的拓宽。

3）第三阶段。

a. 不断提高专业技能知识的广度和深度，关注所在专业领域的动态，乐于通过杂志、研讨会等方式保持与专业前沿的接触。

b. 倾听并迅速归纳对方观点背后涉及的本专业技术领域的理论要点，判断对方的关键需求点，能够为对方提供多种解决方案并陈述利弊。

c. 利用本专业内能促进其他领域工作或项目的技能知识提高其他部门的效率。

4）第四阶段。

a. 提供专业意见，激发、完善对方采取行动推进方案的实施步骤和操作思路。

b. 在其他人都无法解决难题时，这时的专家是大家公认的领域专家，能够提供让人耳目一新的思路。

c. 抓住机会了解外部公司的技术/进展。

（7）应对能力。应对能力主要有以下几个方面。

1）第一阶段。

a. 采取重复的行动以实现目标；当事情进展困难时，千万不要轻易放弃。

b. 表现出高度的毅力以确保按要求实现目标。

c. 受阻时要克服阻碍。

2）第二阶段。

a. 在事情变得被动前行动。

b. 在被问及或受到指示之前，积极寻求解决办法。

c. 迅速采取行动解决当前问题。

3）第三阶段。

a. 通过有效运用鼓励、支持等形式让人们建立信心。

b. 提醒别人意识到问题所在。

c. 促使别人不坐等指示，积极采取行动。

4）第四阶段。

a. 通过预测组织内外客户和关键性市场的趋势，采取措施确定未来2～5年的战略定位。

　　b. 鼓励和奖励为长远利益做出贡献者。

　　c. 实施那些可以为长期战略打下坚实基础的事情和行为。

　　（8）安全意识。安全意识主要有以下几个方面。

　　1）第一阶段。

　　a. 了解业务流程等基本知识，知晓国家及公司的有关安全管理的法规和制度。

　　b. 能贯彻安全生产的方针、政策，严格执行各项安全生产法规、规定和制度。

　　c. 具有一定的安全意识和安全管理的能动性。

　　d. 能通过观察发现安全隐患，并积极寻求处理的方法。

　　2）第二阶段。

　　a. 熟悉业务流程、专业技术知识、国家与公司有关的安全管理的法规和制度。

　　b. 能运用专业技术知识，积极参与防火、防爆、防漏和防污染等安全管理的各个环节的工作。

　　c. 能帮助他人树立安全意识，服从安全第一的原则。

　　d. 能及时发现安全隐患，并提出整改方案，及时协助排除隐患。

　　e. 能对安全事故进行调查分析，查清事故原因及责任人，并提交分析报告。

　　3）第三阶段。

　　a. 掌握国家与公司有关安全管理的法规和制度，并能运用工作业务流程和专业知识进行事故防范及处理。

　　b. 能完善安全生产的规章制度，并且坚决贯彻执行，能严肃追查事故责任者。

　　c. 能坚决制止纪律松弛、管理不严、有章不循的情况，确保公司的安全运营。

　　d. 能指导他人迅速排除安全事故隐患，并能为解决安全方面的重大问题提出有效的建议。

　　4）第四阶段。

　　a. 掌握生产工作流程等基本知识，以及国家与公司有关安全管理的法规和制度。

　　b. 能制订行之有效的安全防范措施，完善公司的安全管理体系。

　　c. 组织各项安全技术研究及重大隐患整改技术的研究，提出整改方案。

　　d. 在发生安全事故后，能果断、迅速地采取必要措施，保护人身和财产安全，防止事故扩大。

　　3. 职业素养

　　职业素养主要包括严谨求实、自信心、坚韧性、责任心、客户导向、卓越高效。

（1）严谨求实。严谨求实的职业素养主要包括以下几个方面。

1）第一阶段。

a. 对自己的工作要求严格，都会按照既定的操作规范或上级指示进行，较少出现错误。

b. 注重对自己的工作进行检查，以核实提供的资料和信息的真实性。在提供资料或信息前，能够主动通过多种途径，对其真实性进行交叉验证。

2）第二阶段。

a. 注意督促下属或配合自己工作的其他人员对工作的各个环节进行多角度、全方位的考虑，确保工作准确无误。

b. 能够对他人的工作的细节进行要求或检查，发现或纠正其工作中的差错和疏忽等。

c. 学习并督促自己及他人掌握各种可以提升和改进工作细节的方法，能够设计或使用程序化检查错误的手段。

（2）自信心。自信心的职业素养主要包括以下几个方面。

1）第一阶段。

a. 自信地展示自我。

b. 证明对自己独特能力充满信心。

c. 坚定而有建设性地提出观点和想法。

2）第二阶段。

a. 没有明确的指示也能独立工作。

b. 突破明确指挥的传统和标准。

c. 必要时，即使别人反对，也能独立行动并对后果承担责任。

3）第三阶段。

a. 承担有挑战，有风险的工作，因为有挑战而兴奋，不断寻找和追求新的责任。

b. 接受困难的工作分配，当出现问题时仍保持积极的心态。

c. 积极对待困难任务/形势。

4）第四阶段。

a. 提出建设性的决策、战略。

b. 提出独立的观点，对别人认为重要的问题提出异议。

c. 受到批评或被激怒时，保持客气态度。

（3）坚韧性。坚韧性主要包括以下几个方面。

1）第一阶段。

a. 在工作中树立了不松懈的工作信念。

b. 在受到挫折和批评时，能够抑制自己的消极想法和冲动。

c. 为了达到目标，能够持续不懈地努力工作，甚至面临繁琐的、枯燥的工作任务时也能坚持。

2）第二阶段。

a. 面对挫折时能够主动意识并正确对待自己的不足，从错误中吸取教训，坚持从头再来。

b. 能够承受较大的工作压力，采取积极行动去克服困难。

c. 追求目标的过程中，不断地激励自己，即使很艰难也不停歇。

3）第三阶段。

a. 面对突发情况或强烈反对也毫不退缩和动摇，团结和带领他人为实现目标一起奋斗。

b. 在屡战屡败的情况下，越挫越勇，不放弃采取新的理念和方法去探索，以完成任务或达到目标。

（4）责任心。责任心主要包括以下几个方面。

1）明确自己的工作职责和角色，认识到自己承担工作的重要性。

2）以一种积极主动的姿态处理事情，对职责范围内的工作进展情况及时进行核查，对发现的问题采取必要的行动，以保证工作按要求标准完成。

3）当工作中面临需要同时处理职责内和职责外的任务时，能主动采取应对措施，保证不因为职责以外的任务而影响职责内工作。

4）主动公开地承担本职工作中的责任问题，不欺上瞒下，并及时主动地采取补救预防措施，防止类似问题再次发生。

5）支持公司战略目标的实现，即使面临巨大压力或个人利益受到损失，仍能不折不扣地完成工作并承担责任。

（5）客户导向。客户导向主要包括以下几个方面。

1）承担个人责任：追随客户的需要与咨询，有责任矫正客户服务的问题，迅速解决问题，要表现得有责任感。

2）解决潜在需求：了解客户业务。了解客户现实的与潜在的需要，提供与之相应的产品与服务。

3）增加附加值：做出坚实的努力为客户提供附加价值，以某种方式改善客户服务。

4）以长远的眼光解决客户问题。

5）对于客户需求有预见性，能提前预知客户满意度、客户需求的变化。

6）做客户的同伴：主动参与客户决策过程。

7）为了客户的最佳利益，调整组织行为，为客户提供专业的建议。

（6）卓越高效。卓越高效主要包括以下几个方面。

1）第一阶段。

a. 弄清客户、经理、同事期望的标准。

b. 定期检查个人进展，做出必要改变以确保达到期望标准。

c. 在期限之内实现公认的目标。

2）第二阶段。

a. 获得优于已定期望的结果。

b. 承担比以前更复杂、更困难的目标。

c. 定期识别出优于最初计划/标准的机会。

d. 提前获得高质量成果。

3）第三阶段。

a. 识别部门或组织的未来机遇，将其转化为新的目标和行动。

b. 识别高利润产品/方案/服务，使其与新的或现有客户的需要结合起来，将可能性最大化。

c. 调整个人与部门的目标以适应其他组织，实现一个更强大、更广泛的战略。

4）第四阶段。

a. 利用组织资源实现困难的目标，获得重要的新业务主动权。

b. 承担并管理对业务有积极影响或消极影响的风险。

c. 为遭到强烈反对或有较少支持的新业务提供有意义的个人或组织资源支持。

2.2.8 师带徒积分管理考核办法

为进一步调动和激发青年员工成长的积极性和主动性，保证培训的有效性，构建完善的、可持续发展的青年员工学习成长体系，为公司可持续发展夯实基础，可以实施师带徒积分管理考核办法。

青年员工成长积分管理是对青年员工能力成长的量化管理，依据积分标准，进行积分的登记和累积，从而综合评价青年员工的学习、成长、工作的情况，以及员工技能、素质提高程度等。通过积分管理，促进学习成长计划的实施，实现员工与企业的共同发展。

1. 组织分工

（1）人力资源部。

1）制定青年员工成长积分管理制度。

2）负责推进成长积分管理工作在全公司逐步落实。

3）将各单位年度学习成长积分达标率纳入该部门年度考核、评优等项目中。

4）负责根据青年员工积分完成情况，对青年员工实施年度考核、奖惩、岗位聘任。

5）指导、监督所属各单位培训专责开展培训积分管理工作。

6）按季度检查所属各单位培训积分证明材料，确保积分真实。

（2）青年员工所在单位。

1）负责推进培训积分管理办法在本部门的落实。

2）负责建立本部门青年员工培训积分档案。

3）负责本部门青年员工培训积分的汇总、审核和登记。

4）每月25日将本部门培训积分情况汇报至人力资源部。

（3）青年员工所在班组（站、所）。

1）按时将班组（站、所）员工青年员工成长积分及相关材料上报给本部门用工专责。

2）提醒、监督本班组（站、所）青年员工及时申请培训积分。

2. 积分的标准主要根据

（1）业绩表现。根据青年员工年度绩效考核成绩给予对应的积分。

1）年度绩效为：A得5分；年度绩效为B得3分；年度绩效为C得1分；年度绩效为D，则不获得积分。

2）积分登记：每年登记1次。

（2）培训学习。根据青年员工参加各类培养项目情况给予对应积分。

1）参加一次培训，培训考试通过即可得分。

2）班组级培训每次得0.1分；区县公司级培训每次得0.2分；地市公司级培训每次得2分；省公司级培训每次得5分；国网级培训每次得10分。

3）迟到、早退30分钟及以上或缺课，不得分。

4）积分登记：基本积分按实际参加情况，根据所参加培训的记录（签到、总结、考试成绩等）登记，所参加培训无考试的，可根据参训记录登记积分，有考试的必须根据考试通过的证明材料登记积分。

（3）自主学习。根据青年员工的自主学习情况给予对应积分。

1）员工进行自学且有详细读书笔记、学习总结可获得积分，0.1分/次。

2）员工弄虚作假，一旦发现，所有自学积分作废，再扣5分，且当年不得再次申请自学积分。

3）积分登记：基本积分按实际自学情况，由员工提交供电公司青年员工学习记录表后登记。

（4）技能鉴定。根据技能鉴定情况给予对应积分。

1）技能鉴定等级为：初级工记 2 分；中级工记 4 分；高级工记 6 分；技师记 10 分；高级技师记 15 分。

2）积分登记：基本积分根据员工所取得的技能等级证书进行登记，员工每年评定均可获得相应的积分。

（5）专业技术资格认证。根据专业技术资格认证情况给予对应积分。

1）专业技术资格认证等级为：助理级记 5 分；中级记 8 分；副高级记 10 分；高级记 15 分。

2）积分登记：基本积分根据员工所获得的技术职称认证结果（证书、考试成绩）进行等级评分，员工每年评定均可获得相应的积分。

（6）竞赛调考。根据青年员工参加各级专业调考、竞赛的获奖情况给予对应积分。

1）国家电网公司级：个人前 20 名得 8 分，团体一、二、三等奖分别加 8 分、6 分、3 分，参与得 0.5 分（同一比赛不累加）。

2）省公司级：个人前 10 名得 4 分；团体一、二、三等奖分别加 4 分、3 分、2 分，参与得 0.3 分（同一比赛不累加）。

3）地市公司级：个人前 6 名得 3 分；团体一、二、三名分别加 3 分、2.5 分、1.5 分，参与得 0.1 分（同一比赛不累加）。

4）积分登记：基本积分按实际获奖情况，根据所获得的获奖证书等材料进行登记。

（7）获奖荣誉。根据青年员工在各级单位获得的荣誉（如优秀共青团干部、优秀工程师、优秀共产党员、先进个人等）给予对应积分。

1）基本积分：国家电网公司级 8 分、省公司级 5 分、地市公司级 3 分、县公司（二级单位）1 分。

2）积分登记：基本积分按实际荣誉获得情况，根据所获得的荣誉证书进行登记，所获得积分可以累加。

（8）交流分享。根据青年员工参加的交流分享活动给予对应积分，本项每年累积积分不超过 10 分。

1）参与"电力·TALK"或其他交流分享活动的记 1 分/次；担任主要分享人的记 3 分/次。

2）积分登记：基本积分按实际参与情况，根据所参与活动的记录（签到、心得总结、分享记录等）登记。

（9）优秀经验萃取。将师傅的经验进行抽提萃取并以文字案例或视频微课的形式呈现。

1）文字案例：通过评审则可得 2 分，定期对文字案例进行评选，若获得一等奖得 8 分；二等奖等 7 分；三等奖得 6 分。

2）视频微课：通过评审则可得 10 分，定期对视频微课进行评选，若获得一等奖得 15 分；二等奖等 13 分；三等奖得 11 分；编入国网大学课程得 20 分。

3）积分登记：基本积分按实际情况进行登记，专家评审通过进行登记。

（10）学术著作。根据青年员工学术著作或论文发表的情况给予对应积分。

1）学术著作在国家正式刊物上公开发表即可获得基本积分，第 1 作者 5 分；第 2 作者 3 分；第 3 作者 1 分；排名在第 3 作者以后的无积分。

2）论文被 EI、SSCI 收录，加 3 分/篇；论文在中文核心期刊发表，加 2 分/篇；论文在具有 ISSN 或 CN 号的正式期刊上发表，加 1 分/篇；在学术交流会议或国网系统内部发表论文，加 1 分/篇。

3）积分登记：基本积分按实际情况进行登记，根据学术著作的刊登通知、刊物内容截取等材料进行登记；奖罚积分可以叠加，达成条件即可登记；相同论文在不同级别刊物上发表，按照高级别登记积分。

3. 积分管理

（1）积分管理周期。青年员工成长积分每年累计一次，每年 12 月 31 日自动清零，次年 1 月 1 日重新登记。

（2）积分管理对象。青年员工成长积分管理对象为入职 5 年内的青年员工。

（3）积分登记。

1）积分申请：青年员工对照《供电公司青年员工成长积分登记标准》，根据积分获取情况，填写供电公司青年员工成长积分申请表递交至上级单位进行申请。青年员工个人可在积分管理周期任意时间进行申请，但必须符合积分登记标准，并在申请时提供相应证明材料。

2）积分审核：各单位或人力资源部在收到积分申请表及相关证明材料后，对积分申请情况进行审核，审核通过后将记录在供电公司青年员工成长积分统计表中。各单位每季度末将供电公司青年员工成长积分统计表上报至人力资源部。

3）积分统计、抽查与通报：人力资源部每年做好青年员工成长积分和单位管理积分的统计工作，不定期对积分证明材料进行抽查，确保积分真实性，每季度对积分获取情况进行通报。每年 1 月，人力资源部对青年员工上一积分周期所获积分进行汇总，将统计结果在全公司范围内进行公布并按规定对员工进行考核与奖惩。

4）积分申诉：每季度通报积分获取情况后，若青年员工对积分结果存有异议，有权向人力资源部进行申诉，人力资源部需在一周内对员工异议事项进行查实，妥善处理。

（4）师带徒考核的积分应用。一个积分管理周期结束后，按照积分高低进行排名，依据积分排名情况实施相应奖惩。青年员工成长积分排名在前 5% 的（不足 1 人按 1 人算），获得"成长先锋"荣誉称号，进行全公司通报表扬和重点培养，在岗位定级、岗位晋升、评优评先等活动中享有同等级优先权。青年员工成长积分排名前 10% 的（不足 1 人按 1 人算），当年年度绩效不低于 A 级；青年员工成长积分排名后 20% 的（不足 1 人按 1 人算），当年年度绩效不高于 C 级。

对于连续两年青年员工成长积分排名在后 10% 的，人力资源部将视情况降低奖金额度或系数一年。公司所属各单位可根据实际情况制订本部门培训积分激励考核措施。

2.3　师带徒制度的应用

在当前全球经济衰退的形势下，很多企业不约而同地选择缩减培训等方面的支出，那么如何利用有限的资源挖掘企业内部富有潜力的高素质人员，实现危机时期的人力资源可持续发展成为当前理论与实务界共同关注的话题。企业师带徒培训制度的推出，是为了充分利用公司内部优秀员工的技能和经验，帮助新员工尽快提高业务技能，适应岗位工作的要求。

企业师带徒导师制作为企业的一种内部培训制度，很大程度上是一种能力培训，并且这种能力培养与企业的实际需要非常贴近，可以使企业在最短时间内得到自己需要的紧缺人才。同时，培养对象也能很快地得到用武之地，从而减少了人才外流，使企业能够真正做到"我培训、我拥有、我使用"。

企业师带徒导师制要在企业内推行实施，人力资源部门应该充分做好准备工作，从导师的选拔、确定到培养对象范围的确定，再到具体实施的流程，都要十分详尽。无论是导师模式选择、沟通准则，还是管理流程，人力资源部都需要针对企业特点和实际设计出配套的流程、措施，为导师制的顺利实施保驾护航。

2.3.1　管理组织与责任

在实施企业师带徒培训制度前，要在企业确立师带徒培训制度的管理组织与责任。例如，以培训部或干部处作为培训制的领导机构，全面负责和推动企业培训制度的设计和具体执行。各系统干部处负责本系统导师的具体管理工作如下：

（1）负责制定和完善导师工作细则和评价标准。

（2）不定期对导师辅导工作进行检查，推动导师制度的深化。

（3）对本部门导师进行资格审查、工作检查、日常管理。

（4）导师及员工结束培养期的考核评定，组织答辩。

（5）进行导师工作的创新，保证本系统导师工作的正常进行。

1. 人力资源部及产教融合中心

（1）师带徒培训制度的编写和修订。

（2）师带徒管理系统的开发和推广。

（3）师徒评优及奖惩工作统筹。

（4）职业导师选拔标准的制定。

（5）师带徒活动的策划。

2. 各分公司培训负责人

（1）师带徒培训管理制度。

（2）职业导师选聘的组织实施。

（3）职业导师培养。

（4）职业导师资格管理。

（5）师带徒匹配签约组织。

（6）师带徒质量监督。

（7）师徒考核的组织实施。

（8）师徒评优及奖惩工作组织实施。

（9）师带徒活动的组织实施。

3. 班组负责人

（1）职业导师的推荐。

（2）师带徒培训的实施组织及指导。

（3）师带徒质量的监督。

（4）考题内容的审核。

（5）师徒考核。

（6）师徒评优、评奖的申报。

4. 职业导师

（1）接受徒弟的拜师申请。

（2）积极对师带徒管理方式提出意见或建议。

（3）根据师带徒管理手册指导和培养徒弟。

（4）为徒弟制订培训目标及培训计划。

（5）对徒弟进行考核。

（6）为徒弟准备足够的培训资料。

（7）重视徒弟的想法，关注徒弟的安全。

（8）充分关注徒弟的成长。

5. 徒弟

（1）积极对师带徒管理方式提出意见或建议。

（2）发起拜师申请。

（3）与职业导师沟通确认培训目标和计划。

（4）按照师带徒管理手册的要求参与师带徒培训。

（5）按时完成职业导师布置的培训任务。

（6）努力学习岗位知识技能。

（7）按要求参加培训考核。

2.3.2　师带徒培训制度的具体应用步骤

为了保证师带徒培训制度在企业高效地实施，师带徒制度在应用层面主要包含以下九个步骤，即职业导师选聘培养、职业导师资格的管理、师徒匹配签约、培训计划及目标的设定、师带徒培训的实施、出徒考核、评价评优、奖励方式、惩罚方式。

1. 职业导师选聘培养

职业导师的选拔培训工作具体由企业的人力资源部门负责组织，由各分公司培训机构负责人负责具体实施，包括制定标准、宣传报名、选拔入库、培训考核四个步骤。

（1）制定标准。原则上每两年组织一次职业导师选拔，由人力资源部与各分公司机构培训负责人沟通确认后，制定当年的《职业导师选拔标准》。

（2）宣传报名。人力资源部在师带徒管理系统中发布选拔通知。各分公司机构培训负责人鼓励符合要求的员工自荐或部门推荐，填写职业导师自荐表或职业导师推荐表。在系统中填写"我要报名"或"我要推荐"。

（3）选拔入库。由各分公司机构培训负责人比照选拔标准进行初选；与通过初选的员工确认意愿。在系统中对通过初选的员工发起"意愿确认"，如员工确认有意愿担任职业导师，则进入"职业导师人才库"候选人名单。

（4）培训考核。由各分公司机构培训负责人对入库候选人进行不少于6课时的培训，培训内容包括且不限于师带徒制度认知、师带徒管理手册及系统使用、师带徒培训技巧。培训结束后，进行笔试和系统操作考试。参加培训并且考试通过的候选人，正式取得职业导师资格。

2. 职业导师资格的管理

取得职业导师资格的员工，将纳入师带徒管理系统"职业导师人才库"进行管理，并获得师带徒标准管理系统的职业导师权限。

（1）资格获取。各分公司机构培训负责人，为取得职业导师资格的员工录入"职业导师人才库"，并开设职业导师权限，对于首次获取的，资格有效期为2年。

（2）资格延续。在资格有效期内，完成一名徒弟的师带徒培训，系统可为延续资格2年。

（3）资格取消。以下情况，职业导师将失去资格，并失去师带徒管理系统的职业导师权限：

1）该职业导师超过2年未带徒弟，资格到期，系统自动废除其资格。

2）资格有效期内，该职业导师出现1次徒弟出徒考核结果为"不达标"，且经部门培训负责人质量监督判定为职业导师带徒态度或能力原因造成的，部门培训负责人在系统中取消其资格。

3）资格有效期内，该职业导师出现1次违法或违纪行为，或培训质量监督结果为60分及以下，该单位的培训负责人将在系统中取消其资格。

4）资格有效期内，该职业导师因个人原因（如长期休假、轮岗借调、个人意愿等原因）不适宜带徒弟，该单位的培训负责人将在系统中取消其资格。

3. 师徒匹配签约

（1）拜师申请。徒弟在"职业导师人才库"选择与自己工作岗位、工作地点、带教模块相匹配的职业导师，并向其申请成为师徒关系。每个徒弟都可以发起"拜师申请"，可以选择管理知识技能、岗位知识技能两个模块各1名职业导师。

（2）职业导师确认。职业导师查看收到的信息和培训需求，选择接受或拒绝，每个职业导师在同一时间内，可带不超过2个徒弟。

（3）协调安排。如被申请的职业导师拒绝，可向另一位职业导师申请成为师徒关系，发起"拜师申请"，或选择"帮我安排职业导师"，由培训负责人协助安排职业导师。

（4）签署师徒合同。徒弟需要与管理知识技能、岗位知识技能两个模块的职业导师分别在系统中签署《师徒合同》。签署日期不得晚于培训模块的培训开始日期。《师徒合同》中需要明确培训总时长，其中，管理知识技能培训模块不少于5天，岗位知识技能培训模块不少于12个月。

（5）师徒变更。在培训过程中，如需变更培训计划或变更职业导师，需要在系统中签署《师徒合同》变更，变更完成日期不得晚于培训开始日期，如变更职业导师，可根据实际情况适当延长培训周期。

4. 培训计划及目标的设定

（1）师徒签约后。职业导师需要与徒弟沟通确认培训计划及目标，并在系统中填写培训计划及目标。

（2）徒弟。在系统中查看并确认。

（3）审核。部门培训负责人审核确认。

（4）调整生效。培训进行中，师傅及培训负责人均可对培训计划提出调整建议，发起培训计划调整建议，得到培训负责人确认后调整生效。

5. 师带徒培训的实施

（1）培训内容。师带徒培训需根据师带徒培训计划及完成情况记录开展，培训完成的项目职业导师双方均需在系统中确认。职业导师需要保证合同结束时，培训计划中的所有项目均已确认完成。

（2）培训形式。职业导师需要对每个培训项目进行讲授和示范，为徒弟安排足够的实操项目练习机会，并提供指导和纠正，每个阶段需要安排总结和考核环节。师带徒期间，职业导师每周安排不少于5h的与徒弟面对面培训指导，其他时间可以通过布置任务、提供资料自学、线上答疑等形式指导徒弟。

（3）培训质量监督。部门培训负责人需要对本部门所有的师带徒培训进度和质量进行监督。监督形式包括且不限于现场观察、职业导师访谈、阶段考核、系统检查等。培训负责人需要对每位职业导师进行不少于2次的质量监督。并在系统中填写《师带徒培训质量监督报告》。

6. 出徒考核

（1）出徒考核。

1）师带徒培训最后一周，应进行出徒考核。

2）出徒考核由部门培训负责人出题库。

3）班组负责人从题库中选题进行考核。

4）考核形式包括：笔试答题、实操考核、任务考核、口试考核。

（2）考试结束。培训负责人须在系统中填写出徒考核成绩单。

（3）考试结果。考试结果分为不达标、达标、良好、优秀四个评级标准，如考核结果为不达标，可适当延长培训时长（不超过2周），并安排补考。如补考仍未达标，则交由人力资源部重新安排岗位。

7. 评价评优

（1）评价方式。

1）评价时间在出徒考核结束后1个月内。

2）培训质量监督得分，部门负责人及徒弟分别在系统中对职业导师进行评价得分。以

30%、30%、40%的比例加权后的综合成绩，填入职业导师评价表，作为职业导师评优的一部分参考。

（2）评价时间。每年8月底，人力资源部对1年内所有完成的师带徒培训进行评优，并于每年9月初开展表彰活动。

（3）奖项设置。优秀职业导师、优秀徒弟、优秀培训负责人。

（4）评优条件。优秀职业导师取得职业导师资格满1年，年度内所带徒弟出徒考核结果均为优秀。优秀徒弟管理知识技能模块和岗位知识技能模块考核结果均为优秀。

优秀培训负责人年度内负责的师徒对子不少于10对，且徒弟考核结果优秀率不低于50%。

8. 奖励方式

（1）获得优秀职业导师、优秀培训负责人称号的员工，当年绩效奖金增加10%。

（2）连续三年获得优秀职业导师、优秀培训负责人称号的员工，当年绩效奖金增加15%。

（3）获得"优秀徒弟"称号的员工，优先参与管理人才培养项目。

9. 惩罚方式

（1）所带徒弟出徒考核结果为"不达标"的职业导师，且经部门培训负责人质量监督盘点为职业导师带徒态度成能力原因造成的，取消职业导师资格。

（2）所带徒弟出徒考核结果为"不达标"的职业导师，且经部门培训负责人质量监督盘点为职业导师带徒的态度或能力原因造成的，取消职业导师资格。

（3）徒弟出徒考核结果为"不达标"且再次考核仍不达标，且经部门培训负责人质量监督盘点为徒弟学习态度或能力造成的，当年绩效减少10%。

2.3.3　师带徒制度的具体应用

在明确了上述企业师带徒具体实施过程中的步骤后，确定导师和培养对象的资格。

1. 确定导师和培养对象的资格

一般来说是要选择业绩优秀的老员工作为导师，但在实际选择过程中，必须考虑导师候选人的个性特点。那些既有良好业绩、又有较好表达能力、又热心的老员工是导师的最佳人选。人力资源部应根据相应的标准分别确定不同级别的导师，不同级别的导师带不同层次的学员，每名导师所带学员数量不得超过某一范围，形成梯状的人力结构。

（1）导师的确定。人力资源部统计企业内中高层领导和资深员工的人数，根据他们的综合素质、管理能力、业务能力、综合表现及个人专长等情况分别确定。由中高级领导做骨干员工的导师，而骨干员工做新员工和普通员工的导师。

（2）培养对象的确定。每名导师最多带四五个培养对象。骨干员工作为培养对象的，主要参考骨干员工的工作时间、工作业绩、当前所在岗位等来确定。新员工和普通员工作为培养对象的，一方面，由本部门领导推荐；另一方面，个人自愿，把被指导者的主动性和自愿性相结合，保持积极的学习心态。

（3）导师和培养对象的结对。实行导师及培养对象自由双向选择为主，人力资源部协调为辅的原则。即人力资源部给导师提供培养对象的基本信息，同时给培养对象提供导师名单、职位等基本信息，让双方自由选择。导师与培养对象结对完成后，人力资源部进行公示并备案。在这一阶段，人力资源部充当标准制定者、协调者和信息咨询者角色。除此之外，人力资源部不能仅仅把导师选出来告诉他们该带谁就万事大吉了，而应该把工作做得更细一点，要对选出来的导师进行培训，教会他们如何去带领新员工、如何分配任务、如何进行辅导等。

2. 确定培养计划、内容

（1）制订培养计划。导师与培养对象结对之后，通过相互沟通获取他们在知识结构、开发经验、特长和个人发展意向等领域的相关信息，以此为根据为被培养者制订培养计划。计划一定要细致，最好能把任务明确到每一个星期，为培养对象树立一个短期的工作目标和成长任务，让他们觉得能够不断获得提升，周期过长的方案往往难以落实。在拟定的具体培养方案中，一定要明确所要达到的目标、准备采取的行动计划（措施），以及导师需要提供的辅导和帮助。

（2）确定培训内容。对于培训的内容，导师制倡导培养对象结合个人实际情况与公司发展需要，主动与经验丰富的导师沟通和互动，选择相应的培训内容和培训时间，从而获取理念、知识、技能、方法并提高其综合素质。培训内容可以是与工作相关的知识、技能、能力，也可以是个人修养方面的。培养方法可以是灵活多样的，例如，工作上随时指导、定期制定研究课题、针对性的技能专题培训、谈话式的互动交流等多种方式。导师可以通过电话、网络、座谈、沟通、单独指导等多种形式来对培养对象进行培养。在这一阶段，人力资源部主要职责是备案和监督，即在双方确定下培养方法和内容后，人力资源部应敦促导师及时上报培训计划和培训内容，并实施定期检查和监督，确保培训的质量和效率。

3. 检查考核及持续提升

人力资源部根据导师的培养计划，做要好两方面的工作。一方面，组织导师定期考核培养对象，对于培养对象的学习进度、学习效果、实际工作表现、导师如何指导等信息及时予以记录存档；对于绩效突出的优秀学员，人力资源部可以考虑将他们引荐至更高一级的导师，并把进步作为日后晋升的参考依据之一；对于完不成培训任务、达不到预期培训目标的学员，人力资源部则需对其进行全面评定，以决定是否继续为其提供培训和试工机会。另一方面，也要考察导师在培养过程中是否尽心尽力，对于积极奉献、业绩突出的导师，要给予奖励，包括物质的和非物质的激励，例如，可以按照培养对象的工作业绩向导师提供一定比例的奖励（由公司补贴），也可以每年评选园丁奖、优秀导师奖等奖励，表彰优秀导师的贡献。对于未完成培训任务的导师，人力资源部应查明原因，明确责任，作为日后考核的依据。导师的聘任期一般为一年，聘期届满后，根据考核结果重新评选聘任导师。评选出的优秀导师将被列入后备干部队伍，人力资源部会给予他们重点培养和辅导。

在这一阶段，人力资源部担负着监督、考核及分析检查的重要职责。一方面，对导师制的结果进行考核是检验导师制是否获得预期效果的有效方式，更是改进导师制的重要途径，人力资源部必须提出实质性的考核方法来防止其流于形式。比较可行的方式之一是让新员工进行公开的成果汇报、现场答辩，由人力资源部、新员工所在部门的负责人、团队负责人、其他相关部门组成评议组一起进行评议。实践证明这一方式能较好地保证导师制真正出效果。另一方面，针对培训中出现的问题，人力资源部在归纳整理后将会同导师共同商讨调整改善的措施，不断地改进培训方法和内容，实现内部培训的优化和升级。

需要指出的是，在导师制的实施过程中，负责统筹的人力资源部应首先获取企业内部整体的认同，有了企业全员的认同和支持，推行导师制才能顺利，导师制才有发展。这就要求人力资源部在准备实施导师制之前，在企业内部广泛宣传导师制，务必使企业内部员工对此项制度有基本的认识和了解。

2.3.4 师带徒导师制实施流程

师带徒导师制实施流程如图 2-2 所示。

2.3.5 导师制实施流程主要节点如下

1. 导师的选拔

新员工的导师由各部门指定。管理导师和业务导师，由人力资源部根据公司关键人才、资深员工、管理者的具体情况和上述导师的师资要求，征求员工本人和部门经理同意后，提交总经理审批确定。

2. 确定指导关系

（1）导师选择方式见表 2-3。

表 2-3 导师选择方式表

分类	选择方式
新员工导师	由直线经理推荐，经部门审核同意，为每名新员工配备 1 名导师在指导期限内全程指导。同时，新员工在其他部门实习期间，可由所在部门指定骨干员工进行指导
管理导师	由员工自主或与部门经理沟通后，从导师库中双向选择
专业导师	

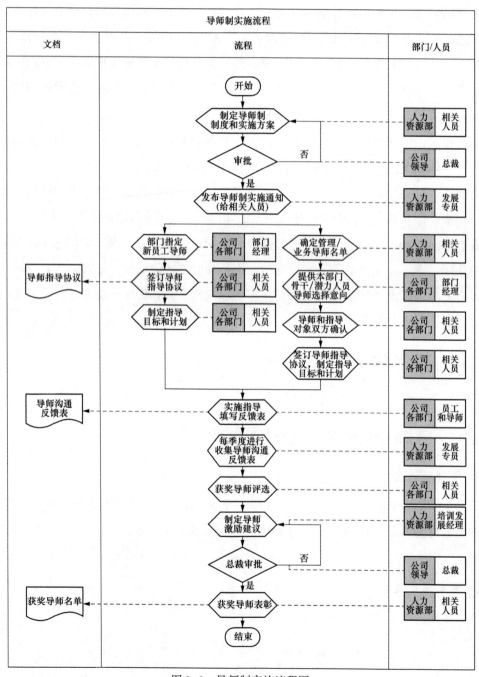

图 2-2 导师制实施流程图

（2）导师和指导对象填写指导协议（见附录 A 中表 A10），约定明确的个人发展目标和指导计划，报人力资源部备案，正式建立双方的指导关系。

（3）导师同时带教的指导对象不超过 3 人（新员工导师不限定带教人数）。

3. 导师指导

（1）导师指导由导师或指导对象发起，根据双方情况，约定指导周期、每次指导事项、指导方式等，并及时进行指导总结和制订下一步行动计划。

（2）指导内容不违反公司保密制度，并维护指导对象的自尊。

（3）导师指导内容，不仅包括岗位基本知识技能类，还包含工作经验传承、团队管理和心态引导类内容。具体如下：

1）知识技能类。

a. 业务知识和专业技能。

b. 有代表性的工作事例（含单点课）。

2）业务经验类。

a. 对业务的个人感悟和经验。

b. 职业生涯发展的经验和体会。

c. 行业信息、人际网络资源。

3）团队管理类。

a. 管理知识和通用技能。

b. 对团队管理的经验和感悟。

4）心态引导类。

a. 使指导对象拥有快乐工作、开心生活的积极心态。

b. 其他与指导对象工作、生活、身心健康相关的内容。

4. 跟踪

（1）人力资源部根据指导关系的备案情况进行抽查，即经指导双方同意后，参与指导过程。

（2）人力资源部每 6 个月组织一次对导师的评价反馈；根据需要组织召开导师、指导对象讨论会，并根据意见和建议提供相应支持和指导。

（3）指导对象每季度做 1 次辅导总结，导师根据指导对象表现和辅导总结做书面评价，并反馈给人力资源部。

（4）根据指导对象总结和导师指导记录表，汇总相关内容，形成企业导师制智慧库。

（5）导师在指导过程中如需资源或其他相关支持，可向人力资源部反馈，人力资源部

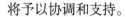

将予以协调和支持。

2.3.6　导师制的激励

每一指导周期的具体奖励参考以下措施：

（1）授予荣誉：对于在人力资源部备案的导师，授予 10% 以内的最佳导师荣誉称号、20% 以内的优秀导师荣誉称号。

（2）颁发奖金：根据导师协议、指导效果和各方评价，给予导师奖金激励。

（3）培训资助：提供更多外出培训和交流机会。

（4）典型交流：召开导师和指导对象交流会，宣传推广典型经验。

（5）特色激励：导师团队活动和纪念品等。

（6）公司内部其他项目的参评依据：将导师指导作为团队学习成长考核、个人评优的参考依据。

注：导师奖励细则见附录 A 中表 A12。

2.3.7　企业师带徒培训制的应用工具举例

（1）指导协议，见附录 A 中表 A10。

（2）导师沟通反馈表，见附录 A 中表 A11。

3　师傅综合能力培养

电网企业对师傅的定义：对新到生产岗位的人员，包括新员工和跨专业人员也即徒弟，在特定时期内不定时地对徒弟进行指导，使其快速融入电网企业文化，在岗位理论知识、实际操作技能、工作方法、工作熟练程度等方面显著提高，取得相应专业高技能评价证书，成为所在岗位的生产骨干，具备独立操作设备、维护检修设备的能力。

电网企业对师傅的基本要求：对电网企业文化有强烈的认同感和深刻的理解，在所在生产岗位对相关业务领域具有专长、有绝技绝活，具备熟练的沟通和指导技巧，有分享传承意愿，将带徒弟视为个人发展的机会，所有的生产岗位上的熟练人员和管理者都是自己负责区域内新到岗位员工培养的第一责任人，有义务和责任成为新到岗位员工的业务和管理上的师傅，同时，鼓励具有专长的师傅带领徒弟。

师傅应该具备的目标：主要以新到岗位人员成长为导向，助力新进员工的岗位理论知识和实际操作技能的成长。师傅的指导方式：示范为主，影响为要，包括倾听、分享、反馈、提供资源等。师傅的指导内容：侧重于知识传授、经验交流、手把手指导和工作思路指点，侧重于实际工作岗位所需的工作方法、技能和技巧，师傅与徒弟建立良好的互动关系，根据徒弟发展的需要，制订有针对性的指导计划，定期与徒弟沟通交流，跟进指导计划的实施，并反馈其表现，师傅制定实施流程，由师傅或徒弟发起，根据双方情况，约定指导周期、每次指导事项、指导方式等，并及时进行指导总结和制订下一步的行动计划，指导内容不违反公司保密制度，并维护徒弟自尊。师傅指导内容不仅包括岗位基本知识技能类，还包含工作经验传承、团队管理和心态引导类内容。具体包括：知识技能类、业务知识和专业操作技能、业务经验类对所在生产岗位的个人感悟和经验；职业生涯发展的经验和体会；岗位信息、人际网络资源等。班组管理类：管理知识和通用技能；对班组管理的经验和感悟。心态引导类：使徒弟拥有快乐工作、开心生活的积极心态；其他与徒弟工作、生活、身心健康相关的内容，师傅在指导过程中，如需资源或他相关支持，可向电网企业有关部门反馈，有关部门将予以协调和支持。

作为电网企业的师傅，应该具备基本的教练能力，每个徒弟能熟练操作、运检设备，诊断设备的运行工况，一定是师傅辛勤耕耘的结果；每个徒弟的成长必定是由于师傅的教练作用在推动和支持，每个徒弟的全情投入、自动自发地为电网企业创造最大业绩，离不开师傅的教授与指导。在电网企业衡量一个师傅是否是优秀的师傅，其中之一是看师傅是否具有教练能力，教练已经成为业绩提升的代名词，教练已经成为师傅激发徒弟最有效的工具。

3.1 师傅的教练能力

最好的师傅就是一个最好的教练，师傅的教练技术之教练技术理论、四大能力、四大步骤，阐述了对师傅的教练能力的培养。

1. 教练技术理论

教练技术理论是为有志成为教练型师傅或专业教练之人士提供的关于教练技术的一套完整的理论基础。涵盖了成为一名专业教练需要掌握的理论基本功，并合理配合现场真实案例演练与后续的导练跟进等大量徒弟实际操作机会，是成为专业教练或教练型师傅掌握教练之道的核心关键步骤之一。

2. 教练四大能力

作为电网企业的师傅应具备教练能力，需要具备四种基本能力：聆听、发问、区分、回应。通过这四种能力、辅助四步教练技巧，有效地教练被教练者。

聆听：聆听被教练者说话背后的本心、事实与真相、感受、情绪。聆听的态度是忘我的，抛开自己的判断和看法。

发问：通过发问发掘被教练者的心态，收集资料，让对方找解决问题的方法。发问的态度是中立的、有方向的和建设性的。

区分：理清事实与演绎、避免含混，让被教练者了解自己的心态，固有信念和处事模式。

回应：回应是一种强有力的工具，让被教练者清楚自己的实力和弱点。回应的方向是直接明确的、负责任的和及时的。

这四种教练技术能力看上去很简单，做起来不仅难以掌握而且难以用语言表达。以聆听为例，人们都习惯于聆听对方的语言，实际上，研究表明人的内心活动 80% 以上是通过情绪和身体动作等非语言形式表达的，这就要求师傅在教练时要有微知的洞察力。聆听发问区分回应，工欲善其事，必先利其器。

3. 教练四大步骤

第一步：厘清目标。管理大师彼得·德鲁克有句名言："做正确的事远比正确地做事重要。"厘清目标就是界定你真正的目标和方向。先清楚你做事的真正目的，确保你或你的企业是在做正确的事，否则你的行为将不是最有效的，甚至可能你自认为是在正确地做事，实际上却是南辕北辙。同时，焦点集中才能避免能量的无谓损耗。

第二步：反映真相。就是希望你知道你目前的状态和位置，包括你的信念、行为、情绪等，从中洞悉现状与目标的偏差和距离，区分事实与真相。例如，有时我们会说一大堆做某件事的理由，真相却是害怕失败，不仅仅要看到，而且要勇于面对。这是教练的镜子作用，镜子是不会教你怎样穿衣打扮的，但它会让你看到你现在打扮成什么样，是不是你想要的样子。俗话说，"知己知彼，百战百胜""人贵有自知之明"都说明了教练镜子作用的重要性。

第三步：改善心态。态度决定行动，行动决定成果。改善心态就是选择更有利于目标的心态，并贯彻到行动上，保持行动与目标一致。改善心态也包括拓展信念的成分，很多时候，我们看不到新的可能，往往因为我们拥有一些固有的信念。比如，我们一旦找到一个方法，脑袋就自动关机了，不愿考虑还有没有更好的方式，而我们愿意放下固有的信念时，更好的方式可能就出现了。

第四步：计划行动。当你在镜子中看到自己的打扮和想要的不同时，你自然会做出相应的调整。教练会要求拟定切实可行的计划，并跟进和检视被教练者的成果。没有计划和行动，目标永远不会变成成果。教练会像催化剂一样促使你提高行动力，让你看到自己的潜能及行动中的可能性，支持你在实践中不断地学习，令你真正做到并做得更好，厘清目标，反映真相改善心态，计划行动。

3.2　师傅的沟通能力

3.2.1　提高师傅的沟通能力

1. 一般步骤

（1）开列沟通情境和沟通对象清单。这一步骤非常简单。闭上眼睛想一想，你都在哪些情境中与人沟通。比如，企业、家庭、工作单位、聚会及日常的各种与人打交道的情境。再想一想，你都需要与哪些人沟通，如朋友、父母、同事、配偶、亲戚、领导、邻居、陌生人等。开列清单的目的是使自己清楚沟通范围和对象，以便全面地提高自己的沟通能力。

（2）评价自己的沟通状况。在这一步骤里，问自己如下问题：

1）对哪些情境的沟通感到愉快？

2）对哪些情境的沟通感到有心理压力？

3）最愿意与谁保持沟通？

4）最不喜欢与谁沟通？

5）是否经常与多数人保持愉快的沟通？

6）是否常感到自己的意思没有表达清楚？

7）是否常误解别人，事后才发觉自己错了？

8）是否与朋友保持经常性沟通？

9）是否经常懒得给人写信或打电话？

……

客观、认真地回答上述问题，有助于了解自己在哪些情境中与哪些人的沟通状况较为理想，在哪些情境中与哪些人的沟通需要着力改善。

（3）评价自己的沟通方式。在这一步骤中，主要问自己如下三个问题：

1）通常情况下，自己是主动与人沟通，还是被动与人沟通？

2）在与别人沟通时，自己的注意力是否集中？

3）在表达自己的意图时，信息是否充分？

主动沟通者与被动沟通者的沟通状况往往有明显差异。研究表明，主动沟通者更容易与别人建立并维持广泛的人际关系，更可能在人际交往中获得成功。

沟通时保持高度的注意力，有助于了解对方的心理状态，并能较好地根据反馈来调节自己的沟通过程。没有人喜欢自己的谈话对象总是左顾右盼、心不在焉。在表达自己的意图时，一定要注意使自己被人充分理解。沟通时的言语、动作等信息如果不充分，则不能明确地表达自己的意思；如果信息过多，出现冗余，也会引起信息接受方的不舒服。最常见的例子是，你不小心踩了别人的脚，那么一句"对不起"就足以表达你的歉意，如果你继续这样说"我实在不是有意的，别人挤了我一下，我不知怎么就站不稳了……"这样说反倒令人反感。因此，信息充分而又无冗余是最佳的沟通方式。

（4）制订、执行沟通计划。通过前几个步骤，你一定能够发现自己在哪些方面存在不足，从而确定在哪些方面需要重点改进。比如，沟通范围狭窄，则需要扩大沟通范围；忽略了与朋友的沟通，则需写信、打电话等；沟通主动性不够，则需要积极主动地与人沟通等。把这些制成一个循序渐进的沟通计划，然后把自己的计划付诸行动，体现在具体的师徒生活小事中。例如，觉得自己的沟通范围狭窄，主动性不够，你可以规定自己每周与两个素不相识的人打招呼，具体如问路，谈天气等。你不必害羞，没有人会取笑你的主动，相反，对方可能还会欣赏你的勇气。

在制订和执行计划时，要注意小步子的原则，即不要对自己提出太高的要求，以免实现不了，反而挫伤自己的积极性。每个小要求实现并巩固之后，再对自己提出更高的要求。

（5）对计划进行监督。这一步骤至关重要。一旦监督不力，可能就会功亏一篑。最好是自己对自己进行监督，如用日记、图表记载自己的发展状况，并评价自己的感受。

当你完成某一计划，如跟一直不敢说话的异性打了招呼，你可以奖励自己一顿美餐，或看场电影轻松一下，这样有助于巩固阶段性成果。如果没有完成计划，就要采取一些惩罚措施，如做俯卧撑或做一些懒得做的体力活。总之，计划的执行需要信心，要坚信自己能够成功。

记住：一个人能够做的，比他已经做的和相信自己能够做的要多得多。

2. 师傅如何和徒弟进行有效沟通

（1）师徒沟通的重要性。传授知识和技能的过程是师徒在交往和互动中传递知识的过程。这个过程中，徒弟是主体，师傅是辅助，两者必须相互配合、相辅相成，形成一种沟通和交流。师傅不能单调地、一成不变地、照本宣科地灌输，那样传授知识和技能效果会很差。师傅必须重视与徒弟之间的有效沟通，才能调动徒弟主体性和积极性，使传授知识和技能成为师傅和徒弟合作互动的有效沟通过程。这种有效沟通既贯穿整个传授知识和技能过程之中，又是全方位、多角度、多功能的交流。所以，每天与徒弟相处几个小时的师傅，要正确认识与徒弟沟通的重要性，并要懂得一定的沟通技巧，这样既能增强传授知识和技能的效果，又能避免师徒隔阂和冲突，从而建立良好的师徒关系。而良好的师徒关系对徒弟品德的培养、学业的提高、差徒的转化，以及师徒的身心健康都有极大的裨益，在传授知识和技能中起着极其重要的作用。师徒关系是企业师带徒活动中最基本的一种人际关系。良好的师徒关系是传授知识和技能、高效能带徒的关键，它对于徒弟思想品德的养成、智能的培养及身心和个性的全面发展都大有裨益。而良好的师徒关系的建立则有赖于师徒之间的有效沟通，师徒沟通的重要性可见一斑。师徒沟通不仅仅是促进传授知识和技能、高效能产徒的重要手段，事实上它本身就是一种传授知识和技能的方法。教育哲学家布贝尔甚至认为，传授知识和技能的全部意蕴都包含在师徒关系中，传授知识和技能过程甚至可以看作是师徒关系形成和建立的动态过程。因为传授知识和技能的目的和任务并不是单纯传授知识和技能，发展徒弟的创造能力，而更要培养徒弟的交往能力，教会徒弟如何与人相处，如何建立良好的人际关系。在企业传授知识和技能中，师徒之间的沟通是徒弟获得人际交往技能和建立价值观念体系的基础。美国教育家季洛特说："教师的角色远不止于传授知识，更在于处理复杂的人际关系，并强调了与学生建立良好关系的重要性""作为教育者，我们不仅是知识的传递者，更是学生成长道路上的引路人和伙伴。师傅与学生之间的关系，应当建立在相互尊重、理解和信任的基础之上。师傅要以身作则，通过言传身教，引导学生探索知识、发现自我，并激发他们的创造力和潜能。同时，师傅也要善于倾听学生的声音，理解他们的需求和困惑，与他们共同成长。在这样的师徒关系中，学生不仅能够获得知识和技能，更能够培养出积极向上的人生态度和价值观。"

（2）师徒沟通的问题及其原因。在实际的传授知识和技能活动中，徒弟和师傅之间仿佛隔着一堵高墙，谁也猜不透谁的心思。徒弟固然有徒弟的牢骚和不满：师傅为什么不理解自己，为什么师傅这么凶？师傅也有师傅的不满和失望：为什么徒弟不好好学？为什么徒弟不配合自己？为什么徒弟不喜欢自己？不满和对抗在师徒关系中表现得很突出。究其原因，主要有以下几点：

1）较重的职业压力。"现在做师傅，越来越不容易了，压力非常大！"这是许多师傅谈起自己职业时的感受。师傅职业从来就不是轻松的，师傅的日常工作量远超 8h。而近年来推行的素质传授知识、技能和各种传授知识、技能的改革，又不断地对师傅的学历、能力提出更高的要求。许多师傅不得不在一天的忙碌工作后又进行进修。尤其，现在师傅职业也实行聘任制度，并且还开始在社会上推行师傅资格考核，即从事其他职业的人只要通过一定的考试和培训之后也可以来当师傅，师傅不得不正视优胜劣汰的职业竞争问题。近几年来，随着社会对传授知识和技能的日趋重视，现行传授知识和技能中的许多问题与缺陷被提出来，并引起广泛的社会关注。人们对传授知识和技能的诸多不足津津乐道，并且一致将职责的矛头对准师傅，师傅成了僵化的应试传授知识和技能体制的象征。师傅所承受的心理压力可想而知。沉重的职业压力导致师傅情绪紧张、厌倦工作、逃避责任、对徒弟冷漠……他们不愿再耗费大量的时间和心力与徒弟沟通，更害怕因与徒弟沟通而惹出更多的麻烦事。有时候，师傅还可能将自己的不良情绪发泄在徒弟身上，从而导致师徒沟通状况更趋恶化。

2）阅读量少、知识面窄。1999 年，中国传授知识和技能报社曾组织过一次有关企业师徒关系的调查，结果发现导致师徒关系不和谐的一个重要原因是，师傅的阅读面比徒弟窄。2001 年，又组织实施了"全国城市企业师傅阅读情况调查"。该调查显示，在回答"是否经常阅读"时，91.2% 的师傅肯定了自己，但 7 成师傅每天业余阅读时间只有 0.5h 到1h，不常阅读的原因，80% 的人选择没有时间。企业师傅阅读的价值取向明确——为了做好传授知识和技能工作，在师傅的阅读种类结构中教参读物高居榜首，这一方面表明师傅确实都非常想做好传授知识和技能工作，另一方面，表明师傅过分依赖教科书传授知识和技能，也说明部分师傅的素质和能力存在欠缺。该调查表明，师傅阅读状况与师傅个人的成长关系密切，特级师傅、高学历师傅、师傅个人获奖情况都与各项阅读指标明显相关。师徒沟通不同于其他人际沟通，它具有很强的传授知识和技能性及引导性，这是师傅的传授知识和技能职责。师徒沟通的内容涉及方方面面，政治、思想、心理、徒弟的生活和工作等。为此，师傅一定要博览群书，丰富、更新自己的知识。师傅阅读量少、阅读面窄必然会导致师徒沟通的种种问题。尤其在今天这个时代，互联技术、数字化技术迅速发展，获得知识和信息的方法和途径日趋多样。很多情况下，徒弟们通过各种渠道在某些方面的信息掌握情况已超出了他们的师傅。师傅们唯有不断地去掌握和探索新的东西，才能继续与徒弟沟通，才能胜任师傅岗位的工作。

3）错误的师徒观。中国历来强调"师道尊严"，甚而有"一日为师，终徒为父"的说法。这些原本都只是出于对师傅的尊重，但久而久之却转化为一种畸形的师徒观，即认为师傅在徒弟面前是高高在上的，师徒之间成了命令与服从的关系。时至今日，虽然师徒平等，要建立民主的师徒关系已不那么容易，但还有很大一部分师傅不能摆脱错误的师徒观的影响，他们在对待徒弟时常常表现出专制、霸道、控制和命令的特点。持这种观点的师傅当然不能和徒弟进行有效的沟通。要知道虽然在学识、经验和阅历上徒弟可能不如师傅，但在人格上，师徒双方是平等的。师徒只有在互相尊重的前提下，才可能进行良好的沟通。也有些师傅可能会认为尊重徒弟和好脾气只会让徒弟愈发粗野而无法管教，只有拿出师傅高高在上的强硬作风，才能"镇压"住那些顽皮的徒弟。是的，在师傅的强硬手段下，徒弟们是被暂时地压住了，但他们并没有真正地被传授知识和技能，相反，在他们的心底各种不良的情绪，如不满、逆反、厌恶、轻蔑都在不断地滋长。事实上，师傅想要教会徒弟民主、文明，那唯有以民主、文明的方式进行才可以。

（3）网络时代徒弟的特点。许多师傅都说："现在的徒弟比以前难教多了！"以前的徒弟视师傅为权威，他们愿意听师傅的话，用心学习。因为获取知识的途径非常有限，而师傅则是知识的象征。网络时代的徒弟呢？网络世界中的处处平等使得他们无视权威，对自我、对民主非常重视。他们经常接触数码科技，在某些方面他们所掌握的知识与信息已超过他们的师傅，他们看到了师傅的不足，这更加强了他们的反权威意识。若师傅还是动不动就拿出自己的架子，向徒弟施加权威，反而更加剧了徒弟的反权威意识，并且也会引起他们对师傅的反感。因此，师傅常说现在的徒弟不听话、叛逆……，师傅们也常抱怨现在的徒弟没心思学习。诚然，当徒弟可以通过多种方式与途径获得知识与信息时，他们当然会喜欢在网络上利用各种搜索器、新闻网站、学术网站取得相关的东西。对于徒弟来说，通过这种方式不但可以在最短的时间内获得最多、最新的知识与信息，而且这种较传统传授知识和技能的方式而言，是十分新颖的学习方式，也更符合徒弟好奇求新的心理特点。如果师傅还是按照传统的满堂灌的方法来进行传授知识和技能，那么网络时代的徒弟会比从前的任何一代徒弟都更加反感和厌学，也讨厌他们的师傅。

事实上，许多师傅都十分想与徒弟进行有效沟通，他们学习了许多关于如何与徒弟沟通的传授知识和技能的理论，而且非常愿意学以致用。但碰到实际问题时，师傅往往会弃所学的理论与不顾。这并不是说师傅不愿将理论用于实践，而是实际的问题太灵活、太琐碎，系统的理论无法有效地解决问题。于是，师傅只好按照自己的习惯来处理问题。徒弟因此而常常埋怨他们的师傅不理解、不尊重自己，其实师傅大多数都能了解徒弟的需要，也想要去满足他们，但不知道该如何表达出来。这就是理论与实践的矛盾。在季洛特的《师徒之间》一书中，一位师傅的话可能道出了许多师傅的心声，他说："我已知道徒弟的需要，由衷地知道。他需要你予其接纳、尊重、喜欢、信赖，需要你予其鼓励、支持、打气、使其高兴；他还需要自己有能力去探询、试错、获得成就……我所欠缺的是所罗门的智慧、弗洛伊德的洞察力、爱因斯坦的知识和南丁格尔的奉献精神。"难道要成为一个好师傅真的要具备这些苛刻的条件吗？当然不必要，而且也不可能。师傅真正需要的是记住沟通的原则并掌握一些具体而实用的沟通技巧。

3. 师徒有效沟通的原则

（1）接纳徒弟。接纳是这样的一种心理品质：师傅相信徒弟是一个有价值的人，并想尽一切办法让徒弟相信他自己是一个有价值的人；帮助徒弟相信他的师傅即使对他的某些行为和想法不认同，而且他们必须改变，但是，他在师傅的眼中仍然是一个有潜力和价值的人。师傅不要求徒弟先改正错误，变得完美，然后才接受他，而是始终无条件地相信徒弟自己有朝好的方面去无限发展的可能性，这是接纳较完整的品质。美国著名心理学家、咨询专家高顿认为接受他人是培育良好关系的重要因素。接受令徒弟深思，敞露自己的情感；不接受则使徒弟焦虑不安，导致反抗致使交流滞塞、终止。但大多数师傅都认为，如果你接受一个孩子，他会保持老样子，所以要他将来变好的最好办法就是告诉他你对他的行为不能接受。师徒间之所以会出现交流不畅正，是因为师傅通常的反应方式——训斥、命令、探询，使徒弟感到自己是不对的、不应该的、不可接受的。让我们通过一个例子来看看师傅的尊重会带来怎样的效果。例如，一个业绩最差的徒弟举起了左手要求回答师傅提的问题。可是，当师傅问到他时，他却答不上来。感到奇怪的师傅后来问他为什么不会举手时，这个徒弟哭着说："师傅，别人都会，如果我不举手，别人会笑话我。"师傅私下里告诉这个徒弟，下次提问时，如果会答就举左手，不会就高举右手。此后，每看到他举左手，师傅都努力给他机会让他答，举右手时则从不让他站起来。一段时间后，这个徒弟变得开朗了，业绩也有了很大的进步。于是，师傅悄悄地把这个方法也告诉了班组其他几个学习不好的徒弟。结果，他发现整个班组都变了。在这个例子中，师傅很好地接纳了一个业绩最差的徒弟。他由徒弟的话中知道了徒弟有一颗强烈的自尊心，并充分地给予尊重；只要该徒举起左手，师傅都努力给他机会让他答，尽量给他创造成长的机会；他没有因为该徒弟的业绩差而乘机教训他："如果你用心学习的话就能回答出来了，你为什么不努力些呢？"师傅的接纳取得了很大的收效，整个班组都变了！试想，如果这位师傅听了徒弟的话以后讥讽道："你不会还举手凑什么热闹！"或者干脆吼一句："你真是无药可救！"或者无动于衷地说："哦，我知道了，你回去吧。"而在以后的教课中，则不给这位徒弟机会。那么，这个徒弟又会发生什么变化呢？徒弟会深深的自卑，进而觉得自己真的"无可救药"，索性"破罐子破摔"；或者产生一种强烈的抵触情绪，讨厌师傅，也讨厌学习。

（2）尊重徒弟。尊重是指师傅要尊重徒弟的人格，师徒在人格上是绝对平等的。因为徒弟和师傅一样都是独立的个体，都是人。一位贤明的师傅对徒弟讲话的方式就像对家里的客人。如果他的客人穿着鞋子躺在干净的沙发上。这位师傅不会说："你疯了吗？你怎么敢把你的鞋子搁在我干净的沙发上！马上把脚放到地板上来。如果再让我逮到一次，我就处罚你！……"事实上，这位师傅会对客人说什么呢？他也许会这么说："对不起，我担心沙发会被弄脏。"主人对客人总是以礼相待、留有情面的。师傅若能像对待自己的客人一样对待徒弟，师徒关系就会得到很好的改善。师傅们也许会觉得很难做到这一点，但师傅至少记住：在处理问题、批评徒弟时就事论事，不要批评、诋毁徒弟的品性与人格。其实，这就是对徒弟人格的重视和尊重。举一些企业实际徒弟常会碰到的事例，来说明师傅该如何尊重徒弟。例如，徒弟因为没做训练而撒谎，师傅会有什么反应呢？师傅A："不做训练么，就是太懒！训练不做，学习不好好学，撒谎倒学得很快！你这样子下去，能有什么出息？"师傅B：师傅悄悄把他叫到一旁，拍拍他的脑袋说："把训练补上就行了，何必说谎呢？"徒弟不小心打碎了玻璃窗，师傅会有什么反应呢？师傅A："啊！你怎么又闯祸了？除了闯祸你还会干什么？这么不小心，学习肯定也学不好！"师傅B："你把玻璃窗打破了，是吗？那你必须按价赔偿或换上新的。"以上两例中，师傅A就没有做到尊重徒弟，他们由徒弟的某一个行为借题发挥，批评徒弟的其他方面、预测徒弟的未来、评价徒弟的品性、给徒弟贴标签、发泄自己的情绪。但是，他们却不指出该如何解决问题。师傅A的做法起不到真正的传授知识和技能的作用，却给徒弟造成了很大的心理伤害。有时这种做法还会造成意想不到的严重后果。徒弟王某因为被师傅误认为不会学习而说成"你不是块学习的料"，师傅的这句话让他感到了巨大的压力，事后，王某说："师傅当着全班同事的面这样评价我，我感到自己受到了很大的羞辱，自尊心受到了伤害……"相对师傅A而言，师傅B则较好地做到了尊重徒弟。他关心徒弟的事，对这件事做出客观的评价并努力去解决，他让徒弟认识到该怎样弥补过失，他不会因为一件小事而伤害徒弟的人格。

（3）有同理心。也有人将同理心称为换位、移情。有同理心要求师傅能站在徒弟的立场和角度了解徒弟的心情，思考问题。对任何事物的看法，师傅和徒弟之间都不可能完全一致。如果师傅只一味强调自己的观点，忽视徒弟的感受，就容易让徒弟产生逆反心理，徒弟就会疏远你、拒绝你，甚至讨厌你。徒弟平时最苦恼的就是不被人理解，尤其是不被自己的师傅理解。所以，师傅要设身处地从徒弟的角度去观察和分析，了解徒弟的心情，找出与徒弟产生不同看法的原因，让徒弟感到师傅是理解自己的。徒弟接受了你，沟通才能有效地继续。在心理学上，批评，特别是当众批评，是最伤害徒弟自尊心的，结果多半是事与愿违，引发徒弟的抵抗心理，丝毫起不到真正的传授知识和技能的作用。如果运用同理心，该如何处理呢？首先师傅会赞赏这位徒弟攻克难题的这股劲儿，师傅会走过去轻轻地对他说："我相信你做得一定很有趣，也很有挑战性，你很想尽快把它搞懂，但在设备操作时做与实际操作不符的事情、不集中精力不太好，等操作后再和同事讨论怎么样？"相信徒弟会认真地操作。

4. 师徒有效沟通的策略

（1）师徒有效沟通的步骤。有效的师徒沟通可按三个层次：信息交换、理解与支持、提供帮助来进行，下面我们以一个例子来说明。例如，徒弟 A 今天上班迟到了，师傅决定找她谈话。【信息交换】师傅："A，你今天早上迟到了 30min。"徒弟："师傅，我昨天……"师傅："我在说今天的迟到问题，不要扯不相干的事，回去写检查，明天交给我！"上面的交流过程存在什么问题？很显然，整个谈话过程基本上没有多少的信息交换，师傅并不知道徒弟 A 今天为什么迟到，徒弟 A 也不知道师傅的想法，只知道师傅要她写检查。师傅如果能注意沟通中的信息交换，应该怎么做呢？师傅："A，你今天早上迟到了 30min，这是怎么回事？"徒弟："师傅，我昨天晚上家里有事睡得太晚了，今天早晨睡得特别死，连闹钟响了都没听见，所以迟到了。"【信息交换】师傅："哦，原来是这样。不过你上班迟到不但耽误了自己，也在一定程度上影响同事，这些你知道吗？"徒弟："我知道了，下次一定改正。"师傅："那好，你回去认真想一想，写一份检查明天交给我，这样你就能对今天的事情有个深刻的印象，以后注意不要再迟到了。"通过上面的对话，师傅不但知道了徒弟 A 迟到的原因，而且也向她说明了迟到的后果，以及为什么要写检查，从而帮助徒弟 A 意识到不能再迟到。

1）理解与支持。信息交换是沟通的基本功能，但仅有信息交换是不够的，良好的沟通还要求对方的理解，到位的理解对于被理解者是最好的支持。理解和支持具有感情上认同的作用，而感情成分是加强人际关系的纽带。师傅与徒弟 A 有了很好的信息交换，如果增加理解的成分，效果就会更好。师傅："A，你今天迟到了 30min，这是怎么回事？"徒弟："师傅，我昨天晚上家里有事睡得太晚了，今天早晨睡得特别死，连闹钟响了都没听见，所以迟到了。"师傅："我知道你一向遵守纪律，如果晚上睡得太晚，确实会影响早起。虽然能理解但是你上班迟到不但耽误了自己，也在一定程度上影响了同事，这些你知道吗？"徒弟："我知道，我这样做确实对大家有影响，我以后一定注意不能再迟到了。"

2）提供帮助。做到了以上两点，沟通就能取得比较满意的结果。有时候，如果有可能，还可以向对方提供帮助，使他更好地解决问题。继续上面的谈话过程，师傅："作为徒弟，每天必须保证足够的睡眠时间，能不能将家里的事情安排其他人处理，睡觉时间提前一点呢？"徒弟："我们家突发事情，处理完很晚了，我知道了。谢谢师傅！我回去试试看，重新安排一下时间，争取以后不再迟到了。"师傅："师傅相信你能做到。不过你今天迟到了，还是应该好好想一想，写一份检查交给我。"徒弟不懂得怎样合理安排自己的时间，如果师傅能给她提供一些建议，她一定会感到很高兴。迟到本来是一件不好的事情，师傅利用这件事情，既让徒弟认识到自己的行为给别人带来的不利影响，又帮助徒弟建立合理安排时间的观念，这是一次有效的师徒沟通。

（2）师徒有效沟通的具体技巧。

1）语言技巧。语言是师徒沟通中运用最多的工具。在师徒沟通中，师傅应注意用词简洁、语义明确、表达清楚，以免徒弟理解错误，形成误会或冲突；师傅应以徒弟现有的理解能力为基础，不要超越其认知和语意了解的程度；师傅应注意适当的语音、声调。这些可以基本保证师徒双方获得并了解来自对方的信息，是沟通得以顺畅有效的关键。除此以外，师傅还应注意语言的艺术性，多使用接纳性的语言，即鼓励和启示性的用语，多使用徒弟们经常使用的词汇，尽可能避免使用批评或责备的语气。徒弟普遍存在较强的自尊心，情绪波动大，感情脆弱，心理发育不成熟。虽然做错了事，但若师傅直言训斥，当众指责，会使其感到自尊心受伤，产生抵触心理。因此，师傅的语言应讲求艺术性，即幽默、诙谐、含蓄、委婉。以下几个例子中师傅很好地运用了一定的语言艺术而使得沟通比较顺畅，并有效地解决了问题：① 幽默、反语某徒弟沉溺于游戏，业绩下滑，师傅单独找她谈心，并随手指着身边的一盆花说："你看这几朵花急于争春都过早地凋谢了，多可惜啊！"徒弟先是一愣，后强作镇定。师傅又说："小时候，我家门前有棵柿树，每年八九月份挂满了青柿子，煞是诱人。于是，我背着大人爬上树摘了一兜，张口就咬，哇，又苦又涩。你知道这是为什么吗？"徒弟脸一红羞愧地说："师傅，我明白您的意思了。"响鼓不用重槌敲，明话暗说，带有一定的启示性，让徒弟明白事理，愿意接受师傅的正确意见。② 诙谐、含蓄：某徒弟整日萎靡不振，学习不是打瞌睡，就是看小说、玩游戏机。找他谈话说："我给你开一处方。症状是一尊木偶、两眼发呆、三心二意、四体不勤、五官不灵、六神无主。药方是早服'定心丸'，晚服'反省丸'，外敷'清醒剂'，注射'恒心液'，苦练'内功'。请记住，但有回心转意丸，绝无他日后悔药。"这一处方对该徒弟的触动很大，加上师傅的耐心指导和该徒弟自身的努力，不久该徒弟的精神状态大为改观，业绩逐渐上升。师傅的这番话巧妙地化解了矛盾，又免伤徒弟自尊，融洽了师徒关系，达到批评艺术的佳境。

必须请师傅注意的是，师傅使用语言艺术的目的是为了尽可能地降低对徒弟的伤害、使徒弟更容易接受师傅的建议或意见，使师徒沟通更有效。因此，无论是幽默、诙谐、还是反语、暗示都必须谨记师徒沟通的原则，绝不可以让以上这些语言艺术变质为对徒弟的挖苦、讽刺、指桑骂槐。师傅运用语言艺术进行传授知识和技能还必须根据不同的对象，因时、因境采用灵活的方式。如对自尊心强、有逆反心理、脾气暴躁、感情易冲动的徒弟，宜采用平等商讨的语言；对善于独立思考、自我意识强、感受力较强的徒弟，宜采用暗示、旁敲侧击或警句格言的点拨式语言；对性格内向、孤僻、有自卑心理的徒弟则要采用有层次、有步骤、逐渐深入徒弟心灵的渐进式语言等。

2）积极聆听技巧。积极聆听又称主动聆听，指师傅不仅要仔细聆听徒弟的感受，还要对徒弟的情感做出反应。反应不是评判，而是师傅用自己的话对徒弟表达的意思进行复述的过程，又称意译的过程。常用的句式包括："你觉得……""你认为……"，意译如果正确，师徒沟通得以继续；如果不正确，徒弟会主动更正师傅的理解。聆听在师徒沟通中有着奇妙的功效，不加评判，表示理解在徒弟心中可能是你送给他的最好礼物。

3.2.2 师徒沟通技巧训练

1. 师带徒培训的基本沟通技巧

师带徒培训的道，探讨了师带徒培训的方法，也就是工具，我们明白，光有工具是不足以让我们做好师带徒培训的，我们还要有技巧。下面这一节课，我们就一起了解一下技巧，也就是术。术包括沟通、演示和复盘。沟通是师带徒培训的基本技巧，培训的目标是通过沟通来达成的。日常生活的沟通分为书面沟通和口头沟通两种方式。本节主要分析口头沟通方式。也就是语言表达、肢体语言表达、提问和提醒、倾听与确认这四个方面的技巧，这是师带徒培训最常用的方式。

2. 语言表达技巧

口语化、条理化、故事化、幽默化、鼓励化，我们日常要想完成信息交换，需要有语言文字作为内容，语言文字的组织方式优化，可以提升消息接收方的理解程度。所以，作为师傅，需要注意尽量把语言进行加工。"五化"语言加工方式供大家参考：口语化表达，降低书面知识的难度，可以帮徒弟翻译；条理化表达，运用序号词语梳理思路，提醒徒弟记笔记；故事化表达，提升现实感和可信度，促进徒弟记忆；幽默化表达，营造轻松愉快的氛围，逗徒弟开心；鼓励化表达，鼓舞尝试和思考的热情，给徒弟打气。运用语言表达时，有一些技巧可以拉近师徒距离，让师徒关系更融洽。大家可以感受一下同样一个内容用不同的语句，有何不同效果。

A. 尽量正面表达，减少负面用语。

例：你有信心独立完成了吗？与你怎么还不能独立完成？

B. 能用"我"的，不用"你"。

例：我讲明白了吗？与你听明白了吗？

C. 用"汉堡包"法，不直接批评。

例：你这么快就完成了呀，如果这里再标记清楚一点，就更完美了。与你标记得不够清楚。

D. 先听徒弟的观点，再表达自己观点。

例：你先说说你的看法。与我告诉你就这样做就行。

E. 点缀网络用语，紧追时尚，不让徒弟觉得过时。

除了语言文字本身，说话时的语气也是能强化或改变语言效果的。声音洪亮、吐字清晰、需要强调的位置要提高音量，吸引徒弟的注意力；语调抑扬顿挫，富于感情，且语调富于变化，才能让徒弟感受到你乐于分享的意愿；语气坚定自信，详略有别，用坚定的语气提升内容的可信度和自信，重点内容要详细讲解、反复讲解，过渡环节一带而过；语速快慢得当，适度停顿，尤其是停顿，是给徒弟思考和消化吸收的时间，注意避免使用不停歇的授课形式。

除了日常面对面的沟通方式，我们也经常用到微信等即时沟通方式，那么与徒弟进行微信沟通时，需要注意什么？微信和面对面沟通不同，没有机会带上表情，也没有办法用语音、语调做区分。所以，标点符号、表情符号、分条的方式就派上了用场。当然，也要注意在未得到对方同意前，尽量不发较长的语音。

3. 肢体表达技巧

表情、目光、手势、身体姿势、位置移动除了语言文字本身，肢体语言是承担沟进行务的 55%，一个人受欢迎的程度和身体的自由度成正比。适度丰富肢体语言，能让人感到"人情味"，表情和肢体语言可以让徒弟感受到师傅的情绪变化，更可以辅助理解培训内容，相同语句配上不同的表情动作，表达效果差异巨大。既然肢体语言如此重要，我们要注意什么呢？下面我们来看一看，保持身体的自由度能配合培训内容的自然变化的肢体动作，能有效地吸引徒弟。师傅通过合适的手势、步伐和眼神，展现出自信、礼貌和专业的形象。看懂对方的肢体语言，关注徒弟的微表情，读懂潜台词。简单来说，就是面部表情自然、真诚，面带微笑；目光交流自信友好，关注徒弟；手势自然大方，运用得当。

4. 提问与提醒技巧

提问的益处、方式、尴尬处理在师带徒培训中，为了快速了解徒弟的掌握情况，师傅要适当提问。提问的好处使徒弟积极思考、增加互动、活跃气氛、集思广益、启发思维、突出重点，了解徒弟掌握程度。提问分为封闭式和开放式。封闭式提问，徒弟只需回答"是与否""A 或 B"有选项比较简单容易回答。开放式提问，需要让徒弟更详细地陈述所要表达的内容，鼓励徒弟发散思维思考或总结，有难度但也更能反映成效。师傅通常运用开放式问题引发讨论和思考，再用封闭式问题做总结和考核。提问之后，徒弟如果能顺利回答出师傅期望的答案，那是师傅最希望的，可以继续推进后面的培训。但如果提问后，遇到下面这些尴尬，我们需要怎么做？提问后徒弟没有回答，就再问、启发、降低难度、重新讲授。如果徒弟回答的是错误答案，针对错误再次提问。如果徒弟的回答不清晰、很模糊，要求其详细叙述。如果徒弟所问的问题自己不知道答案，师傅不能应付、一起查询。对于喜欢争辩的徒弟，师傅要控制好情绪。

5. 倾听与确认技巧

欧内斯特·海明威曾经说过："我很喜欢倾听，我从细心聆听中已经学到了很多。但大部分人却从来不去倾听。"不要总是急切地等着轮到自己说话，要学会真正倾听别人在说什么。真正开始倾听徒弟的时候，你就会读懂徒弟的潜在意思。尽量不要打断徒弟的话，给徒弟机会完整地表达自己的想法，语言表达也是徒弟的必修课。倾听的过程，也是给自己思考和组织语言的过程。我们应该用什么姿势来表示我在倾听呢？

倾听的听字繁体中文是"聽"，这个字中有一个"耳"字，说明听要用耳朵去听；有一个"心"字，说明倾听时要用心去听；还有一个"目"字，说明你听时应看着别人的眼睛去听；在"耳"的旁边还有一个"王"字，"王"字代表把说话的那个人当成是帝王来对待。只有摆出一副认真倾听的姿态才能充分感受和发现客户内心的真实想法。变换微笑、皱眉、侧耳等表情，表现出"我在听"；记录所听的要点，表现出"我重视你"；在适宜的时机点头，表现出"你说得对"；在徒弟需要配合时，简短回应是、对、没错，表现出"我支持你"；当徒弟说完一个内容时，概括重复他的话，表现出"我听得认真"。想一想，你还有哪些倾听的回应方式呢？除了倾听，我们还要掌握确认的技巧。为了避免师徒沟通时产生误解，徒弟表达完自己的观点，师傅应该进行总结概括，并请徒弟确认。如你是想说"我理解得对吗？你的意思就是……，没错吧？总的来说就是……，是不是这个意思？咱们来梳理一下……，还有补充吗？"以上这些表达方式，都能很好地做倾听结果的确认。

3.3 师傅的授课能力

3.3.1 提升师傅授课能力

评价一个师傅的好坏，其中一个因素就是授课能力。师傅授课能力好，学习氛围更加浓厚，徒弟学习效率就更高效；反之，授课能力差，徒弟学习效率就一般。那么，师傅如何提升授课能力呢？

钻研教材，吃透教材。

师傅最重要的就是讲好课程，所以备好课非常重要。师傅应钻研教材，明确传授知识和技能的目的、重点及要求，找到传授知识和技能的合适方法，了解徒弟，因材施教。师傅光要讲好课还不够，徒弟要爱听、听得懂才是根本。所以，师傅应该多了解徒弟的思想状态、知识水平以及兴趣爱好等，分析徒弟的认知特点，做到因材施教。

师傅应该与时俱进，充分利用现代化工具来传授知识和技能，合理组织多种互动、合作形式的活动，使徒弟参与性变强，启发徒弟思维，更容易融入课堂，不断提升师傅组织传授知识和技能活动的能力。

交流与合作也是师傅传授知识和技能行为的主要组成部分，传授知识和技能中不仅需要具有竞争意识，更需要合作。多与优秀的同行进行合作交流，对于提升自己的传授知识和技能能力有很大的帮助。

作为一名师傅，要始终把自身的成长和时代相结合、和徒弟发展的需要相结合。把传授知识和技能的成果最大化作为自己的毕生追求，树立为传授知识和技能献身的理想信念。只有这样，无论时代怎样发展、科技怎样进步，才会有与时俱进的动力，才会有追求业务水平不断提高的动力。

作为师傅要具备一定的信息化素养，认识到信息化是一场课堂传授知识和技能革命，熟悉各种信息化传授知识和技能手段，并有意识地利用，推进传授知识和技能改革。要加强个人在线传授知识和技能设计方面的专题培训，提高自己综合分析、判断学情的能力，以及选择合适的传授知识和技能方法，实现传授知识和技能的成果最大化。

要提升授课能力就要灵活使用传授知识和技能的工具。师傅要认真备课、多花心思吸引徒弟注意力，有针对性地设计传授知识和技能方案，将徒弟学习兴趣吸引过来，通过活动激励徒弟多提问、多交流，保证传授知识和技能质量，推动徒弟对难点问题思考。

3.3.2 师傅授课能力提升训练之"师带徒培训道与术"

通过内训师课程培养师带徒培训技巧，使师傅具备辅导者心态、了解师带徒培训计划、执行和总结的方法，掌握并熟练应用培训中师徒沟通技巧、演示示范技巧、考核复盘技巧。

［课程目标］

目标1：使师傅具备辅导者心态，充分理解师徒关系的内核。

目标2：使师傅掌握师带徒培训计划、执行和总结方法。

目标3：使师傅能理解并应用培训沟通技巧、演示示范技巧和考核复盘技巧。

［课程内容］

1. 师傅角色认知

（1）课堂培训老师与技能培训导师的角色区别。

课堂培训：——讲知识——传播者。

技能培训：——练技能——辅导者。

破冰活动（小组讨论）：举一个你在生活中学技能的例子，分析指导你的人做了什么？

1）辅导者角色定位。辅导者有所为（监督、引导、示范）。

2）辅导者有所不为（不放羊、不干讲、不大包大揽）。

3）师徒关系内核。平等、鼓励、支持、纠偏。

视频讨论：功夫熊猫（哪些地方印证了辅导者有所为有所不为）。

（2）道——师带徒培训方法。

1）制订计划的方法。

a. 明确目标和时限。

b. 拆分目标。

c. 设置关键节点。

d. 制订双方行动计划。

e. 计划调整。

模拟练习：办一场技能比武活动需要如何制订计划？绘制流程图。

2）培训实施的方法。

a. 培训准备：场地准备、工具物料准备、师徒心理准备。

b. 检查表的应用。

课堂练习：小组 PK（利用检查表，列举培训需要做哪些准备）。

c. STEP 原则：①S（significance）：重要性、意义；②T（theory）：理论、方法；③E（example）：举例、示范；④P（practice）：练习、检验。

课堂练习：小组 PK（每组选取一个工作知识点，运用 STEP 原则讲授）。

d. 效果评估：独立完成、换位讲解、举一反三。

3）总结归纳的方法。

a. 徒弟：总结内容、归纳方法。

b. 师傅：总结培训过程、归纳培训技巧。

c. 总结归纳工具：思维导图。

课堂练习：小组 PK（画出师带徒培训方法的思维导图）。

（3）术——师带徒培训技巧。

1）演示技巧。技能培训四部曲：① 我说你听——讲授；② 我做你看——示范；③ 你做我看——练习；④ 你说我听——总结。

观看视频：机场培训师，分析各个步骤的运用方法。

情景演示：每组选取一个工作技能点，运用四部曲完成演示全过程。

2）考核复盘技巧。

a. 考核方式的选择：口试、笔试、操作、任务。

b. 考核后的做法：练不熟、纠错误、写总结。

c. 复盘的做法：回顾目标、评估结果、分析原因。

课堂练习：情景演示（完成内训师课程的复盘）。

通过师带徒培训技巧，师傅应具备辅导者心态、了解师带徒培训的计划、执行和总结的方法，掌握并熟练应用培训中师徒沟通技巧、演示示范技巧、考核复盘技巧，为日后开展师带徒培训工作打好基础。

2. 授课方法及示例

采取讲授、视频案例、互动游戏的方式进行课堂培训与技能培训，主要内容是课堂培训与技能培训及工作重点，目的是使学员明白技能培训以辅导为主。

（1）课堂培训概念及缺点。让我们先看一段视频，回到中学教室里。（播放《老师好》片段），看完这个视频，大家觉得这样的中小学课程，这样的教学属于什么？有什么特点？（引导学员回答）。

根据回答，引导大家说对，是课堂教学，如果是在企业里，就是课堂理论培训。我们总结课堂理论培训的特点，课堂培训法是员工培训的最基本方法，以讲师为中心，以教室为培训地点，以班级为组织方式，开展一对多的知识传递。主要有课堂讲授和课堂讨论两部分。今天的培训方式就是课堂培训，课堂培训的优点是一个老师教几十个徒弟，效率高；标准高度统一；侧重传播知识时能体现其优点。

但是课堂理论培训也有不少缺点，课堂培训本质上是一种单向性的思想传递方式，对学员注意力要求较高，会助长学习的被动性；课堂培训不能使学员直接体验知识和技能。仅是通过语言促使学员想象和思考，无法给学员提供最直接的感性认识，学员对知识的理解和应用较困难；课堂培训的记忆效果相对不佳。由于应用不足，时常会出现"听得懂、记不住"的情况。课后缺少巩固的情况下，记忆效果下降明显；课堂培训难以贯彻因材施教原则；采用统一资料、统一要求、同一方法来授课，对学员个别差异考虑较少。

（2）技能培训及技能培训与课堂培训的区别。所以，当师傅要传递技能时，不能过分依赖这种传统的课堂培训，师傅需要更合理的技能培训方式。让我们再看一段视频（播放《老铁师傅》片段）看完这个视频，我们其实可以看出老铁师傅带徒弟有自己的一套，有理论也有实际。技能培训是为了使被培训者基本掌握某个领域或行业内的完成特定工作的技能和工作方法，一般以被培训者为中心，以工作现场或实训基地为培训地点，以技能小组为组织方式，开展小范围的比武等形式，如电脑技能培训、软件开发技能培训、汽修技能培训、厨师技能培训。

所以，技能培训在传播经验时，相较于课堂培训，有非常显著的优势：技能培训可以弥补课堂培训的不足，企业的技能培训是有计划地对员工进行的以更新知识、提高工作能力为目的的培训，以观察和练习为主要形式，目的是传递技能和经验。形式有师带徒培训、工作指导、实习轮岗等。优点为针对性强、双向互动、练习充分、培训费用低、容易控制、无转化和适应的问题。

3. 师傅的角色定位

师傅应该为辅导者角色定位、师傅有所为有所不为，树立辅导者的心态；了解辅导者有所为有所不为。

（1）辅导者角色定位。师傅的工作重点，讲课、组织考试、培养自学能力。示范演示、组织练习、指导纠错，其角色是知识的传播者，技能培训中的主要工作和侧重点是带着徒弟练技能，其角色是技能辅导者。

师傅要监督保证徒弟的人身安全和设备安全，监督徒弟操作的规范性，及时纠正不正确的操作。引导徒弟提出培训任务的目标和步骤，引导徒弟思考、发问和总结，帮助徒弟完成知识技能的内化，关心徒弟心理感受，引导正确职业态度。示范作为职业榜样树立正面的职业形象，演示工作的方法和技巧，展示标准作业流程，完成经验传递。

师傅不能放羊，不能只顾自己干活将徒弟置之不理，不能任由徒弟自由散漫、放任不管，不能自私狭隘、不传授绝活，不能不顾教学进度，缺少时间和质量的把控。不能干讲，不能只顾讲知识不给徒弟上手的机会，不能只讲不考，不能不顾学员学习掌握情况，不大包大揽，不能代替徒弟完成培训任务。

（2）师徒关系的内核。师带徒关系内核是平等、鼓励、支持、纠偏。目的是使学员掌握营造良好师徒关系的方法。师傅带徒弟是需要师傅花心思去思考，能做什么、不能做什么。小到班组部门，大到企业社会，人才培训都得到广泛重视。因此，不论师傅还是徒弟，都不应该把传授和学习技艺仅仅看作是个人的事情，而应怀着高度的社会责任感。师徒关系又是师带徒培训的感情基础，有良好的师徒氛围，才能促进培训的顺利开展。师徒之间除了传授技艺，往往还在生活上互相照顾，形成一种朝夕相处的关系。

师徒双方要平等，师徒教学相长，互相尊重。师傅要多鼓励徒弟，师傅对徒弟要爱护和同情，徒弟犯错或掌握情况不佳时，避免打骂侮辱，采取积极正面的方式激励徒弟。师徒要互相支持，师徒间建立信任，彼此支持和帮助，师傅给徒弟提供技术帮助，徒弟亦可给师傅建议。师傅要帮徒弟纠偏，师傅不仅要把徒弟的错误概念和动作及时纠正，更要帮助徒弟建立正确的职业态度和职业精神。

4. 师带徒培训计划制订、执行、总结

明确目标和时限、拆分目标、设置关键节点、制订双方行动计划、计划调整。

我们需要在符合人才培养、人才发展规律的基础上，制定合理的方法，采用落地的技巧，才能达成育人目标。我们知道《西游记》中唐僧是师傅，孙悟空是徒弟。取经之路坎坷艰辛，取得真经、弘扬佛法、普度众生是目标，但更重要的是取经路上师徒二人各自内心修为层次的提高。所以，为了达到这一目标，师傅唐僧为孙悟空指明"收敛心性"才能"毕业"这就是"道"；而唐僧用来约束孙悟空的方法"紧箍咒"，就是他的带徒的"术"。由此，我们可以看出，道和术的关系，道是术的基础和方向，术是道得益有序发展的保障措施。

我们先来讲道。关于道大家听得最多的是《论语·卫灵公》："道不同，不相为谋。"在师带徒培训中，需要师傅在统一的"道路"上，借助标准的方法，发挥各自的经验特长，培养各个工种的徒弟。

按时间来看，师带徒培训可分为培训前、培训中、培训后三个阶段，这三个阶段关注重点分别是，培训前制订计划、培训中实施、培训后总结归纳。

（1）计划制订。明确目标和时限、拆分目标、设置关键节点、制订双方行动计划、计划调整。培训计划是按照一定的逻辑顺序排列的记录，它是从学员岗位任职能力要求出发，师傅在全面、客观的培训需求分析基础上，做出的对培训内容、培训时间、培训地点、培训方式和结果评估方法等的预先系统设定。

我们常说水桶短板理论，桶里能装多少水，取决于最短的那块木板。那如果我们的目标是希望提高水桶的装水量，我们要着手修补木桶。修补一个有短板的木桶需要如何制订计划？

要做一下准备工作：①找到短板；②测量短板与其他木板的差异；③找个材料做补充；④找到修补的工具，学会修补的方法和找到相关的人。在修补过程中，如果遇到困难，还要及时调整工艺、材料、人手等。

同理，做师带徒培训，制订培训计划分5个步骤，即明确目标和时限、拆分目标、设置关键点、制定目标。

（2）实施方法。实施准备需要考虑四个方面，即场地、物料、设备、自我。

制订好了培训计划，培训实施需要考虑步骤和方法，所以我们分为培训准备、执行、评估三步，其中执行环节，需要工具即检查表和STEP原则。

做哪些准备才能无患呢？概括来说有四个方面，即场地准备、工具物料准备、设备准备、师徒心理准备。

首先，场地准备。技能比武是需要场地的，而且对场地有较高的要求。环境安静、非相关人员较少、可架设围挡等防护措施。这样既能保证培训活动不会影响其他工作，其他工作也不会影响培训，又能保证师徒双方的人身安全。所以，场地准备的重点是以安全为前提。

其次，工具物料准备。师带徒培训多以实操为主，实操就需要提前准备工具、备品、安全措施、安全防护用品。任何一项没带齐，都有可能造成我们需要往返回去取，耽误宝贵的培训时间。所以，工具物料准备的重点是所有物料准备数量充足，确定后才能保证培训过程顺利完成。

再次，设备准备。我们联系检测配电柜。那就必须有个配电柜可供我们培训使用，绝对不能培训开始了再去现找。因此，设备准备需要检查实操设备是否到位、齐全、测试实操设备的功能。设备准备的重点是各设备功能完好，确定才能保证培训过程顺利完成。

最后，最重要的师徒心理准备。师傅需要提前备课，熟悉讲课内容，给徒弟安排预习任务、准备着装，调整精神和情绪。

1）检查表。师傅根据培训计划，编写培训准备检查表，以在培训开始前检查培训所需用品是否准备妥当。检查表需要包含培训项目、培训设备、培训物料、培训配合人员等项目，可以由师傅根据不同培训项目自行设计。

检查表的作用是提高效率、避免遗忘、系统化思考、职业化形象。

2）STEP原则。师傅在准备/讲授一个课题或知识点的时候，可以按照以下步骤来进行：向徒弟强调其重要性或意义、详细阐述理论或方法、辅助案例或示范帮助学员理解、通过练习或检验让徒弟巩固所学知识。STEP原则介绍如下：

a. S：重要性、意义。通过故事、案例、视频等素材，引起徒弟注意，强调接下来培训内容的重要性。选择轻松有趣的素材，营造愉快的学习氛围；选择相关的素材，吸引徒弟的注意力；选择承上启下的素材，注意前后内容的过渡；选择后果严重的案例，引起徒弟的敬畏之心。

b. T：理论、方法。根据公司文件、规则、制度、操作规程等，阐述内容。理论讲授通常较为枯燥，配合视频和图片能变抽象为具体；理论、方法是STEP原则的核心内容。

c. E：举例、示范。为把枯燥的理论变得更易接受，需要举例说明，示范演示。举例，可类比的、可具象的、既往已知的，可以理解为授课技巧中的"修辞手法"；示范，师傅进行演示操作，过流程、说标准、摸实物、提要点，如遇不便演示的项目，可以用视频来替代。举例、示范是 STEP 原则中对培训质量起决定作用的一步。

d. P：练习、检验。师傅给徒弟设置任务，让徒弟根据前三步所学，上手练习，检验培训成果。师傅在旁提醒和纠正。练习、检验是 STEP 原则最重要的步骤，也是检验培训成果的步骤。技能培训的重中之重是习得，所以在开展师带徒培训时，我们要把更多的时间留给练习、检验这个环节。尽量减少单纯的理论的说教。

（3）复盘技巧。培训结束，不能就此放松，需要通过考核和复盘做效果评估和总结。培训效果的评估通常用柯氏培训评估模式，评估对被培训者的满意程度；测定被培训者的学习获得程度；考察被培训者的知识运用程度；计算培训创造的经济效益。

考试是对徒弟掌握培训内容的程度最直接的检验方式，常用方法有笔试测验、实际操作测验、口头测验。

考核后的做法：练不熟、纠错误、写总结。鼓励徒弟按以下顺序完成考后工作，错题纠正、答题思路分析、定位知识点、纠错、补充疏漏、回顾知识点、再次考试。

复盘意义：及时发现问题、提出改进方案、提高培训质量和效率，沉淀师傅经验。复盘与总结的区别是，总结指出"哪里好？哪里不好？问题是什么？"复盘是分析"哪里好？为什么好？怎么强化？哪里不好？为什么差？怎么改进"。

总结：合格的师傅＝师傅心态＋培训计划＋组织能力＋善于沟通＋有效演示＋善用提问＋积极考核复盘好的师傅＝徒弟敬佩和信赖的领路人。

3.4 师傅的萃取能力

3.4.1 师傅萃取能力培养

电网企业属于技术密集型企业，技能要求高，在以往的实际工作中，师傅们积累了很好的操作经验、绝技绝活、实用的工作技巧。如何萃取这些经验，将企业师傅拥有的各种资料、信息变成更具价值的知识，最终有利于提升企业员工的能力，从而提高企业的竞争力和管理绩效，必须把隐藏在企业师傅中的、宝贵的、有价值的经验提取出来，要做技能经验萃取，也反映了师傅们的能力。

但在电网企业内进行经验萃取并不容易。通过实践，我们发现了经验萃取的两个重要关键点：情境化和提问技术。情境化要求把经验拥有者带入实际的工作场景中，找到工作中的问题或解决之道；提问技术是指通过合适的问题，打开对方的心门，并协同经验拥有者共同找到有价值的分享点。

为了让企业内部的师傅更全面地开展经验萃取，我们整合出了经验萃取的模式。

1. 聚焦定位

聚焦定位要求锁定有价值的、需要做深度萃取的能力项或工作任务项。在为电网企业做经验萃取项目时，我们请各部门的、有经验的师傅提报经验萃取的课题，大家提报的大多数是工作流程、工作规则、工作方法等。经过系统分析，这些工作只占了师傅们主要工作的 2%～3%，并非关键任务。实际上，识别关键任务、锁定痛点是项目成功的关键环节，建议通过两个步骤聚焦萃取点。

第一步：工作岗位系统分析。对具体的工作岗位需要完成的工作任务做细划分工，整理出岗位的工作任务清单或者能力项清单，然后对所有工作任务进行重要性排序，找到重要而又最"痛"的点，初步锁定萃取点。

第二步：管理层访谈。经验萃取的成果是否有价值，取决于萃取的内容是否是业务关键点，这就需要电网企业找到业务部门管理层作"一对一"访谈，最终确认价值点。

这样做的好处体现在三个方面：一是确保经验萃取成果符合业务部门需求；二是在项目初始就邀请业务部门参与进来，提升影响力；三是很重要的，争取得到更多管理层的支持，进一步确保成果落地。

2. 全景扫描

设计全景式扫描五线谱的两个假设。

基于两个假设，设计了全景扫描五线谱，帮助经验拥有者或访谈者全方位地输出个人经验。

假设一：所有的经验是不断实践、不断累加沉淀的结果，因此最近发生的事件可以在一定程度上表现出一个人所具有的能力。

假设二：经验的多少蕴含在复杂的事件中，特别是面对挑战和问题时的思考和处理方式，更能体现出一个人的经验。

在以上两个假设的基础上设计的全景扫描五线谱包含了流程线、情境线、问题线、决策线和结果线。

流程线：完成任务的几个关键环节。

情境线：在每个环节里，会有不同的情境。例如，顾客投诉的业务场景中，在"安抚情绪"环节就会碰到不同类型的顾客，从而形成不同的业务情境，经验拥有者需要对常见的情境进行梳理和阐述。

问题线：指在相应的情境中碰到的挑战或问题。

决策线：在上述情境中，经验拥有者是如何面对并解决问题的。

结果线：展示本次处理方式后的结果，从而客观评估方法的有效性。

关于经验萃取，电网企业有两种思考：一种是请经验拥有者本人做自我萃取；另一种是由企业内的学习者对经验拥有者做访谈式萃取。经调查，目前电网企业希望有一批具有访谈他人能力的经验萃取师，可以对其他人员进行访谈并形成所需要的文件。

这就需要经验萃取师具备很强的提问能力，以提问的力量引发人的思考。为了帮助经验萃取师突破提问上的瓶颈，我们梳理了访谈清单和深度提问的"七问"，用以解决不同情境下的问题。虽然内容死板，但提问的方式、角度却是灵活的。

以下只是几种简单的访谈方式：

（1）情境一。

Q：哪个环节很重要？

A：都很重要。

此时，我们应如何继续？

使用"计分牌问题"。提问方式如下："如果您给每个环节的重要度打分，1分最低，5分最高，您会分别打几分呢？能说一下具体的原因吗？"或者"如果总分是10分，您会分别给每步打几分？能说一下具体的原因吗？"

（2）情境二。

Q：在这个环节是否碰到了什么问题？

A：还好，没有什么问题。

此时，我们应如何继续？

使用"情境式问题"。"在我们平时工作中，经常会碰到这样的情况，您会怎么处理？"在这里虚拟一个经常出现的场景，收集对方的处理方式。大家一般会有不同的做法，可以提问："您更支持哪种做法？原因是什么？"

（3）情境三。

Q：在这个任务上，您取得的结果与别人有很大的不同，和其他学员相比，您对该任务的处理有什么不同？

A：我也不知道有什么不同。

此时，我们应如何继续？

使用"对比式问题"。"在碰到这个问题的时候，大家的通常做法是……，您会怎么做？能具体说一下吗？"

经验拥有者分享的经验可能是细碎的知识点，我们需要根据对方的讲述快速将内容结构化，可以通过三步完成。

第一步：提炼关键字。要善于倾听对方讲述的大段内容中的关键字，并快速将其提炼出来。

第二步：结构化。把关键字之间的逻辑关系梳理清晰。倾听者的脑海里要储存多种逻辑结构，以便快速识别并梳理讲述者传达的知识点之间的逻辑。这个过程就像是用一条线串起满盘散落的珍珠。

第三步：视觉化。把结构化后的信息以视觉化的方式快速呈现出来，与讲述者验证其中的逻辑是否正确。视觉化的呈现更易于学习者在未来学习的过程中掌握或记忆核心要点。

企业发展过程中，员工培养一直都是一个比较头痛的话题，师徒带教等传统模式持续沿用。但当企业人才流失后，我们会发现两个核心问题：一是好的经验未能沉淀，导致师傅离去的同时，经验流失；二是好的经验未能形成系统的学习方法，新员工带教效率低下，模式不统一。

3. 经验萃取的 RAWER 法则

下面详细介绍 RAWER 法则。

（1）R——找原因（reason）。在经验萃取之前，很重要的一件事情是找到原因，即为什么我们要做这件事情？经验萃取能够解决什么呢？

我们解决的大部分是知识和技术上的问题。例如，公司报销单据填写得一团糟，财务部门是否能够就报销单据的填写出一份规范样本。新员工月度计划总结流于形式，既没有归纳工作，又无法完成月度自行定的目标，部门管理人员是否能就这一问题萃取经验，如何深度进行月度总结，提升自己的工作效率，且制定合理月度目标？

以上情况是我们日常工作中经常发生，且非常棘手的问题，而它就是我们做此主题的原因，一般聚焦于某项工作质量不高、效率低下，可以通过提升员工的知识、技能进行解决。

（2）A——定目标（ami）。找到问题的根源所在后，为了让萃取有价值的东西，我们还要提前预设：通过分享，学员们在行为动作上会有哪些改变，从而提升了工作的效率及质量？就之前举的两个例子来说，分享报销单据填写及粘贴规范后，下次去财务进行报销时，必须按照规范进行操作。

分享如何有效进行月度计划总结后，新人在进行月度总结时至少能够总结出两个工作方法，并能够根据月度计划完成 90% 以上。

我们发现，在设定目标时，一旦能达到好结果，并进行行为动作上的量化，即有一个非常明确的目标，可操作性会非常强。

（3）W——整方法（way）。方法可谓是 RAWER 法则中的灵魂步骤，最烧脑也最具备价值。我们对师傅深度访谈时，大家总说对于经验萃取感觉没有什么特别好的办法。然而，当我们对某件事情做复盘时，发现一个有趣的现象：报销单据贴得好的人，是每次去财务碰壁后自己做了小贴士，贴票据之前都会核对一些细节项；PPT做得好的人，收藏夹里会有不少常用模板的网址，并有自己的分类文件夹；工作效率高的人，每天早上都会对一天的工作内容进行时间上的划分，并提前与需要沟通的部门预约时间等。

这些方法看起来都不起眼，但汇聚在一起形成习惯后，确实成就了不少经验丰富的资深职场人。那么，如何让电网企业的师傅们，把无意识的工作习惯进行萃取，培养出来的职场小白和他们一样优秀呢？

关键在于，把这些习惯变成可以复制的行为动作，并给予对应的知识进行补充。通过调研，我们认为回忆也叫自我复盘，是非常好的方法，即尽可能细致地回忆自己的成功案例，在该案例中找到核心的知识点和关键的动作。

（4）E——举例子（example）。要如何让你的学员感受真实有效，并能够找到自己迅速上手的快感呢？最好就是现场举例子，给一个实操场景，让大家用所提到的方法进行练习，这样不仅能够现场检验大家掌握的程度，同时在实践的过程中，也能够发现大家掌握不清楚的地方，再次进行引导和更全面地分享。

（5）R——跟结果（result）。当做完以上4项内容，离我们成立小型的工作坊仅差一步之遥，回忆之前预期的目标，通过我们的方法是否能够达到，这个目标预计达成好的成效需要多长时间呢？

如果是知识规范类的问题，建议即刻掌握即刻复制；如果是技术类的问题，建议以111（1周1个月1个季度）法则为周期，逐步跟进结果。师傅们熟悉了以上的萃取方法，就要求师傅要具备对电网知识和操作的萃取能力，具有技能培训项目的设计与开发能力，包括：

1）变电站操作训练。变电站的操作有很多步骤，设备监控各种运行状态，一旦发生异常，会发出各种报警信号。一般来说，一旦出现一个异常事件，发出的报警信号不止一个，有时候会多达几十个，变电站运维人员需要在极短的时间内判断出现了什么问题，应该如何应对。

因为不同报警信号包含了不同的信息，事实上，在极短时间内，要判断并定位问题，难度很大，但对变电站运维人员就要求具备这种能力。他们是怎么做到的呢？就是在变电站模拟各种事故，频繁训练对于各种模式的识别反应和处理能力，到了熟练阶段，一个异常可以短时间对各种问题模式的报警信息形成直觉判断和预案应对。这就是技能训练的核心：形成肌肉记忆。

2）内容设计。波纹式场景任务，技能是第一代课程开发技术中的一种知识类别。这种分类方法将知识分为知识、技能和态度。当然，加涅对这种分类还有一些改进（九五矩阵）。在第二代课程开发技术中，技能对应的知识类型是过程，也就是说，技能指的是完成一个场景任务的知识。训练技能并达到熟练程度，首先要明确任务（task），其次要明确这个任务完成时的场景。场景指的是完成一个任务时动作、动作对象、动作时机和场所的总和，这些要素中哪怕一个要素不同，场景也不相同。例如，安装空调是一项任务，按照各种场景要素不同可以组合成不同的场景。

3）技能型知识的萃取方法。知识萃取，其实分为三个部分：① 界定工作任务的应用场景；② 萃取应用场景的知识图谱，获得整体的知识框架；③ 征集和表达知识图谱中每一个知识点的内容。

其中，第三点就是大家理解的传统意义上的知识萃取，它应该包括征集知识内容和表达知识内容两个部分。

知识的征集应该按照知识的结构来完成，也就是说，每一种知识类型都有一个知识的提取结构，征集就是按照知识的类型来填充这个知识结构。

知识的表达，简单来说，就是用 PPT、表格、图文等传授知识和技能的媒体表达出来。

4. 四种知识类型的知识结构及例证方法

在知识点的内容萃取中，知识结构是萃取的关键。知识结构实质上是知识在结构上的规律，下面按照知识的四种类型分别进行说明。

（1）四种知识类型的知识结构。

1）过程类型。过程类型就是解决问题或完成任务的流程。结构包含两部分：一是步骤序列，也就是有顺序的步骤；二是动作，动作是步骤的分解，步骤本质上是若干个动作的组合，它是动作的组合容器，所以在设计课程的章节点时，步骤通常会转化为单元或小节。步骤和动作的关系是分解关系。建议步骤和动作的层次最好是一层，次好是两层，尽量避免超过两层。

从业务的角度，画出应用场景的流程图，用于工作，这个没什么问题，只是站在培训和学习的角度来看，没有必要，因为详细的流程图实际是知识点的内容细节。

2）原理类型。原理是完成动作的方法，或者说达到动作结果的条件与策略，一般包含两部分：一是条件与策略，二是结果。原理包含三种不同类型的结构：

a. 条件要素。例如，SMART（Specific measurable achievable relevant）原则，完整的说法应该是好目标的 SMART 要素。也就是满足了 SMART 原则的 5 个条件要素，就可以写出一个好目标。此类结构包含条件因子及结果。

b. 分类情境策略。将面对的情境进行分类，每个分类对应一个或多个处理方法。

c. 多条件因子分类组合情境策略。听上去很拗口，其实就是包含了条件因子、条件因子所组合的分类情境，以及分类情境的处理策略。这里的关键点，其实是条件因子组合分类情境的组合方式。

3）概念类型。概念是包含若干关键特征的实体。如什么叫现金牛？市场份额占比高、所在市场增速趋缓的产品。这个定义中就包含实体及实体的两个关键特征。

在知识萃取时，有两种方式：一是分类萃取，适合于类别型的概念；二是关键特征萃取，适合名词术语或标签类概念。萃取的结构需要包含特征维度、关键特征及区别特征。

4）信息数据。信息数据是不需要解释的事实。其结构包含数据字段和数据值两部分。

（2）三种例证方法。通过选择知识类别所对应的知识结构，业务可以很方便地萃取知识内容。在这个基础上，可以进一步使用例证的方式表达知识内容，增加知识的可理解度。所谓例证，就是用例子来说明和证实知识的描述性内容，有三种主要的形式。

1）实例。实例指的是概念的例子。一个好的实例，应该包含实体名称（图片）、具体特征的数据，如果是多个类别的概念实例，应该包含多个类别的上述实体数据。

2）示范。示范指的是过程的例子。示范可以通过现场演示或视频录制的方式进行。不管是哪一种方式，都是对完成一个任务的过程的还原，所以示范必须有步骤、有动作、有动作原理和原则的讲解。尽管也可以将示范作为学习活动进行现场演示，但我们建议通过视频的方式提供过程示范，如视频"切芒果的方法"。

3）案例。案例指的是原理的例子。用于传授知识和技能中的案例和故事结构上是相似的，所不同的是前者是真实的时空，后者是虚构的时空。

总结一下，知识点的内容萃取发生在知识图谱绘制之后；知识点的内容提取依赖于四种知识类型的知识结构；知识点的表达关键是根据知识点的类型进行例证，这种例证方式有三种，即实例、示范和案例。

3.4.2 师傅经验萃取方法

要想做好经验萃取，第一，先要分清楚什么是经验。经验有三种：

第一种是师傅的个人经验，如师傅个人在工作中经过长期实践形成的经验，从经验的背后可以萃取相关的技术、技能和操作方法。

第二种是团队经验。团队经验指由项目小组或者某一个部门在某一个项目工作中或者某个任务中积累的经验，如一些项目管理的技巧。

第三种是组织经验。这是一家企业长期沉淀下来的。

当我们有了经验之后，就会研究怎样进行萃取。那么，经验萃取主要有四个步骤：第一步是重现情景、第二步追溯系统、第三步提炼方法、第四步转化落地。

第一个步是重现情景，当出现了情境就会进入第二步追溯细节，要研究这个情境当中的细节有哪些，可以从关键步骤的角度去研究，也应从关键要素的角度去研究，当我们重现了情境，追溯了细节之后就会进入第三个步提炼方法，提炼方法就是要把它落地，可以提炼关键词，也可以做相应的口诀、顺口溜，也可以构建相关的理论模型，还可以做相关的工具表单。提炼方法之后就会进入第四步转化落地，把相关的方法变成一些可以落地的工具。如说话术表单追踪表、流程图等

当然，知道步骤还要去做最后一件事情，萃取来的东西怎么用？它可以用于组织的绩效考核。绩效考核是有标准的，所以萃取来的最高标准就会不断地带动组织绩效提高。

经验萃取三步骤见表 3-1。

表 3-1　　　　　　　　　　　　　　经验萃取三步骤

经验萃取三步骤	关键技术	关键动作
找典型	做好案例分析	第一，根据挑战，找成功和失败的案例。 第二，就是要讲案例本身，请专家回顾案例的起因、经过、结果。 第三，围绕专家的观点，深入分析专家的行为、思维、后果，提炼有价值的内容
讲故事	完整还原案例	第一，回忆背景，即案例发生的时间、地点、人物、事件、起因。 第二，任务，说明当事人遇到的、面对的目标和任务、挑战是什么。 第三，行动和思考，分析关键挑战时，怎么思考？怎么行动？可以按照步骤一步步展开。 第四，分析结果和看影响，因为好的方法不仅短期结果好，长期影响也要好
挖金子	BTC 深度分析	行为特点：专家克服挑战展示出来的行为特点，具体包括主要行动步骤、每个步骤的关键行为要点。 思维模式：专家是如何分析挑战、为什么采取了这种做法、其合理性在什么地方？ 后果影响：专家行为带来的结果和影响是什么？包括：采取行动后的直接结果，如有没有达成销售、有没有解决问题；带来的后续影响，如对客户满意度是否有影响，是否有后遗症等

经验萃取输出三步骤见表 3-2。

表 3-2　　　　　　　　　　　　　　经验萃取输出三步骤

经验萃取输出三步骤	关键点	详细说明
系统化梳理	梳理专家经验	四个步骤：梳理工作步骤、梳理活动行为、梳理背后的工具方法、梳理背后的理由
可视化呈现	利用 PPT 中的各种逻辑图形	把系统化的方法论梳理成逻辑图或者是其他的示意图，使大家容易理解
口诀化表达	把关于知识萃取或者组织智慧提炼，做出总结	在把具体的任务情境确定，在公共的理论、方法论的基础的指导下，把专家经历的优秀案例中的经验提炼出来，然后把多个专家的经验进行有效地萃取，形成组织智慧

4 徒弟综合能力培养

徒弟的职责就是自觉接受师傅的安排，服从必要的监督管理，提升自我学习能力。在自我学习过程中，要注意与师傅安排的学习计划相衔接，高效地提高自我学习能力，掌握自我学习的方法，徒弟的沟通协调能力，是导致沟通不畅的原因，掌握沟通协调的方法，巩固提高沟通协调的效果。培养开发创新能力，掌握个人创新能力的方法和途径。培养解决问题的能力，掌握解决问题的通用技巧，提高解决问题的能力，提升解决问题必备的技能。培养反思总结的能力，掌握反思总结的具体方法，学会反思总结撰写方法，有效培养归纳总结能力，保持学习的连续性。电网企业专业性强，生产技术岗位有八大专业：输电、变电、配电、调度、营销、通信、信息、基建，每个专业还有很多具体岗位。电网企业新进员工首先进入生产岗位，每个生产岗位都需要徒弟学习相应的专业知识和操作技能，需要师傅示范带领才能进入角色。具体各大专业的岗位：输电专业有输电运维、输电检修、输电带电作业、输电状态评价、电力设施保护、输电电缆、无人机飞手等专业；变电专业有变电一次检修、变电二次检修、变电运维、电网监控；配电专业有配电网运维检修、配电运维、配电检修、配电抢修、配电自动化、配电网不停电作业、电缆运维检等专业；调度专业有调度综合、电网运行综合、水电及新能源、通信、调控运行、继电保护管理及继电保护设备、自动化系统与运行、配电网调度自动化系统与运行、调度计划管理及地区停电计划、配电网停电计划、安稳控制装置与无功电压、负荷预测与经济运行、地区电网继电保护整定计算、配电网继电保护整定计算、主网自动化运维等岗位；营销专业有市场及大客户服务、营业及电费核算、计量检测、市场拓展、智能用电、营业用电、低压用电检查、高压用电检查、电力保障、反窃电、抄表、装表接电、现场检验检测、采集运维、资产管理、营销安全与综合事务管理、营销安全培训、营销综合、市场分析预测及能效、智能用电与用电信息采集、用电检查与电力保障、电力需求侧与分布式电源、优质服务与营销质量、营业业务与客户、大客户管理、市场管理、客户服务、电费电价、用电检查、营业业务与线损、合同档案、计量管理、计量监督与资产管理、检测检验与采集运维、业务受理、营业收费、现场勘查、负荷控制、优质服务与客户等岗位；通信专业有通信运维、通信检修、通信调度，电力通信专业主要负责建设和维护电力系统的通信网络，确保数据传输的可靠性和实时性；信息专业有信息运维、信息检修，信息专业是电力信息化，涉及电力系统的信息技术支持，如数据采集、处理、分析和信息系统的管理维护。基建专业有工程技术经济、工程建设、工程安全质量、工程技术、工程综合、项目经理、电气施工、工程施工综合、土建施工、试验调试、变电项目现场管控、线路项目现场管控、土建项目现场管控、项目造价现场管控、项目安全质量现场管控、项目综合现场管控、项目物资现场管控、工程外部协调、工程施工协调、工程进度协调、电网项目施工安全监督、电源项目施工安全监督、大修技改项目安全监督、非生产项目安全监督、基建新技术研究、综合质量监督综合等岗位。这些专业岗位都需要不同专业岗位的师傅带领徒弟熟悉相应的专业知识、专业操作技能，电网企业师带徒以培养各专业高技能人才为目标定位，是由具有精湛技艺、深厚专业理论功底的师傅在生产岗位上以师徒关系的形式将其高超技艺、绝活绝学、优良职业道德传授给具有一定水平的技能人员的一种培训模式，并在学习结束后积极参加职业资格或等级认定，从师傅那里学到的知识与日常工作有机融合，努力工作，提升自己的综合素养，早日成为生产骨干。

4.1 徒弟的自我学习能力

4.1.1 培养自我学习能力的五大基础理论

1. 注意力稳定性理论：必须有目的地预习

在自我学习的过程中，注意力稳定性非常重要。注意力不能长时间保持稳定，而是周期性起伏变化，对自我学习能力的效果影响很大。例如，如果自我学习课时 45min，真正有效时间大约不到 20min。因此，要想高效地自我学习，有效的自习时间必须用来学习重点，学习难点，弄懂方法思路，而要做到这一点，有目的地提前预习非常重要，必须要带着问题听讲。很多人不明白这一点，提前不做好相关的预习准备，或者预习没有目的性，最后自我学习的效果非常不好。在自我学习方面，弄懂重点非常重要，特别是对入职很多年没踏入课堂的人来讲，很难长时间集中精神自我学习，经常会被周围事物吸引而导致注意力涣散，因此做好有目的的预习准备，带着问题去学习就能够循序渐进、高效率地学习，不断解决问题，提高自我学习的效果。

2. 记忆衰退理论：必须及时复习

德国心理学家赫尔曼·艾宾浩斯研究发现，遗忘在学习之后立即开始，而且遗忘的进程并不是均匀的。最初遗忘速度很快，以后逐渐缓慢，因此及时复习非常重要。同时，实验又证实，合理地安排复习时间也非常重要，并非复习就会有效果，在正确的时间点进行复习就会事半功倍，强化对自我学习知识的认知和记忆。

什么才是最佳的时间节点？实验给出的建议是在完成自我学习 5min 后重复一遍，20min 后再重复一遍，1h 后、12h 后、1 天后、2 天后、5 天后各重复一遍就会记得很牢，很难再遗忘。但对于较为繁重的学习，这近乎不太可能，有一个很重要的方法是即时复述很关键（即时复述能够把短期记忆转化成长期记忆），或睡前温习很重要（最好是通过题目巩固），在自我学习之后的 1～3 天迅速地进行复习，能达到很好的复习效果。

3. 记忆编码理论：必须动手构建知识树

认知心理学研究指出，记忆效果取决于信息编码方式，深层次加工比浅层次加工更有利于知识的记忆和提取。换句话说，记忆和理解取决于如何加工信息。加工深度很难衡量、定义，因时而异，但有效的深加工肯定是在记忆内容和已知信息之间建立联系。而建立知识树是最为有效的方式，通过树形结构把知识串联和组织起来。以考试学习为例，书本不是一个个知识点的无序堆积，而是一个树形结构，一个节点就是一个问题，我们要做的，就是建立并完善这棵知识树，在学习中不断调整、增删节点，不断发展、壮大这棵知识树。知识树一旦被搭建起来，每一个节点就是一次思考，每一次思考就是与周边知识节点的一次连接。知识之间的联系就越来越紧密，知识树也就越来越有条理，越来越有生命力，很多问题自然而然就能触类旁通、融会贯通，而不是杂乱无章、毫无头绪。

4. 内隐语言理论：打破学习错觉

很多时候，我们自认为学得好，是错将熟悉当作知道。例如，我们学习一个章节内容，画了重点记号，甚至还做了笔记，这时我们可能会认为学得很好，对知识点也了如指掌，但如果合上书做个简单的自我检测，瞬间就会忘掉三四成。

再如，问自己一个经典问题："什么是囚徒困境"？头脑里是不是很快闪出"两个人""博弈""策略"等关键词，觉得对这个问题很熟悉，但如果我要求用你完整描述出来，你真的知道吗？在学习中，对一个知识点进行复习时，内隐语言抓住了几个关键点，就会产生学习错觉，误以为都知道，但知识点不是孤岛，是由逻辑关系构成的，这需要外部语言去描述、串联，唯有经过外部语言检验，才是真正地掌握和理解。因此，必须将内部语言转换成外部语言。认知心理学上有生成效应的说法：生成效应是指向同学、朋友、家人解释所学知识，在解释过程中主动思考，组织并构建出知识的逻辑性和条理性。有经验的同学都知道，很多灵感都是在给别人讲题中产生，甚至是请教别人时恍然大悟，另外做讲座之类的活动对掌握知识非常有用。

5. 情绪绩效理论：压力是资源

考场发挥和临场心态是非常重要的，那一刻的个人心态抵得上几个礼拜、几个月甚至几年的苦功。这里涉及情绪绩效管理，即情绪唤醒水平和绩效间存在着倒 U 形曲线的关系，情绪太低或太高都会损害绩效。所以，适当的压力是有好处的，完全没有压力或压力过高都会影响发挥。

4.1.2 自我学习过程中要注意的几个方面

1. 掌握预习学习方法，培养自我学习能力

预习就是在课前学习新知识的学习方法，要达到良好的自我学习效果，首先要学会预习新知识，因为预习是掌握好新知识的先决条件，是自我学习中必不可少的环节。预习可以用"一画、二批、三试、四分"的预习方法。

"一画"就是圈画知识要点，基本概念。

"二批"就是把预习时的体会，见解及自己暂时不能理解的内容，批注在书的空白地方。

"三试"就是尝试性地做一些简单的练习，检验自己预习的效果。

"四分"就是把自己预习的这节知识要点列出来，分出哪些是通过预习已经掌握了，哪些知识是自己预习不能理解掌握的，需要在课堂学习中进一步学习。

2. 掌握五到学习方法，提高自我学习效果

自我学习是学习过程中最基本、最重要的环节，要坚持做到"五到"即手到、耳到、口到、眼到、心到。

手到：就是以简单扼要的方法记下听课的要点、思维方法，以备复习、消化、再思考，但要以听课为主，记录为辅。

耳到：专心听讲，听老师如何讲课，如何分析，如何归纳总结。另外，还要听同事们的解答，看是否对自己有所启发，特别要注意听自己预习后未看懂的问题。

口到：主动与老师、同学们进行合作探究，敢于提出问题，并发表自己的看法，不要人云亦云。

眼到：就是两看，一看老师讲课的表情、手势所表达的意思、演示实验、板书内容，二看老师要求看的课本内容，把书上知识与老师课堂讲的知识联系起来。

心到：就是课堂上要认真思考，注意理解课堂的新知识，课堂上的思考要主动积极。关键是理解并能融会贯通、灵活使用。对于老师讲的新概念，应抓住关键字眼，变换角度去理解。

3. 掌握练习方法，提高解答问题的能力

自我学习过程中的解答能力，主要通过实际的练习来提高，在实际的自我学习过程中应注意以下几点：

（1）端正态度，充分认识到自我练习的重要性。实际练习不仅可以提高解答速度，掌握解答技能技巧，而且许多的新问题常在练习中出现。

（2）要有自信心与意志力。自我练习常有繁杂的计算，深奥的证明，自己应有充足的信心、顽强的意志、耐心细致的习惯。

（3）要养成先思考，后解答，再检查的良好习惯。遇到一个问题，不能盲目地进行练习、无效计算，应先深入领会题意，认真思考，抓住关键，再解答。解答后，还应进行检查。

（4）细观察、活运用、寻规律、成技巧。

4. 掌握复习方法，提高自我综合学习能力

复习是记忆之母，对所学的知识要不断地复习，复习巩固应注意掌握以下方法。

（1）合理安排复习时间，趁热打铁，当天学习的功课当天必须复习，无论当天作业有多少、多难，都要巩固复习。

（2）采用综合复习方法，即通过找出知识的左右关系和纵横之间的内在联系，从整体上提高，综合复习具体可分三个步骤：首先，统观全局，浏览全部内容，通过唤起回忆，初步形成知识体系印象；其次，加深理解，对所学内容进行综合分析；最后，整理巩固，形成完整的知识体系。

（3）突破薄弱环节的复习方法。要多在薄弱环节上下功夫，巩固好课本知识，只有突破薄弱环节，才有利于从整体上提高自我综合学习的能力。

5. 学会合理休息，才能更好地自我学习

有很多关于学习时间与效率的研究，这些研究证实：超过2h学习效果就逐渐递减，超过4h根本就没有效果了。因此，合理的休息与高效率地学习同等重要，长时间无效学习会让人心生厌恶。要想长期能够保持稳定的学习效率，就不能一次过度消耗，甚至透支，要确保每次学习时精力都能恢复。对于长期的学习，明智的做法是控制每天的高强度学习时间，避免精神疲劳或逆反心理，简而言之要做好以下两点：

（1）短期内，要合理调配好学习与休息，避免过度透支精力和兴趣，要细水长流。

（2）长期看，长时间的坚持学习，能够让身心逐步适应，之后可逐渐增加学习量和学习强度。此外，研究还证实，学习之后休息或睡一会，能有效提高记忆效果。

4.1.3 如何让自我学习更加高效

如果你有一台计算机，你装了一个系统之后就整天把它搁置在那里，你觉得这台计算机被实际使用了吗？没有。因为计算机的CPU整天运行的就是空闲进程。运行空闲进程也是一天，运行大数据量计算的程序也是一天，对于CPU来说同样是一天，价值却完全不一样。大脑也是如此。善于利用思维时间的人，可以无形中比别人多出很多时间，也就是实际意义上能比别人多活很多年。

我们经常听说"心理年龄"这个词，思考得多的人，往往心理年龄更大。有人用10年才能领悟一个道理，因为他们是被动领悟。善于利用思维时间的人则能够在重要的事情上时时主动提醒自己，将临时的记忆变成硬编码的行为习惯。每个人的手表都走得一样快，但每个人的生命却不是一样长。衡量一个人生活了多少年，应该用思维时间来计算。如果一个人从生下来开始就待在一个为他特殊建造的无菌保护室里，没有社会交往、没有知识获取，度过了18年，你会不会认为他成年了？同样，认为时间对每个人是均等的也是一个错觉，认为别人有一天，我也有一天，其实根本不是这样。如果你正在学习一门专业，你使用自己所投入的天数来衡量，很容易会产生一种错觉，认为投入了不少时间，然而"投入时间"这个说法本身就是荒唐的，实际投入的是时间和效率的乘积。你可以投入很多时间在一件事情上，却发现毫无进展，因为你没有整天把你要做的事情、要学习的东西常驻留在你的大脑中，时刻给予它最高的优先级。你走路时、吃饭时、做梦时心心念念想的就是这件事情，你的CPU总是分配给它，这时你的思维时间就被利用到了极致，你投入的时间就真正等于实际流逝的时间，因为你的CPU是满载的。

如果你有做总结的习惯，你在度过一段时间后，总结自己在某某领域投入了多少时间，建议千万不要粗略地去计算有多少天下班后拿起书来翻看过，因为这样你也许会发现书倒是常翻，但领悟却不见得多深，表面上花的时间不少，收益却不见得那么大。因为看书并记住书中的东西只是记忆，并没有涉及推理，只有靠推理才能深入理解一个事物，看到别人看不到的地方，这部分推理的过程就是你的思维时间，也是人一生中占据一个显著比例的"暗时间"，你走路、买菜、洗脸洗手、坐公交、逛街、出游、吃饭、睡觉，所有这些时间都可以成为"暗时间"，你可以充分利用这些时间进行思考，反刍和消化平时看和读的东西，让你的认识能够脱离照本宣科的层面。这段时间看起来微不足道，但日积月累将会产生庞大的效应。

能够充分利用暗时间的人将无形中多出一大块生命，你也许会发现，这样的人似乎玩得不比你少，看得不比你多，但可能会比你走得更远。例如，一些国外的牛人们不仅学习很好，业余玩得也很好，国际刊物《我们如何决定》（*How We Decide*）上报道斯坦福的一个牛人，他是理论物理学博士，同时是世界扑克大赛的前六名保持者，迄今累计奖金拿了600多万美元。

程序员们都知道，任务切换需要耗费许多额外的花销，通俗地讲，首先需要保存当前上下文，以便下次能够顺利地切换回来，然后加载目标任务的上下文。如果一个系统不停地在多个任务之间来回切换，就会耗费大量的时间在上下文切换上，无形中浪费了很多时间。相比之下，如果只做一件任务，就不会有此损失。这就是为什么专注的人比不专注的人时间利用效率高得多的原因。任务切换的"暗时间"看似非常不明显，甚至很多人认为"多任务"是件很好的事情（有时候的确是），但日积月累起来就会发现，消耗在切换上的时间越来越多。

另外，大脑开始一件任务的时候，必须要有一定时间来"热身"，这个时间因人而异，并且可以通过练习来改变。举个例子，你看了一会书之后，忽然感到一阵无聊，忍不住打开浏览器，10min后你想起来还要继续看书，但要恢复到当时理想的状态，却需要一段时间来集中精力，把记忆中相关的知识全都激活起来，从而才能进入当时理想的状态，因为你上了10min网之后这些记忆已经被抑制了。如果这个热身状态需要15min，那么看似10min的上网闲逛其实花费了25min。

如果阅读的例子还不够生动，对于程序员来说，其实有更好的例子：你写程序写得正专注，忽然被叫去开了一个会，写到一半的代码搁在那儿。等你开完会回来，你需要多久能够重新进入状态？或者你正在调试程序，你已经花了20min把与这个bug可能相关的代码前前后后都理解了一遍，心中构建了一个大致的地图，就在这时，你又被叫去开会，开完会回来，可想而知，得花多少时间来回想一下刚刚弄清楚的东西。

迅速进入状态的能力是可以锻炼的。但要想完全进入状态，却是很难在这么短的时间内实现的。所谓完全进入状态，举个例子，你看了3h的书，或者调试了0.5h的程序之后，往往满脑子都是相关的东西，所有这些知识都处在活跃状态，换言之你大脑中所有相关的记忆神经网络都被激活了，要达到这样一种忘记时间流逝的沉浸状态（心理学上称为"心流"或"流体验"），不是三两分钟的事情。而一旦这种状态被破坏，无形中效率就会大打折扣。这也是为什么我总是倾向于创造大块的时间来阅读重要的东西，因为这样有利于沉浸进去，使得新知识可以和大脑中与其相关的各种既有的知识充分融合并关联起来，后者对于深刻的记忆非常有帮助。

要充分利用"暗时间"，不仅要能够迅速进入状态，另一个很重要的习惯就是能够保持状态多久（思维体力）。《数学领域发明的心理学》(*The Psychology of Invention in the Mathematical Field*)上有一段关于庞加莱的思考习惯的介绍，很有代表性。庞加莱经常在去海边休假或者在路上走的时候脑海中思索数学问题，很多时候解答就在这些时候忽然闪现。

这是一种愉悦的体验。因此，能够迅速地进入专注状态，并能够长期保持专注状态，这是高效学习的两个最重要习惯。

很多人都有这样的体验，工作之后，要处理的事情一下多出了很多，不像在校园，环境简单、生活单纯，能够心无旁骛地做一件事情而不被打扰。工作之后的状况是，首先需要处理的事情变多，导致时不时地需要在多个任务之间切换，然后即便能够把任务的优先级分配得比较合理，也难免在做一件事情的时候心中忽然想起另一件事还没做，因为没做完的事情会在大脑中留下一个"隐藏的进程"，时不时地发个消息提醒你一下，中断你正在做的事情。因此，这里就涉及最后一个高效的习惯，即抗干扰。只有具备超强的抗干扰能力，才能有效地利用前面提到的种种"暗时间"。抗干扰能力也是可以练习出来的，例如，在坐车的时候，就可以拿着书本在车上看，坐着看或者站着看都可，事实证明在有干扰的环境中看书是非常锻炼专注能力的一个办法。另外，经常利用各种碎片时间阅读和思考，对迅速集中注意力和保持注意力都非常有帮助。

4.1.4 自我学习的过程中需要注意的事项

1. 做好自我学习的准备工作

在自我学习之前，如果没有做好相应的准备工作，就很容易受到外部环境的干扰和无关信息的干涉与吸引，从而导致自我学习的效率降低。如果在准备自我学习时，不断地拿出手机刷朋友圈，结果几个小时过去了，书的封面还没翻开，这样的学习效率非常低。因此，我们需要为学习做好相应的准备工作，创造一种仪式，当仪式开始，你就开始学习，不做其他事。经过一段时间的练习，慢慢地你会养成条件反射，仪式开始，立马进入学习模式，这样学习才高效。

如何创造学习仪式？如果目标是通过看书学习，可以设定一个时间段，这段时间内手机所有应用处于冻结状态，当然电脑也最好是保持关机状态。如果目标是用电脑学习，如写作或看电子书之类的，你的电脑就不要打开其他网站，如果中途确实需要上网做其他事情，可以通过手机去完成。久而久之，当你打开电脑，你立刻进入电脑学习模式，而不会去想打开其他网站。

2. 自我学习需要不同方式

一般来讲，自我学习有三种方式：从书本学习前人的知识、向身边优秀的人学习、从自己的过去总结经验来学习。绝大部分人不会局限一种学习方式。我们重点说下通过书本自我学习的方式。

通过书本学习又包括看纸质书、电子书还有听书。虽然如今看纸质书不像十几年前那么流行，但看纸质书可以边看边做笔记。另外，一方面，通过平板电脑、kindle 等设备看电子书越来越流行，最大的优势是携带方便，随时随地都能看。无论是看纸质书还是电子书，都要用眼睛去看，长时间用眼，再护眼的纸书或者屏幕都会让人疲劳，而且在一些场合，如搭车或者躺在床上，不适合用看的方式，这时听书是一个很不错的方式。视觉，听觉交替运用，让学习更加高效。不过，听书更适合历史类、小说类书籍，因为不太需要脑子去抽象思考。

3. 学习需要注重复习

大家都知道人会遗忘，当我们有了大量输入知识，要想尽量遗忘得少，必须及时复习。相信大家都听过艾宾浩斯遗忘曲线，按照遗忘规律去重温所学知识，才能让学习更高效。重温所学知识，不必像首次学习那样，从头到尾学，只需要浏览所做的笔记。

复习的方法，除了重温笔记，向他人输出也是一种有效的复习。在教导他人的时候，脑袋需要进行检索，组织存储的知识，再输出，在这个过程很好地检验了自己对知识是否真正懂得。"重复是记忆之母""拳不离手，曲不离口"等都是表明复习对于自我学习的重要性。复习有天复习、周复习、月复习、考前复习之分，复习的过程是先在自己大脑中"过过电影"，回忆不起来的知识点再看看笔记，再向老师请教。要先复习，后做作业。知识是形成技巧的基础，只有知识掌握得正确，才能形成正确的技能技巧。保证作业不出错误或少出错误，迅速完成作业。作业前，必须先读书，将知识很好地消化理解。很多自学者不懂这个道理，也没有养成这个良好的习惯，总是急于完成作业。由于对知识理解不深、记忆不准，常常发生错误，从而降低了作业的质量。虽然增加了作业的时间，却没有达到复习巩固知识的效果。只有及时复习巩固所学知识，对于刚学过的新知识，一定要及时把它的引入、分析、概括、结论、应用等全过程进行回顾，并与大脑里已有的相近的旧知识进行对比，看是否有矛盾，如果有矛盾就说明还没有真正弄懂。这时就要重新思考，重新看书学习。在弄懂所学知识的基础上，要及时完成作业，有能力的学员还可适量地做些课外练习，以检验掌握知识的准确程度，巩固所学知识。

同时，还可以通过编制复习提纲来复习。每学完一章节，要在认真看书的基础上，对本章节的基础知识总结出简单的复习提纲，然后离开课本依据提纲默想或重点默写，力求把课本知识变成自己的东西，做到融会贯通、准确熟练。对重要思路、推理方法及运用技巧等，要归类对比，转化为自己的实际技能。

4. 淡化结果，培养兴趣

在自我学习的过程中，如果一直过分看重学习的结果，会导致压力过大，降低自我学习的效率。如果淡化结果，注重过程，以培养兴趣为目的，反而可以大大提高自我学习的效率。例如，评价低年级语文成绩的好坏，不要在乎认了几个字、考了多少分，最重要的是在孩子们幼小的心灵播下喜欢语文、热爱中国传统文化的种子，不断增加学习语文的情感和热情。学习语文更需要情商的支撑，否则，孩子会逐渐产生一种学习语文的疲倦感，进而造成终身拒绝学习语文。因此，让低年级孩子喜欢语文比学习语文更重要。另外，在家庭中营造学习语文的氛围。引导孩子远离图像文化，亲近文字文化。家长要与孩子一起阅读、一起学习，成为孩子的伴读者和引领者。新教材精选了优美的儿歌、童谣、童话、寓言、故事作为教材内容，不但大多数的孩子喜欢阅读，如果家长也能在孩子面前表现出浓厚的兴趣，这种兴趣相互感染，无疑会成为孩子喜欢语文的营养品。

5. 淡化内容，讲究方法

各个学科的知识体系不像其他学科那样，呈现线形或链条形排列，而是螺旋式上升。因而自我学习的循序渐进、由浅入深，不是很严格的，是相对而言的。根据上述特点，自我学习不能搞封闭式、不能机械死板地学。如用游戏的形式认记汉字、用比赛的形式练习朗读、用平等的态度与孩子对话，或者利用书报、影视、商标、广告、网络等，既能轻松过好识字关，又能把识字的功能最大化，为今后的阅读、生活打好基础。

6. 淡化知识，注重积累

"学理如筑墙，学文如积沙。"持续不断的积累是自我学习的一条重要捷径。例如，读背是学习语文的成功经验，而记忆是孩子学习的最大优势。抓住关键期，让孩子大量通读优美的儿歌、童谣、童话、寓言和浅近的古诗，接受传统文化的熏陶。把名家名篇、古代诗文等材料储存在大脑，将成为学生的终身营养，也就是语文素养的重要构成，它们一旦被激活，就会产生综合效应，极有利于接受和表达能力的整体提高。

7. 淡化数量，追求质量

自我学习的过程中要相信量变到质变的定律。因此，要尽量减少机械、重复的作业，如大运动量地抄写生字、词语，从头到尾地抄写课文，搞枯燥乏味的题海战术。例如，给低年级孩子布置的作业，数量少一点、质量精一点、形式新一点、趣味足一点，要考虑孩子听、说、读、写、悟的和谐发展。为低年级孩子提供的阅读材料，篇幅短一点，一般不要超过 500 个字，提倡大声地朗读而不是默读，更不是看书。我国宋代教育家朱熹在谈到读书时说："读之，须要字字响亮，不可误一字，不可少一字，不可多一字，不要倒一字。"篇幅过长，孩子会望而却步，不肯善始善终。默读和看书容易走神，造成读书的假象，养成读书的坏习惯。

4.1.5　培养自我学习能力的方法

1. 做好预习准备

要重视自学的预习准备。由于现代社会的新知识、新技术层出不穷，旧知识和旧技术的老化周期日趋缩短，"未来的文盲不再是不识字的人，而是没有学会学习的人"。在老师的指导下，不断提高自学能力，不仅有助于学好中学课程，而且将来能更好地适应科学技术飞速发展的需要。在准备学习新知识之前，将所学内容先预习一遍，心中有大致的印象，也有困惑，这样带着问题去学习，就会有明确的目标。不预习的学习是无目的、被动的，预习后的学习是有目的、主动的，学习效果两者存在较大的差异。要先预习，后听讲。对自感困难的学科进行课前预习是被动变主动的重要选择。通过预习，对自己能看懂学会的内容，可从中获得成功的喜悦；对已感生疏的有关旧知识，复习之后，可为学习新知识打好基础；对个人看不懂的难点、疑点，心中有数，便于课堂上集中精力听讲，破解难点、解除疑点。对基础较差的学科长期坚持预习，就会逐步变被动为主动。同时，在自我学习的过程中要做好笔记，俗话说："好记性不如烂笔头"，记笔记是理解记忆的过程，对于重要结论，典型例题，典型的解题方法，要记作业检测中存在的问题和教训，建立自己的备忘录，以备复习参考。

2. 独立探究和合作探究

要学会"独立地、探究地、合作地学习"，这样能获得亲身参与研究探索的体验，培养发现问题和解决问题的能力，培养收集、分析和利用信息的能力，学会分享与合作，培养科学态度和社会责任感，还要重视思考。俗话得好"多想出智慧""眉头一皱计上心来"，说明我们要勤于思考。学习是复杂的脑力劳动，只要在学习上勤于动脑，有"锲而不舍"精神，才能学得深，学得扎实。同时，还要有质疑精神。读书要有疑，疑是探究知识的起点，所以要学会质疑，提出问题。学问学问，连学带问。一个人要博学多才，既靠学又靠问。大胆地向老师提出疑问，是追求真知、积极向上的表现。有什么疑问或是弄错的地方要随手拿专门的本子记下来，然后通过再思考琢磨或请教老师、同学来解决。专门的本子可命名为疑难问题记录本，记完一本要再换一本，每本都要编号保存着。

3. 学会记忆表达

有的自学者认为自学能力是靠理解和大量做题获得的，不是靠记忆获得的，这种观点不全对。学习知识的过程中有许多概念、公式和结论是必须记忆且要记住的。例如，在数学学习中，有的同学在利用导数解题忘记了导数公式，在解三角函数问题时，忘记了三角变换公式等，"工欲善其事，必先利其器"，数学也是需要记忆的。同时，在学习过程中要自觉地培养用数学语言交流的能力。例如，立体几何中不会将文字语言、符号语言和图形语言互相转化，解答概率问题和应用题时存在"掐头去尾烧中间"的现象等，都是不会用数学语言表达的结果。

4. 通过考试测试出自学的效果

一个学生考试成绩如何，不仅取决于其实力，还取决于其在考试过程中的发挥。在考前要精心备考，调整好应试的心态，暗示自己"我已胸有成竹，我能行"，在考试过程中要"我易，人易，不大意，我难，人难，不怕难"，力创佳绩。考试或测试的目的是巩固复习当天所学内容，培养规范的答题习惯，提高分析问题和解决问题的能力。要按照先复习，规范作答，再检查的顺序进行，不存在敷衍了事、不规范答题和抄袭作业的现象，要独立地（指不依赖他人），保质保量地完成一些题目。题目要有一定的数量不能太少，更要有一定的质量和难度。独立解题，可能有时慢一些，有时走弯路，有时甚至解不出来，但这些都是正常的，是任何一个初学者走向成功的必由之路。另外，对于完成题目要有如下的五点要求：① 书写工整；② 作图规范；③ 表达清楚；④ 推理严密；⑤ 计算准确等。

5. 要循序渐进，先自己用脑，后请教别人

循序渐进是掌握知识的规律，也是学习文化知识的捷径。在学习中，要像攀登台阶一样，步步稳重，拾级而上，不断地借助旧知识去获得新知识，温故而知新，慢中求快，稳中求好。如盲目追求速度和数量，其结果必然是欲速而不达，多学而不获，事倍功半。实践证明，通过自己学到的知识，印象深、记忆牢，即使有些问题自己解决不了，仍需请教别人，然而一旦弄懂，其记忆效果仍然是深刻的。"信心比天才更重要"。自己用脑解决问题，可以坚定信心，锻炼意志，这就是克服困难、争取胜利的重要品质。

6. 要养成自我总结的习惯

每做完一个习题，要总结本习题有哪几种类型，每种类型的一般解法或证法是什么，在运用基础知识方面有哪些重要技巧，通过练习对基础知识有哪些新的认识等，从而提高综合运用知识分析问题和解决问题的能力。要学会绘制知识网，在学完一章或一单元后，应会根据教科书的内容，以某一原理或某一概念为线索，绘制知识网来总结（也叫知识结构网），从而使自己能更加全面、深刻地理解和掌握已学的知识。每学完一个板块，要把分散在各章的知识点连成线、铺成面、结成网，使学到的知识系统化、规律化、结构化，这样运用起来才能联想畅通、思想活跃。要重视知识结构，要系统地掌握好知识结构，这样才能把零散的知识系统化起来。

4.2　徒弟的协调沟通能力

沟通协调在日常工作生活是每个人都需要的技能，一般的沟通是指社会中的个人与组织基于一定的需要，通过语言、文字、图片、行为等方式，交流思想、观念、意见、情感等信息的行为。

4.2.1　沟通协调能力定义

沟通协调能力是指管理者在组织决策过程中的沟通和协调指挥的才能，以及日常工作中妥善处理好上级、同级和下级等各种关系，使其减少摩擦，能够调动各方面工作积极性的能力。决策的领导者应该懂得一套科学的组织设计原则，熟悉并善于运用各种组织形式，还应该善于用权，能够指挥自如、控制有方，协调人力、物力、财力，以获得最佳效果。

充分的沟通协调过程一般包括六个要素：

（1）尊重。与人交往过程中讲究一个尊重的原则，不管对方是在职位上有什么样的不同，让别人体会到你的尊重才是最重要的，有了尊重的基础才能更好地进行交流。

（2）真诚。交际当中真诚也是极为重要的，让别人体会到这种真诚可以更好地进行交流，更好地进行合作，从而让彼此进行更好的合作。

（3）宽容。对于别人的错误与不足要多多宽容，只有自己大度起来，才能把一些瑕疵从交际中抹去，从而更好地进行各种事情的合作。

（4）互利。对于双方都有利益是一个重要的基础，大家都可以从这种合作中受益是非常重要的，这能够让合作更加持久与牢靠。

（5）理解。对于别人的各种做法要多多理解，要善于从别人的角度去思考问题，从而更好地理解别人的做法。

（6）平等。大家在交往过程中，一定要讲究平等的原则，双方有一个互相尊重的基础，这种平等是长久合作的一个重要基础。

沟通协调能力能够化解矛盾，把分力聚为合力，变消极因素为积极因素，能够动员群众、组织群众，充分调动人的积极性。因为在组织中个人的力量总是有限的，领导者要履行好自己的职责，必须把周围人的积极性调动起来、潜能发挥出来，靠集体的力量攻克难关。因此，沟通协调能力是一个人的综合能力的体现，要想发挥出较高的沟通协调能力，就需要在实践中不断学习和提高。

4.2.2 沟通协调能力包含内容

1. 沟通

沟通实际就是在日常工作中人与人之间的联系过程,是人与人之间传递信息,沟通思想和交流情感的过程。主要分为以下几种类型:

(1)从信息沟通的内容划分,可分为工具型沟通和表意型沟通。其中,工具型沟通是通告,相关办法的发布;表意型沟通是工程例会、碰头会等,这类沟通是通过情感沟通达到目的,人文性更强,也越来越重要,表意型沟通的影响力也会逐渐大于工具型沟通。

(2)从信息沟通的方向看,可分为纵向沟通和横向沟通。其中,纵向沟通是自上而下的沟通或自下而上的沟通(上级向下级发布文件、传达指示,下级向上级汇报工作);横向沟通是平行沟通。

(3)从沟通的组织结构来看,可分为正式沟通和非正式沟通。其中,正式沟通是文件的下达与呈送,如谈判、会议、汇报工作等;非正式沟通是座谈、聊天等非正式场合的会晤等,非正式沟通获得的信息途径更广,但信息容易失真,小道消息多。

2. 协调

(1)协调是指组织者调整某项活动各参与因素之间的关系,使各个因素能够相互配合,促成组织目标的完成。

员工之间不协调,工作就开展不好,只会降低工作的效率。而充分的沟通协调能力就能够妥善分配员工的工作,并协调他们之间相互合作。

(2)协调的功能。

1)统一功能。体现在统一思想认识,步调一致往既定目标前进(强化目标,降低成本)。

2)导向功能。让组织内成员了解上级意图,或上级部门政策,以便调整自己的工作思路(明确方向)。

3)控制功能。控制不稳定因素,确保工作系统始终向着既定目标平移发展,必须对各种变化的信息不断进行协调,协调的过程也是控制的过程(消除内部矛盾)。

4)放大功能。分工合作正成为一种企业中工作方式的潮流被更多的管理者所提倡。一个由相互联系,相互制约的若干部分组成的整体,经过优化设计后,使整体功能大于部分功能之和,产生更好的效果。一个优秀的团队,不在于每个队员都很优秀,而在于团队成员之间的协调密切的配合。

4.2.3　企业员工沟通协调能力的构成

企业员工特别是经营管理人才的沟通协调能力主要由以下几方面构成。

1. 有效的人际沟通能力

有效的人际沟通能力是指企业经营管理人才通过各种语言或其他媒介向他人传达某种信息，以有效地使他人获得理解，促进经营管理活动顺利地进行。企业经营管理人才在经营管理活动中必须及时向下属、同层次人员，上级或其他人员传达信息。要使对方理解其信息，促进双方的协调就必须进行有效沟通。

2. 高超的员工激励能力

企业经营管理人才要善于利用各种手段激励员工，以激发员工的积极性、主动性和创造性。对此，企业经营管理人才必须把握四个方面：一是企业经营管理人才对其下属的不同需要和价值取向必须具有敏感性；二是企业经营管理人才必须努力增加下属员工的努力工作可以产生好绩效的期望；三是企业经营管理人才必须保证下属员工感到组织的公平对待；四是企业经营管理人才要善于鼓励下属员工设立具体的、有挑战性的现实合理的绩效目标。

3. 良好的人际交往能力

良好的人际交往能力是指企业经营管理人才在人际交往中以各种技能来建立良好的人际关系即"为我所用"的能力。譬如如何与下属或上司建立良好的同事关系等。

企业经营管理人才的人际交往能力是有效经营管理的前提条件。作为人际交往能力的重要部分，积极倾听、有效反馈、训导、解决冲突和谈判都是企业经营管理人才所应具备的沟通协调技能。

4.2.4　导致沟通不畅的原因归纳

1. 心态问题

人擅长表达自己的方式不一样，有的善谈、有的善听、有的善行。善于交谈不等于善于高效沟通，对于个人、企业和社会来说，评价高效沟通的标准应该取决具体的沟通是否有利于问题的解决、是否对个人的发展及企业和社会有贡献。而沟通的目的和意义对于企业和个人来说，最终目的就是为了解决问题。沟通并不是随意找人说说话而已，沟通也是一种心态。

在与他人沟通的过程中，如果处于一种自私、自大、自我的位置上，那么沟通是无法进行的。而要以关心为出发点，注意对方的状况与难处，注意对方的需求点，注意对方的痛苦与问题，这样一来才能给双方沟通找到关注的焦点，沟通也能顺利进行。这需要我们有倾听的习惯，不要随便打断对方、集中精神、不要批评，站在对方的立场，控制好情绪，还需要我们有倾听的能力，倾听在前、问题在后，能在对方的讲话中捕捉到可供沟通的信息。

2. 缺乏主动

很多时候觉得与他人无话可说，害怕与人沟通，尤其是领导，这是两个原因造成的：一是自己不积极主动，当一件事情能在积极主动的心态下去做，积极性才能调动起来，思维也会随之更加活跃；二是对沟通的话题没有做好准备，对沟通中可能发生的问题没有仔细考虑，导致应变能力差，以至于害怕沟通，影响沟通正常进行。

要在干完工作或者工作达到一定进度的时候，主动向领导汇报工作进展情况，这样你可以让领导在了解你工作情况的同时，为你指正你在工作进展中的错误，或者及时修正实际工作进展与上司预期愿望的差异。

主动地汇报工作是对自己工作情况的一项总结，也是表现自己工作积极性、工作认真程度、对领导的重视程度等各方面的综合体现。这个汇报并不是一个简单的汇报，其实就是与领导沟通的重要方式。当然，在报报的过程中，我们还需要注意细节，要提前准备好汇报的内容，不要准备不充分就汇报给领导，在汇报之前，就要把工作上的所有细节想到，并想好有可能会牵扯到的问题，在领导提问之前，就把问题想到，并做出解决方案，最好做出几套方案让领导去选择最终方案。

3. 沟通的方式选择

信息社会的今天，电脑无形中主宰了我们的工作和生活，虽然人人都知道沟通的重要性，却忽视了沟通。MSN、E-mail、微信等新的网络沟通方式，让人们更习惯于通过电脑屏幕的交流，越来越不习惯面对面的交流，不可否认信息时代带给我们一个新的沟通平台，但人与人之间的沟通有很多种方式，不能顾此失彼，不同的场合、不同的对象要选择不同的沟通方式，这也正是所谓的高效沟通。

与人沟通的能力是要在实践中培养的。我们在沟通中不断地遇到问题，然后分析问题产生的原因，改善我们沟通的方式，这才是提高沟通能力的有效途径。沟通这门课程起到的作用就是把沟通作为一项重要的事情提出，让我们能够意识到沟通是我们需要提高的能力。

4.2.5 沟通协调的方法

随着社会不断发展进步，人与人之间的沟通合作愈加广泛深入，沟通协调能力是促成合作的重要因素，体现了企业员工的综合素质和管理能力。因此，可以从以下四个方面不断提高公司员工的沟通协调能力，保证沟通协调的质量和水平。

1. 认真对待与上级的沟通协调

作为员工要拥有良好的向上沟通的主观意识，寻找合适的沟通方式，采取有效的沟通方法，时刻主动保持与领导沟通，既能积极解决工作中的难题，又能全面展示自我能力。

（1）学会汇报工作。一是汇报工作要把握好度。这与工作性质有关，如果工作岗位职责要求必须经常找上级领导，切不可因其他顾虑而不经常汇报，否则就会让上级领导觉得工作不尽责、失职。同时，要根据工作进程把握这个度，当工作有了新进展、取得新成绩，及时向上级汇报是十分必要的，能够让上级领导准确掌握工作开展情况，并给予必要的指导和帮助。二是汇报工作要注意方法。如工作中出现严重问题，既要及时向上级领导汇报情况，也要讲究方式、方法，要稳定情绪、调整状态、理清思路、沉着稳重、从容不迫地向上级领导如实陈述情况。尽量不要使用极度严重、无法解决等表述，要让上级领导觉得事情并非严重到无可救药的地步。

（2）学会提建议。作为组织的一员，要主动关心组织发展，主动担当工作职责，主动为上级领导分担压力，善于向上级领导提出合理化建议。提建议时应注意，要坚持实事求是、客观公正的原则，立足本部门、本单位实情提建设性建议，切不可提破坏性的意见；要本着共同目标的原则，真实陈述自己的观点，不可抱着改变上级领导看法的思路进行争论，更不可抱着争输赢和对错的心态进行辩解；要注重维护尊严的原则，维护上级领导的权威，尽量不要在公众场合或同事面前纠正上级领导的一般性错误。对于非原则性、无关大局的错误，等事后再私下纠正，并善于从心理上分担疏解，真诚适度地提出合理建议。

（3）学会聆听。公司员工与上级领导直接沟通协调时，需要掌握一定的聆听技巧，准确把握信息。在聆听过程中，要有专注的态度，始终保持谦虚求知的心态，善于从话语中提炼有效的信息，准确理解话语内涵；要集中精力，认真倾听，尽量停下手头工作，全神贯注地听上级领导讲话，也要适当地运用点头反馈和眼神交流等肢体语言，切忌心不在焉、思前想后；上级领导安排任务时，要多聆听、少发言，对于关键重要的内容或听不明白的内容，可选择恰当的时机和方式询问求证，或简要地复述领导的意思，达到准确理解领会谈话内容，有利于任务的落实。

2. 真诚做好与同级的沟通协调

同级关系具有直接、经常、密切的特点，与同事保持良好的沟通协调关系，巧妙灵活地处理人际关系和工作矛盾，应当掌握一定的技巧。

（1）坦诚相待，相互帮助。古人云："诚之所感，触处皆通。"只有真心实意、以诚相待地与人相处，才能感化他人，无论何时何地都很容易将事情办好。要尊重同事，多欣赏别人的优点，当同事取得进步，应为之高兴，不要嫉贤妒能、诋毁贬低；要与同事经常进行信息和情感交流，就工作问题开诚布公地交换意见，不要背后说长道短、搬弄是非；要热情帮助同事，当同事遇到困难时，诚恳地给予帮助，为其分忧解难，不要乘人之危、幸灾乐祸。

（2）团结合作，共同进步。合作与竞争是同级关系中不可回避的两个方面，合作中包含竞争，竞争中包含合作。一个有志向的公务员，应正确对待合作与竞争的辩证关系，自觉树立竞争意识，对同事既要真诚合作，又要敢于竞争。要自觉向同事中的能人看齐、学习，见贤思齐、见不贤而自省；在与同事合作竞争中，领先时不自满，落后时不气馁、不骄不躁，坚持不懈地努力；要以积极、包容、开放的心态，帮助在竞争中暂时落后的同事，携手同行、共同进步。

（3）直面冲突，化"敌"为友。在日常工作中，由于同事间的性格、经历、观念和对事物的看法、做事情的方法都不同，难免会产生一些冲突。面对冲突时，要勇于直面，不回避、不拖延，及时有效地解决问题；要适度地将心比心，多站在对方角度考虑问题，化干戈为玉帛；要胸襟开阔，有担当、懂谦让，能正确看待得失，多从长远角度思考问题，化"敌"为友；要学会运用幽默的方式、诙谐的语言化解冲突和矛盾，缓解紧张情绪，营造融洽氛围；要善于管理情绪，冷静、理性、有效地控制好自己的情绪。例如，发生冲突时，可采用深呼吸、借故离开一会儿、找个地方活动一下等方式来平复自己的情绪。这样可避免做出错误的决定，也体现了个人的修养和素质。

3. 用心做好与群众的沟通协调

日常工作中，公务员要直接与群众打交道，为群众做好服务。因此，公务员要不断提高与群众沟通协调的能力。

（1）提高思想认识。作为国家公职人员，要提高思想认识，坚持为人民服务的宗旨和以人民为中心的发展思想，认识到与群众沟通、为群众服务的重要性，并切实转变工作作风，不断提高沟通质量和服务水平。

（2）学会换位思考。作为国家公务员，尤其是窗口单位和基层公务员，每天都要为群众排忧解难，为群众办事。为提高工作效率，要设身处地为群众着想。在沟通中，要做到细心、耐心倾听，态度亲切、温和，想群众所想、急群众所急，把群众诉求转化为和风细雨的关心和关怀，用真心话感动群众。

（3）真心实意务实沟通。要坚持把群众的事当作自己的事来办，求真务实，不要嘴皮子，不说空话、套话，不推诿扯皮、言而无信；要摆事实、讲道理，实事求是，特别是涉及群众利益的事情，要用清晰的语言和准确的表达方式，讲明党的方针政策和国家法律法规，严格按照规定办事，使群众对解决问题看得见、摸得着，让群众放心。

4. 做到五个提高

（1）提高学习能力。想要提高沟通协调能力，最重要的就是提高自身的学习能力，在知识发展迅速的今天，只有提高自己的学习能力，才能跟得上时代的步伐，与时俱进。

（2）提高思考能力。想要举一反三，提高思考能力也是相当重要，思考决定出路，不思考就行动，很容易出错，要勤于思考、善于思考，在实践中思考，才能积累更多的经验，才能提高沟通协调能力。

（3）提高服务能力。何为要提高服务能力？将"执政为民"的理念落实到群众服务中。服务能力如何，直接影响社会的发展和社会的稳定，提高自身的服务能力，这样就有希望提高沟通协调能力。

（4）提高创新能力。创新是非常重要的，实践证明，只有不断创新，才能与时俱进，提出新政策，沟通协调能力才能开拓新局面，我们必须要有创新能力，墨守成规会吃亏的。

（5）提高执行能力。所谓的执行能力就是落实力，这是我们沟通协调水平的具体表现，提高执行能力，要树立落实第一，要树立务实性，一抓到底的作风，提高执行能力，切勿优柔寡断。

4.2.6 如何培养沟通协调能力

1. 加强学习，努力提高领导能力的素质

（1）树立服务观念，强化领导干部的职业形象和政务礼仪意识，是树立威信，提高协调沟通能力的思想基础。

（2）提高政策理论业务水平，是提高协调沟通能力的关键。理论使人深刻，政策使人清醒。只有具备了较强的理论政策素养，才能熟悉党的路线、方针、政策和上级的指示精神，形成科学的世界观，站在全局的高度思考问题，从而提高出谋献策的层次和能力，在实际工作中不做出格的事、不说出格的话，在事关原则性的问题上毫不含糊、敢于坚持真理，才能使人敬佩。

（3）打造较强的业务工作能力。只有具备比较高的业务工作能力，才能更好地履行领导干部的职责。努力学习认真提升自己的五种能力，即调查研究能力、语言和文字表达能力、组织协调能力、快速反应能力和行政执行力，才有提高协调沟通能力。

（4）着力培养自己高尚的道德修养和健康心态，有反腐倡廉坚强作风和深入细致、求真务实的工作作风，才能在群众中有口碑。

（5）注重培养自己卓越情商构建和谐的上、下级关系，要广泛地拓展知识面，精通本职业务，做到职内外知识要了解，有关知识要明确，相关知识要掌握，从而提高出谋献策的层次和能力，为社会多做贡献，得到社会和别人的认可。

2. 认真掌握好组织领导沟通协调的方法

在工作中，我们要结合自己工作的特点，建立有效沟通的基本流程：一是要确定告诉别人是什么信息；二是要确认对方是否收到了信息；三是要保证对方明确地理解信息，最好是让对方把理解的意思用不同方式反馈回来，以进行验证；四是要对方在理解了信息之后，确认是否认同、是否接受这个信息（如一项工作），如果接受，就需要给出一个承诺（如什么时间完成），让工作进度相对可控；五是要在接近任务完成日期的时候提醒对方，让对方知道完成任务的时间快到了；六是要在完成日期那天不管对方是否完成了任务，都要给相关人员一个汇报总结，既包括对方当事人，也包括自己的上级领导，对方的上级领导及其他相关方。如果对方完成了任务，就要表示感谢；如果未完成任务，就要把这件事告诉自己的上级领导和对方的上级领导，把事情的原委写清楚，并对接下来如何做提出建议，这样更有利于工作的开展。由此引出了沟通协调的方法，具体如下。

（1）与上级沟通。与上级沟通时，应注意事先整理好要谈的话题，并选择好沟通的时机。沟通过程中，要能准确理解和领会上级领导的意图，并能针对问题提出解决方案，当与上级领导意见不同时，要尊重上级领导做出的决定，并积极执行完成工作或解决问题后，要及时作工作汇报。

（2）在工作执行中的沟通。首先，要尊重指令传播环节，切记不要越级或绕过上级领导去报告工作，要遵循指挥一汇报链；其次，要遵循行政执行的一般程序，即接受任务、分析并拿出办法、实施并办理、总结并反馈。同时，要注意，不要加入说三道四和流言蜚语中去；要直接与他人沟通；发生冲突时，焦点要针对问题，而不是个人；当处于错误的情况下，千万不要试图顽固到底，而要向人致歉以结束争论；同时，还要学会换位思考。

（3）与下属或群众沟通。可以采用和缓的交流方法。安排和检查下属的工作是职能之一，但我们需要注意方式和方法。我们知道，人都有一种被尊重的需要，作为下属，他们更有这种需要。领导习惯采用命令的方式安排下属的工作，习惯采用斥责的方式批评下属，这都是非常有害的。工作中，我们需要有意识地尽量淡化上、下级差别，采用建议或安排的口吻来安排工作一定会比命令更有效，采用"晓之以理，动之以情"的方式来指出下属的过失或不足，一定会比斥责更管用。有些人担心自己的威信会不会因为自己这种和缓的交流方式而变得荡然无存，其实这种担心完全是多余的，恰恰相反，下属只会越来越尊敬你。

3. 灵活运用好沟通协调的技巧艺术

（1）注意场合，选择时机，事半功倍。与领导干部沟通，要注意场所、选择时机。注重方法的变通，方法正确才能减弱或者消除对方的戒备心理。要根据领导干部不同的情绪状态和个性而采取适当的沟通方法，因人因事地而用：① 直接指出问题所在，表达自己的态度和观点的方式；② 旁敲侧击，暗示下属；③ 转移注意，在谈笑之中让下属明白你的意思，避免直接对立，好让别人接受。

（2）坦诚相待，冷静谦和，切忌急躁。在工作中，下属要赢得领导的肯定和支持，很重要的一点是要让领导感受到你的坦诚、谦虚。工作中的事情，不要对领导保密或隐瞒，要以开放而坦率的态度与领导交往，这样领导才会觉得你可以信赖，他才能以一种真心交流的态度与你相处。作为领导，应该降低自己的姿态，真诚谦虚，不要以先知者和必胜者的心理自居，用一种朋友间沟通的平等心态去和下属沟通。

（3）了解内心，发挥人缘和情感作用。不管领导者还是被领导者，他首先是一个人，作为一个人，有他的性格、爱好，也有他的作风和习惯。对对方有清楚的了解，是为了运用心理学规律与对方进行沟通，以便更好地处理上下级关系，做好工作。人性中有一种最深切的秉性，就是被人尊重的渴望。与人交往时要永远记住，人都希望别人恭维他、赞扬他。你要找出领导干部的优点和长处，在适当的时机给别人诚实而真挚的尊重。

（4）主动沟通，加强互动，合理处理下属的合理需求。平时多关心同事，正式场合的交流能够了解得更多的是下属的工作情况，多安排非正式的沟通渠道，如闲聊、联欢会、内部活动等互动活动。与人沟通是一门艺术，在沟通的过程中，应注意做到以下几点：① 要知晓别人的优点和长处；② 与人交谈时，微笑是最好的语言，倾听胜过长篇大论；③ 别探听别人的私事，无意中知道了也要放在心里当成秘密，别人的赞美好比香水，闻闻可以，若当真，喝下去可就惨了；④ 坦然承认别人指出你的不足，这样他们只会更尊重你，而不是轻视你。当朋友悲伤失意时，一定要靠近一些；当朋友高兴得意时，不妨稍微离开一点，不要走得太快、不要离得太近，给别人一些进退的空间。建立直接上报的渠道，开辟表达需求的空间，满足合理需求，应该让下属看到你的办事效率，增强下属对你的信任，在做出分析后，尽快满足下属的合理需求。

（5）均衡关系，着重劝慰，团结为上。与上级沟通的意义在于工作上能得到正常的支持，遇上困难能得到帮助和化解，个人价值能得到上级的肯定，只有相互支持和良好合作，才有利于搞好工作，至少不能让上级对下级施加不当压力或限制。与下级沟通的意义在于有利于调动下级的工作积极性、主动性、创造性，提高工作能力、实现目标，有利于增强凝聚力，实现组织系统的最佳效能。

与上级领导沟通协调时，应该服从而不盲从，尊重而不奉迎，以大局为重不计个人得失，尽职做好本职工作而不越位，在上级之间保持中立等距离外交，一样地支持、服从、对待。与下级沟通协调时，应该以人为本、做好服务，要注意拉大能力距离而缩小感情距离，大事要讲原则，小事要讲风格。正职与副职沟通协调时，应该授权、放权、不越权，支持、依靠、不撒手，关心、揽过、不诿过。正确对待领导、下属和自己。我想自己担任副职的角色，上有领导下有员工，更需要正确地对待领导、下属和自己。我们需要敬以向上、宽以对下、严于律己。敬以向上是需要我们尊敬自己的领导，但不是阿谀奉承、溜须拍马；宽以对下是需要我们对自己的下属宽容，但不是听之任之，放任自流；严以律己是需要我们对自己要求严格，但不是只讲奉献，不要回报。当部门、个人利益与总体利益有冲突时，我们需要优先考虑总体利益；当同级部门有困难时，我们需要主动地予以支持，因为助人实际上就是助己，当个人利益与下属利益有冲突时，我们需要优先考虑下属的利益。那么，我们的工作才能做好，沟通协调才能成功。

（6）充分尊重理解，换位思考。微笑是最能直接引起人类愉悦的原始表情。而该礼仪的重要性与有效性在服务行业中更加凸显。海底捞的服务越来越被人称赞，有人分析它成功的原因之一就在于"微笑链"，让员工"认同公司、快乐工作，微笑服务"，经理对领班微笑，领班对员工微笑，员工对顾客微笑，最后顾客对海底捞微笑，正是这个"微笑链"使海底捞笑傲于竞争激烈的餐饮行业。然而，微笑不仅仅是停留在表情上，微笑的本质是尊重心和宽容心，是沟通的第一步，你能够心怀平等，以包容的态度来与对方接洽，发自内心真诚地尊重他人，让沟通的第一步没有阻碍。

在沟通中，还需做到的是换位思考。换位思考的第一层含义就是了解、代入同景。因为了解，所以能够感同身受，产生同理心。沟通除了要站在自身的立场捍卫自身的价值观、原则与集体利益，还需要我们能够站在对方的角度看到对方的位置、利益与需求，从而找出共同项，达成共识。除了同理心，换位思考还在于你能不陷于"己是他非"的是非观里，造成沟通阻碍，能够看到全面的沟通需求和沟通过程。越来越多的企业和单位在重视员工换位思考的能力，而培养自己的该项能力可通过情景代入、身份代入来锻炼。

在个人的岗位质量建设中，少不了与他人、其他部门的权责明确和工作接洽，加强沟通在其中占据着重要的位置。加强沟通，并不是简单地在量上增加，更要在质上得以提升，需明确我们最终是要提高沟通的效率。

（7）遵循沟通协调的四个基本。

1）沟通的基本心态是关怀。良好的沟通心态要克服"三自"，即自私、自我、自大，若一个人心态不良，则难以与人沟通。我们只在乎别人说什么，不在乎别人怎么说。

2）沟通的基本原理是细致。只有细致关心别人，才有沟通的感情基础。为此，要注意三个方面，即注意对方的痛苦、注意对方的状况、注意对方的需求。

3）沟通的基本要求是主动。双方都不主动，就无法进行沟通。一方主动表达，另一方主动反馈，沟通就会很顺畅。

4）沟通协调的基本原则是尊重。尊重包括自尊与他尊。自尊指自尊自爱，爱护自己的形象，尊重自己的职业，尊重自己的组织。他尊指尊重客户是常识，尊重上级是天职，尊重同事是本分，尊重下级是美德，尊重所有人是教养。尊重他人就要做到，接纳重视他人，恰当的时候赞美他人。接受重视对方，即不难为对方，又不让对方难堪，要欣赏对方，多看对方的优点，不当众指正缺点，要赞美对方，懂得欣赏别人的人实际是在欣赏自己，是自信的表现。

4.2.7　巩固提高沟通协调能力

1. 提高方法一：重承诺，不轻诺

一个成功的人，不会是出尔反尔说话不算数的人。只要自己说过的话，无论付出代价有多么巨大，都应该尽力去实现它。如果实现不了，当初就不要承诺，言而无信的人是大家最深恶痛绝的。永远记住，自己的诺言，并且实现它，会给你带来尊严，别人将会尊敬你，这是每个成功人士做人的必要前提。

2. 提高方法二：多实干，少埋怨

工作中，我们耳闻目睹有些同事心不平、气不顺、看不惯、怨天尤人，抱怨前途渺茫、际遇不顺，感到没有奔头，抱怨提拔太慢、待遇不高，认为人生总是失意等。这部分人从不在自己身上找问题，干工作时要么挑肥拣瘦、要么以各种理由回避。埋怨不能解决问题，只有脚踏实地去做才行。

3. 提高方法三：多冷静，少冲动

冲动是指由外界刺激引起，爆发突然，缺乏理智而带有盲目性，对后果缺乏清醒认识的行为。也就是说，冲动是行为系统不理智的各种表现，是人的情感特别强烈、基本不受理性控制的一种心理现象，可以是表现为行为上的，也可以是表现为思想意识上的。

冲动情绪调适及控制情绪的方法如下：

（1）调动理智控制自己的情绪，使自己冷静下来。化解冲动首先要克制。喷发的激情来也匆匆，去也匆匆，只要想办法抑制片刻，就可以避免动拳头的冲动。一般可采取两种方法，即忍耐和谦让。

（2）用暗示，转移注意法。化解冲动要及时转移。大量事实证明，冲动情绪一旦爆发，很难对它进行调节控制，所以必须在它尚未出现之前或刚出现还没升温时，立即采取措施

转移注意力，避免它继续发展。

（3）在冷静下来后，思考有没有更好的解决办法。在遇到冲突、矛盾和不顺心的事时，不能一味地逃避，还必须学会处理矛盾的方法，一般采用以下四个步骤：① 明确冲突的主要原因是什么？双方分歧的关键在哪里；② 解决问题的方式可能有哪些；③ 哪些解决方式是冲突一方难以接受的；④ 哪些解决方式是冲突双方都能接受的？找出最佳的解决方案，并采取行动，逐渐积累经验。

（4）平时可进行一些有针对性的训练，培养自己的耐心。可以结合自己的业余兴趣、爱好，选择几项需要静心、细心和耐心的事情做，如练字、绘画、制作精细的手工艺品等，不仅陶冶性情，还可丰富业余生活。

（5）化解冲动要注意提醒自己。对冲动的克制，有时还特别需要得到外部的提醒或帮助。譬如，林则徐每到一处，都在书房最显眼的地方贴上"制怒"的条幅，随时提醒自己不要冲动发火。

4. 提高方法四：多肯定，少批评

要经常对别人表示出满意。每个人都希望被别人肯定，那样就能够证明自己的价值。如果你经常对别人表示出满意，那么你和别人都会感到身心愉悦。纵然开始有些地方做得还不够好，有你的鼓励和支持，肯定能激发别人的潜能，创造出更加美好的未来。

5. 提高方法五：多对事，少对人

无论你多么优秀，也会有人说你不好；无论你多么不堪，也是独一无二的自己。工作中和生活中，只要问心无愧，就不必在乎他人的评判。只要坦荡无私，就无须在意别人的眼神。人生没有完美，幸福没有一百分，不要总拿别人送的尺子，时时丈量自己。日常工作中，沟通协调中就事论事，针对事情出现的问题、发生的原因进行分析，而不是带情绪地埋怨人，这就能够提高沟通协调的效率。

6. 提高方法六：少说话，多做事

老子在《道德经》中，道出了许多精辟深邃的人生哲理。他说："知其雄，守其雌，为天下溪。为天下溪，常德不离，复归于婴儿。"又说："大直若屈，大巧若拙，大辩若讷，静胜躁，寒胜热。清静为天下正。"还说："江海之所以能为百谷王者，以其善下之，故能为百谷王。"此外，老子还有句名言，"天下莫柔弱于水，而攻坚强者莫之能胜，以其无以易之"。所以，新参加工作岗位的年轻同志一定要善待下属，要尊敬领导，要谦虚谨慎。你越是表现得姿态低，你就越容易被领导接受，你也就越容易使自己的事业取得成功，而低姿态并不会损毁你半分的能力。新同事对工作的实际情况不太了解，言多反而自显其陋。有些同事刚一参加工作，热情比较高，兴趣也较为浓厚，对工作上的事爱发表意见，但又

因经验不足而说不到点子上，只能暴露自己的无知。这对这些新同事来说，真是得不偿失。所以，刚参加工作的同事一定要经历一个少说多做、少说多听的阶段，在这个阶段里，你可以熟悉情况，积累经验，加强学习，弥补不足，从而使你原有的理论基础与所从事的工作紧密地联系起来。这样，你会与领导、同事建立良好的人际关系，成为他们的一部分，这时你再说话则会显得有分量得多。

4.3　徒弟的开发创新能力

开发创新能力是现代职业者必备的工作能力之一。古今中外，各行各业的优秀职业人士都是身上闪烁着开发创新的光彩。开发创新能力就是创造主体在创造活动中表现出来并发展起来的各种能力的总和，主要指产生新思想、新方法、新结果的创造性思维和创造性技能。创新能力主要表现在四个能力上，即发现问题的敏锐观察能力、通观全局的思维能力、拓展思路求索答案的能力及远见卓识预见未来的能力。

4.3.1　提高个人创新能力的方法途径

创新源于生活而又高于生活，我们生活在现代社会中，各种创新层出不穷，所以我们必须不断地学习各方面的知识来提升自己，了解各方面的信息来丰富自己的想象力，使自己的创新思维立足于更高的平台。开发创新需要站在巨人的肩膀上创新，要充分发挥自己的想象力，不能因循守旧，不能受习惯和群体意识的限制，别人做什么我们就做什么，所以有时反其道而行之或打破常规的思维往往是创新的开始。但创新不能脱离也不能有悖于前人的经验和总结，否则会耗费大量的时间和精力，兜了很大一个圈，却又回到了起点。因此，要提高个人的创新能力，需要从以下几个方面入手：

1. 要善于总结前人的经验和教训

任何一项创新都不是无源之水、无本之木。因此，如何利用前人的知识和智慧，总结前人的经验和教训，在创新工作中是非常重要的。也只有如此，创新工作才可以少走弯路，才可以避免很多麻烦。前人的经验和教训是我们创新工作的基础，通过借鉴前人的工作经验，我们可以站在前人的肩膀上看待问题、考虑问题和解决问题。注意发现和总结前人失败的创新经验，通过前人失败的经验我们可以发现很多问题，还可以通过改变方法和途径，成功地解决一些我们目前遇到的问题。

2. 要学会借鉴和组合

借用别人的经验和成果，而自己不努力是不行的。借鉴可以是思路，也可以是方法，更可以是产品，我们不要认为拿了别人的东西而觉得对不起别人，我们只是借用知识而已。

伟大的文学家鲁迅先生提倡我们用"拿来主义"精神去借鉴别人好的东西来弥补自己的不足，即取长补短。借用别人的经验再加上自己的创新，予以完美结合，充分利用并使之成为自己的东西，那才是我们发展自己的上上之策。所以，要想自己的创新能力提高，要学会借鉴和组合，借用别人的经验和成果在实践中提高创新能力和创新意识很重要。

3. 学会思考和质疑，不迷信权威

多一些发散性思维，打破传统思维及权威的禁锢。一个人勤学好问，大胆质疑才能有所成就，遇到事情多问几个为什么，要学会刨根问底，寻求事物的根源，还要大胆质疑，有怀疑的精神，多观察、多思考，才会让自己变得更聪明、聪慧。只有从多方面考虑和解决问题，才能出现解决问题的灵感，才能创新。千万不要把灵感放走，生活中每个人都是有灵感的，一旦产生就要记录下来，时间一长，新的思路、方法和途径自然就出现了。遇到问题要注意从多方面考虑，而且要持之以恒，更要养成思考的习惯，只有这样，创新才能在不知不觉中出现，单纯的为创新而创新，出现的可能性也不会很大。

很多人都习惯相信经验，相信一些定理、真理，更相信一些权威人物专家所说的话，要想有创新能力，就不能什么都相信别人的，经验也不是完全正确的，尤其是一些过去的经验更要多思考是否已经跟不上时代的发展和现状了。要想提高自己的创新能力，就必须有自己的想法和做法，不能人云亦云，别人说什么就是什么，更不要别人都那样做，自己也那样做，要学会跳出传统的思想定势，不要走大家都走的路，而放弃了探索捷径，要多思考，对某一件事情要有自己的想法和看法，才能提高自己的思维能力和创新能力。

4. 要有强烈的事业心和责任感、使命感，坚持思维的相对性

首先，必须具有强烈的事业心和责任感，具有高度使命感的人，才会有强烈的忧患意识，才能"先天下之忧而忧"，战胜自我，不断寻求新的突破。不可想象，一个对自己所从事的工作毫无责任心的人，怎么会积极主动地开动思维机器，创造性地解决遇到的问题。同时，要培养积极正面的心态。积极的心态具有改变人生的力量，是事业成功的一半。而创新更需要积极的心态。因此，要坚信每个人天生都具有创新的能力。

职场创新能力是一种综合性能力，包括敏锐的洞察力、预见力，积极的联想力，良好的实践创造应变力和善于组织沟通协调能力。思维的相对性是创造性思维的前提。爱因斯坦说过，"应当把发展创新性思考和判断的一般能力放在首位"。提高创新思维能力，必须在思维实践中不迷信前人、不盲从已有的经验、不依赖已有的成果，创新性地发现问题、思考问题，在独辟蹊径中找到解决问题的有效方法。

5. 善于运用头脑风暴，柔性对待变化

头脑风暴法又称智力激励法，是现代创造学奠基人亚历克斯·奥斯本提出的一种创造

能力的集体训练法。头脑风暴法其实是提供了一个激发灵感、开阔思路的平台，从确定议题、搜集信息、对方案评估、确认方案等基本程序中风暴出尽可能多的创意。当然，在实施过程中还要注意几个问题：一是人数不能太多，一般7～8人；二是时间不能太长，在1h以内；三是自由畅谈，不要评判，更要禁止批评，批评和自我批评在头脑风暴中都是创新的障碍。学会柔性对待变化。柔性多用于柔性生产、柔性管理当中。柔性生产是为了适应快速的市场需求变化而提出的新型生产模式，有利于克服大规模生产带来的种种弊端，提高企业效益。柔性体现出灵活、敏捷、协作和韧性的特征，在瞬息万变的社会环境中，不断地更新知识，接受新理念，把大问题切割细化，变成若干个小问题分别解决，在工作过程中保持一种自适应的状态，更有利于创新。要善于运用头脑风暴法进行创新。

创新思维在实践中的成功，可以使人享受到人生的最大幸福，并激励人们以更大的热情去继续从事创造性活动，为自己的成功之路奠定基础，实现人生的更大价值。

4.3.2 培养开发创新能力需要注意的事项

一位社会学家曾一针见血地指出："一个人缺少创新意识，他永远得不到改变；一个组织缺少创新意识，这个组织永远得不到发展；一个社会缺少创新意识，这个社会永远得不到前进。"是的，没有创新意识，我们将一直重复着固有的、陈旧的工作和生活方式，这样个人和整个社会都不会向前迈进，而且处于激烈竞争中的企业只能走向衰亡。

1. 要有危机意识，不满足现状

不满足是向上走的车轮，不满足现状才会有所追求、有所创新，每天要学会告诉自己做得不够好，还需要改变一下目前的状况，让自己的事业更上一层楼，在强烈的成就欲望下就会有积极的创新力。"生于忧患，死于安乐"，人处在困境中才会容易激发自己奋斗的力量，不要贪图享乐，感觉自己的生活好了，就放弃了进取，开始过安逸的生活，那早晚会有坐吃山空的那一天，告诉自己还要进取创新，时刻保持忧患意识，正所谓"人无远虑，必有近忧"。

2. 要有开放的心态，不怕犯错失败

要想成功，提高自己的创造力，就不能怕犯错，每天担心自己犯错，不敢越雷池一步，怕风险，只能墨守成规，这永远不会有所成就的，更不能怕失败，只有失败了，在失败中总结经验，失败了再爬起来才会成功，失败才是实践，才是经历，多实践多经历，多问多学，有时可以放下架子向比你职务低的人虚心学习，才能提高创新力。面对激烈竞争的社会，人们需要适度地紧张以承担责任、完成工作。但是，过度的紧张及由此导致的生理上的诸多不平衡，却不利于问题的解决，甚至有损身体健康，对创造性思维则是致命的。因此，不要在自己的心里种下太沉重的所谓责任感的种子。放松身心，保持一种轻盈认真和开放的状态，才能更好地从事创造性的工作。

同时，创新要允许失败，创新和改变必然带来风险，风险和机遇同在，优秀的领导者都能认识到，成就最大的往往是那种敢于冒险的人，不冒险虽然很稳定，但会失去成功的机会。所以，必须要有这样的心态，不要怕输，一定要珍惜冒险的机会，做好心理准备，面对风险不要害怕。创新也要讲究成本，创新是需要一定的代价的，同时也需要一定的胆识和魄力，在创新的过程中，要做好充分的心理准备，不要斤斤计较、不吝啬，该投入多少就投入多少，学会承担责任和奉献。在创新的过程当中，要做到心中有数、有计划，否则只能增加一些无所谓的成本和奉献。作为领导，要想提高员工的创新能力，就要减少对他们的监控行为，不要限制他们的行动，每当一个任务下发以后，只需要他们交上满意的结果就行，至于过程不要过分监控。要取消对员工的一些偏见，特别是部门领导，会对某个员工说："那谁完成不了这个任务，还是你去吧"，这样的不信任，就没有给员工创新的机会。

3. 多听、多学、多思考

遇到问题多听听大家的意见，集思广益，多向有经验的人学习，但不迷信，不盲目崇拜，有自己的主见，靠自己的思考分析哪种方法最适合，学会总结自己或者他人工作中的经验。遇到动手操作的事情时，一定要动手实践，在实践中找到最好的方法，提高创新能力，而且做任何事情必须要一丝不苟，有严谨的工作作风，对自己严格要求，不断提高自己，多向同行业的专家、学者学习和交流，及时地补充和增加自己的专业知识。要培养科学的学习习惯，要摒弃社会中的不良风气和迷惑，切实发现自己的真正兴趣，并把自己的兴趣推而广之，坚持不懈地在发现问题和解决问题的思考中，持续积累并夯实基础知识，可利用类比法、联想法等，人们经过学习和训练会使创造力获得迅速提高，创造潜能得到有效开发，这对于我们提高技术创新效率、创新水平、创新成果的产业化极为有益。可以肯定，良好的基础知识是创新成果诞生的良好基点。

总之，在职场中员工要提高自己的创新能力：一方面，要多努力，不断提高自己，掌握一切机会；另一方面，也要有强大的内心，不要害怕失败，机遇和风险并存，作为部门领导，要放开一些政策，消除偏见，对员工多一点信任和机会，相信员工的创新能力一定会越来越好。

4. 克服因循守旧的惯性思维

在现实生活中，当人们解决问题时，常会遇到瓶颈，这是由于人们只在同一角度停留造成的，如果能换一换视角，情况就会改观。很多人习惯模仿，不敢创新，或者不愿意创新，是因为他们头脑中关于得失、是非、安全、冒险等价值判断的标准已经固定，这使他们常常不能换个角度想问题。许多有创意的解决方法都来自换个角度想问题，在对待同一件事时，从相反的方面来解决问题，甚至最尖端的科学发明也是如此。所以，爱因斯坦说："把一个旧的问题从新的角度来看需要创意的想象力，这成就了科学上真正的进步。"

克服因循守旧的坏习惯并不像你认为的那么困难。你必须做的一切便是立刻行动，而不是等到明天或者下个星期。因循守旧是思想的沼泽地，你必须从中走出来，才可能成功。因循守旧者的典型特征是抱着自己的老观念不放，不去主动接受新鲜的思维。这本身就是思维上的惰性所致。成功者必须时刻学会"烧脑"，摒弃因循守旧的思想，创新求变，才会有真正的成功。我们有很多人常抱怨自己脑子太笨，这是因为不开动脑筋，常在过去的思维模式中打转转的缘故。要干，就需付出代价和担当风险，你的努力也可能会遭到失败，如果你避免干任何事情，你也可免遭受风险和失败。但结果会怎样呢？你避免可能的失败，同时也就避免了可能的成功。有时，我们因循守旧，是因为我们让生活的潮流牵着走，导致我们的生活陡然地由一处不知道的地方到另一处不知道的地方的恶性循环。随着我们的理想在期望和等待的尘埃里埋葬，我们对自己的命运也失去了控制。然而，我们文过饰非地借口说是别人使我们不能做那些自己想做的事情，或者说是我们无法控制的环境，使得我们如此之忙以致不可能去改变自己的方向，以此来为自己的惰性辩护，这是何等的自欺欺人。记住，因循守旧是思想的沼泽地，你必须从中走出来，才可能达到成功。

5. 培养自身的创造性思维

成功的可贵之处在于创造性的思维。一个成功的人只有通过有所创造，才能体会到人生的真正价值和真正幸福。创造性思维决定了一个人到底能有多少突破。凡是保守、陈旧的思维习惯只能重复过去，而不能改造过去，成功者的习惯是发挥创造性思维的能量来有所创新、有所突破，试图改变现状。

我们必须明确那些不能突破自身局限的人，之所以在许多领域毫无起色，是因为固守常规思维，从而决定了自己不可能成功。常规性思维一般是按照一定的固有思路或方法进行的思维活动，他们的思维缺乏灵活度。创造性思维的核心是创新突破，而不是过去的再现重复。创造性思维没有成功的经验可借鉴，没有有效的方法可套用，它是在没有前人思维痕迹的路线上去努力控制。对于试图成就大事的人来说，必须明白：人们为了取得对尚未认识的事物的认识，总要探索前人没有运用过的思维方法，运用没有先例的办法和措施去分析和认识事物，从而获得新的认识和方法，进而锻炼和提高人的认识能力。

因此，创造性思维的结果不能保证每次都取得成功，有时可能毫无成效，有时可能得出错误的结论，这就是它的风险。但是，无论创造性思维取得什么样的结果，都具有重要的认识论和方法论的意义。因为即使是不成功的结果，也向人们提供了以后少走弯路的教训，常规性思维虽然看来稳妥，但常规性思维的根本缺陷是不能为人们提供新的启示。创造性思维能根据一个人已有的知识经验，努力探索尚未被认识的世界，从而打开新的活动局面。没有创造性思维，没有勇于探索和创新的精神，一个人只能停留在原有水平上，就不可能在创新中发展、在开拓中前进，必然陷入停滞甚至倒退的状态。

创新有大有小，内容和形式可以各不相同，创新活动已经不仅是科学家、发明家的事，它已经深入到普通人的生活中，很多人都可以进行创新性的活动，生活、工作的各个方面都可以迸发出创造的火花。创新是经营者通向富有的捷径，企业家的高低优劣之分也往往因创新而产生。毫无疑问，必须在思维上达到这样一种程度，用新思维突破常规观念，超越自己的过去，更要超越对手的思维能力。

4.3.3　培养开发创新能力常见的误区和障碍

我们可以这样认为：创新是一种用充满想象力的方法来解决问题的能力。想象力是人类创新的源泉。爱因斯坦曾说："想象力比知识更重要，因为知识是有限的，而想象力概括世界上的一切，推动着社会进步，并且是知识进化的源泉。"创造学之父亚历克斯·奥斯本更是把想象力当成是人类能力的试金石，人类正是依靠想象力征服世界的。而创新的误区是人们通常认为创新是天才和艺术家的事情，跟普通人没有太多关系，而且创新需要经验的积累等，这些其实都是对培养开发创新能力的误读。那么，创新到底存在哪些误区呢？

1. 创新误区

（1）创造力属于艺术家。在艺术世界，创造力总是首先被赞美。罗丹开创了全新的雕塑时代，毕加索的一生都是与自由、探索和创造联系在一起的。当你在"思想者"前驻足，定会感受到作品深沉的美，艺术的创造力果然震撼人心。然而，对科学来说，创造力是如何体现的呢？

让我们来回顾"生命旋梯"的故事，1953 年，沃森和克里克提出遗传的基本物质——脱氧核糖核酸（DNA）具有一种双螺旋的结构。两个年轻人凭着有限的生化知识和晶体结构数据，加之非凡的想象力和洞察力提出了这个具有划时代意义的结构模型。DNA 的双链反向并行、碱基配对，其结构精美绝伦，让人叹为观止。这一重大发现被认为：引起了生物学的一场伟大革命，为探讨遗传的化学基础开辟了一个新纪元。此后不久，遗传密码问题就被完全阐明。由于这一伟大科学成果，沃森和克里克获得了 1962 年诺贝尔生理学和医学奖。现在，再回头看看 DNA 这一奇妙的双螺旋结构，还有谁不叹服科学同样需要创造力呢。

（2）创造力需要打好基础。"学会数理化，走遍天下都不怕"，这句话是20世纪80年代的流行语，强调基础扎实的重要性，似乎等到基础打好了，一切都会迎刃而解。但是，知识经验基础的重要性有可能被高估了。文森特·威廉·梵高是一位极具个性的画家，在30多岁时摒弃了一切原有的知识和工作经验，拿起画笔开始画画，他并不理会学院派的种种教条，而是用独到的眼光看世界，用生命的热情作画，最终登上艺术巅峰。因此，创造力不等于经验的积累，也不依赖基础的扎实和技能的完善。

（3）创造力是智商的函数。大量研究显示，智商和创造力之间不是正相关（正相关是指一个变量增长，另一个变量也跟着增长），高智商人群并没有体现出比常人更高的创造力。而有些智商不是很高的人却展示了出奇的创造力。达尔文的进化论开创了生物科学发展的新时代，他在评价自己时曾说过，"我既没有突出的理解力，也没有过人的机智，我只是在觉察那些稍纵即逝的事物，在对其进行精细观察的能力上，我可能在普通人之上。"这说明开发创新并不是智商很高才能做的，我们普通人也可以进行各个方面的创新。

创新的心理障碍如果说并非智商越高越有创造力，那么在个性心理特征方面，存在哪些障碍呢？

2. 创新障碍

（1）缺乏勇气。创新型人才必备的基本素质是冒险精神，不惧挫折和失败。独树一帜的好莱坞电影导演伍迪·艾伦（Allen Stewart Konigsberg）曾经说，"如果你不是经常遇到这样或那样挫折，这表明你做事求稳求保险，没有很大的创新性。"因此，害怕犯错、干傻事、遭遇挫折，都有碍创新。2007年，诺贝尔医学奖获得者、美国犹他大学人类遗传学教授马里奥·卡佩奇在获奖后接受记者采访时说："我为什么会成功？是因为我从来不懂得什么叫做放弃！"可以想象，这位战乱时的流浪儿，从小历经坎坷，成年以后致力于生物学研究，他所从事的"基因打靶"研究，长期得不到NIH基金资助和同行的认可，但在这种环境下，他依然坚持不懈，从未因失败而气馁，也未因困难重重望而却步。

（2）从众心理。人生活在社会中，会有从众的心理，即言行举止希望符合规范，不要出格、不要标新立异，要获得群体的认可。如果穿着不符合规范，会被认为是奇装异服；说话不规范，会被认为是奇谈怪论；行为不符合规范，便被认为是罔顾社会公德；想法不符合规范，可能被认为是精神分裂。所谓枪打出头鸟，就是这种心理的写照。然而，符合规范的需求往往使人缺乏创造力。著名物理学家理查德·费曼是"曼哈顿"计划的主要参与者，后来获得了诺贝尔奖。然而，他的许多观点和行为与众不同。一般认为，被选入美国科学院是科学家进入精英群体的必经之路，他却觉得没有必要去就范常规，拒绝加入美国科学院。他说："被常规束缚，无异于故步自封，会抑制你的创造力。"

（3）过早下结论。当一个新的想法在酝酿或提出后，人们倾向于使用批评和怀疑的态度，最常听到的是，"这不可能""不对的""有人已经做过了""这里有一个问题""是的，但是……"，阿尔维德·卡尔森因发明用左旋多巴胺治疗帕金森氏症而获得 2000 年诺贝尔生理或医学奖。他曾开玩笑说："一般诺贝尔奖得者都会经历三个阶段，即在其工作刚发表时，人们会说'那绝不可能是对的'。过了一段时间，当其他实验室证明了其正确性时，人们便会说'那的确没有错，但这个发现并不重要'。又过了若干时间，历史证明了其正确性和重要性时，有人又会说'这个发现的确正确，也非常重要，但不是他第一个做出来的'。"因此，我们需要把批评放在一边，学会宽容，接受新事物、新发现。

另外，还有一些个性心理障碍，包括像沉沦沮丧、缺乏激情或激情泛滥、过多地讲究条理性及太执着钻牛角尖等，这些负面情绪一旦弥漫开来，都将成为创新的大敌。

创新不仅有个性心理上的障碍，在文化传统上也存在障碍，如过于讲求逻辑和过早失去游戏的天性等。

（4）服从于逻辑。科学的逻辑性似乎与创新文化相悖。科学非常讲究理性思维，而创新则有时要凭感觉；科学研究讲究分析、归纳，而创新则需要直觉；研究人员习惯于用线性思维，而创新则常常要靠非线性思维。科学一定是讲究逻辑的，但很多创新就是讲不出太多的逻辑。过于讲究逻辑就可能墨守成规，尽管离成功一步之遥，但终究没有成功。

我们再来看看"RNA 的故事"。2006 年，美国科学家克雷格·梅洛和安德鲁·法尔因发现了"RNA 干扰机制"，被授予诺贝尔医学奖。诺奖评审委员会指出，他们的发现开启了一个全新的研究领域，揭示了控制遗传信息流动的自然机制。RNA 干扰机制的发现使得科学家可以对侵入细胞的病毒 RNA 进行控制，将来有望应用于临床医学和农业等众多领域，用来开发针对病毒感染、心血管疾病和癌症等的新疗法。

其实，在 1991 年，法尔就发现了这一现象，但一直没有引起人们的重视。1995 年，中国留学生郭苏和导师肯·康费斯用反向寡核苷酸来抑制基因表达，发现对照组中的正向寡核苷酸也有同样效果。尽管他们发表了这一结果，却不能做出合理解释，便自认为不合逻辑，也没有意识到这就是 RNA 干扰机制。因此，可以说，很多人是有机会揭示这一现象的，但遗憾的是，大多数人只服从于逻辑，认为这一现象只是个意外，因而忽视了。只有克雷格·梅洛和安德鲁·法尔认识到 RNA 干扰是一种普遍且重要的现象，并将其提高到理论的高度。

（5）玩耍属于小孩子。创新常常始于玩耍，所以玩耍并不是小孩的专利。前面说到的费曼先生就是个大名鼎鼎的科学"顽童"，对待平生最爱的物理学，他也是充分享受其乐趣，他把成就归于"为什么会这样呢？因为从前我都在跟它玩游戏。我随兴之所至——我不会忧虑这究竟对核子物理的发展是否重要，只会想这是否有趣，好不好玩。"谷歌的故事家喻户晓，当年，二十出头的拉里·佩奇和同窗好友谢尔盖·布林都有玩的嗜好，拉里喜欢将多部PC机连起来以增大其运算功能，布林则爱好搜集各种网站地址。拉里·佩奇后来开发出一种网站评估系统，两人将各自的喜好凑在一起，就发展了谷歌搜索引擎。这是一个典型的由玩耍转化成创新的故事，谷歌的开创性工作，不仅创造了一个商业奇迹，也改变了现代人的生活方式。在谷歌，员工普遍拥有高学历，但这里没有大公司的百般禁忌，却有着宽松玩耍的文化氛围，以促进科技创新，开发员工的创造能力。公司鼓励员工将一部分工作时间用于自由探索的研发活动，许多非常有创意的产品，如谷歌地球、谷歌地图等，都是在这种玩耍的环境中诞生的。

4.3.4 开发创新的典型案例展示

在激烈的市场竞争中，创新的重要性已经不言而喻了。无论是企业、团体还是个人，创新就意味着发展，没有创新将很难生存。对企业而言，创新已经不可替代地成为企业竞争战略的核心。企业只有基于创新制定战略，才能获得持续竞争优势。创新是企业发展的永恒动力，不竭源泉。创新是个人发展的不竭动力，是事业成功的主要前提，因此创新是追求成功的人必须具备的能力。创新能够使我们得到发展与进步、把事业推向辉煌。在科学技术日新月异、社会发展瞬息万变的时代，我们更应有创新精神和创新能力。

1. 英特尔公司的迭代创新

众多知名企业都是以其卓越的创新力而名扬世界的，如全球最大的电脑软件提供商微软公司、全球最大的半导体芯片制造商英特尔公司等。

微软公司由美国人威廉·亨利·盖茨三世和保罗·艾伦始创于1975年，正式组建于1981年6月，总部位于美国的雷德蒙。目前，微软在全球拥有5万多名员工，遍布60多个国家和地区。作为全球最大的软件公司，微软一直是新技术变革的领导者。微软公司的成功秘诀被概括为两条，即人才与创新。在人才的含义中，没有创新能力几乎是天方夜谭。公司从总裁比尔·盖茨到普通员工，每一位都是勇于创新的大家。

英特尔公司成立于1968年，具有40多年产品创新和市场领导的历史。1965年，英特尔集团的创办人之一摩尔预言，电脑微处理器芯片的记忆容量，每18个月将增加一倍。这项广为人知的摩尔定律，很快成了企业上下奋斗的目标。更为惊人的是，英特尔从此制定了"定时出击"政策，即主动创新。不仅每18个月推出新产品，还每9个月增加新厂房、新设备。每次的创新总为企业带来活力。1971年，英特尔推出了全球第一个微处理器。这不仅改变了公司的未来，而且对整个工业产生了深远影响。微处理器所带来的计算机和互联网革命，改变了整个世界。

2. 开发创新在服饰领域的应用

对个人而言，创新能力是个人自身发展及取得成功的利剑，模仿永远成不了真正的大师。

在 19 世纪，有一个叫李维·施特劳斯的人就是运用创新能力，成为世界上第一个发明牛仔裤的人。李维·施特劳斯的父亲是一个小职员，他从小就显得很聪明，顺利地读完中学、大学，当上文员。本来他可以过着那种不太富裕但很安稳的生活。然而，1850 年时，美国西部发现了大片金矿，淘金的美梦使无数想一夜致富的人如潮水一般涌向西部的不毛之地。当时，20 多岁的李维，不甘心做一个小职员。尽管小职员的工作很安稳，但他渴望冒险，想凭借自己的劳动、运气去闯一次。于是，他放弃了文员的工作，加入浩浩荡荡的淘金人流之中。当李维·施特劳斯来到美国旧金山时，他发现这儿已经到处都是淘金的人，到处都支满帐篷。他感到困惑：这么多的人在这儿能实现发财梦吗？难道自己抛弃安稳的工作来到这里，就这样无望地等待？淘金者们都挤在一个地方，加上离市中心很远，买东西十分不便。一次，李维·施特劳斯看到那些淘金者跑很远的路去买一点日用品。于是，他从中获得启示，决定开一家日用品小店，从淘金人身上淘金。不出所料，李维·施特劳斯开的这家小店生意很不错，来光顾的人络绎不绝。很快就将开店的成本赚回来了，还积累了不小的利润。有一天，他采购了许多日用百货和一大批搭帐篷、马车篷用的帆布。在船上，那些日用百货被旅客抢购一空，但帆布却没人要。下了码头后，他就开始推销帆布，由于淘金者们都早已将帐篷搭好，谁也不会再费钱费力去搭第二个。李维·施特劳斯本来以为帐篷也是淘金者们的必需品，却没想到竟然无人问津，他因此感到非常沮丧。这时，一位淘金工人走过来，注视着他的那一堆帆布。他连忙高兴地迎上前去，热情地问道："您是不是想买些帆布搭帐篷？"那工人摇头道："我已经搭了一个帐篷，现在我需要的是像帐篷一样坚硬耐磨的裤子，你有吗？"那位工人还告诉他，淘金的工作很艰苦，衣裤经常要与石头、砂土摩擦，棉布做的裤子不耐穿，几天就磨破了。如果用厚帆布做裤子，又结实又耐磨，肯定会受到淘金者的欢迎。淘金工人的一番话，提醒了李维·施特劳斯。他想，反正这些帆布卖不出去，就试着拿它做裤子吧。他用带来的厚帆布做了工作裤，向矿工们出售。就这样，牛仔裤诞生了。坚固、耐久、穿着合适的牛仔裤，立即获得了西部牛仔和淘金者的喜爱。大量的订货单纷至沓来。李维·施特劳斯不再开日用品店，正式成立了牛仔裤公司。公司开张后，牛仔裤产品十分畅销，但李维却对帆布做的裤子很不满意。因为帆布虽然结实耐磨，却又厚又硬，不但穿在身上不舒服，而且也无法像柔软的布料那样，设计出各种美观合身的款式，只能做成又肥又大、式样单调的裤子。他寻找新的面料，准备加以改进。不久，法国人涅曼发明的一种布料，引起了他的注意。这是一种蓝白相间的斜纹粗棉布，兼有结实和柔软的优点。李维当即决定从法国进口这种名为尼姆靛蓝斜纹棉哔叽的面料，专门用于制作工装裤。采用这种新式面料制作出来的裤子，既结实又柔软，样式美观，穿着舒适，广受消费者的欢迎。

李维·施特劳斯的成功，证明了在激烈的市场竞争中，创新能力的重要性。创新能力意味着发展，没有创新将很难生存。当淘金者在蜂拥着淘金时，李维不去跟风，却在淘金者身上动脑筋，为淘金者服务，在他们身上淘金，这就是创新的思路。由开百货店到发明牛仔裤，从而掀起了全球牛仔裤热。

拿破仑·希尔说："创新并不只是某些行业的专利，也不是超常智慧的人才具有的能力。只要愿意，谁都可以创新。"创新能力靠平时的培养，更靠工作上的锻炼。开发、培养、增强自己的创新能力，不妨从以下几个方面入手：

打下扎实的知识基础，科学的创新来不得半点虚假，除凭真正的成果取胜外，没有任何捷径可走。所以，我们首先要打下扎实的知识基础，同时重视知识内容的更新和知识结构的优化。知识基础是对前人智慧成果的继承，是形成创造力的必要条件。离开了扎实的知识基础，就不可能顺利地开展创造性活动。在其他条件相同的情况下，多掌握一些知识，就会多一条思路。博大精深，厚积薄发。

3. 开发创新性思维在医疗领域的应用

现代社会的发展要求我们不能只拥有单一的学科知识，而必须拥有跨学科的丰富的知识结构。这样，才会多一种专业眼光来分析问题、解决问题，才会比知识结构单一的人更容易产生丰富的联想，因而也更加容易形成创新思维。不断学习和吸取新东西，创新能力必须依靠不断学习。一个具备创新能力的人，如果不注重学习，也会落后，也会缺乏创意。

创新能力的提升要求人们头脑清醒，不断学习吸取新东西。例如，在德国西门子公司，要求每一个员工都能积极主动地从工作过程中学习，向同事学习、从商业实践经验中学习、通过和他人分享知识来学习，从而保证自己的进步和未来的成长。德国西门子公司要求员工有个性，不平庸。他们或充满热情，或平静沉稳，或勤于思考，或精明能干，但他们都具有一种特质，那就是随时准备接受新的东西。

勤于思考、善于思考，创新能力源于创新思维，而创新思维源于深入思考。可以说，没有思考就没有创新。牛顿从苹果落地，创造出了万有引力定律。有人问有什么诀窍？牛顿说："我并没有什么方法，只是对于一件事情很长时间很热心地考虑罢了。"

在医疗领域，医生常用的听诊器是这样发明的：两百多年前，法国医生拉奈克一直希望制造一种器具，用来检查病人的胸腔是否健康。有一天，他陪女儿到公园玩跷跷板时发现，用手在跷跷板的一端轻敲，在另一端贴耳倾听，能清楚地听见敲击声。他从中得到启发，回家用木料做成一个状似喇叭的听筒，把大的一头贴在病人的胸部，小的一头塞在自己耳朵里，这样能清晰地听见病人的胸腔发出的声音。这便是世上第一部听诊器。

这些具有创造力的人无疑是喜欢思考的，但他们并非都是天才。他们面对的启示别人也能遇到，不同的是他们更善于思考并能迸发出灵感的火花。这是因为他们很敏感，留心身边的一切事情，并且想象力丰富、头脑灵活。

4. 日本东芝公司

创新要克服因循守旧的观念。因循守旧意味着维护传统的东西，不愿积极开拓，创新求变。在因循守旧状态下，人们会逐渐失去创新的兴趣。因循守旧其实是一种不自信的表现及对不可知的未来有恐惧感。因循守旧者常这样对自己说："我们不可能创造新的东西，但是，我们也不会面临比现在差的处境，或者遭受到更可怕的损失。"

因循守旧是培养创新能力的大敌。如果人类都保持因循守旧的观念，那么，今天的我们就一定还茹毛饮血、刀耕火种，住在山洞中。真正的创新需要跟因循守旧势力做斗争。打破思维定式、打破常规，突破传统思维的束缚，哪怕是一个小小的点子，也会产生非凡的效果。

日本东芝公司的一个小职员，就因为打破常规，为我们提供了一个成功的实例。

1952年前后，日本东芝公司曾一度积压了大量的电扇卖不出去，7万多名职工为了打开销路，费尽心机地想办法，依然进展不大。有一天，一个小职员向董事长石板提出了改变电扇颜色的建议。当时，全世界的电扇都是黑色的，东芝公司生产的电扇自然也不例外。这个小职员建议把黑色改成浅色。这一建议立即引起了董事长的重视。

经过研究，公司采纳了这个建议。第二年夏天，东芝公司推出了一批浅蓝色电扇，大受顾客欢迎，市场上甚至还掀起了一阵抢购热潮，几十万台电扇在几个月内一销而空。从此以后，在日本及全世界，电扇就不再是统一的黑色面孔了。作为公司的功臣，这位小职员成为公司的股东。

只是改变了一下颜色，就能让大量积压滞销的电扇在几个月之内迅速成为畅销商品，谁能想到这样一个看似微不足道的想法竟能产生如此大的效益呢！产生这个想法，既不需要渊博的科技知识，也不需要丰富的商业经验。

为什么东芝公司的其他几万名职工就没人想到、没人提出来？这显然是思维上的定式和惯性使然。打破思维定式和惯性，善于运用逆向思维和递进思维，将会有意想不到的结果。正如蒙牛公司总裁牛根生所说："不管螺丝怎么设计，正向拧不开的时候，反向必定拧得开。山重水复，此路不通的时候，换换位、换换心、换换方向，往往豁然开朗，柳暗花明。"

美国著名管理大师杰弗里说："创新是做大公司的唯一之路。"没有创新，企业管理者肯定会毫无作战能力，也根本不会有继续做大的可能。同样，创新也是一个员工的立身之本。创造力本身并不是奇迹，人人都具备它。但大多数人由于受传统思维的束缚，形成了一种固有的思维定式，因循守旧，缺乏创新意识。这样，就不会有好的想法、好的主意、好的思路，自然就不会有好的结果。突破思维定式，进行创新思考，这是成功的法宝。

善于观察，勇于实践创新并不是少数天才的专利，每个人都能创新。只要善于观察、勤于思考、勇于实践，就能创新。创新或许来自工作中的细枝末节，或许来自某个灵感的启示，但如果没有敏锐的观察力、深入的思考和勇于实践的决心，又怎能抓住这些灵感？所以说，敏锐的观察力、深入的思考和实践的勇气是创新取得成功的关键。

所有的成功创新者都不会是空想家，不管当时他们的想法有多么离奇或者多么古怪，他们总不会待在实验室或者屋子里发愣，而是会进行实践。最简单的例子便是美国莱特兄弟发明飞机时，人们都以为他们发了疯。但他们勇敢地进行实践，在无数次的失败之后，终于成功了。不仅重大的创新有这样的特点，就是小小的创新也往往需要无数次实验。所以，观察力和实践力就是创新这辆自行车的两个轮，二者缺一不可。缺了一个，就成了独轮车，也就无法行进。

4.4　徒弟的解决问题能力

解决问题能力是指人们运用观念、规则、一定的程序方法等对客观问题进行分析并提出解决方案的能力。初级的能力表现在能够发现一般的显性问题，能够初步判断，可以简单处理；能力较强者，能在自己熟悉的领域或范围较容易发现隐藏的问题，有一定的发现问题的技巧，具备一定的分析能力，能够根据现象探求解决问题的途径，并找到答案，可以较好地解决问题；更高层次的解决问题能力，实际是更早期地发现问题，感知外界对自己或工作生活的不良影响，并结合课堂内容进行修正和改进，可以准确预测事情发展过程中的各种问题，并将其消灭在萌芽状态。同时，能归纳总结问题发生的规律，可以指导提高他人发现问题的能力。

4.4.1　什么是解决问题的能力

1. 解决问题时的逆向思维能力

面对工作中遇到的新问题，一时又找不到解决方法。而且上司可能也没有什么锦囊妙计时，他们擅长用逆向思维方法去探索解决问题的途径。他们清楚具体业务执行者比上司更容易找出问题的症结，分析是人为的，还是客观的；是技术问题，还是管理漏洞。采用逆向思维寻找问题的解决方法，会更容易从问题中解脱出来。

2. 考虑问题时的换位思考能力

在考虑解决问题的方案时，常人通常站在自己职责范围立场上尽快妥善处理。而他们却总会自觉地站在公司或领导的立场去考虑解决问题的方案。作为公司或领导，解决问题的出发点首先考虑的是如何避免类似问题的重复出现，而不是头疼医头，脚疼医脚地就事论事方案。能始终站在公司或领导的立场上去酝酿解决问题的方案，他们便逐渐地成为可以信赖的人。

3. 强于他人的总结能力

他们具备的对问题的分析、归纳、总结能力比常人强。总能找出规律性的东西，并驾驭事物，从而达到事半功倍的效果。人们常说苦干不如巧干。但如何巧干，并不是人人都知道的，否则就不会干同样的事情，常人一天忙到晚都来不及，而他们却有剩余时间。

4. 简洁的文书编写能力

领导通常都没时间阅读冗长的文书。因此，学会编写简洁的文字报告和编制赏心悦目的表格就显得尤为重要。即便是再复杂的问题，他们也能将其浓缩在一页 A4 纸上。有必要详细说明的问题，再用附件形式附在报告或表格后面。让领导仅仅浏览一页纸或一张表格便可知道事情的概况。如领导对此事感兴趣或认为重要，可以通过阅读附件里的资料来了解详情。

5. 信息资料收集能力

他们很在意收集各类信息资料，包括各种政策、报告、计划、方案、统计报表、业务流程、管理制度、考核方法等。尤其重视竞争对手的信息。因为任何成熟的业务流程本身就是很多经验和教训的积累，用到时，可以信手拈来。这在任何教科书上是无法找到的，也不是课堂老师能够传授的。

6. 解决问题的方案制订能力

遇到问题，有人不会让领导做问答题，而是做选择题。常人遇到问题，首先是向领导汇报、请示解决办法。带着耳朵听领导告知的具体操作步骤，这就叫让领导做问答题。而有人常带着自己拟定好的多个解决问题方案供领导选择、定夺，这就是常说的给领导出选择题。领导显然更喜欢做选择题。

7. 目标调整能力

当个人目标在一个组织里无法实现，且又暂时不能摆脱这一环境时，他们往往会调整短期目标，并且将该目标与公司的发展目标有机地结合起来。这样，大家的观点就容易接近，或取得一致，就会有共同语言，就会干得快乐。反过来，别人也就会乐于接受他们。

8. 超强的自我安慰能力

遇到失败、挫折和打击，他们常能自我安慰和解脱。还会迅速总结经验教训，而坚信情况会发生变化。他们的信条是，塞翁失马，焉知非福；或上帝在为你关上一扇门的同时，一定会为你打开一扇窗。

4.4.2 解决问题能力的三个方面

一般情况下，解决问题的能力包含三个方面，分别是预见力，决策力和执行力。

（1）预见力。即根据信息进行结果导向的预见能力（假设结果导向）。我们每天都要面临如何解决问题的困境。在这种情况下，无论在时间上还是在资源上都不允许调查完所有情况后再解答。如果你能在限定的时间内只用很少的信息就能找到最佳解答，那么你就能显著提高业务上的成功率。这种能力就是结合你现有经验通过少量信息进行结果预测。

（2）决策力。根据有效信息高效率地做出决策的过程，一旦信息过多，就会延误做决策的时机。在做决策时，只有那些可以帮助缩小现有选择范围的信息才有用。一般而言，许多企业也有这样一个比较强的倾向，即在搜集尽可能多的信息后做出决策。遗憾的是很多企业由于在做决策上花的时间过多，进而延误了执行必要措施的时机。或者，有的企业会在搜寻新信息的过程中选项增多，或出现原本不知道的、新的实际情况，从而使企业一直瞻前顾后做不出决策。事实上，很多人都是这么做的：从能想到的各个角度展开调查、分析，再以调查分析结果为基础，得出结论。

（3）执行力。在制订解决问题的方案后，进行任务分解，推进执行的能力。本书将执行力较强的人定位成"领导人的执行人，执行人的领导人"。具体包括：

1）项目管理能力。将一级问题分解成二、三级问题并分配给不同能力的团队人员，也就是任务分解能力（个人需要进行分解的小问题进行优先级排序解决）。

2）资源整合能力。为了促使问题的解决，需要人力、物力的整合应用能力。诸如向领导寻求人力资源倾斜，团队无法解决的问题外包，寻找专业人士去解决等。

3）沟通协调能力。个人而言，工作、生活的时间分配，与上下级之间的协调配合；团队而言，就是团队管理、激励等。

4.4.3 解决问题的一些通用技巧

尽管每个人情况不同，遇到的问题也会有差别，但总有些解决问题的通用技巧，如下面这几个方法，就是解决问题中常用的一些通用技巧。

1. 明确要解决的问题

明确要解决的问题，乍一看会觉得很简单，其实不然，很多时候我们对自己要解决的问题是不明确的。你可以试着问一下自己：问题只有一个还是多个？能用自己的话复述问题吗？另外，表明目标也是一种触及问题实质的方法。你想实现什么样的目标？想发现什么问题？有了明确目标，对问题的认识就会更清晰了。在明确问题与目标的同时，还要尽量收集与问题相关的信息，让自己的思路更加清晰。不妨咨询问题相关的普通人或专家，查询网络资料、书本信息或其他参考。

2. 拆解问题

很多时候，不知道如何着手解决问题，其原因在于不会拆解问题。拆解问题就是把复杂的问题拆解成一个个具体的、可动手操作的小问题。拆解问题可以激发我们去思考问题，找到一些解决问题的关键因素。

一般一个复杂问题可以拆分为3～5个分支问题（可以根据实际情况一直拆分下去），经过拆分得到一个个具体需要解决的问题清单。例如，假如你想要提高阅读能力，你可以把提高阅读能力拆分成几个小问题，如提高阅读速度、提高阅读理解、提高阅读记忆等，然后再拆分，如把提高阅读速度拆分成训练打开视幅、训练感知能力、减少回视、克服默读等。以此类推，在不断拆分的分支下面，问题会越来越聚焦，从一个大而难的问题变成了容易解决的小问题，慢慢地你会发现提高阅读能力这个问题可能变成用精英特速读记忆训练软件来训练，以及用提问阅读法、便签读书法、九宫格笔记法来读书等具体实际的问题上。

3. 解决问题

通过明确问题、分析数据及拆解问题，我们就会得到一些具体的实施方案。这时，你可以先进行小范围操作来检验成效。在落实方案或解决问题的过程中，若问题得以解决，那说明此方案合适且奏效。如若不然，就需要重新寻找其他替代方案，重新开始。

4. 深入磨炼自我技能

解决问题的能力也是需要通过练习才能提升的，如实际的多思考、多读书、多学习。因为解决问题的能力，主要来自你的学习、体验和积累。发现和解决问题的方法、答案往往就存在书本中，你需要做的就是去阅读、学习，这也是为什么要多读书的原因所在。同时，发现和解决问题的能力也在于你的实践积累，平时只有多做事、多实践、多积累，你实际分析问题和解决问题的能力才能得到提升。

4.4.4　如何提高解决问题的能力

无论在职场，还是在生活中，都会遇到各种各样的问题，有些人遇到问题不知道该如何去做；而有些人风轻云淡，很容易就把所遇到的问题化解。两者之间最大的差别在于，前者只能被动接受结局，而后者通过处理问题改变结果。

没人愿意被动接受自己不希望的结局，所以提高处理问题的能力很重要，但如何提高处理问题的能力呢？这是一个很大的话题，但大道至简，万变不离其宗。掌握步骤，通过刻意练习，就能够逐渐提高自己处理问题的能力，主要分为四个步骤：

1. 提高自己对问题的分析能力

遇到问题时，首要的就是要分析问题的利弊，任何事情都会向两个不同的方向发展：好与坏。影响分析问题的因素有：

（1）信息掌握的情况。对信息掌握得多少，对分析问题起着至关重要的作用，但不是信息掌握得越多越好，要过滤无效信息，太多无效的信息会影响对问题的分析。信息差是遇到问题时，最大的障碍，所以掌握信息在于平时的收集与积累。

（2）人为的影响因素。人的因素一定是影响事情发展的要素之一，制造问题的人、帮助解决问题的人、协助处理问题的人、参与其中的人不同，处理问题的结果也会很大差异。故分析问题时，要考虑到人可能带来的影响，从人性、性格、行为习惯等多方面考虑人的因素。

（3）可控与不可控的影响。任何事情不可能完全都在自己可控的范围内，如果是完全可控的，那问题也就不是问题了。分析可控范围内的事情，但要对不可控的事情做出有效的应对；把可控的事情做到最好，尽量避免不可控因素带来的影响。

2. 提高自己对事情判断能力

遇到问题首先要做的就是判断问题带来的影响，向好的方向发展会如何？向坏的方向发展又会怎样？每个人都会有自己的基本判断力。

（1）经验是判断的依据。每个人的经历不同，经验构成也不同，判断的方向也会有差别。尽量保持客观的态度去判断事情发展，就像小孩子遇到事情，经验就是通过哭来寻求大人的帮助，而成年人哭无疑不是解决问题的最佳方式，所以一切判断都无法逃离经验带来的影响。

（2）知识是判断的保障。知识体系保障判断的正确性，提高自己专业的深度，拓展自己跨界的宽度，从而够有效地判断事情的发展。就像汽车没油了是遇到的问题，解决问题的办法是去加油站加油，加柴油还是汽油，或者几号油，就是基于自己的知识所做出的正确判断。

（3）利弊是判断的方向。任何问题的发展都与利弊有关，判断利弊的发展方向，以做出明智的决策。向好的方向发展自己会有何种获得？向坏的方向发展自己会失去什么？自己获得的东西是否真正需要，自己失去的东西是否真的无关紧要。做出基本判断之后，也就会产生了对问题的解决办法；而不是遇到问题就先着急，一头雾水，不知道如何处理。

3. 依据客观情况处理问题

根据判断的情况做出有效的应对，趋利避害是处理问题的指导方向，但必须要坚守底线和原则。

（1）做事三大原则。

1）利人利己的事情要做：遇到问题根据上述判断，如果事情对自己有利，也对别人有利，这样的事情，要争取去做，不要犹豫。

2）损人利己的事情选择做：损害别人的利益，但是能让自己获得事情，要有选择去做，利己是人的本性，大多数人都无法免俗，但可以选择不损害别人，自己获得较少的方式。毕竟每个人都不易，不应该通过损害他人来成就自己。

3）损人不利己的事情拒绝做：损害别人，自己又没有获得，问题哪怕解决得再漂亮，也只是为别人做嫁衣，何必为难别人，作践自己呢！所以坚决不做。

（2）解决问题永远有备选方案。事情发展永远不可能按照自己想象中的完成，计划永远赶不上变化，提高处理问题的能力，是体现在遇到突发情况下的应对，有备选方案让自己更加游刃有余地解决问题。就像汽车备胎一样，宁可备着不用，不能用的时候没有，这对处理问题来讲是一个很重要的因素。

（3）不计较眼前的得失，眼光放远。能够解决眼下问题不是处理问题的最佳方式，处理问题时，往往会产生连锁反应，我们不断地解决问题，却也在不停地制造新的问题。然而，这种循环并没有真正提高我们处理问题的能力，反而像是一个谎言需要用更多的谎言去圆谎一样，陷入了一个无休止的循环之中。所以，解决问题要把眼光放长远，把事情处理到一劳永逸，当然这是理想状态，但至少是解决问题的方向。

4. 不断复盘形成自己的认知

问题解决之后，不是真正的结束，而是要从解决问题中积累经验。处理问题时遇到的困难，是解决问题带来的收获；当我们再次遇到类似的问题时，是否可以寻找更优化的解决方案，是否能采用更好的处理方式避免问题的连锁反应，从而真正提高自己解决问题的能力。

在复盘之后，优化分析、判断、处理的方式，再遇到类似问题时就会有更好的解决方法，每次的问题都会给自己带来收获，对每次的收获进行复盘及优化，就会让自己处理问题的能力逐渐提高。

只有不断的刻意练习，才能够逐渐提高自己处理问题的能力。

总之，任何事情都不是一蹴而就的，要通过不断的分析、判断、解决、复盘来逐渐提高自己处理问题的能力。形成自我认知架构下的行为习惯，处理问题的能力就会越来越强。

4.4.5 提升解决问题必备的八种能力

职业人的主要职责就是解决各种各样的企业问题。只有具备了关键的问题解决能力，对于企业来说才能体现职业人的自身价值。

1. 目标关注能力

一个能够解决问题的职业人首先是能够迅速确定解决问题的目标并能够集中精力关注目标的人。有的人一天做很多事情，整天忙得焦头烂额，但效果却极差。为什么？目标分散。我们称之为"目标分散症"。有的人则只关注工作本身，常常为了做某件事而做某件事，甚至仅仅是为了完成任务，忘记了这个任务的真正目的。因此，作为团队的负责人，要始终强调目标导向的重要性。团队负责人要求其部门经理以及其他同事在做任何事情的时候，要深入思考并明确做这件事的目标究竟是什么，只有明确了目标，行动才能更加有针对性和效果。

2. 计划管理能力

职业人的工作效率首先来自出色的计划管理能力。计划就像梯子上的横档，既能提供稳固的立足点，又指引我们前进的方向。计划阶段就是起步阶段，是成功的真正关键阶段。巴顿将军说过："要花大量的时间为进攻做准备。一个步兵营进行一次配合很好的进攻，至少需要花2h的准备时间，匆忙上阵只会造成无谓的伤亡。在战争中，没有什么不是通过计算实现的，任何缺乏细致、合理计划的行动都不会取得好的结果。"

3. 观察预见能力

良好的观察预见力让我们能够在竞争日益激烈的社会大环境下，寻找到很好的生存发展机遇，同样地，也可以预防一些即将或者未来可能发生的对于我们事业有所阻碍的事情。可以说，成功源于拥有一双会观察、会发现的眼睛。

4. 系统思考能力

《第五项修炼》中提到的第五项修炼就是一个系统思考的问题。实际上，中国古代的智慧，特别是《易经》中的核心思想也是一个系统思考问题，强调了面对任何问题，都要善于从整体上进行考虑，而不仅仅就事论事。只有这样，职业人才能形成大局观。

5. 深度沟通能力

美国著名企业家卡内基先生曾指出，一个人事业成功的因素，只有15%是由他的专业技术决定的，另外的85%则要靠人际关系。在这个人际关系复杂的社会，要想使自己成功就应该强化自身的沟通能力。企业管理过程的大量问题也是沟通问题，甚至有的企业家称："企业中99%的问题都是沟通造成的"，可谓"管理即沟通"。具备强大的沟通能力是解决问题的前提。

6. 适应矛盾的能力

企业经营管理过程中有大量相互矛盾的事情，很难找到十分绝对的问题，更是很少存在唯一的最佳答案。如果总是用"非此即彼"的思维方式，问题往往难以解决，甚至可能把问题引向死胡同。因此，职业人要善于适应矛盾，避免绝对化地看问题，拥有开阔的思维，不固守成功经验，既能这样又能那样，追求解决问题方案的开放性，不钻牛角尖。

7. 全神贯注与遗忘的能力

"未来不迎，既过不恋，当时不杂"，曾国藩这句话的意思就是，对于那些已经过去的事情，不要过于留恋；现在做的事情要清晰、有条理；那些将来可能发生的事情，还没有到眼前，不要着急处理。这可以说是曾国藩一生的职业总结。职业人要善于选择最重要的事情并投入全部精力去解决，有些事情则需要快速遗忘。

8. 执行到位的能力

就个人而言，执行到位的能力就是将事情做到位的能力，这是一切职业人的基本能力。如果不能说到做到，做到不能做到位，职业人也就缺少了立身之本，一切设想就会沦为梦想，一切问题仍然会是问题，甚至成为更加严重的问题。

具备以上8种能力，是成功解决问题的前提和基础。我们在平时的工作过程中，应该努力培养这些能力。当问题来临的时候，我们会泰然处之，灵活地去处理它们。处理问题、求得生存与发展是我们职业人的根本目的。培养能力也是为了解决问题，我们的一切行为都要指向解决问题。

4.5　徒弟的反思总结能力

反思总结能力是员工通过分析研究前一段的实践活动（工作、学习、生活），找出经验教训，并上升为较全面、系统、深刻的理论（规律性）认识，用以指导今后实践的能力。

4.5.1 培养反思总结能力的重要性和必要性

员工在学习和工作的过程中，日常会接触到大量的信息和日常工作案例实践，只有对工作和信息进行不断的反思和总结，才会积累沉淀更多的日常工作经验，使自身的工作能力和职场素养得到了提升，逐步提高工作效率，降低工作当中的出错率，同时也能够不断提高客户的满意度。因此培养反思和总结的能力在员工日常的工作和学习当中非常重要，其重要性主要表现在以下几个方面：

1. 提高认知能力

自我总结反思不仅可以让你改善你的性格，而且还可以促进你的精神状态的成长，因为你开始分清你的思想并开始丢弃不受欢迎的特征。这在你的青春期至关重要，因为它将塑造你成年后的样子。

2. 建立坚强性格

自我总结反思的一部分是面对你的许多恐惧和不良特征，这将增强你的精神毅力，让你在未来处理更多情绪紧张的情况。当你删除那些不需要的特征时，它会帮助你建立性格，然后开始添加更多关于自己的理想特征。

3. 弄清人生目标

通过自我总结反思，将能够更清楚地了解自己的感受和思想，并且在这样做的过程中，将对自己的生活想要做什么以及如何进行生活有一个生动的印象。

4. 找到真正快乐的东西

承认你仍在寻找世界上真正能给你幸福的东西并不奇怪，虽然你可能无法通过自我总结反思立即找到它，但至少在那里你可以开始寻找是什么让你感到幸福、快乐。在这个世界上，没有人或事物能够比自己更准确地指引自己找到快乐，因为只有自己最了解自己的内心需求和真正想要的东西。

5. 增强信念

自我总结反思对很多事情都有帮助，实现自我价值或满足个人需求是其主要目的之一，但自我总结反思还有另一个基本目的，那就是找到自己的信念。它并不一定是你对宗教的信仰，而是你的一般信仰，你所坚持的事情以及你自己遵守的该做和不该做的事情。

6. 分析自身存在的问题

我们以前都遇到过这种情况，你做某事并开始思考你所做的是否正确，如果你做错了，你开始思考如何解决问题。这本身也是自我总结反思，它是打破错误以及从剖析错误中可以学到的东西的好方法。

7. 与同事建立良好的工作关系

如果不审视自己，你将无法知道自己想与什么样的人交往相处，以及希望周围有什么样的影响来改变你的行为，这就是为什么自我总结反思是关键，通过不断地探索和尝试，你才能逐渐明确自己想和什么样人的在一起，并找到那些真正能够支持你、与你志同道合的人。

4.5.2 反思总结能力的特点

反思总结作为一项企业员工必备的综合性技能，具有其自身特点。以自己（或本单位）的实践为基础进行反思总结，而不是别人的实践，内容是经过自己（本单位）实践的，能够提高人们对某一方面实践活动的认识，并且上升为理论才有更大的指导作用。

1. 自我性

自我，是指总结的对象可以是本人或单位或班组等。

反思总结是对自身社会实践进行回顾的产物，它以自身（总结反思的对象）工作实践为材料，采用的是第一人称（我、本人、本公司、本班等）的方法，其中的成绩、做法、经验、教训等都有自指性的特征。

2. 回顾性

这一点总结与计划正好相反。计划是预想未来，对将要开展的工作进行安排。总结反思是回顾过去，对前一段的工作进行检验，但目的还是为了做好下一段的工作。计划与总结都是为了指导实践，但计划写在实践之前，直接指导本次实践；总结写在实践之后，间接指导下次实践；计划是在总结以前实践经验的基础上，通过研究客观条件做出的科学合理的预想，总结是完全根据以往实践的经验而写。总结以计划为参照标准，下次的计划将以上次的总结作为经验基础，通过深入分析上次工作的成绩、做法、经验及教训，我们将能够更准确地把握工作的核心要点。所以总结反思和计划的关系是十分密切的，一方面，计划是总结的标准和依据；另一方面，总结又是制订下一步工作计划的重要参考。

3. 客观性

总结反思是对前段社会实践活动进行全面回顾、检查，这决定了总结反思有很强的客观性特征。它是以自身的实践活动为依据的，所列举的事例和数据都必须完全可靠、确凿无误，任何夸大、缩小、随意杜撰及歪曲事实的做法都会使总结失去应有的价值。

4. 经验性

总结反思还必须从理论的高度概括经验教训。凡是正确的实践活动，总会产生物质和精神两个方面的成果。作为精神成果的经验教训，从某种意义上说，比物质成果更宝贵，因为它对今后的社会实践有着重要的指导作用。这一特性要求总结必须按照实践是检验真理的唯一标准的原则，去正确地反映客观事物的本来面目，找出正反两方面的经验，得出规律性认识，这样才能达到总结的目的。

4.5.3 反思总结的作用

1. 能够提升自认我认识的作用

唯物主义的认识论认为：一个正确的认识（总结），往往需要由实践到认识，由认识到实践的多次反复，才能完成。任何单位或个人对自身实践活动进行回顾，写成总结就是一个由实践到认识，再由认识去指导实践的过程，它可以使我们把感性认识上升到理性认识，发现自己实践活动的规律，从而形成正确的认识，只有通过不断的实践和总结，我们才能真正形成对工作的正确认识，并逐渐把握其发展规律。人类文明史就是一个不断总结、不断提高对主、客观世界规律性的认识，从而提高实践能力的过程。人在任何方面要想进步，必须学会总结。换言之，人类每一个进步都是总结的结果。善于总结者，进步快；不善总结者，进步慢；不会总结者，没有进步。如一些农业谚语，"瑞雪兆丰年""鸡不入笼有暴雨""泥鳅跳，有风暴"等，就是人类长年经验的总结。有人说，三国中诸葛亮是未卜先知，周瑜是一看便知，曹操是事后方知。其实这三人都是杰出人物，都是善于总结，即使是事后方知，也是不错的，也是总结的一种。有个比喻：创新是踩油门加速，总结是刹车；如果刹车失灵（不善于总结），谁也不敢踩油门，刹车灵敏，车速就可以开得更快。还有比喻说总结是免疫，这个比喻充分揭示了反思总结的巨大作用。

人在日常生活或工作中难免犯错误。如果第一次做某事犯错情有可原，如果老重复一个错误，就不是难免的了，而是应该避免的，这就要善于总结。我们说聪明人不在同一个地方跌倒两次，就是讲善于反思总结才是聪明人。"士别三日，当刮目相看"，因为"士"是有文化知识的，善于总结，所以每天都有进步；而那些没文化的人，年少时意气用事，粗鲁野蛮，动辄挥拳相向，一别十年、三十年直到年老时仍然如此，甚至更加暴躁，原因就是不善总结。

2. 指导未来发展的作用

回顾过去，总结经验，上升为理论（规律），就可以用来指导下次实践，从而发扬成绩，克服不足，提高能力。这是总结反思的目的。任何工作都需要反思总结成因败故，提高自觉性、科学性，避免盲目性和随意性，少走弯路，减少损失。通过总结反思来发现事物的规律，即事物之间内在的联系，这种联系不断重复出现，在一定的条件下经常起作用，并且决定着事物的发展方向。

3. 激励后进的作用

通过不断的反思总结归纳出成绩、找出问题，还可以表彰先进，激励后进，调动人们的工作积极性。

4.5.4 反思总结的具体方法

1. 挖核心，概括提炼

在平时看书学习、思考总结的时候，要狠抓核心点，不要把注意力放在一些次要的故事、案例或者描述上面，一个有效的方法是，时常问问自己："所以，最终的结论是……"其次，对于想要归纳总结的内容，可以多通过提炼关键词的形式进行精简压缩。日常生活和工作，要有意识地训练自己，学会从观点、信息，数据、故事等内容中，用一两句话概括出核心的重点。

2. 抓主干，搭骨架

为了让我们的反思总结清晰明了、全面系统，就需要掌握结构化思维，通过提炼主干和分支，建立框架体系。利用好金字塔思维，由金字塔尖的中心主题到分论点逐层往下细分。比如，把某个日常的复杂工作进行结构化，提炼出最基本操作流程，每一个大的步骤里面，继续往下分解，直到拆解为不能再分解的最小工作单元。这里介绍有助于提炼总结框架的三个方法：

（1）思维导图法。通过思维导图，可以将一个主题从上往下拆解，最重要的结论在上面，然后是分论点，分层展开，就像一棵树，从主干到树枝，最后到树叶。

（2）借助书籍目录、前言、后记。目录是对一本书的高度概括，通过书籍的目录，我们可以快速把握这本书的整体脉络。同时，通过书本的前言，以及后记部分，我们也可以快速获取到全书的内容核心。

（3）利用现有的领域框架。领域框架就好像是一栋大楼的骨架，它是某一领域知识的高度概括和压缩。在我们自身没有足够的能力提炼总结之前，也可以尝试着先利用别人的框架。比如，PDCA〔PDCA 的中文含义是计划（plan）、执行（do）、检查（check）和处理（act）〕，黄金圈法则，营销中的 4P，5C〔4P 是经典的营销定律：产品（product）、价格（price）、渠道（place）、促销（promotion）；5C 则代表了另一种营销视角：顾客（customer）、成本（cost）、便利（convenience）、沟通（communication）、认证（certification）〕等。这些都是高度浓缩的框架系统，思考分析总结某个结果的时候，只需要往里面添加想要提炼的内容就可以了。

3. 观察分析，找规律，找共性

反思总结能力也跟我们每个人的洞察力有关。面对一大堆庞杂浩瀚的信息，我们要学会深入观察，发现一些很多人所看不到的、更深层次的点。通过类比分析，寻找到一部分的共性和规律，合并同类型，分类梳理，提炼精简出想要的内容。

4. 拔高延伸，深化加工，概念化提炼，抽象化表达

通过上面三个要点，我们能够比较快速地提炼出事物的核心、主体框架，逻辑上也清晰明了。而更高的要求则是对这些内容的深加工处理，拔高延伸，从更深的层面挖掘。比如，从个体到整体，从地方到国家，从表层到内部等。然后再通过概念化、抽象化方式将知识和结果往更普世的方向提炼，得出更有用的结论或方法论。

5. 对话反思法

对话反思法是通过与同事交流研讨来检讨自己的日常行为，理解隐藏在日常行为背后的理念和逻辑，从而起到提高工作能力的方法。囿于个人的经历和经验的行为是狭隘的、封闭的。只有打破日常行为上自我封闭的藩篱，进行同事间的对话交流，特别是批判性的对话，是提升团队协作效率和个人成长的重要途径。对话反思法类似于小型专题研讨会，同事之间相互观摩、围绕着相关问题进行研讨，并指出所观察到的情境，再与其他同事相互交流。

6. 实录反思法

实录反思法是指通过录像、录音等现代多媒体手段再现整个日常工作过程，让行为主体以旁观者的身份反思自己或他人的工作过程的方法。观看实录时，应注意比较哪些地方按原来的思路进行了，哪些地方进行了调整，哪些地方甚至失控走样，为什么会出现这种情况，从而在相互借鉴中自我反思。

7. 复盘反思法

复盘反思法是指把工作中感受深刻的细节记录下来，写成工作复盘日记、案例评析的方法。复盘的内容包括：① 对工作中所发生的事情的个人感想；② 对工作中的问题的质询与观察；③ 对日常工作中有意义的方面所进行的描述；④ 需要思考的问题和所要采取的措施。通过写复盘日记，挑出工作中的问题，让日常操作过程中存在的问题充分暴露出来。通过复盘日记的撰写与分析，检查自己的观点、想法和感触，以达到自我反省的境界。

复盘反思法重在分析总结，不仅记下日常工作中的成功与失败，而且还要有自己的分析、感想、体会、新的认识和改进意见，使其成为今后工作的有益借鉴。

8. 行动研究法

行动研究是指对自己在日常工作中遇到的问题进行调查和研究。行动研究是一种螺旋

式循环的研究过程，其目的是改善实践。它是一种行动与研究相结合的方法，要求边实践边研究，从实践中提炼观点，然后用这些观点来指导实践。

9. 阅读新知法

阅读新知法是指采取各种手段搜集所要解决的问题的信息，通过阅读相关的信息获取与自己过去不同的想法和价值观，帮助接受新的信息和观点，为自己所要解决的问题提供新的解释、见解和可能的新方案。事实上，在日常的实践中轻视理论，甚至拒绝理论指导下的实践，只能是在低层次上的摸索或重复。只有接触到的新知识与原来掌握的知识差别越大，越能启发思维，更新理念，改进自身的行为。

反思并不排斥理论学习，而是可以与之相结合。相反，阅读相关的新知是反思总结时的必要手段之一。只有开展专业理论的学习，鼓励、引导员工增强研究的意识，以研究者的眼光审视、分析和解决自己在日常工作中遇到的问题，才能克服被动性和盲目性。

4.5.5 反思总结撰写前的准备及注意事项

有人说过：在工作总结的写作中，要想总结写得好，必须总结做得好；要想总结做得好，必须工作做得好，立场观点正确。这应该是进行总结的经验之谈。好的总结是在做好总结工作的基础上反思出来的，更是在实际中干出来的。在现实生活中，有的员工在实际工作中干得不怎么样，但总结时却花言巧语，这对于工作总结失去了实际意义，不应该提倡。也有的员工在实际工作中有成绩却形成不了典型经验，这种情况说明反思总结工作没做好。上述两种情况都是应该避免的。因此，搞好总结，是企业管理及个人自我提升的一项重要工作，是增强干部、职工凝聚力的一种重要手段，需要认真对待。反思总结究竟应该怎样做呢？反思总结过程中能量化的要量化，把定性分析和定量分析结合起来考察，从客观事实出发，防止感情用事，以免总结流于形式。因此，做好反思总结要注意以下几点。

1. 重视调查研究，熟悉业务

总结的对象是过去做过的工作或完成的某项任务，进行总结时，要通过调查研究，努力掌握全面情况和了解整个工作过程，只有这样，才能进行全面总结，避免以偏概全。热爱本职工作，事业心强，是做好总结反思工作的前提，也是搞好总结反思的基础。反思总结涉及本职业务，如果对业务不熟悉，就难免言不及义。

2. 坚持实事求是的原则

总结是对以往工作的评价，必须坚持实事求是的原则，就像陈云同志说的那样，"是成绩就写成绩，是错误就写错误；是大错误就写大错误，是小错误就写小错误"。这样才能有益于现在，有益于将来。夸大成绩，报喜不报忧，违反了做总结的目的，是应该摒弃的。

一定要实事求是，成绩不夸大，缺点不缩小，更不能弄虚作假。这是分析、得出教训的基础。工作总结中，常常出现两种倾向：一种是好大喜功，搞浮夸，只讲成绩，不谈问题；另一种是将总结写成了"检讨书"，把工作说成一无是处。这两种都不是实事求是的态度。总结的特点之一"回顾的理论性"，正是反映在如实地，一分为三地分析、评价自己的工作，对成绩不要夸大，对问题不要轻描淡写。

3. 重点在得出经验，找规律，要有理论价值

总结的最终目的是得出经验，吸取教训，找出做好工作的规律。因此，总结不能停留在表面现象的认识和客观事例的罗列上，必须从实践中归纳出规律性的结论来。一方面，要抓主要矛盾，无论谈成绩或谈存在的问题，无论是在聊成绩还是聊存在的问题，都没必要啥都说得那么详细，挑重点讲就行。另一方面，对主要矛盾要进行深入细致的分析，谈成绩要写清怎么做的，为什么这样做，效果如何，经验是什么；谈存在问题，要写清是什么问题，为什么会出现这种问题，其性质是什么，教训是什么，条理要清楚。总结是写给人看的，条理不清，人们就看不下去，即使看了也不知其所以；这样就达不到总结的目的。在谈论成绩或问题时，我们要分清主次，详略得当。材料中有本质的，也有表面的；有重要的，也有次要的。在写作时，我们要善于去粗取精，突出重点和核心，避免眉毛胡子一把抓。总结中的问题要有主次、详略之分，该详的要详，该略的要略。这样的总结才能对前一段的工作有所反思，并由感性认识上升到理性认识。

4.5.6 反思总结文字表述的要求

1. 要善于抓重点

总结涉及本单位工作的方方面面，但不能不分主次、轻重、面面俱到，而必须抓住重点。重点是指工作中取得的主要经验，或发现的主要问题，或探索出来的客观规律。不要分散笔墨，兼收并蓄。现在有些总结越写越长，固然有的是执笔人怕挂一漏万，但也有的是领导同志怕自己所抓的工作没写上几笔就没有成绩等，造成总结内容庞杂，中心不突出。

2. 要写得有特色

特色是区别事物的属性。不同的部门或团队因其职责和目标的差异，会展现出各自独特的成绩和贡献。同一个单位今年的总结与往年也应该不同。现在一些总结读后总觉有雷同感，有些单位的总结几年一贯制，内容差不多，只是换了某些数字。这样的总结缺少实用价值。陈云同志在 20 世纪 50 年代就强调过：总结经验是提高自己的重要方法。任何单位或个人在开展工作时都有自己一套不同于别人的方法，经验体会也各有不同。写总结时，团队成员需要占有相关的技术资料、市场分析报告等，以便更好地总结项目背景和要求。

3. 要注意观点与材料统一

总结中的经验体会是从实际工作中，也就是从大量事实材料中提炼出来的。经验体会一旦形成，就要选择必要的材料予以说明，经验体会才能"立"起来，具有实用价值。

4. 语言要准确、简明

总结的文字要做到判断明确，就必须用词准确，用例确凿，评断不含糊。简明则是要求在阐述观点时，做到概括与具体相结合，要言不烦，切忌笼统，在表达观点或陈述问题时，要避免过于笼统和冗长，做到文字朴实、简洁明了。

总结性正文一般分为如下三部分表述：

（1）情况回顾。总结反思必须要有情况回顾的概述和叙述，有的比较简单，有的比较详细。这部分内容主要是对工作的主客观条件、有利和不利条件及工作的环境和基础等进行分析。总结的开头部分，叫前言或小引，用来交代总结的缘由，或对总结的内容、范围、目的做限定，对所做的工作或过程做扼要的概述、评估。这部分文字篇幅不宜过长，只做概括说明，不展开分析、评议。

（2）经验体会。这部分是总结的主体，在第一部分概述情况之后展开分述。有的用小标题分别阐明成绩与问题、做法与体会或者成绩与缺点。如果不是这样，就无法让人抓住要领。专题性的总结，也可以提炼出几条经验。成绩和缺点是总结的中心。总结的目的就是要肯定成绩，找出缺点。成绩有哪些，有多大，表现在哪些方面，是怎样取得的；缺点有多少，表现在哪些方面，是什么性质的，怎样产生的，都应讲清楚。总结的另一个方面就是经验和教训。做过一件事，总会有经验和教训。为便于今后的工作，须对以往工作的经验和教训进行分析、研究、概括、集中，并上升到理论的高度来认识。

运用这种方法要注意各部分之间的关系。各部分既有相对的独立性，又有密切的内在联系，使之形成合力，共同说明基本经验。

（3）未来规划。这是总结的结尾部分。它是在上一部分总结出经验教训之后，根据已经取得的成绩和新形势、新任务的要求，提出今后的设想、打算，成为新一年制订计划的依据。根据未来的工作任务和目标，我们可以从前一阶段的工作经验中汲取宝贵的教训，明确我们的发展方向，并提出相应的改进策略。也可以展望未来，得出新的奋斗目标。

4.5.7 有效培养归纳总结能力

日常的工作生活中，输出表达时要养成反思总结的习惯。多尝试把学过的知识、看过的书籍，用知识树、脑图、图表等多种方式表达出来。

1. 阅读后进行输出锻炼

压缩提炼一本书的精华，用自己的语言把内容重新组织并表达出来。比如，通过写读书心得，画思维导图的方式把一本书的内容总结成一篇文章。另外，看完书以后可以多想一想，如果这本书是自己来写，会怎么安排目录，对比作者的目录做思考分析。有意识地训练自己的概括能力，尝试着用一句话把一本书说清楚。用费曼学习法，用最简单的语言向对方讲解清楚某个所学的知识。通过主题阅读与主题输出相结合的方式，我们可以有效地构建领域知识并提升自己的理解和应用能力。无论是构建脑图还是撰写文章，都需要我们认真思考和总结所学的知识，以便更好地应用于实际工作和生活中。

2. 精简表达，刻意练习

聊天交流时，尝试着用一两句话把你想要表达的观点讲述清楚。写作时，尝试着把自己的文章提炼成 500、200、100 字等不同的内容版本。从日常生活入手，有意识地训练这项能力。表达时多用总分总的形式来叙述。聊天时，多为对方的话语做个总结。

3. 有效反思，对经验进行归纳总结

对自己的经历进行复盘，思考前因后果，对比思考，持续提升自己反思的能力。一件事做完以后，不论成功还是失败，都要进行梳理，当初的目标是什么，最终的结果是什么，中间执行得怎么样，以后应该如何改进，怎么进行优化等一系列的问题，梳理一遍事情的整个执行过程。多尝试，多总结，积累足够多的相关案例、经验，固化一些常用的流程，定期做总结。

4. 深入思考，自我提问

多看一些理论和概念是如何概括总结的。把你的总结和厉害的人的总结做对比，寻找差距，持续改进。看完一篇文章，自我提问，倒逼自己思考。比如，文章主要讲了什么，对自己的工作和生活有什么启发等。

5. 每天写总结日记

养成每天、每周写总结的习惯，回顾当天、当周的一些心得，实际执行过程中的情况，把目标和结果做对比。寻找自己的不足，总结提炼经验。做好工作总结，回顾一天的工作，梳理其中的问题与成就就是提升工作效率和成果的关键步骤。每总结一次，都是对自己的一次升级，半年下来，你的归纳总结能力一定会得到质的飞跃。

总结归纳能力强的人，能够快速把握住事物的核心，提升思考的效率，有效固化经验，让自己获得阶梯式的精进。归纳总结能力是每个人最基础的能力之一，需要我们在工作和生活中有意识地刻意练习，长此以往，个人的成长速度将突飞猛进。

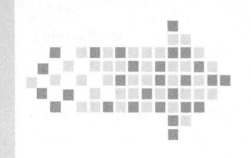

5 国内外典型师带徒应用案例

5.1 国外导师制案例

5.1.1 牛津大学

1. 导师制简介

牛津大学是英国高校导师制的发源地，牛津大学拥有独具特色的导师制、学院制、住宿制，这三种制度融合在一起产生了神奇的学业指导功效，为牛津学子的学业发展与提升起到了良好的保障与促进作用，为牛津大学人才培养奠定了坚实的基础。

牛津大学始建于1168年，是英国成立最早的一所大学。牛津大学的导师制享誉全球，牛津大学在其建校800年的历史中，培育出不计其数的科学家、政治家、哲学家等各类专家学者。在牛津大学，导师制与学院制、住宿制相辅相成、紧密相联，学院制与住宿制是导师制顺利运行的基础及有效保障，三者共同构成了独具牛津特色的学业指导制度。"导师住宿学院制"是牛津大学根深蒂固的传统，也是牛津大学本科教育始终保持优质教学质量的关键。

2. 教学模式

牛津大学导师制教学的最基本要素是撰写周论文，可以是一篇研究性论文，也可以是读书体会。教师与每一个学生共同制订个性化的教学计划，每一门课程都是如此。在课程学习过程中，导师根据学生的情况，提供一个相关的论文题目。为了提升学生的知识储备，一般要求学生在规定的时间内完成所提供书目的阅读，并参考一份详细的参考文献目录进行学习。这样不仅能帮助学生全面了解相关领域的知识体系，还能培养其独立思考和批判性思维的能力。因此，学生务必在规定时间内认真阅读并完成相关任务，以充分吸收书中的精华并拓展自己的学术视野，并按要求写出一篇2000字以上的论文。学生完成了周论文的写作并上交后，及时去见导师，也就是请导师上课。每周导师为学生上课一次，每次都要讨论学生独立撰写的这篇周论文。上课时学生首先宣读自己的论文或报告并讲解论文的内容，导师与学生一起讨论学生已完成的工作，以及在以后的进一步学习中将要研究的论文或解决问题的方法，并就文章的论点、论据进行辩论。导师上课就是面对面地辅导与指点，每周上课一次，每次 1h 左右。上课的地点一般选择在导师的书房、小型教室或实验室。上课的形式一般为一对一、面对面的个别辅导，这是几百年牛津大学精英教育的传统。课上一般有三部分内容：一是讨论点评学生的周论文及学生在写作过程中存在的问题，这需要一大半时间；二是讨论解决学生在大学学习和日常生活中遇到的各种问题；三是导师辅导并帮助学生准备大学组织的各种考试。

当然，导师教学的形式绝不会是呆板如一的，而是灵活多变的。师生的会面可能不固定，有时少于每周一次，有时更频繁，上课的时间也非常灵活，师生见面的地点因人而异。但无论授课的时间地点如何灵活，上课的主要内容是不会发生变化的。但是在科学或数学的指导课中，导师不会集中于论文，而是关注解决问题的方法或模式。

其次，与上述研究生导师制有所不同的是牛津大学所创立的本科生导师制。本科生导师制从学生入学时导师的选择，到学期中导师与学生面对面辅导与研讨及周论文的写作与指导，再到学期末导师制实行效果的评价都有其内在的运行规律。录取为牛津大学的新生，同时也成为某一个学院的成员，报到的同时，学院会为他安排一位导师负责制订和监督他的学习计划，并帮助学生为大学统一的考试做好准备。导师一般都是学生所在学院的教师，如果本学院没有学生所选专业方面的教师，学院就请其他学院的教师担任导师。这不会影响对学生的指导，牛津大学的各个学院的教学资源是共用的，在某种意义上来说这使学生接受到不同的观点和导师教学的不同方法，有助于学生的学习。不是学院的每一位教师都有资格担任导师。导师多为在一定的领域卓有建树的品学俱佳的学者，他将是学生所选专业方面的指导者与引路人，既负责学生的学业，又负责学生的品行。一个导师一般指导6～12 个学生。

（1）平等自由的导师制。牛津大学一直秉承"尊重学生个性，鼓励与培养学生具备独立思考的能力，培养与铸造品行"的导师制培养理念，牛津导师制基于传统的精英人才培养的教学模式而建立，以指导学生学业为主要工作使命。

牛津大学为导师制制定了严明的制度规范，其中对导师的入职资格要求、导师应当具备的职责、导师指导学生的权利与义务及导师应具备的能力与职业素养等方面都做了具体而翔实的规定。

牛津大学导师制采取师生互选的方式，在申请入学时，学生提交申请文件给相关学院导师挑选，学生也可以根据自身情况以及导师个人情况选择学院导师。牛津大学实行八周为一学期的密集学期制，导师每学期定期与学生见面，导师与学生之间多采取直接会面的方式，通过面对面的交流与指导随时了解学生的学习与生活近况。在指导过程中，学生可以根据自身情况与导师共同制订教学计划。导师多采取启发式与多样化的教学诱导方式对学生进行指导，师生间通过讨论提出问题，并相互交流观点，最终实现师生间思想的碰撞与融合，这么做大大增强了学生独立思辨的能力，对学生的学业发展大有益处。

此外，在牛津大学中，导师非常重视对学生的人文关怀，注重师生间民主、自由、和谐氛围的培养。牛津大学的导师往往具备较高的职业修养与高尚的人格，他们不仅将关注学生的学业发展作为自身工作的重要组成部分，而且他们对学生的思想、生活、经济等情况也是关怀备至。一部分导师甚至做到"视如己出"，将学生视为自己的孩子进行教育。因此在牛津大学中，大部分学生与导师间的感情十分深厚，师生间相互信任，相互关心，学生可以与自己的导师畅所欲言，这十分有利于增强师生间的情感沟通。

（2）独立自治、多种学科共存的学院制。牛津大学的学院设置与我国高校学院有着本质的区别。我国高校绝大多数学院是以学科为基础划分的，而牛津大学学院划分却不尽相同。目前牛津大学下设33个学院，4个学部。其中学院为行政单位，每个学院设有不同的学科，学院拥有相对独立的自主权与法人自治权，学院一般不受学校管理；学部则属于教学单位，牛津大学共设有4个学部，分别为人文学部、社会科学学部、数学物理及生命科学学部、医学科学学部，这4个学部共由15个教学系组成，学部统一接受大学管理。

在牛津大学各学院内基本都设有很多迥然不同的专业，学生在牛津内可以随意自由选课，既可以选择本学院的不同学科，又可以选择外院的学科专业进行学习。牛津大学各学院自治而独立，学校一般不会参与学院的管理，学院与学部间属于联邦自治关系。学生想进入牛津大学，需首先获得相关学院的许可。学生一经录取，学院会为学生安排选择导师。学院制使学生可以在多种不同学科混合的学院环境和氛围中学习，学生可以接触和吸收到不同学科的知识与技能，有利于学业指导工作的开展，有利于浓厚学术氛围的建立，有利于学生综合素质的培养和学校人才培养质量的提升。

（3）学术氛围浓郁的住宿制。英国的住宿制与学院制是密不可分的关系，两者在学生的学业指导工作中发挥着极其重要的作用，往往被并称为"住宿学院制"。牛津大学的"住宿学院制"基于"学生健康成长、注重培养学生集体主义精神和团队合作能力"的理念，将不同专业不同学科的学生安排在同一宿舍中，并由若干名导师负责指导学生的学习和生活，且每个宿舍由一名教授担任宿舍长，使宿舍成为学生生活、成长与学习的重要场所。

综上所述，牛津大学的导师制是在学院和宿舍中逐渐发展形成的，如果失去了牛津的"住宿学院制"特色，或许也就不会形成令所有牛津学子引以为荣的导师制制度。没有学院制、住宿制与导师制的相互配合、相得益彰，也许就不会形成颇具牛津特色的学业指导体系。牛津大学导师制学业指导制度值得我们深入思考与研究。

5.1.2　剑桥大学

剑桥大学是英国最早建立导师制的高校之一，其学生服务与指导工作一直表现得比较突出，始终走在英国高校的前列，如今的剑桥大学已经建立起以校、院、学生组织三级机构为主体的学业辅导体系，导师、学业指导工作人员及学生群体间各尽其责，既相互独立又相互补充，分别从不同层面为学生提供相应的指导和服务。

1. 导师制学业指导

剑桥大学独有的导师制培养模式体现着剑桥大学的办学精神。总体来说，剑桥与牛津大学的导师制在促进高校人才质量的提高以及促进学生学业发展方面有很多相似之处。首先，在指导制定学业目标与规划时，学生可根据院校情况并结合个人特点自由选修，导师不会多加干涉。其次，在指导方式上，剑桥大学导师制同样注重引导型教学，导师擅于运用生动、形象、诙谐、幽默的授课形式吸引学生，善于采用多种方法进行启发式教学，鼓励学生各抒己见，多提问题，难倒教师，甚至超过教师。导师更注重激发培养学生的创造性及主动性思维，鼓励学生探求未知的知识领域。再次，在培养方式上，"闲聊"是剑桥大学师生间最常见的交流方式，导师定期找学生"闲聊"，"闲聊"的地点大多会选在较轻松随意的地方，或是咖啡馆或某个小酒馆，或是公园或图书馆内，有时也可能会选择在导师的办公室或是导师的家中，大多数时候师生交流都会在轻松、愉快、和谐的气氛中进行。在此种氛围下，在师生间相互交流的过程中，更易增强学生的主动精神与创造精神，也更易激发学生自身的学科与专业兴趣。

此外，剑桥大学的导师制学业指导还具有自身的亮点与特色，具备与牛津大学导师指导的不同之处。剑桥大学的导师除了入学时学院已经指派的专门针对学生学业辅导的个人导师外，还包括学习技巧导师、课程导师、课程目标导师及监理导师。学业技巧导师负责指导传授学生学习与科研的相关技巧；课程导师负责指导学生相关课程的选择；课程目标导师负责指导并帮助学生确立课程目标等；监理导师则是协助与管理所有导师的指导工作，负责帮助导师处理问题以及协调学生与导师间随时可能产生的分歧与矛盾。剑桥大学这种针对学生的不同学业问题与困惑设立专项学业指导导师的做法，使导师学业指导工作更具专业性与指向性，在一定程度上降低了个人导师的工作压力，并缓解了个人导师配比不够的尴尬。学生遇到问题时既能咨询自己的个人导师，又能针对具体学业问题更加有的放矢地向其原因归属类型导师提出指导需求，这不仅增加了学生对自身学业指导的可选择性，也大大提高了师生间指导与交流的效率。

2. 学业指导服务机构

剑桥大学的学生学业咨询指导机构嵌套在学校的学生指导服务机构中，依托剑桥大学学生会和研究生会，由学校指导服务中心负责，为学生提供生活、资助、学术等方面的咨询服务。剑桥大学学生指导服务机构下设学业咨询服务中心、心理咨询服务中心、就业指导服务中心等十多个部门，职能涉及范围很广，包括学业咨询与指导、就业咨询与指导、心理咨询与指导、入学辅导、学生考试等方方面面。其中，学生学业相关问题是指导机构中最重要的一个组成部分。指导机构内部各部门分工明确、职责清晰、管理规范，共同为学生提供一站式分层级服务，学生可以通过"初步受理""专业受理""终极受理"三阶层处理方法最终彻底解决相应的指导咨询问题。

剑桥指导服务中心还定期开展内容丰富、形式多样的学业指导，如单人辅导、研讨会、群组辅导和朋辈指导帮扶等活动。剑桥大学的朋辈指导与帮扶在学业指导中占据重要的地位，剑桥朋辈学业指导具备悠久的传统与良好的风气，在剑桥大部分学习成绩优异的同学都乐于从事指导帮扶工作，学校鼓励学生间相互寻求学业指导帮扶。

除此之外，剑桥指导服务中心还为学生提供了丰富的网络资源以供学生更加方便、快捷地处理和解决个人相关指导问题。剑桥大学的学业指导帮扶拥有极为丰富的网络资源，例如剑桥大学技能门户网站为学生提供时下最新、最热门、最实用技能的相关资源，并同时为学生提供相关技能网址资源链接。该网站资源广泛、分类清晰、使用便利，既有关于学生学业发展的资源，也有关于提高学生计算机能力、语言能力、研究能力等方面的资源，极大方便了学生开展独立的学习与研究；剑桥大学的交换技能网站（Transkills）是该校另一个被广泛利用的网络资源，剑桥大学官方网站免费为学生提供包括网页设计、财务管理等各种技能训练。

3. 大学生组织的学业指导

剑桥大学的大学生组织在学生的学业指导中发挥着至关重要的作用。剑桥大学的学生指导工作主要由剑桥大学学生联合会（CUSU）负责承担。CUSU 中下设专门为学生提供指导服务工作的组织部门与专门的指导网站——学生会指导服务部（SUAS）。

剑桥大学的 SUAS 中设有严格的指导条例与保密守则，对指导过程中应遵守的原则做出了严格的规定；设有接待学生投诉以及学生指导信息反馈部门，负责处理指导工作中的日常相关事务，力争为所有剑桥学生提供公平公正的优质化的学业指导及其他指导服务。

5.1.3 哈佛大学

1. 哈佛大学学业指导简介

哈佛大学主要依托学业指导处暨学术和个人发展中心开展学业指导工作。哈佛大学依托学业指导处暨学术和个人发展中心是负责全校学业指导工作的专门机构，为哈佛大学全体学生提供符合学生个人发展需求与自身个性特点的学业指导帮扶。学业指导中心的服务对象包括哈佛大学本科生、研究生以及学校的教职员工，主要包括专业咨询、团体咨询、工作坊和朋辈辅导等服务形式，学生既可以提前与学业指导中心取得联系并采取预约的方式获得相应的学业指导，又可以直接到学业指导中心所在地开展学业咨询与指导。

学生在哈佛大学学业指导中心可以接受到来自学业导师、专业咨询师、学业志愿者等专业化人士包括在心理、生理方面影响学业问题多类型的辅导与帮扶，这样能有效解决学生的学业困惑及减轻其他不适感，以便使他们更好地应对学习、生活中的挑战。学业指导中心致力于提高学生的学习能力，改善学业表现，帮助学生控制和改善情绪、享受人际交往，深化学生对于自身和生活的理解。学业指导中心的服务宗旨是帮助哈佛大学每一名学生挖掘及发现自我潜能，提升并增强自身的价值、自信心与个人价值满足感。

2. 哈佛大学学业指导服务形式

哈佛大学为全体在校生提供既具全面性又具专业性的学业指导服务，学业指导服务不仅帮助学生解决学业上的问题，也帮助学生解决生活上的问题。学业指导中心针对不同类型的群体与个体、结合不同需求为各类学生提供专业咨询、团体咨询、工作坊和同辈辅导等多种形式的指导服务。

团队辅导的时间可以通过查阅公示信息获得，个人辅导一般是一对一服务，需要根据学业指导人员的时间统一安排。若学业指导中心无法提供学生需要的服务，则会帮助学生联系和争取相关资源。学业指导中心对学生的个人信息和辅导过程中出现的信息负有严格的保密责任。

（1）专业咨询。专业咨询主要分为个人咨询、学术与研究咨询、冲突解决咨询和综合咨询，由专业咨询者提供服务。

个人咨询主要解决影响学生学习动机、学业表现和自我感觉的问题。该咨询旨在帮助学生恢复学习信心，并协助学生解决社会关系或人际关系。首先，为学生开展专业课程选择与学业生涯规划等方面的咨询与指导。其次，为学生开展提升学业效率与学业方法等方面的咨询与指导。除此之外，哈佛大学个人咨询还为大一学生提供专属的指导与咨询服务。学术与研究咨询主要对学生提供学业技能与方法方面的咨询与指导，也可以帮助学生进行选课和学术生涯规划。

（2）团体咨询和工作坊。哈佛学生指导中心还为学生开展团体咨询和工作坊等形式的服务。工作坊是一种深受学生欢迎的工作形式，工作坊的目的是使参与的学生共享各自的生活经历，它由专职咨询师进行指导，为学生提供探索自我以及协助团队解决问题的机会。

工作坊可以以个人形式参加，也可以以班集体的形式参加。工作坊探讨的主题内容十分广泛，涵盖了学生学业发展及学业规划等方面。

（3）朋辈辅导。朋辈辅导是学生互助学习的良好示范。朋辈辅导主要以课程辅导为主，帮助学生解决具体学科学业问题。学业指导中心为很多学科提供学生朋辈辅导服务，朋辈辅导是哈佛大学学生最喜欢的指导形式之一，如今已经成为学校第一课堂教学的补充。在学业指导中心的领导下，近年来哈佛大学朋辈辅导的时间每年均超过 10000h。学生可以通过学业指导中心网站申请在一些专门的课程中得到帮助并安排朋辈辅导，朋辈辅导人员需要提前接受专业的指导培训且必须具备精通此门课程的能力，无特殊情况朋辈辅导不得收取额外费用。

3. 哈佛大学学业指导特点分析

（1）建立了较为专业化的学业指导机构。哈佛大学依托了学业指导处暨学术和个人发展中心，该中心拥有包括专业教师、学业导师、专业咨询师、朋辈指导人员等在内的专职化学业指导人员队伍，他们根据学生的实际情况为学生提供个性化、专业化以及全面化的学业指导服务，进而帮助并促进学生的学业提升与学业发展。

（2）制定并实施开展了较为广泛的学业指导内容与指导方法。哈佛大学在专业知识、课业选择、学习技能与方法、学业发展等方面对学生提供全面化的学业指导，具体包括学生的学科知识、学业兴趣、学业目标与规划、学业课程及专业方向选择、学习科研方法的掌握、自我认知发展、学业生涯规划、职业生涯规划等多个方面。此外，哈佛大学通过个体辅导、团体辅导、工作坊、讲座等多种指导方式为学生提供多样化的科学的学业指导与帮扶工作，这些活动促进了学生的学业进步。总体而言，哈佛大学的学业辅导紧扣学生的现实需求，基本上满足了广大本科生的综合学业发展需求。

（3）制订较为个性化的学业指导方案。在学业指导过程中，指导人员会深入了解学生的学术兴趣、学习能力、职业规划等方面的需求，并据此制定个性化的指导方案。他们会为学生提供课程选择、学习方法、时间管理等方面的建议，帮助他们更好地适应学习生活。同时，指导人员还会关注学生的学习进展，及时给予反馈和指导，帮助他们解决学业上遇到的困难和问题。

（4）制定并实施开展了较为广泛的学业指导内容与指导方法。为了实现这一全面的学业指导，哈佛大学采取了多种方式。首先，通过个体辅导，学生可以获得针对自己实际情况的个性化指导，帮助他们更好地理解自己的学业需求和发展方向。其次，团体辅导则为学生提供了一个交流和分享的平台，使他们能够从同伴的经验中学习和成长。此外，工作坊和讲座等活动也为学生提供了丰富的学术资源和信息，帮助他们拓宽视野、提升能力。

这些多样化的科学的学业指导与帮扶工作，不仅促进了学生的学业进步，还有助于他们全面发展。总体而言，哈佛的学业辅导紧扣学生的现实需求，基本上满足了广大本科生的综合学业发展需求。

5.1.4 麻省理工学院

1. 麻省理工学院学业指导简介

麻省理工学院重视学校的本科生学业指导工作，十分珍视学业指导人员在指导工作中所体现的作用与价值。麻省理工学院本科生咨询与学业规划办公室（UAAP）是负责保障本科生培养质量的部门，其宗旨是整合全校的学术支持资源，为本校本科生尤其是大一新生提供高质量的服务，丰富学生的学习经验，使其学习更具乐趣与效率，帮助他们获得学业发展。UAAP隶属于学校的教务职能部门，由学校直接领导。

2. 麻省理工学院学业指导内容与形式

麻省理工学院的学业指导内容丰富、形式多样，主要包括学业指导与帮扶、学业服务、学业发展等方面，学院学业指导中心办公室为不同类型的学生及学生群体提供全方位的指导服务。

（1）学业指导与帮扶。麻省理工学院的学生学业指导与帮扶主要包括新生的学业指导与帮扶、优秀学生的学业指导与帮扶、学业困难学生的学业指导与帮扶三个方面。首先，学院认为，新生学生群体在大学生学业指导群体中占据着重要的位置，其十分重视对新生开展相应的学业指导工作。麻省理工学院在新生入学时，会对他们的课程、学分、考试等问题等进行较为详细而具体的介绍，与此同时，学院为每名新生安排了新生导师与助理导师，新生导师由学院教师担任，助理导师则由高年级学长担任，二者从不同的视角为学生学业保驾护航。其次，学院非常重视学优生的学业指导。学院积极创造学生学业提升与发展的平台，学优生可利用多种学习工具与途径获取学业资源，促进自身发展，满足自我需求。再次，学院重视对学业困难学生的学业指导。学院研发与建立了本科生学业评价与预警系统，对每名学生在学业课程、学业选修、学位申请、学术诚信等重要环节的表现加以实时监测，以及针对每名学生的具体问题进行适时评价，并对学业困难学生及时开展预警与干预指导。

（2）学业服务。麻省理工学院为全体学生提供一系列的学业指导服务，主要包括入学新生服务、学业应急指导服务、特殊学生群体服务等方面。入学新生服务通过讲座、研讨会等形式为学生提供先导性的学业服务，包括学科专业介绍、科学探索等多方面的介绍与服务。在入学指导服务中，新生之间，新生与学校教师以及其他工作人员之间通过接触逐渐熟悉，使他们有机会探讨学术选择、学术生活、住宿环境、校园资源等话题，这为他们尽快适应和开始新的学习和生活提供了很好的引导。

（3）学业发展。麻省理工学院从个人－专业－职业的视角通过大学生独立活动项目、研究机会项目、实践机会项目等活动促进本科生的学业发展，从而有效提高了本校本科生的总体人才培养质量。

独立活动项目于每年1月份开展，是麻省理工学院独具特色的学业指导项目。独立活动项目包括有学分和无学分两种形式，通过研讨会、讲座、运动会、竞赛等多种方式向广大本科学生提供广泛参与的机会。该项目极大增强了学生的学习乐趣、创造力、想象力与探索精神，为学生的学业发展与未来的学业成功奠定了良好的基础。研究机会项目为学校广大本科生创造了学术氛围，提供了学术研究的机会。研究机会项目包括制订科研计划、项目设计、实施研究和项目总结等方面。在研究过程中，学业指导教师与指导学生之间通过平等、合作式的沟通与交流开展研究，互通有无，学生将理论知识更好地应用到学术研究领域，这有利于学生专业与学术研究潜能的创造性发挥，从而促使学生获得更佳的学业效果。实践机会项目是促进大学生的职业发展项目，麻省理工学院为每名大二学生提供为期一年的职业实践机会。首先，学生需根据自身实际情况与个人兴趣制定符合自身发展的学业目标与规划，并根据校园招聘选择自身感兴趣的职业岗位；其次，通过学生与企业间的双向选择确定实习工作意向，实习周期通常为10~12周，在此实习期间，由麻省理工学院的优秀校友全程担任导师并负责学生的职业生涯实践活动；最后，校企联合对学生进行考核与评价，并获得相应学分。此项目可以使学生更加理性、客观地认识自我，在大学生涯较早时期树立学业生涯规划与目标，并根据自身的课业实践，逐步调整与提升学业需求，从而进一步树立学业自信，更好地促进自身的学业发展。

5.1.5　德国双导师制

"双导师制"是经济社会发展的需要，也是人才培养多元化的必然趋势。将理论与实践培养相结合，既注重对学生的学术科研培养，又重视实践能力学习，这种导师制度在人才培养中的积极作用是毋庸置疑的。

1. 双导师制的历史沿革

现代研究生教育最早起源于德国。19世纪初期，为适应德国研究生教育而开创了单一导师制度，之后被世界各国在研究生教育中广泛采用。这种导师制度是指在整个培养期间，只有一位导师指导研究生从事独立的科学研究。

19世纪末期，强调单一学术发展要求的德国大学模式不再适应社会要求，美国开始探索建立专门的职业学院，培养社会所需的专业人才，专业学位研究生教育开始萌芽。20世纪初期，为适应职业教育中应用性和实践性的要求，美国开始在职业教育中实施"合作教育"模式，以学校为主，导师指导以学校导师为主、企业导师参与职业教育的方式完成。德国开始在职业教育中实施"双元制"模式，以企业为主，导师的指导是由学校导师和企业导师共同承担职业教育的方式完成。这种将理论与实践相结合的培养方式，推动了职业教育的快速发展。随后，英国、日本、澳大利亚等国也都开始探索适应本国特色的职业教育指导模式。20 世纪 60 年代，随着经济和科技的发展，重视实践性的专业学位研究生教育开始在美国硕士研究生教育中逐渐占据主导地位。借鉴职业教育中的导师指导模式，美国斯坦福大学在人才培养中开创了联合导师制，让企业导师参与到研究生人才培养中。这种适合专业学位培养要求的"双导师"联合指导的导师制度开始成熟和发展起来，并逐渐被各国借鉴。

20 世纪末期，我国全国工程硕士专业学位教育指导委员会下发了《关于制订在职攻读工程硕士专业学位研究生培养方案的指导意见》（学位办〔1999〕7 号），该文件由国务院学位委员会办公室和教育部研究生工作办公室联合发布，其中就培养方式进行了规定："学位论文由校内具有工程实践经验的导师与工矿部门内经单位推荐的业务水平高、责任心强的具有高级技术职称的人员联合指导"。这种由校内导师和校外导师联合培养的"双导师制"，开始在我国研究生培养中初见雏形。

2. 双导师制的运行模式

双导师联合指导主要有联合培养模式和导师组模式两种不同的运行模式。以德国"双元制"为代表的联合培养模式是指以企业为依托展开校企联合培养的"双导师"联合指导模式。德国专业学位研究生培养中，借鉴职业教育中的"双元制"导师模式，在导师选拔中，优先选择有丰富实际工作经验和理论水平的专家担任导师。学生在校内导师的指导下完成理论学习后，进入企业实践，由企业配备校外导师指导学生进行实践学习。这种模式的优点是学生能够在企业进行深入的实践学习，保证实践质量。

以美国"合作教育"为代表的导师组模式是指由一名校内导师和一名校外导师，或者多名校内导师和多名校外导师组成的导师组联合指导。美国专业学位研究生培养采用合作导师组的形式，由理论基础深厚的校内导师和实践经验与科研能力丰富的校外导师担任。学生在校内外导师的共同指导下，完成理论和实践学习。这种模式的优点是学生可以接触到更多的导师，拓展学习视野和科研领域，提高综合能力。

这两种运行模式各具特色、各有优势。部分高校在研究生培养方面采用了导师组的培养模式，这一模式充分利用了学校丰富的导师资源，有效拓展了研究生的学术视野和职业发展路径。

3. 德国"双元制"教育模式的特点

德国"双元制"职业教育被看作是当今世界职业教育的典范，它为德国经济发展培养了大批高素质的专业技术工人，被人们称为二战后德国经济腾飞的秘密武器，其突出特色为：

（1）广泛的社会服务性和教育公平性。德国"双元制"教育是全社会参与的，受到企业、教育界和政府的重视，之所以如此，首先是因为它以极为高效的方式为社会生产培养高素质职业工人，极大地提高企业生产力、节约教育成本、打开就业通道，产生广泛的社会效益。德国的职教培训体系被称为"没有死胡同"的体系，它与德国高等教育体系结合几乎为全民提供公平的教育机会。例如，职业教育不仅可为初、高中毕业生提供职前职业教育，而且也为技术工人提供进修机会，使之知识更新以适应新技术变化和产业结构调整。对于不满现状、期望转岗的年轻人，也可以通过职业教育寻找更有发展前途的行业，或从事感兴趣的事业。德国"双元制"教育满足社会各个方面需求，体现广泛的社会服务性。

同时，德国"双元制"教育与其他教育形式互通，并可以进行分流，体现出"人尽其用，人尽其才"的特色。在初中、高中结束后，学生都可以从普通学校转入职业学校。接受职业培训的学生，也可以在经过一定时间的文化课补习后进入高等院校学习。近年来，许多已取得大学入学资格的普通教育毕业生也进行双元制职业培训，力求在大学之前获得一定的职业能力和经验。

（2）企业的广泛参与促进理论教学与生产实际紧密结合。如前所述，德国职业教育几乎是全民参与，大企业多数拥有自己的培训基地和人员，可以为学员提供必要的教学设备和代表现代技术水平的真实的生产车间。学员在这里以生产者身份参加实际生产，能够充分运用理论知识掌握全面的职业技能，学会处理实际问题的本领，有机会接触新工艺、新材料和新设备，熟悉企业的生产过程和管理机制，了解职业行为规范，养成遵守劳动纪律和安全规程的习惯，树立质量意识，在学习期间真正做到与企业一起成长。这种"双元制"职业教育形式不仅减少教学费用，克服学校实习场地设备陈旧、技术更新滞后造成的与生产实际脱节等弊病，有利于学生毕业后即投入工作，同时有利于学员明确学习目的，所学的内容与未来的工作紧密相连，这种紧密的关联性有助于激发学生的学习动机。

（3）"双元制"教育更强调职业素质的培养。与国内名目众多的职业培训机构相比，德国"双元制"教育模式更强调的是综合职业能力，而不是简单地提供岗位培训。因此所培养的人才可以胜任其职业领域里的所有工作任务，而不仅仅局限于某一工作岗位的任务。除基本业务能力之外，在学习期间还注重学员社会能力和职业道德的培养，从而使学员具备较强的社会适应性和市场竞争力。

5.2 国内新型师带徒案例

5.2.1 高校

1. 浙江大学竺可桢学院

（1）概况介绍。我国现有的交叉学科模式的精英教育学院或组织众多，包括中国科学技术大学的学科交叉理论研究中心（2002 年），北京大学的交叉学科研究院（2006 年），山西大学初民学院（2009 年），清华大学交叉信息研究院（2010 年），上海交通大学生命与环境交叉平台（2015 年）等；然而竺可桢学院作为我国的第一批荣誉学院，建制近 20 年，所依托的浙江大学是我国顶尖高校之一，底蕴深厚，办学经验丰富，也是我国唯一一所进入美国全国大学荣誉理事会（NCHC）的荣誉学院，在经验累积、领先性和先进性上具有典型性，因此本书选择竺可桢学院作为案例，旨在深入探讨荣誉学院交叉学科模式的精英人才培养模式。竺可桢学院以其独特的教育理念和创新的培养模式，为高等教育领域的精英培养树立了典范。

浙江大学是我国著名学府之一，竺可桢学院是以浙江大学著名校长竺可桢的名字命名的、由创办于 1984 年的浙江大学（工科）混合班发展而来的，在 2000 年 5 月正式成立，是我国第一批荣誉学院之一，也是浙江大学优秀本科学生实施"特别培养"和"精英培养"的教育基地和平台；学院的办学宗旨是"为杰出人才的成长奠定坚实的基础"，实施哲学思想教育、数理能力训练等本科全程培养，为培养造就基础宽厚，知识、能力、素质、精神俱佳，在专业及相关领域具有国际视野、持久竞争力的高素质创新人才和未来领导者奠定坚实基础。

竺可桢学院的精英培养具有其不可替代的典型性。学院针对不同荣誉项目有针对性地选择培养办法和个性化培养方案，为培养各界领袖型人才打好坚实基础。竺可桢学院现分主修班和特色辅修班两类，包括涉及工科、理学、人社、医学、农学、交叉等多个培养类别，培养模式各有侧重。例如工科理科交叉培养的混合班、强调综合素质培养的工程教育高级班、"宽专交"与精深通培养并重的文科班、本博一贯制的巴德年医学班、注重领袖培养的启真班等。

（2）竺可桢学院的人才选拔。

1）人才选拔目标。竺可桢学院以打造中国特色世界一流的荣誉学院为目标，致力于培养肩负社会责任、具有创新能力的交叉复合型领军人才；选拔具有潜在特质、领导能力、担当精神、学科潜质等的学生。竺可桢学院荣誉项目较多，涉及专业面较广，具有不同的人才培养目标，因此相关学院的选拔目标也各有不同，但都与竺可桢学院的总培养目标相一致。

2）人才选拔参考要素。竺可桢学院荣誉项目逐年丰富，选拔渠道较广，主要包括高中毕业生和在校生，其中高中毕业生包括高考生、保送生以及预选生。竺可桢学院在初选时便以部分参考要素限制申请学生数量，保证优质生源的同时提高选拔效率。其中，浙江大学新生排名的前5%的高考生具有申请资格；保送生来自特定渠道，这些渠道包括特定荣誉持有者，如学科竞赛省级一等奖、省级优秀学生等荣誉获得者以及国家教委指定中学中成绩在前20%的优秀毕业生；而预选生则以参加预选时综合表现为主要参考要素，根据浙江大学招生老师的推荐意见参加预选。选拔时会在初选后开设复试，包括综合测试、专家面试和体能测试三个针对性考察，测试和评估的信息包括个人情况、学生的综合能力、语数外逻辑及物理或历史知识、面试表现、身体素质、心理素质、潜在特质等。

3）人才选拔程序。在近20年的办学过程中，竺可桢学院每年都在进行新的尝试，借鉴国外的部分先进选拔方式，初步形成具有竺可桢学院特色的多维度选拔模式，取得了一定的成果。

竺可桢学院对学生的选拔在秋季学期开始前进行，由竺可桢学院或不同学科所在学院遵循项目实施总目标确定学科培养目标及招生负责人，由竺可桢学院在学校统筹下开展选拔活动，选拔结果在开学前公布。多维度选拔是指以线上新生选拔系统为依托，前期采用积极宣传、学生咨询、自愿报名、院系初审等方式，后期采用综合测试、专家面试和体能测试。竺可桢学院的整个选拔流程实现了对参选学生有效甄别与评定这一基本目标，还体现出了选拔过程的公平性以及学院对学生的责任心。根据测评理论，大多数人才选拔与录用按照初选（资格审查）、笔试、面试、考核的顺序来进行。竺可桢学院由建立初期的初选、发出申请表、笔试、面试、座谈会等组成的选拔程序逐渐探索，如今通过加强前期宣传和其他相关环节的工作，令项目取得了进一步的发展。

另外，经过选拔进入竺可桢学院的学生可被称为荣誉学生，但并非所有学生都能获得荣誉学籍。竺可桢学院实行学生管理过程动态化，部分班级采用"红黄牌"警告淘汰制度，对不符合精英培养要求的学生进行及时淘汰，并补充选拔符合要求的新生。学生唯有通过竺可桢学院每年一次的综合测评，才能最终获得竺可桢学院荣誉学生的正式身份。这是竺可桢学院保证精英教育的学生质量，保持荣誉学院的学习氛围，保证优质教学资源不浪费，实现真正的公平的重要举措；但在实施中，有调查显示，竺可桢学院的淘汰制度执行并不严格，淘汰率低，使学生追求卓越的紧迫感不强。

（3）竺可桢学院的人才培养促进机制。竺可桢学院前身为原浙江大学（工科）混合班，在2000年正式以学院建制。学院建制使得竺可桢学院拥有了更多办学自主权，在课程建设、教学管理、学生选拔与管理、人才培养、教师聘用及经费管理等问题上实现政策倾斜。学院拥有了较为完善的学院制组织架构，重点成立教学委员会，下设课程与教学的教学综合办公室和主管学生管理的学生工作办公室；在学生培养等方面有了更大的空间和自由度，制定了一系列培养办法，例如《本科生教育特别培养基本框架》《浙江大学竺可桢学院荣誉学位授予实施细则》等，使学生在专业选择、学制选择、培养通道选择、后续发展等方面拥有了更大的自主权利，实现真正的个性化培养。竺可桢学院不仅注重学术培养，还通过多样化的文化建设、鼓励学生多学科交叉及参加丰富的实践活动，为学生提供了全面而深入的学习体验。

1）思想与文化建设。竺可桢学院人才培养方案实施中课程修习、专业选择等为交叉学科培养提供了硬性的学习基础，而竺可桢学院多元的文化建设、多学科的师生构成、多学科学生合作竞争等都为竺可桢学院学生提供了柔性的学科交叉环境和氛围保障。

竺可桢学院注重学生思想工作，积极构建全方位育人的教学、科研、管理、服务、实践等思想政治工作格局，在教学工作、学生管理等过程中，抓好学生意识形态工作，以"四讲四信"系列活动等为依托，用党建活动引领学生思想发展，传承党的红色基因和时代精神，助力学生坚定其理想信念，牢记党的初心和使命，培养学生家国情怀、责任担当意识，以饱满的精神面貌充实自我、发展自我、实现自我，引领时代。

竺可桢学院学生会为学生提供了综合素质锻炼的平台，部分面向全校各学院各专业学生开放，举办包括学术类、艺术类、实践类、交流类等各项活动，树立了竺可桢学院的文化品牌，培养学生的国际视野、服务精神、艺术修养、领导力、创新创造力、实践能力、合作沟通能力等，全面提升能力素质。竺可桢学院通过一系列精心设计的学术、艺术、实践和交流类活动，旨在全面提升学生的综合素质。在学术方面，学院举办如"竺可桢学院志"编撰、"大师面对面"交流会、"竺讲沙龙"等活动，这些活动不仅丰富了学生的学术生活，还提供了与知名学者互动的机会，激发学生深入探究学科知识的热情。

艺术类社团的成立，如灵韵音乐剧社、灵韵合唱团、灵韵电声乐队等，以及举办的艺术讲座和音乐剧欣赏沙龙，为学生提供了展示和提升个人才艺的平台，同时加强了学生的艺术修养和审美能力。

实践类活动包括志愿者服务、支教活动等，这些活动着重培养学生的责任意识、担当意识和奉献精神，鼓励学生将所学知识应用于社会实践中，实现知行合一。

此外，学院还举办领袖培训计划，进行口才与演讲培训、礼仪培训等，旨在塑造学生的领导力和社交能力。

交流类活动则包括院内的个性班团大赛、与院长"LUNCH TALK"，院际的"发现浙大"系列活动等，这些活动拓宽了学生的视野，增进了不同院校间的沟通与学习。

竺可桢学院学生有专属的住宿区，不同学科、不同专业优秀学子生活在一起，多元的学生结构是竺可桢学院学科交叉培养的体现，创造了精英的学习氛围，促进学生交流和思维碰撞，培养学生合作意识，增加学生集体感和荣誉感。

竺可桢学院在学生培养全过程实行荣誉制度。学院实行开放办学，众多学子在经过入学初优秀考生的严格遴选后进入竺可桢学院，并成为浙江大学荣誉学生，在培养过程中学院采取荣誉学籍、荣誉课程、荣誉项目、荣誉证书等机制激励学生成长。就荣誉学籍来说，每半学年对学院学生进行荣誉学籍认定，符合基本条件方可获得荣誉学籍；不符合条件的学生实行分流，不给予荣誉学籍。浙江大学为竺可桢学院制定了《浙江大学竺可桢学院荣誉学位授予实施细则》，学院依文件规定，对具有荣誉学院学籍、德智体全面发且在正常学制内完成荣誉学生所要求的培养内容并取得相应学士学位和毕业证书的学生进行荣誉证的授予。全程的荣誉制度培养激发学生在学习过程中的主动求知欲、竞争欲、创新创造欲。

2）导师制培养。竺可桢学院成立高水平导师队伍，建立导师库，遍布各个专业，大二以上学生实行100%全员导师制，在导师指导下实施科研训练计划和国际交流计划。

以混合班为例，竺可桢学院在专业学习阶段为学生配备学业导师。竺可桢学院导师制的核心目标是"追求卓越"，集众多经验丰富、成就杰出的学者力量，培养学生的创新精神和能力，促进学生的学习能力和科研能力的快速提高。院系导师的职责是根据学生特点、特长和志向指导和辅助学生制订专业学习计划，帮助学生实现科学的个性化选择，同时加强对学生自主学习的指导，竺可桢学院规定每位导师最多可以指导3名学生。

此外，竺可桢学院创立和实施院友导师制，充分挖掘和发挥院友的潜在力量。院友导师制是指竺可桢学院充分利用优秀院友资源，聘请早年竺可桢学院毕业的院友担任新生导师和校友班主任，这些导师包括学术精英、政府官员、企业领导等已在学术界、政界、企业界等取得瞩目成绩的院友。院友导师制是竺可桢学院的一项创新制度，它立足于学生的需求，秉持以人为本的教育理念，全面关注学生的健康成长。该制度充分利用院友导师在竺可桢学院学习和成长过程中积累的宝贵经验，以及他们毕业后在社会上的丰富经历和成长轨迹。这一制度的目的是帮助新生迅速适应荣誉学院的学习和生活环境，获取多方面的经验和知识，拓宽视野，从成熟的导师身上汲取智慧，促进学生形成完善的人格和崇高的志向。这样，为学生未来在学术和职业生涯中的创新创业发展奠定了坚实的基础。院友导师制突破校内导师的体制束缚和学科限制，以成长经验交流会为载体、以未来的社会需求为导向，激发学生自主学习和探究兴趣，为学生带来更新颖的思维方式、更具有实践性的学习指导以及更具有引领性的成长建议。

3）资源保障。经济支持包括奖学金和专项基金。为了鼓励和表彰竺可桢学院同学取得的优异成绩和杰出表现，竺可桢学院为学生设立如专业学院一样的院级奖学金，竺可桢学院学生在享有校内各项奖学金的评选资格的同时可获得竺可桢学院奖学金，包括卓越奖学金、院长奖学金、创新奖学金和励志奖学金，旨在表彰和奖励竺可桢学院学子在学习、科研、学生工作、实践表现等方面取得的优异成绩和突出表现。各项奖学金的评选资格各有侧重，例如创新奖学金旨在奖励在学术研究、学科竞赛和科技创新等方面取得突出成绩的学生，申请学生需满足具有荣誉学籍、思想端正、成绩优秀、综合素质突出、发表论文、创新发明成果、有科技作品、支持并对学院发展有贡献等要求；而院长奖学金则奖励在道德风尚、社会服务、体育竞赛、文艺比赛、社会工作等某一方面表现特别优秀，且为学院荣誉和发展做出较大贡献、赢得较高荣誉的学生。除奖学金外，竺可桢学院还设置了专项资金用以支持学生的个性化发展和综合发展。例如竺可桢学院的"卓越人才培养划"以浙江大学汤永谦学科与发展基金会为资金支持，选派优秀学子赴海外学习交流，以文化交流、学术活动、社会调查等多种形式，近距离地直接深入了解他国文化和学术前沿，进行思维激发，拓宽视野并丰富学识，充分培养学生的观察、思考的能力，提高学生交流、实践和创新能力。

课程资源丰富：浙江大学是一所综合型、研究型、创新型大学，在我国和世界上均有着较大影响力，其开设学科涵盖哲学、法学、文学、艺术学、理学、工学、医学等12个门类，共7个学部、37个院系及其他组织机构。因此，浙江大学学科先进，专业详尽，所对应的专业建设及课程资源丰富，为竺可桢学院的荣誉课程建设和学生专业的自由选择提供了坚实的后盾和扎实的基础。就竺可桢学院2014年公布的课程平台课程一览表来看，竺可桢学院共开设主修课程308门、辅修课程37门。2015年，总共有315名教师给竺可桢学院开设了281门课程。

教师资源丰富：浙江大学具有数量庞大并且高质量的教师队伍。就目前浙江大学官网上公布的信息来看，浙江大学拥有专任教师3700多人，中国科学院和中国工程院各25名，多名教师获得教育部"高校教学名师"奖；受邀的教育部"长江学者奖励计划"作为特聘（讲座）教授121名，分属于约33个院、系、研究所、医院；青年教师队伍中"国家杰出青年科学基金获得者"137名，遍布浙江大学各个学院，真正为学生配备了一支精英的教师队伍，不仅教学经验丰富、综合素质好，并且学术造诣深、有学科前瞻性。

竺可桢学院的师资队伍实力雄厚，其中共有3位教师荣获国家教学名师称号，他们以其卓越的教学水平和深厚的学术造诣，为学院的教学质量提供了坚实保障。此外，学院还建设和负责了6门国家级精品课程，这些课程不仅体现了学院在学科领域的领先地位，也为学生提供了高质量的学习资源。

在浙江大学永平杰出教学贡献奖的评选中，共有7位获奖者，其中6位都在竺可桢学院开设课程，他们的教学成就得到了广泛的认可和赞誉。同时，在教学贡献奖的21位获奖者中，有 8 位是竺可桢学院的任课教师；在提名奖的 28 位教师中，也有 7 位选择在竺可桢学院授课。这些优秀的教师不仅为学院带来了丰富的教学经验和专业知识，也为学生提供了更广阔的学习视野和更深入的学术指导。

竺可桢学院以其优秀的师资队伍和丰富的教学资源，为学生提供了优质的教育环境和学术氛围，为培养具有创新精神和实践能力的高素质人才奠定了坚实的基础。

竺可桢学院拥有一支由院士、长江学者和众多博士生导师等高水平专家组成的专业导师队伍，并建立了独具特色的导师库。这一导师库确保了大二年级及以上的学生能够享受到 100% 的全员导师制，从而在导师的精心指导下，实施个性化的人才培养计划、科研训练计划以及国际交流计划等。

目前，导师库中共有 865 位杰出导师，他们来自浙江大学 33 个院系和 3 个研究单位，涵盖了广泛的学科领域。这些导师中不乏各类顶尖人才，包括 6 位两院院士，他们在各自的科研领域取得了卓越的成就，为学生提供了宝贵的学术指导。此外，还有 4 位荣获国家教育部高校教学名师称号的导师，他们以卓越的教学水平和深厚的学术造诣，为学院的教学质量提供了有力保障。

同时，导师库中还有 59 位"长江学者"，他们在各自的学科领域具有广泛的影响力和深厚的学术积淀。此外，65 位国家杰出青年和 61 位"万人计划"学者也加入了导师队伍，他们的加入进一步提升了竺可桢学院导师队伍的整体水平和实力。

这些优秀的导师们不仅为学生提供了专业的学术指导，还通过个性化的培养计划，帮助学生发掘自身潜力，实现全面发展。在导师们的悉心指导下，学生们能够更好地规划自己的学术道路，提升科研能力，为未来的学术和职业发展奠定坚实的基础。

国际交流项目丰富：竺可桢学院致力于为学生打造全方位、多层次、宽领域的海外交流格局，形成"高端引领，学研融合、全员覆盖"国际化培养体系，实现百分百国际交流；各种国际交流形式丰富，包括世界名校科研实习、国际竞赛、暑期课程、文化交流，例如"Melton Fellow""爱因斯特项目"等。以竺可桢学院学子参加世界名校科研实习的情况来看，2019 年度，约 9% 的同学前往世界顶尖高校开展科研实习，目前已有学生前往哈佛大学、麻省理工学院、斯坦福大学、耶鲁大学、剑桥大学、卡内基梅隆大学、牛津大学等海外顶尖高校开展科研训练。2018 年，竺可桢学院学生对外交流率达到 128%，其中顶尖高校（TOP20）交流率为 46%；2020 年学生对外交流率也将持续超过 100%，这意味着有多数学生可以在竺可桢学院学习期间参加两次国际交流，充分享受优质资源，拓宽视野，增强体验。

4）平台保障。校企联合，产学结合。竺可桢学院荣誉项目和数量不断丰富，培养创新型科技人才、高科技创业人才、战略性科学家等的班级逐步建立，交叉学科培养模式基础上的培养办法不断丰富。以竺可桢学院特色辅修班中的强化班为例，强化班全称为创新与创业管理强化班，以培养具有扎实的工程基础和经营管理才干，具备创新思维、卓越素质与精湛技能的高科技产业经营管理复合型人才为培养目标。强化班以产学结合、注重实践为人才培养特色，在教学方法上结合案例教学、实地考察等多种方法，突破传统的校园、教室等的学习空间限制，运用"企业见习""企业设计"等实践环节，在学生完成主修专业的同时，学习和强化创新与创业管理教育，从而形成了"工商管理 +X"的交叉学科精英人才培养模式。强化班的培养贯彻"宽、专、交"教育理念，促进了学生原本专业知识的内化，强化理论知识的延伸和综合运用；而在专业教育的基础上，强化工程理论基础、经营管理等理论知识的实践应用，突破单一的专业局限，拓宽学生思维度和知识面，注重实践的体验和深入研究，着力培养学生的创新创业能力。

积极引导学生参与科研训练和各类学科竞赛。1998 年，浙江大学推出了大学生科研训练计划（SRTP），实行校院两级共同立项，并制定了一系列相关文件，指导和规范具体管理工作。此后，SRTP 每年举行一期，研究内容涉及理、工、农、医、人文、经管等各个领域。竺可桢学院积极引导和鼓励学生参与学校科研训练计划，以及校内外各级建模大赛、电子设计竞赛、机械设计竞赛、程序设计竞赛、多媒体作品竞赛、机器人大赛、挑战杯赛等活动。2018 年度，竺可桢学院学生完成校级以上科研训练 176 项，获得科研创新成果共计 607 项，获得校级以上学科竞赛奖项共计 380 项，以及产生论文专利等学术成果 51 项。

此外，竺可桢学院为学生未来发展提供的平台保障还体现在对学生升学机会的保障上，包括研究生免推资格、出国深造渠道等。以 2015 年竺可桢学院获免推的研究生情况为例，涉及专业共有 47 个，学生总数为 282 名，其中免推研究生数达到 153 人，占比超过半数，显示出学生群体的高素质与强烈的深造意愿。

2. 山西师范大学莳英学院

（1）概况介绍。专业强化模式的精英人才培养是我国荣誉教育尝试初期就较受青睐的人才培养模式，"少年班""强化班""实验班"等形式的精英人才培养最初就是选择了专业强化模式进行人才的特别培养。现在，南京大学"匡亚明学院"（2006 年），南京师范大学"强化培养学院"（2007 年），河海大学"大禹学院"（2009 年），上海交通大学的"致远学院"（2010 年）等都在不同程度上进行专业强化模式的精英人才培养，在我国荣誉学院发展中提供了可遵循的经验。

高等教育的学科、专业众多，专业强化模式适用度较广，山西师范大学作为一所专门培养教师的教育机构，致力于培养高素质的教师人才，且莳英学院是山西师范大学下设的荣誉学院，成立于 2017 年，在近几年对荣誉学院的人才培养上进行了初步但深入的研究与探索，可以为专业强化模式提供案例参考；再者，山西师范大学作为地方性大学，开展精英教育这一尝试必不可少，其必要性将通过以下数据详细说明。

具体而言，蓟英学院隶属于山西师范大学，山西师范大学是一所省属师范院校，为教学研究型的、当地培养基础教育师资的重要基地。蓟英学院成立于2017年，同年实体化运行，是山西师范大学建校以来第一个专门面向本科生的拔尖创新人才培养特区、荣誉学院，是针对省内精英人才培养短板、着眼推进学校"以课堂教学改革"为突破口的人才培养模式改革而提出的一项战略举措。蓟英学院以山西师范大学历史悠久、经验丰富、资源丰富的教师教育培养为依托，成立"未来名师班"，着力培养具有一定教育领导力并在本学科教育教学中发挥引领作用的领航卓越教师，即未来名师。

山西师范大学蓟英学院的精英人才培养在荣誉学院精英人才培养中具有典型性。地方性高校在精英人才培养中具有重要地位和独特作用，对于我国人才培养的整体战略具有不可忽视的贡献，尤其是精英人才培养中具有不可替代的作用。正如前文所说，精英人才培养探索是一流高校的责任，高校作为人才培养的重要基地，也应当区分不同层次和区域，以培养不同类型的人才。

（2）蓟英学院的人才选拔。

1）人才选拔目标。蓟英学院"未来名师班"致力于培养具备优秀教育教学能力和专业素养的中学教师，为我国基础教育的发展提供有力支持，精英培养，着力培养师德高尚、理念先进、专业卓越、能力过硬、视野开阔的未来名师。在选拔中，蓟英学院选拔思想品德优秀、成绩优异、具有创新精神且有志成长为未来名师、终身从教的优秀学子，对真正施教、乐教的低年级师范生进行精英培养。

2）人才选拔参考要素。蓟英学院招收与中学语文、数学、英语、政治、历史、地理、物理、化学、生物9个主要学科领域相对应的师范类专业优秀师范生，以学生的学习成绩和综合素质为主要参考要素进行筛选。蓟英学院在学生的大一第二学期进行选拔。人才培养要以德为先，在初选时，专业学院承担了一部分选拔工作，即对申请学生的思想状况、品德修养以及是否热爱教育事业，具有终身从教愿望进行考察和审核。此后，蓟英学院就以学生的学习成绩作为申请的首要条件，即申请的学生已有的平均学分绩点须达到3.0，本专业的学业成绩达到年级排名的前20%，考核成绩中有不及格科目的学生没有申请资格。除去学生成绩作为选拔初期必要要素之外，学生的诸多表现也会作为参考要素在申请表中统一提交，由蓟英学院进行选拔参考（其中包括学生的毕业中学、家庭主要成员及职业、学生的高考成绩、是否为公费师范生、是否参加山西师范大学其他培养计划）。学院也非常重视学生的综合素质，考查学生是否具有创新精神和潜质、个人优势特长情况、是否具有担任学生干部或组织活动经历以及主要获奖情况。另外，蓟英学院重视学生的主观表达，要求申请学生围绕申报条件、未来名师培养目标及个人发展规划进行陈述，并额外要求学生手写。经过学院初步审核并认为具备推荐资格的学生申请表，可能会被递送到蔚英学院进行进一步的评估或筛选，并开展复试。蔚英学院在复试中开设笔试和面试环节，在笔试中考查学生的写作和外语能力；在面试中考查学生的师德修养、语言表达能力、逻辑思维能力以及成长为未来名师的决心和潜质。此外，申请学生的心理健康状况也受到蔚英学院的关注，蔚英学院会对所有通过初审的学生心理状况进行调查，并在笔试面试中加以重视。

3）人才选拔程序。学生的入院选拔是学生在进入山西师范大学之后的二次选拔，集中在学生大一阶段第二学期的5、6月份，共选拔30人左右。蔚英学院的选拔程序主要包括以下几个步骤：前期宣传，专业学院初审，蔚英学院复试，选拔结果公示。蔚英学院的前期宣传主要为线上宣传和线下宣传相结合的方式。线上宣传包括官网和官微的信息发布，学院负责人微信群的信息交流。但线下宣传的方式却也在短期内进行了针对性的调整，经历了变革。

创办初期，学院线下宣传的方式主要是以海报和宣传版面的形式进行，面向的群体是全校师生。后为了提高前期宣传的针对性，提高选拔效率，蔚英学院与九大学科（文学、历史文化与旅游、数学与计算机科学、物理与信息工程、化学与材料科学、生命科学、地理科学、教育科学、音乐）的专业学院积极沟通、加深合作，将对应专业和班级中符合学分绩点要求、满足专业成绩排名的师范生先进行初步筛选，并参加由蔚英学院组织的招生宣讲会。蔚英宣讲团队由蔚英学院学生办公室负责人和相关专业的学生代表组成，为学生全面立体地介绍蔚英学院的相关信息，以及进入蔚英学院后学生会享有的优质资源和各项政策。选拔过程中的专业学院初审主要是针对学生所提交的信息进行初步审核，确定学生的思想品德是否端正、是否存在违纪行为等，并根据其在专业学院的综合表现做出特别推荐。在收到专业学院的推荐名单后，蔚英学院将会对申请者信息再次进行确认（如申请者心理健康状况审核等），并做进一步审核，通过后进入复试阶段。蔚英学院的复试包括面试和笔试。面试中会针对学生的学科属性分为文科、理科两组，聘请相关学科的专家评委组成面试团队。面试团队包括总负责人一名和文理科负责人各一名，团队中既包括学科专家又包括教育学专家，既有校内优质学者又有一线的中学特级教师等，为学生面试表现全面把关。学生的面试环节包括自我介绍、现场知识点讲授和提问，成绩也由这三个部分组成。在确定录取名单时，学院会以学科为分组，对学生面试、笔试分科成绩进行划线和排序，以择优录取为原则，在保证学科多样性的基础上，确定录取名单，并在暑假前进行公示。在整个选拔期间，蔚英学院将面向申请者开放蔚英学院的讲座、活动等除课堂教学以外的各项资源，以供申请者深入了解蔚英学院。

在蔚英学院学习期间，学院严格执行淘汰分流机制，在每个学年的第一个月开启淘汰退出通道，与专业学院协同配合，对蒲英生表现进行综合测评，针对不符合蒲英学院培养要求的学生实行预警制度和淘汰分流机制，不适应蒲英学院学习的学生也可主动申请退出蒲英学院精英培养。

（3）蒲英学院人才培养促进机制。山西师范大学成立山西师范大学蒲英学院建设委员会，统筹学校精英人才培养事宜。蒲英学院在2017年以独立的学院建制开始实体化运行，采取建设委员会领导和专家委员会参与下的共建体制。蒲英学院作为日常管理机构，在相关职能部门和学院支持下，集中全校优质资源，具体落实精英人才培养事宜。独立的学院建制使得蒲英荣誉教育在实施过程中拥有独特的优势，能够实施独立且富有特色的人才培养方案。这一方案旨在培养出具备深厚学术基础、卓越创新能力和广泛国际视野的精英人才，在全校范围内调配优质资源，切实展开精英教育，使学生真正享有不同于普通学子的十项权利，例如跨专业选课、享受校内外优秀师资、专项资金等。

1）文化建设。蒲英学院浸润以"卓越·责任·创新·激情"为主要元素的文化色彩。"蒲英"是山西师范大学特有的文化标识。最优秀的学者谓之"蒲英学者"，教学科研最优秀的教师授予"蒲英教学/科研奖"。山西师范大学最优秀的教师、最优秀的学生、最优秀的校友在蒲英学院聚集，蒲英学院理应成为山西师范大学最优秀人才的合作共同体，因此蒲英文化的首要元素是追求卓越。精英人才必须具有社会责任感和使命感，责任担当是蒲英文化的重要元素，学院通过多种形式浸润社会责任教育，落实知行合一，培育具有家国情怀和能够引领祖国教育发展的未来名师。蒲英学院充满创新活力，教师创新教学方法、积极开展教学改革，通过课外学术创新活动等载体开展的教育科研活动，其创新精神是最有魅力的蒲英文化元素。蒲英学院最具感染力的文化元素是激情。教师工作、团队改革、学生奋进的激情，感染和激励着学生的成长，为蒲英学子成长为对教育工作有激情的未来名师营造了浓浓的氛围。

在办学过程中，蒲英学院逐步形成"学院（实体）+书院（虚拟）"的双院制人才培养模式，成立学生自主管理委员会作为学生管理第二平台，实行书院制下的教师日常养成模式，立德树人，实现学生在导师指导下的自主发展。学生自主管理委员会包括了主席团领导下的学习、学术、宣传、党团、社团及综合事务六部，综合管理和服务学生的合作学习、课题研究等事务，给予蒲英生参与学院工作和精英培养的机会，以及提供领导力提升平台，专注于培养学生的组织能力、统筹能力和合作能力等关键能力。

蒲英学院的教师素质日常养成采取课内课外联动的第二课堂构建方式。紧扣未来名师培养目标，学院先后成立了包括粉墨三笔社、行知读书社、中文演讲社、英文演讲社、蒲英微课小组以及新媒体小组在内的六个蒲英社团，在学业导师、社团指导教师、实践导师指导下，将学生课堂所学理论知识在第二课堂转加以实践锻炼，有针对性地提升学生教师素质，形成三种课内外联动模式。一是课内向课外延伸。如经典导读课程，课内对文史哲经典文献进行分类导读，课外成立行知读书社，完成"1+2"经典书目的阅读与分享；中英文教师语言课程，课内完成"三基"训练，课外组建中英文演讲社，开展教师语言的常态化练习；人类文明史通识基础课程，课内开展习明纳研讨型教学模式、集体课教学的改革探索，课外组织课程论坛，开展优秀课程论文学术发表与研讨活动。二是理论向实践转化。如课内学习教育学、教育心理学等教育理论，课外完成教育研习和各类学术创新活动，促进理论学习成果向实践创新成果转化。三是课外向课内投射。第二课堂取得的学习成果又投射到第一课堂，如教育见习、游学交流等积累的职业体验促进了教育学等理论课程的学习，学术创新活动培养的科学思维、批判精神促进了研讨型课堂教学，未来教师素质大赛、微课社团活动等与教学技术课程互动互促，第一课堂和第二课堂紧密联动，共同服务未来名师培养目标的实现。

蓝英学院学生教学日常以智慧教室为主，充分利用现代教育技术，方便师生、生生交流互动、小组讨论和学术研讨。课外，学生以蓝英交流室为活动中心，开展小组研讨、社团活动、自主学习等。活动室临近山西师范大学校史博物馆，增强了学生的使命感和荣誉感。

以学业考核为核心、核心素养锻炼为目的蓝英学院课程论坛活动，以学院师生对话为核心、精英意识提升为目的的假前会议等逐渐成为蓝英文化的重要载体。此外，学生以蓝英学子身份参加校史演讲、校内宣讲、模拟比赛等，以自信、专业、卓越的姿态展示蓝英容貌、蓝英魅力。

2）导师制培养。导师制为学生的自主发展提供了有力的支持和指导。蓝英学院的导师制突破导师个体的辅导限制，采取个体与团队相结合的方式最大化发挥导师的指导作用。荣誉教育通常都采取导师制，有的还采取双导师制，蓝英学院结合自身培养需要和特色，聘请校内和校外导师，包括学业导师、实践导师两种。蓝英学院在实施荣誉教育过程中，突破以导师个体指导为主的基本形式，除了纵向为学生配备学业导师，还开设导师研讨课，以此为载体，团队化回应学生阶段性发展诉求，给予横向指导。实践教育也采取个体加团队的指导方式，根据教育见习、教育实习、课外学术创新、专业创新和综合创新活动的需要，聘请校内经验丰富的优秀教师和中学特级教师担任蓝英实践导师，组建校内外实践导师团队，及时进行跟进、指导。个体加团队的团组化指导方式，既体现以学生为中心的教育理念，又充分发挥了导师在促进学生自主发展中的重要作用。

3）资源保障。经济支持包括专项奖学金支持和助学金支持。学生本身享有山西师范大学为学生设立的奖学金，例如以学习成绩和综合测评为主要衡量标准的国家奖学金、学院奖学金、叶圣陶奖学金等，以个人表现、志愿服务等为审核标准的优秀学生奖、优秀学生干部奖等。获山西师范大学优秀校友捐赠，蔚英学院给予学生蔚英专项奖学金——奕燃奖学金。奕燃奖学金奖励学生在学术研究、服务性学习、社会实践等方面的优秀表现，品德优秀的学生具有申请资格，学院根据不同奖学金对学生的申请进行专项测评和综合测评，以物质激励学生向着未来名师培养目标健康成长。在助学金方面，蔚英学院助学金分为学生科研助学金、实践教育助学金两类。为拓宽学生视野，深化教师教育与学科知识，提高学术能力，蔚英学院鼓励学生在本科期间进行自主探究，积极进行教育调研，参与学科实验，参加学术会议，发表学术论文，学院为获得一定学术成就的学生给予资金支持。这一举措为学生积极参加大学生创新创业大赛、挑战杯大赛等创新活动减轻了经济压力。实践教育助学金主要为参加省外教育见习及游学交流项目的学生设立，鼓励综合素质优秀、积极走出校园增加实践经验的学子拓宽视野，以及学习最新教育理念和管理办法，为学生成长为未来名师减轻经济负担。

积极挖掘和建立优秀课程：以山西师范大学为依托挖掘课程资源，山西师范大学是培养山西省基础教育师资的重要基地，建校以来秉承师范教育的优良传统，深化教师教育改革，体系完备，特色鲜明，具有丰厚的教师教育培养经验。蔚英学院依托山西师范大学建制，探索大众化背景下的教师教育精英培养，在山西师范大学自身、优质的教师教育课程建设和教学探索下，深化教师教育理论浸润、细化教师技能培养需求，改造、升级原优秀教师教育专业核心课程，使之成为具有蔚英标识的精英课程。为了培养具备未来教育领袖素养的教师，蔚英学院致力于打造一套新的专业强化课程体系。该体系将教育理论与实践紧密结合，同时注重师德教育和技能训练，确保学生在掌握专业知识的同时，也能够发展必要的教学技能和职业伦理。山西师范大学现设有22个学院，60个本科专业，建设了多门省级精品课程，为蔚英学院人才培养方案目标的实现、课程建设等提供了后备保障。此外，蔚英学院还积极发掘线上优质课程，引进优质课程资源，建立线上课程认证机制，拓宽学生选课渠道。

挖掘优秀教师资源：蔚英学院在蔚英课程中，通过课程教师、首席教师、课程团队等灵活方式，为学生配备一流师资。课程教师，即由一名教师承担一门蔚英课程的教学任务；首席教师，即由一位首席教师领衔的若干名优秀教师承担一门蔚英课程的教学任务；课程团队，即由校内外若干名优秀导师合作共同完成一门蔚英课程的教学任务。山西师范大学优秀教师资源相对短缺，但蔚英学院积极挖掘师资力量，通过学院推荐等方式成立校内蔚英教师库，以课程目标为核心，结合首席教师意见选聘和建立教师队伍。蔚英导师依据导师类别的不同确定了不同的选聘要求，如学业导师主要聘请优秀青年博士担任，专业导师主要聘请取得一定教学科研成就的优秀教授担任，实践导师聘请校内外实践经验丰富的优秀指导教师担任。山西师范大学教师教育学院、教育科学学院、各专业学院为导师库的建立提供了丰富的选择，建立了结构化的导师队伍，共同服务学生培养。

优质交流平台搭建：山西师范大学在教师教育培养过程中，凭借深厚的学术积淀和实践经验，成功构建了多元化的教学见习、实习基地与平台体系。这些基地与平台不仅为学生提供了宝贵的实践机会，也促进了学校与中学之间的紧密合作，共同推动教师教育的创新发展。目前，莳英学院已经以项目化形式组织学生进行了 5 次教育见习（包括 3 次省内、2 次省外），2 次教育实习，多数学生赴日交流。此外，莳英学院还与我国多所荣誉学院建立交流，以学术会议、交流访问等形式促进学生开阔视野。

4）平台保障。莳英学院为学生创新驱动力的提升提供了平台保障。莳英学院十分注重学生创新能力的提升，学生创新活动除了以课程修习为一般要求外，以书院制教师日常养成为基本保障，以导师制为智力支撑的创新活动促进机制。创新活动包括学术创新活动、专业创新活动和综合创新活动三种类型，学生参与时间、方式灵活，可自由选题以及进行成员搭配。莳英学院为学生提供了创新活动指南，引导学生做好课外创新活动规划，做好选题、调研等准备工作，以及积极参加大学生课外学术竞赛和大学生创新创业训练计划等相关学术创新活动。书院制的教师日常养成为学生成长提供了相应的保障。例如，学术事务部为莳英生学术创新活动提供最新学术信息，定期举行"学术论证会""课题推进会"，邀请相关专家进行点评指导，推动学生学术研究、教育调研，获得立项资格的课题可获得实践导师指导，并拥有享受申请创新助学金的资格；学院内部针对部分赛事设有专门的选拔机制，旨在挑选出具有潜力的学生参加专业创新活动。为确保学生在赛事中取得优异成绩，学院还为他们提供相关的培训和赛前辅导，以帮助他们充分准备并展现自己的实力；中英文演讲社等常规活动为综合创新活动提供日常训练。而导师制下，学业导师以导师研讨课的形式为学生提供指导，专业导师提供学科知识，实践导师予以学生竞赛学科专业竞赛及综合实践活动的对口指导。奖学金和助学金分别以物质奖励和经济援助的形式发放给学生，为学生提供坚实的支持，确保他们保持对创新的热情与持续的动力。

这一创新活动促进机制促成了莳英创新成果的产出。目前，学生获得校级以上学术类/专业类/综合类竞赛获奖率 104%，校级以上创新课题立项参与率 38%，论文公开发表率 10%。

5.2.2 企业

1. 蔡司（中国）

（1）概况。德国卡尔蔡司集团是全球视光学和光电子工业领域知名的跨国公司，而卡尔蔡司光学是该集团的事业部之一，是全球光学行业的领导者。卡尔蔡司光学（中国）有限公司简称蔡司（中国），是德国卡尔蔡司集团在中国的分支机构。

（2）帮扶方式。蔡司（中国）全面实施"帮扶制度"，员工进入公司后，会根据工作时间和所掌握的技能由新员工逐级晋升到入门级、成长级、熟练级，直至大师级。熟练级和大师级员工可以自愿担任 2~4 名低级别员工的导师，帮助他们尽快提升操作技能等各方面的能力。一旦师徒关系确定，就会由所在班组的领班为他们制订帮扶计划，列明辅导项目和完成时限，到期后采取师傅回避由培训员考核的方式进行考核。徒弟通过考核就能拿到相关操作技能的上岗证，通过一项项技能的积累，徒弟也逐渐地由入门级最终成长晋升到大师级。

在师带徒帮扶开展中，为提升导师的积极性，绩效管理体系中将帮扶数量等指标直接与奖金挂钩，导师不仅能拿到丰厚的物质奖励，帮扶的经历还将成为其日后晋升管理岗位的重要依据。

通过帮扶制度的实行，蔡司（中国）熟练级和大师级员工数量已占到一线员工总数的近 60%，大大促进了企业的良好健康发展。

2. 海底捞

（1）概况。海底捞是全球领先、快速增长的中式餐饮品牌，主打火锅品类。海底捞品牌在中式餐饮行业已经形成一种独特的文化现象，成为极致服务体验和就餐体验的代名词，致力于提供远超过顾客对餐厅预期的服务。

（2）师徒制。在餐饮行业，店长的经验至关重要。突发性问题会让没有经验的店长不知所措，甚至酿成舆情危机，导致整个品牌受损。为此，海底捞设置了独特的利润分享机制。

只有 A 级店的店长有资格当师傅，师傅有选择徒弟的自由，但同时带的徒弟人数限制在 5~12 人，并且有转正的资格考试对徒弟进行认证，合格者成为储备店长。师傅的工资分为基本工资和浮动工资，浮动工资部分是利润分享，师傅有权从以下两种分配方案中选择：自身餐厅利润的 2.8%，或者自身餐厅利润的 0.4%＋徒弟餐厅利润的 3.1%＋徒孙餐厅利润的 1.5%。另外，公司拿出利润的 5% 作为激励店长层级的总体奖金池，师傅得到自己门店利润的 0.4%。虽然这部分的激励额度不大，但设置这部分激励意义重大。虽然公司不考核店长的财务指标，但店长至少有义务保证自己的门店财务运营健康。

在激励师傅共享知识方面，徒弟店利润的 3.1% 自动计入师傅的浮动工资。徒弟如果再带徒弟，徒孙店利润的 3.1% 自动计入师傅的浮动工资，1.5% 自动计入师爷的浮动工资。计算下来，师傅从徒子徒孙所在门店所得的浮动工资有可能远远大于自己的基本工资。有了从徒子徒孙店提取利润的激励机制，师傅们不仅对徒弟倾囊相授，还愿意凭经验帮徒弟找好的开店位置，开店以后帮助徒弟店提升评级和培训服务员。徒弟店的评级不影响师父店的评级，但只有徒弟店也达到 A 级，才有资格发展徒孙，让徒弟自己提高个人收入，再让师父进一步提高个人收入。

3. 中冶赛迪电气技术有限公司

（1）概况。中冶赛迪电气技术有限公司（简称中冶赛迪）是国务院国有资产监督管理委员会直属企业，世界 500 强之一——中国冶金科工股份有限公司的全资子公司，是专业化的电气公司。以电力电子和电气传动产品、电气传动与自动化系统成套以及高低压电器成套为核心业务，致力于新技术推动工业企业的能源优化和装备现代化。

（2）师带徒模式。近年，中冶赛迪坚持以人为本，以事业激励人、以感情凝聚人的管理理念，积极组建人才库，通过师带徒方式，着力打造一支技术过硬的人才队伍，为企业创新发展注入不竭动力。

公司师带徒开展过程中，在业务开展上，师傅让刚入职的徒弟陪同自己一起工作，采用陪同辅导的方式，帮助徒弟熟悉和掌握业务操作。在制度管理上，公司推出师带徒档案管理，记录下每一对师徒的成长经历。同时师傅将自己的经验编成教材为徒弟授课，徒弟在学习过程中，既要点评师傅的教案，还要完成实操课阶段的考核晋级。此外，为保障师带徒工作的顺利开展，公司每年给师傅和徒弟分别提供近 3000 元的学习资料费。

4. 华为技术有限公司

（1）概况。华为技术有限公司（简称华为）是一家生产销售通信设备的民营通信科技公司，作为全球领先的信息与通信技术（ICT）解决方案供应商，专注于 ICT 领域，为运营商客户、企业客户和消费者提供有竞争力的产品和服务。

（2）全员导师制。华为推行全员导师制，不仅从业务上、技术上对新员工进行传帮带，还进行思想上的引导和生活上的引领，实现"一帮一，一对红"。

华为全员导师制的特点：一是对于调整到新岗位上的老员工，无论资历多长，级别多高，公司都会安排导师，这个导师可以比这位员工的工龄短、资历低，但在这个岗位上业绩突出，就可以成为导师。在华为，毕业进入华为一两年的员工，照样可以成为导师。二是对导师实行物质激励，导师每月可以获得 300 元的导师费，并定期评选"优秀导师"，被评为"优秀导师"的员工可以获得 500 元的奖励。将导师制提升到培养接班人的高度，并以制度形式做出规定："没有担任过导师的员工，不得提拔为行政干部；不能继续担任导师的，不能再晋升。"在选择导师方面，必须凭借真才实学，不论资排辈，只要在这个岗位上业绩突出，那么他就是导师，这对刚入职的员工而言，也是一种激励。华为规定，如果徒弟出现问题，导师也不能得到提拔，甚至还会降职。这也促使导师承担起培训的责任。

5. 西南铝业（集团）有限责任公司

（1）师带徒案例项目背景。以职业技能提升行动为抓手，九龙坡区聚焦职业技能培训中存在的工匠精神传承不足、带徒方式呆板、工学矛盾突出、质量效果不佳等问题，政府部门积极带领全区企业以师带徒培训为重点，大力开展企业职工培训，探索出一条适应企业发展和职工成才需要的师带徒技能人才培育之路。

（2）师带徒应用案例展示。

1）抓文化传承，重活动配套，弘扬工匠精神。2020年7月，在西南铝业（集团）有限责任公司会议室举行了一场别开生面的拜师仪式。在公司主要领导、全体员工的见证下，8名学徒代表向导师呈上"拜师帖"，通过重温一系列传统仪式，建牢师徒情感纽带。这场以"师道传承铸匠心·技能提升筑梦想"为主题的仪式，极大地激发了带徒师傅授业解惑的责任担当，也鼓舞了拜师徒弟苦练技艺的拼搏意志。一年以后，52个班次2813名学徒已成功出师，取得了相关技能证书。

"师带徒"的培训模式不仅帮助新职工快速融入企业、适应岗位，还让其学到了多方面的知识，迈出了成为"多面手"人才的第一步。作为"90后"学徒代表的栗红儒，从事精整工作已近4年。经过一年的培训，他刚刚获得了挤压工中级证书，深感这一年收获颇丰。他特别提到："在这一年里，我最大的收获是学习到了师傅所强调的敬业精神、精益求精的态度、专注的工作方式以及创新精神，这种工匠精神对我影响深远。"

在本次师带徒技能培训中，企业专门植入工匠精神传承内容，让学徒明确师带徒传承的重要意义，树立尊师重道的原则意识；并讲解技能成才的现实案例，帮助师傅和学徒建立良好的沟通渠道，也为培训高质量技能人才打下了思想根基。

通过办好拜师礼、上好传承课，还要晒好成绩单，鼓励企业大规模开展企业岗位练兵比武，边赛边练、边赛边改，召开专题结业活动，展示技能培训成果，营造积极向上的"比学赶帮超"学习氛围，取得了明显成效。去年，九龙坡区累计开展企业新型学徒制培训5022人次，位居全市首位，培养了一批获得"中华技能大奖""全国技术能手""中央企业技术能手"等荣誉称号的优秀技能人才。

2）抓需求导向，建培训体系，灵活带徒方式。在九龙坡区看来，技能人才培养重在以需求为导向，培训内容若与企业实际需求脱节、实训不够，则培训效果不够理想。以师带徒支持企业发挥技能培训的主体作用，参训学徒有专业工种可选、带徒师傅可挑、攻关项目可练，使技能培训更加精准有效，让更多青年能够凭借一技之长实现人生价值。

在九龙坡区，隆鑫通用动力股份有限公司结合企业生产经营需求和职工需求，制定年度培训装配钳工、数控车工及电工等专业工种方案，向全体职工公布后广泛征集培训意愿，统筹开展企业新型学徒制培训1500余人，职工参训热情得到极大提升。

西南铝业（集团）有限责任公司则打破集团公司与二级单位的人员编制界限，丰富带徒师资，统一安排302名公司技能大师工作室专家、技术部工程师、生产线班组长、技术能手担任带徒师傅，全面保障职工择师需求。参训学徒可结合实际情况，优先选择本岗位或本专业师傅，满足个性化需求。

重庆铁马工业集团有限公司与南京理工大学合作，组建联合技术攻关团队，进行了铝板焊接技术项目攻关，共有76名具备相关专业技能基础的员工参与其中，员工们通过学习不断提升能力、开阔视野，为企业培养储备高精尖技能人才打下基础。

3）抓统筹协调，创管理样板，化解工学矛盾。为抓好技能培训的统筹协调，九龙坡区内的企业创新"双管"培养模式，即实施"学校班主任＋企业教管员"的"双班主任"管理，使得企业能够有序开展师带徒培训。

由技工学校和企业各自指定的老师或管理人员担任"师带徒"培训的导师角色，并分别承担参训学徒在学校和企业内部的培训管理工作，学校班主任与企业班主任协调配合，有力保证教学计划的落地实施。由技工学校为学徒指派专业理论老师负责承担学校教学任务，学徒所在单位选拔优秀的高技能人才担任导师并负责承担企业内部岗位技能实操教学，"双班主任"发挥各自优势相互协调，不断完善培训计划，实现教学场地由教室和车间的相互切换，边教学、边实操，同步提高学徒理论水平与专业技能，使技能人才培养变得快捷有效。与此同时，支持企业区分参训人员单位、地域、工种、学历，采取大班分小班、AB班、按人员分组排班等多种方式，协调参训学徒工作时间，提供区间交通保障，确保参训学徒应训尽训。针对重点岗位和优秀学员，个性化设计细化教学实施方案，让学徒培养更加精细精准。

值得一提的是，在疫情发生初期，企业使用线上公共培训平台，以确保师带徒培训不停课。通过企业微信公众号，建立专业性较强的线上理论课堂，录制选学理论课程，让参训学徒可以根据自身空闲时间，分时段选择不同的授课类型参加培训，有效解决疫情期间集中教学受限的难题。

（3）应用案例分析。新型师带徒培训重在抓检查督导，严奖惩问效，提升人才质量。要实现高质量发展，拥有高质量人才是关键。为培育高质量技能人才，企业师带徒培训制度必须严把"三道关"。

首先，严把"过程监管"关。每月不定期根据培训计划对企业师带徒培训开展情况进行督导检查，重点突出人员数量、信息、授课质量等内容，确保培训质量达到预期效果。

其次，严把"考核评价"关。建有职业技能等级评价机构的企业，要有质量督导员，对其学徒制培训评价考核进行全程督导。未建有等级评价机构的企业，根据培训职业（工种）选择已成功备案的等级评价机构，及时按要求开展评价工作。

最后，严把"奖惩激励"关。企业可以把师带徒培训工作推进完成情况纳入党建指标和班子成员年度指标考核。每季度评选先进教师和优秀学徒并予以通报奖励，并制定了学徒培养激励制度，对培养期满并通过职业技能等级认定的学徒，进行不同等级的一次性奖励。同时，结合技能人员工资管理办法，兑现取得相应职业技能等级证书学员的工资待遇。

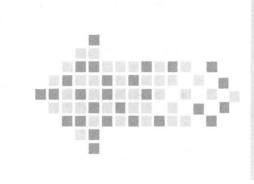

6 电网企业典型师带徒应用案例

6.1 输电运维专业

6.1.1 介绍师傅

1. 基本情况、工种及工作年限

肖师傅，男，汉族。1999 年 10 月参加工作，现任地市供电公司输电运检中心带电二班班长，从事过高压线路带电作业工、安全员，目前担任带电二班班长。

肖师傅从事带电作业期间，在输电专业技能方面不断探索，精益求精，屡屡突破技术瓶颈，完成的科研项目"110～220kV 同塔多回路线路带电作业项目研究""多回路带电作业辅助工具研制""带电更换 220kV 输电线路 V 型串绝缘子带电方法与工具"，均已通过河南省科技厅科技项目鉴定，并被确认为河南省科学技术成果。"引流线支撑扩距带电作业更换多回路耐张绝缘子串的方法""一种线路杆塔横担角铁通用悬挂固定装置""便携式多功能攀爬装置"等带电作业方法和工具的创新累计获得授权专利八十余项，"提高瓷质绝缘子绝缘电阻停电检测工作效率""地电位拆装 V 形串 R 销专用工具研制""输电线路人工简易带电除冰装置的研制"等二十余项 QC 成果受到省部级表彰。

2013 年，作为副主编参与编写的论著《输电线路典型故障分析》由中国电力出版社正式发行；2014 年，作为副主编参与编写了行业标准 DL/T 1367—2014《输电线路检测技术导则》，该标准作为规范输电线路检测技术的标准在电力行业首次发行。2015 年，作为主要起草人编写了国家电网公司标准《架空输电线路标识及安装规范》，该标准为国家电网公司首发。发表论文《高压输电线路的损伤检测研究》《分析 110kV 同塔多回路带电作业的安全性》《基于瓷质绝缘子结构高度测量方法的探讨》等十余篇，曾荣获"全国电力行业技术能手""国家电网公司技能专家""省公司金牌员工""省公司先进工作者""鹰城大工匠"等荣誉称号。

2. 能力、荣誉及为人处世

刚参加工作时，瘦小的肖师傅显得很不起眼，同事、领导对他的评价都是不多言、不多语，性格有些内向。工作没多长时间，这个众人眼中的"小人物"颠覆了大家起初对他的认识，他骨子里有一股拼劲，做事有条理，工作爱钻研，总能给人带来不小的惊喜。

刚上班就赶上公司大面积开展带电作业，有幸赶上了带电更换混凝土杆下节、220kV计驻线整条线路带电更换耐张绝缘子、全省第一条输电 ADSS 光纤架设、第一条 OPGW 地线光纤架设等重要的工作，也就是在这些重要的工作中取得了职业生涯的长足进步。善于总结才能进步，在带电更换混凝土杆下节工作结束后，他抽时间对作业过程中的作业方法和存在的问题进行总结，并在中文期刊《电气技术》上发表了职业生涯的第一篇论文《带电更换直线砼杆下（中）节施工方法》。经历了 220kV 输电线路全线带电更换绝缘子的洗礼后，其带电作业技能也取得了空前的进步，随着带电作业知识的不断积累，其技能得到了公司的认可。2008 年，他代表地市供电公司参加带电作业竞赛，从省公司选拔赛中脱颖而出，成为省公司参加国家电网公司竞赛的种子选手之一，在突围华中电网有限公司进军国家电网公司的过程中以其稳定的发挥取得了华中电网有限公司输电线路带电作业技能竞赛团体第一、个人第二的优异成绩；同年 10 月又代表华中电网有限公司参加国家电网公司输电线路带电作业技能竞赛决赛，取得团体第三、个人第二的殊荣，通过竞赛和工作的锤炼，肖师傅的带电作业技能得到了进一步的提升，专业理论和实践水平得到了极大提高。2009 年，在部门主任的带领下参与了《带电作业操作方法》的编写工作，在编写过程中对大量的带电作业案例进行了研究，规范了带电作业操作步骤和安全措施，为推动带电作业标准化打下了坚实基础。2012 年，作为副主编参与了《输电线路典型故障案例分析及预防》，该书发行后深受读者喜爱，并在 2015 年进行了第二次印刷。

肖师傅按照自己的职业规划，一步一个脚印，向着梦想不断前行。输电线路带电检修在外人看来，只是简单地与高耸的铁塔、冰冷的 5 根线打交道，其实它是个技术性很强的活儿，一个个专业词汇、一项项专业检修，让从事带电作业的肖师傅总是跟不上师傅们的工作节奏，可他有股钻劲，为了掌握过硬的本领，师傅们干活时，他认真看、认真记，不懂就问，不断地充实自己，当别人酣然入梦时，他在孜孜不倦地学习，同时各种专业书籍、标准也是他的良师益友，《送电线路带电作业技术导则》《电力安全工作规程》从不离手。多年的锤炼让肖师傅取得了很大的进步，并快速地在青年员工中崭露头角。2014 年，肖师傅作为主要起草人参与 DL/T 1367—2014《输电线路检测技术导则》的编写，该标准为电力行业首次发行，规范了架空输电线路检测相关术语定义、检测的一般要求、常规检测项目和特殊检测等输电线路相关检测内容。2015 年，肖师傅作为主要起草人完成了国家电网公司标准《架空输电线路标识及安装规范》中的标志牌制作部分的编写工作，该标准为国家电网公司首发，该标准依据相关规程规范，结合各地架空输电线路标识使用情况，规定了线路标识分类、配置原则、制作标准及安装规范，用于规范架空输电线路标识，提高标准化线路建设水平。

高压、输电线路、带电作业，每个词听起来都是危险的，当这三个危险的词组合成一个专业、一个岗位、一份责任，就会深知其在行业安全的重要性。从身上穿上带电作业服、迈向杆塔的第一步起，就进入了危险的工作区域。强电场、弧光放电、滋滋声响，让人不寒而栗。在肖师傅看来，既然从事了这个工作，就要履行好工作职责，让杆塔巍然屹立，让输电线传输万里，照亮千家万户。这个压在心头的责任，逼着肖师傅不断地技术创新、技能革新。为确保检修人员和线路的安全，肖师傅和班组人员设计研发出"输电线路杆塔软对抗防盗螺钉""自动开闭锁跟头滑车""自动闭锁软梯支架""双向滑移锤击式人工除冰装置""修补导线预绞丝定位装置"，让大家在工作中更加安全高效。

软对抗防盗螺钉的研发还要从一起险些造成倒塔断线的严重缺陷说起：2006年夏天，肖师傅刚下班接到班长电话，公司线路××铁塔发生严重的塔材被盗缺陷，需要立即进行抢修，经过现场勘察被盗铁塔为直线塔，该杆塔塔材三、四段铁塔辅材、交叉铁均被盗，只留下四角主材，随时有倒塔可能，情况危急工区立即组织人员现场打孔制作塔材，直至深夜才将塔材补齐，避免了因塔材丢失造成的倒塔断线事故，经过这次缺陷处理后，肖师傅一直念念不忘，总想着怎么才能通过技术手段避免同类事故的发生。经过对塔材被盗原因分析得知该杆塔处于村庄附近，附近村庄部分年轻人有从事线路施工的经历，对于常规防盗螺钉（以前线路上主要采用套筒工具安装的防盗螺钉）的安装及拆除比较了解，因贪图塔材角钢的经济价值，所以冒险购买了偷盗工具偷盗塔材换钱。这种现象在当时迅速蔓延，所以经常发生塔材被盗缺陷，郊区或居民区尤其严重，为应对此类事件的发生，肖师傅决心研发一种新型防盗螺钉，该防盗螺钉不仅要满足日常检修要求，还要实现一经安装就无法拆除从而实现保护塔材不被盗的目的，经过无数次的改造加工、现场试验，一年后研制出了软对抗防盗螺钉。新研制的防盗螺钉采用内置滑道预置弹珠的方法简化了安装步骤，实现了不用任何工具的推入式安装，安装后无法拆除，该防盗螺钉还设计了同轴滚动防锯割功能，可防止暴力破坏。软对抗防盗螺钉项目在2010年获得全国电力职工技术成果三等奖。

输电线路软梯支架自动闭锁装置的研制是依据2005年《电力安全工作规程（线路部分）》重新修订后，在使用软梯工作时作业人员到达梯头上进行工作和梯头开始移动前，应将梯头的封口可靠封闭，否则应使用保护绳防止梯头脱钩的规定展开的，通常使用的软梯支架不具备自动封口功能，在作业人员攀登软梯时软梯支架处于无封口状态，作业人员在这个过程中只能通过后备保护绳保护自己，软梯支架在导线跳动过程中仍有脱落的风险，作业人员危险系数较高。针对以上问题，公司成立了公关团队致力于解决软梯支架自动封口的问题，经过三年的努力试验了几十种封口方式，在 2008 年设计出了安全可靠的软梯支架自动封口装置并在公司内部推广试用，在 2008 年国家电网公司带电作业竞赛决赛的赛场上也得到了验证，得到国家电网公司领导的一致好评，2009 年与秦川电力设备有限公司合作在全国范围内公开推广，该项目配套使用获得实用新型专利授权 2 项，2010 年"输电线路软梯支架自动闭锁装置"获得全国电力职工技术成果一等奖。

双向滑移锤击式人工除冰装置的研制是在 2008 年湖南郴州冰灾发生以后，肖师傅深感输电线路覆冰对电网安全威胁巨大，为了能有效消除输电线路覆冰，他刻苦钻研学习机械原理，根据输电线路特点设计出了可以在输电线路上自由移动的双向滑移锤击式人工除冰装置，该装置质量轻、操作简单、无须登塔，仅需两人在地面操作就能对导线进行除冰，避免了覆冰后登塔给作业人员带来危险。当发现局部导线开始覆冰时通过向导线抛掷导引绳，通过导引绳将双向滑移锤击式人工除冰装置悬挂于导线上，通过地面人员拉动控制绳就可以实现双向滑移锤击式人工除冰装置的四个除冰锤边敲打导线边在导线上行走，从而将导线覆冰全部清除。

技术革新的过程是枯燥无味的，用肖师傅的话来说就是苦中有乐，乐在其中。他的乐就是在项目成功后应用到生产上时，看到工作强度降低了，工作安全了，效益提高了，成本降低了，他就感到自己的工作非常有意义，感到自身价值也得到了体现。至于过程中的累和创新时的艰难，他早都忘到九霄云外去了。

技能的积累需要时间的沉淀，技能的传承可以缩短技能积累的时间，肖师傅已不满足于自我技能的提升，他有了新的目标，他的目标是把他 20 多年的带电作业技能积累传承下去。2012 年，在国家电网公司带电作业竞赛中他作为河南省代表队个人项目教练团队中的一员带领河南代表队取得了优异的成绩，有两名个人选手获得国家电网公司技术能手称号。2016 年，他取得国家电网公司高级兼职培训师资格，2018—2022 年被国网技术学院聘为兼职培训师期间参与新员工培训 8 期 62 个班，累计培训新员工 3000 余人。2019 年参与编写河南省电力行业技能等级评价理论考核补充题库《送电线路工》，由河南科学技术出版社出版。

6.1.2 介绍徒弟 -1

1. 基本情况、工种及工作年限

程徒弟，男，2018 年 7 月毕业于湖南大学电气工程专业，硕士研究生学历。2018 年 7 月—2018 年 11 月，在地市供电公司人力资源部轮岗实习。

2018 年 11 月至今，在地市供电公司输电运检中心（原输电运检室）带电作业二班从事输电带电作业工作。

2. 能力、荣誉、为人处世，缺点及需要培养的能力

入职 4 年以来，程徒弟在肖师傅的指导和培养下，逐渐从一个青涩的大学毕业生成长为一名合格的输电运检工，顺利地完成了从学生向电力职工自我角色的转变。肖师傅是一名工作经验丰富、个人能力出众、责任心极强的师傅，从他身上程徒弟学到了很多，不仅有输电运检专业基础知识和生产现场实际操作技能，还有敬业爱岗、刻苦钻研、团结协作、无私奉献的精神，这些将是一笔终身受益的宝贵财富。

思想上，自觉加强理论学习，努力提高政治思想素质，同时深入学习公司的企业文化，并贯彻到日常工作学习中。肖师傅是一名优秀党员，做事积极主动，受其潜移默化的影响，程徒弟敏锐地意识到要自觉加强理论学习，努力提高政治思想素质，向自己的师傅看齐。首先，积极主动加强政治学习，除了经常看电视、看报纸、关心时事政治外，要自觉树立高尚的世界观、人生观、价值观，用先进的思想武装自己；其次，将理论学习在行动上落实，注重其对实践的指导意义，时刻用其来约束自身行为，改正不良习惯，发扬优秀传统。肖师傅教导徒弟要深刻认识到作为国家电网公司员工承载的政治责任和社会责任，应竭尽所能地对工作进行开拓，做出成绩，明确自身的发展方向，严格要求自己，努力工作，改正缺点，充分体现自己的人生价值。

工作上，努力夯实专业基础，力求更好地完成本职工作。作为一名刚工作的大学生，虽然有多年的专业知识学习，但实践的东西接触很少，对许多现场问题不了解。面对这种情况，程徒弟积极向师傅请教，促进自身知识结构的完善和知识体系的健全，让自己尽快熟悉工作情况。在接触到陌生的领域时，自己缺少经验，但在师傅的帮助下，能够很快克服这种状态并融入新的工作中。工作初期是努力学习，不断提升自我的阶段。师傅们丰富的工作经验是一笔宝贵的财富，在肖师傅的悉心教导和现场指点下，程徒弟逐渐掌握了输电运检专业技能，包括输电线路红外测温、杆塔接地检测、绝缘子零值检测、输电线路在线监控安装、输电线路无人机巡检等。

工作期间，程徒弟不断尝试新的工作领域，扩大知识面，完全进入工作状态。在做好输电运检工作的同时，兼职做好输电运检中心关于技改大修、党建和科技创新等方面的工作。累计参与技改大修项目 30 余个，从项目前期储备、可行性研究到项目立项、招投标、设计、施工等全程参与，熟悉了项目的全过程管理。

科技创新方面，主要参与了"同塔多回路档内任意位置带电作业技术研究""输电线路绝缘子地面快速检测装置的研制""输电线路绝缘子盐密灰密检测"等科技项目的研究。受肖师傅影响，程徒弟在工作中特别重视现场实践能力的提高，经常主动参与线路巡视、接地电阻监测、绝缘子盐密灰密监测和红外测温等工作，不断弥补自己现场经验欠缺的短板，做到理论和实践相结合。

程徒弟在 2019 年加入地市供电公司飞翔 QC 小组，主要参与了"输电线路绝缘子地面快速检测装置的研制"创新型课题研究，该课题荣获"2020 年河南省质量管理小组二等技术成果"；2020 年被推荐为地市供电公司优秀青年员工；2021 年作为主要参与者申请实用新型专利一项"一种高压输电线路监测装置"。

3. 综合能力评分

程徒弟自参加工作以来，爱岗敬业，刻苦钻研专业知识，在吃透弄懂自己本职工作的基础上，不断扩展自己的知识面。程徒弟深刻地认识到，就输电专业而言，只把输电线路带电检测工作做好是远远不够的，不仅要学习吃透输电相关基础知识，还要了解线路的设计、施工、运行，以及检修行业标准和规程规定。尊师重教，虚心向老师傅学习，有些东西是书上学不来的，比如老师傅的工作经验、作业技巧。学习专业方面知识的同时，还注重综合素质的提高，学习如何做人、如何做事、如何处理人与人之间的关系，如何以实际情况作为理论需求，如何理论联系实际，培养自己全面分析、解决问题的能力，从自身本职工作到个人素质、个人能力，都得到了充分的培养和锻炼。

6.1.3　介绍徒弟 –2

1. 基本情况、工种及工作年限

杨徒弟，女，2018 年 7 月毕业于西华大学电气工程及其自动化专业，大学本科学历。2018 年 7 月—2018 年 11 月，在地市供电公司人力资源部轮岗实习。

2018 年 11 月至今，在地市供电公司输电运检中心（原输电运检室）带电作业二班从事输电带电作业工作。

2. 能力、荣誉、为人处世，缺点及需要培养的能力

自入职以来，作为输电运检中心唯一的女职工，经过一次次现场工作实践，能够独立且熟练地完成输电线路红外测温、接地电阻测试等各项带电作业工作，成为公司唯一一名无人机女飞手，这一切都离不开肖师傅的悉心指导和栽培。在肖师傅的身上杨徒弟学习到了坚韧不拔、刻苦钻研、吃苦耐劳的精神，在实际工作中肖师傅强调基本功和动手能力的训练，因此不论简单还是复杂的问题，都会耐心地进行指导。在肖师傅的指导下，杨徒弟在专业知识方面收获满满。

在肖师傅的带领下，杨徒弟在进入输电运检中心工作后，就加入肖师傅所在的 QC 小组，着手参与科技创新方面工作，参与的"盐密、灰密测试平台研制""提高瓷质绝缘子绝缘电阻检测效率"获市质协管理小组活动一等奖、二等奖；"输电线路绝缘子零值检测装置的研制"获中南六省质量管理专业级成果奖。

在做好生产工作的同时，兼职做好输电运检中心关于团支部、新闻和工会方面的工作，紧密围绕输配电团支部，使输电运检中心青年员工向组织靠拢，同时，在肖师傅的影响和鼓励下，杨徒弟在工作后主动向党组织提交入党申请书，在党组织的关怀和培养下，其理论水平和思想觉悟得到大幅度提高，于2022年加入中国共产党。

3. 综合能力评分

杨徒弟自参加工作以来，认真刻苦、兢兢业业，能够快速吸收师傅提供的专业知识，能够把自己所学的知识全部融入生产工作中，并在实践中不断发现规律、总结经验，有足够的创新思维和交流能力。在为人处世上尊重师傅，能够主动承担部分工作，时时处处以优秀员工为榜样，不会就学、不懂就问，始终保持谦虚谨慎、勤奋好学的积极态度，其综合能力得到显著提高。

6.1.4　师徒合同及培训计划

1. 师徒结对的原因

电力行业素来有师带徒的传统，通过师徒结对，可以加速青年员工成长，使其迅速掌握必要的专业技能，早日进入工作角色。

肖师傅与程徒弟、杨徒弟的师徒结对是传授输电带电作业与带电检测技能最直接、最有效的方法，也是培养人才的具体体现，师傅带徒弟既能使师傅们积累下来的操作技能和经验得到很好的延续，又能促进员工之间的凝聚力。在带徒过程中，适时地对徒弟提出不同的要求，激励徒弟在工作中不断学习，将理论与实际很好地结合在一起，注重培养徒弟带电设备检测方法和故障的判断能力，加强徒弟对现场带电作业程序的熟知程度，让徒弟能在日常工作中不断总结经验，提升自己的工作能力，更要让徒弟意识到只有不断学习新知识，掌握新技能，不断提高业务水平和操作技能，才能满足工作的需要。

肖师傅的职责首先是传授技能，从基本业务知识、基础操作技能抓起，言传身教；其次是帮思想带作风，把优良的工作作风和国家电网公司的企业文化和安全生产经验传授给徒弟；最后还要对徒弟提出的各种疑难问题耐心解答，把带好教好徒弟视为自己的责任和义务，切实地把自己的一技之长传授给徒弟，努力使徒弟出师。

只有在带徒弟学习业务知识与操作技能时，师傅才能认识到自身的不足之处，促进师傅更好的学习，提升师傅的业务能力，使师傅和徒弟共同进步，让团队的优势更快更高效地散发出来。徒弟应多学、多问，更新学习观念和态度。师傅在指导徒弟的第一天就应该对其提出具体的要求。坚持高标准、严要求，努力夯实基础，面对新领域，要敢于挑战。师傅应告诉徒弟多动手，多实践，多上现场，学习新规范、新标准、新工艺，并贯穿和渗透工作岗位中，促进徒弟学习能力、技能有质的飞跃，适应企业发展，让徒弟深深意识到工作中扎实做好各项工作的重要性。要求徒弟首先学习电力安全工作规程，再学带电作业操作规程和带电作业检测规程。此外，肖师傅毫无保留地将自己数十年积累的工作经验全部教授，无论多忙，只要徒弟有问题，肖师傅都耐心细致讲解、举例、示范，直到徒弟理解、明白，并会操作、分析为止。通过多学、多问，让徒弟从实际出发，积极探索规律，并在工作岗位中得以实施，取得了较好的培训效果。

通过开展"师带徒"的活动，要求资历深、技术强、口碑好的老员工，引导新员工快速成长，提高专业技术素质，充实公司技术队伍，全面增强公司竞争力。师傅将其扎实的专业知识、丰富的现场工作经验、深厚的技术功底毫无保留地传授给徒弟。师带徒以来徒弟坚持诚心、精心、细心、耐心的学习态度，采用勤学、勤问、勤看、勤练的学习方法，追求成才、成长、成熟、成功的学习目的，逐渐在岗位上茁壮成长，挑起重担，独当一面。

开展"师带徒"的初衷是希望新员工快速的成长起来，建设一支"兵强马壮"的专业技术队伍，让公司的核心竞争力上一个台阶。因此，要求师傅具备领头雁的本领，以身作则带领徒弟合格地融入队伍。师傅要树立榜样，榜样的力量是无声的。师傅要有严谨认真的工作态度，能将事情做到最好；有爱岗敬业的工作作风，将热情传给众人。在榜样的影响下，徒弟逐渐改正了"书生气"，端正了工作中的侥幸心理，工作热情倍增。作为师傅，对自己要有原则，凡事要以身作则，更要讲究沟通交流的艺术，在指导过程中必须本着诚恳、诚心热情、积极的态度来锻炼徒弟，让徒弟在短时间内快速地成长。以身作则是最重要的，在带徒过程中，以一颗与朋友相处的心去沟通交流生活或工作中遇到的事情，将"信其师而听其道"作为基本要求。好的习惯随着时间的积累就会变成自己的财富，师傅不仅要不断地积累知识、开拓视野，加强专业水平，还要与徒弟一起去分享成功与收获后的快乐，促进今后共同提高；保持和徒弟的思想交流，如对新事物的看法，既要保持自己的观念，又要找到其相交点。生活上，师傅要多关心徒弟，主动帮助解决生活上的小困难，多一些安慰的话语，当徒弟思想上有波动时，要帮助他分析，以长远的眼光去看待问题，学习用辩证的观点来分析和解决问题。

2. 徒弟的培训计划

（1）第一阶段学习内容：高压输电线路带电作业基础知识。

我国的带电作业技术起步于 20 世纪 50 年代，当时正处于国民经济恢复和发展的初期。

由于发电量迅速增长，电力设备明显不足，大工业用户对连续供电的需求日益严格，常规的停电检修受到限制，当时我国最大的钢铁基地鞍山停电尤为困难。为了解决线路要检修而用户又不能停电的矛盾，不停电检修技术开始得到发展与应用。

1953年，鞍山电业局的工人开始研究带电清扫、更换和拆装配电设备及引线的简单工具。

1954年，采用类似桦木的木棒制作的工具完成了3.3kV配电线路不停电更换横担、木杆和绝缘子的作业。尽管工具显得十分笨重粗糙，但却成功地进行了3.3kV配电线路的"地电位"带电作业，也是第一次实现带电作业。

1956年，进一步发展到带电更换44～66kV的木质直线杆、横担和绝缘子。

1957年10月，东北电业局设计了第一套220kV高压输电线路带电作业工具，并成功应用于220kV高压输电线路的带电作业。同时3.3～33kV木杆和铁塔线路的全套检修工具也得到了改进和完善，为各级电压线路推进不停电检修奠定了物质和技术基础。

1958年，当时的沈阳中心实验所开始了人体直接接触导线检修的实验研究。在学习国外经验的基础上，解决了高压电场的屏蔽问题，并在试验场成功地进行了我国第一次人体直接接触220kV带电导线的等电位实验，首次在220kV线路上完成了等电位作业和修补导线的任务。这次等电位带电作业的成功，开创了中国带电作业的新篇章，从此等电位作业技术在中国带电作业中得到了广泛应用。

1959年前后，鞍山局又在3.3～220kV户外输配电装置上，研究出了一套不停电检修变电设备的工具和作业方法，至此中国带电作业技术已发展成为包括输电、变电、配电三方面的综合性检修技术。

1960年，辽吉电业管理局制定了《高压架空线路不停电检修安全工作规程》，是我国第一部具有指导性的带电作业规程。它标志着我国带电作业已步入正轨。在此期间，全国范围内的不停电检修工作从单纯的技术推广转入结合本地区具体条件和生产任务创新发展阶段，检修方法除了间接作业和直接等电位作业外，又向水冲洗、爆炸压接灯方向迈进。检修工具从最初的支、拉、吊杆等较为笨重的工具转向轻便化、绳索化，具有东方特色的绝缘软梯和绝缘滑车组也得到了广泛的应用。作业项目向更换导线、架空地线、移动杆塔和改造塔头灯复杂项目进军。

1964年11月，在天津举行了带电检修作业表演，对促进全国范围内推广这些新技术产生了积极影响。

1966年，原水利电力部生产司在鞍山召开了全国带电作业现场观摩表演大会，标志着全国带电作业发展到普及阶段，同时也推动带电作业向更新更深的领域发展。

1968年，鞍山电业局成功实验沿绝缘子串进入220kV强电场的新方法。采用这种方法在具备一定条件的双联耐张绝缘子串上更换单片绝缘子很方便，因而很快被推广到全国。

1973 年，原水利电力部在北京召开了第二次全国带电作业经验交流会。这次会议的技术组提出了带电作业安全技术有关专题的讨论稿，为制定全国性带电作业规程奠定了技术基础。

1977 年，原水利电力部将带电作业纳入部颁发安全工作规程，进一步肯定了带电作业技术的安全性。同年，中国参加了国际电工委员会带电作业工作组的活动，成立了 IEC/TC 78 标准国内工作小组，从事带电作业有关标准的制定工作。

1984 年 5 月，中国带电作业标准化委员会成立。

1979 年，我国开始建设 500kV 电压等级的输变电工程，有关单位相应开展了 500kV 电压等级的带电作业研究工作。此后不久，500kV 带电更换直线绝缘子串、更换耐张绝缘子串、修补导线灯工作方法和工具研制成功，并进入实施阶段。

2000 年，华北电网有限公司首次研究实现了 500kV 紧凑型线路带电作业。

2004 年，国家电网公司在沈阳举办了带电作业 50 周年庆祝大会，国内新老专家，各省带电作业专责人汇聚一堂，会上原武汉高压研究院、华北电网有限公司、上海电力公司、东北电网公司分别做了带电作业专项科研成果等发言，鞍山供电公司做了 10kV 配电线路带电作业表演。

2005 年，华北电网有限公司首次研究实现了 220kV 紧凑型线路带电作业。

2007 年，华北电网有限公司研究实现了 500kV 线路直升机带电作业，这一成果达到国际领先水平。

2006—2009 年，上海市电力公司、北京电力公司研究并实施 10kV 配电线路安全不停电作业法。

2008 年，国家电网公司组织举办了新中国成立以来最大规模的 220、500kV 输电线路带电作业比武竞赛，国家电网公司下属地市级以上供电单位均参与此次不同级别竞赛，带电作业工作得到更广泛的交流和发展。

2008—2009 年，西北电网研究实施超高压交流 750kV 线路带电作业。华中、华北开始研究实施特高压交流 1000kV 线路带电作业。直流 ±500、±800kV 等输电线路带电作业也在研究实施中。

2009 年底，国家电网公司规范了带电作业培训工作，对带电作业培训基地进行认证工作，只有被国家电网公司批准的带电作业实训基地方可进行带电作业人员培训考核，被批准带电作业实训基地核发的带电作业证件才是唯一合法有效证件。自此，高压输电线路带电作业走上了发展的快车道，同塔多回路带电作业、带电作业机器人、带电作业小飞人等新型带电作业方法和工具层出不穷。

（2）第二阶段学习内容：高压输电线路带电作业操作方法。

根据多年从事输电线路生产、运行维护和技术管理的经验，突出强调岗位实用的特点，深入浅出讲解输电线路带电作业岗位应知应会的基本知识，重点讲解实际操作技能和操作程序，对初学者起到"一学就会，拿来就用，立竿见影"的效果，提高规范化和程序化的培训效果。培训内容严格按照国家现行标准、规程、规范进行编写，系统全面、简明扼要、通俗易懂，非常适合新上岗职工专业理论和操作技能培训。

（3）第三阶段学习内容：高压输电线路带电检测基础知识。

本阶段主要讲解交流架空输电线路的带电检测、离线检测和在线监测，运行中常用的各类检测项目的基本要求、检测周期、检测内容、检测方法和检测仪器等内容，为输电线路运行维护开展检测项目打好基础。

（4）第四阶段学习内容：高压输电线路运行参数检测方法。

本阶段主要根据 DL/T 741《架空输电线路运行规程》部分内容进行讲解，根据国内架空输电线路检测单位的开展情况，收集整理了相关单位架空输电线路检测工作方法，并结合相关国家标准、电力行业标准，进行讲解，内容涵盖输电线路检测的全部内容。

（5）第五阶段学习内容：输电线路无人机巡视新技术应用。

无人机电力巡检是一种先进、科学、高效的电力巡线方式。无人机电力巡检有以下优越性：第一方面，无人机巡线作业环境适应性强、准确性高，在遇到电网紧急故障和在异常气候条件下，无人机电力巡检弥补了线路维护人员不具备交通优势、利用普通仪器或肉眼巡查设施准确性低、效率低等缺点；第二方面，无人机巡线比人工巡线效率高，据相关数据表明，无人机巡线比人工巡线效率高出 40 倍，采用无人机进行常规输电线路巡查，可降低劳动强度，并且大大降低了成本，提高了电力维护和检修的速度和效率，使许多工作能在完全带电的环境下迅速完成，确保了用电安全；第三方面，无人机具有巡线速度快、应急反应迅速、及时发现缺陷等优势，弥补了人工作业时视觉的盲区，以全视角巡线，能够及时提供准确信息，避免造成事故或重大财产损失。

（6）第六阶段学习内容：架空输电线路常见线路故障原因分析。

输电线路运行的环境较为复杂，很大一部分输电线路处于复杂的山地地形，同时输电线路较长，途经路段会遇到各种情况，如在山地、沙丘、交通干线等附近，一旦大风天气出现，这部分输电线路会直接在风载荷的作用下发生摇摆，从而导致风偏闪络发生。在风载荷发生时，对使用年限较长的杆塔也会造成一定的威胁，打破原有杆塔的平衡性或是造成杆塔倒塌。部分输电线路处于树木的附近，当这些树木不断生长时，突破与输电线路之间的安全距离，一旦有强风的发生，就会导致接地故障或是短路发生，所以大风对输电线路的影响十分大，其所造成的后果也非常严重，而且一旦由于风灾导致输电线路故障发生，则很难在短时间内得到解决，会导致故障所造成的损失不断的扩大。

1）大风故障。即大风影响输电线路的常安全运行。通常由大风造成的故障有两类：风力超过杆塔的机械强度而发生的杆塔倾斜或歪倒所引起的事故；风力过大使导线承受过大风压，产生导线摆动，并在空气紊流作用下导致导线同期摆动，从而引起导线之间相互碰撞而造成相间短路、闪络放电、以至引起停电事故。

2）过电压。雷云放电在电力系统中引起过电压称为雷电过电压，由于其电磁能量来自体系外部，又称外部过电压，又由于雷云放电发生在大气中，所以又称为大气过电压。架空输电线路中常见的过电压有两种：第一种是架空线路上的感应过电压，即雷击发生在架空线路的附近，通过电磁感应在输电线路上产生的过电压；第二种是直击雷过电压，即雷电直接打在避雷线或是导线上时产生的过电压。

3）污秽闪络故障。输电线路绝缘子要求在大气过电压、内部过电压和长期运行电压下均能可靠运行。但沉积在绝缘子表面上的污秽在雾、露、毛毛雨、融冰、融雪等气象条件的作用下，将使绝缘子的电气强度大大降低，从而使得输电线路在运行电压下发生污秽闪络事故。污秽闪络的根本的原因是污秽，污秽绝缘子在受湿润后，含在污秽层中的可溶性物质便逐渐溶解于水中，称为电解质，在绝缘子表面上形成一层薄薄的导电薄膜，这层导电薄膜的导电率取决污秽物的化学成分和润湿的程度。在润湿饱和时，污层的表面电阻甚至能降低几个数量级，绝缘子的泄漏电流也相应剧增。在铁脚附近，因直径最小，电流密度最大，发热最甚。当绝缘子垂直悬挂时，该处又处在瓷裙遮挡的下方，不易直接受到雨雪的较强烈的润湿，该处表面就被逐渐烘干。先是在靠近铁脚的某处形成局部烘干区，由于被烘干，该区域表面的电阻率大增，迫使原来流经该区表面的电流转移到与该区并联的两侧的湿膜上，使流经这些湿膜的电流密度增大，加快了湿膜的烘干过程。这样发展下去，在铁脚的四周便很快形成一个环形烘干带，烘干带具有很大的电阻，这就使所分担的电压剧增。当加在烘干带上的某处场强超过临界值时，该处就发生局部沿面放电。于是，大部分泄漏电流经泄漏电流闪烁放电的通道流过。在闪烁放电通道的外端附近润湿表面处电流密度比其两侧大，促使烘干区向外（径向）扩展。闪烁放电通道的存在，等于使烘干带短路，使两侧烘干带中流过的泄漏电流降到很小，这些区中的烘干作用就很微弱，大气中的水分逐渐使这些区域的表面润湿，表面电导增大，反过来对闪烁电流通道造成分流，减少闪烁放电通道中的电流，以致可能使闪烁放电熄灭。于是，原通道中电流转移到两侧的润湿区，使该区再烘干，并在该区触发新的闪烁放电。这样，闪烁放电的路径一面向横向转移，使环形烘干带的宽度逐渐加大，闪烁放电的长度也随之增长。

4）外力破坏故障。外力破坏故障主要由违章施工作业，盗窃、破坏电力设施，房障、树障、交叉跨越公路，在输电线路下焚烧农作物，山林失火及漂浮物（如放风筝、气球、白色垃圾）等造成。针对外力破坏的主要原因，有必要进行具体故障分析，提出有效可行的防治措施，以保证输电线路的安全运行。

很多鸟类喜欢在农田、果林等附近方便觅食的杆塔上造窝筑巢。它们造窝所用材料大多为树枝或杂草，往往会有部分垂落在绝缘子上或接触、靠近带电导线，遇阴雨、浓雾天气，树枝、杂草接触导线（或靠近导线）绝缘将急剧下降，引起线路接地故障；或遇大风天气时，鸟窝可能被大风吹散，则会使树枝或鸟窝里的金属丝等具有导电性的杂物落在导线上，造成接地跳闸故障。另一些鸟类（如乌鸦、喜鹊等）喜欢嘴里衔着树枝、杂草等异物，当它们叼着湿润长草、藤蔓植物或金属丝等导电性异物停留在杆塔横担、悬垂绝缘子均压环上时或穿越靠近杆塔构件与导线绝缘间隙时，导线通过异物对杆塔放电，造成接地短路跳闸故障。当鸟类在线路上空往返飞行时，铁丝、杂草等物落在杆塔横担、悬垂绝缘子均压环上时或穿越靠近杆塔构件与导线绝缘间隙时，会造成线路故障；鸟在横担上叼食小动物时，小动物短接线路引起线路接地跳闸；体型较大的鸟类或鸟类争斗时飞行在导线间可能造成相间短路或单相接地故障。一些鸟类虽不在杆塔上筑窝，但栖息在杆塔横担上，由于排粪会使绝缘子污染，在空气潮湿、大雾时易发生闪络事故。原因有三：第一，鸟粪是一种导电混合液体，含水量和电解质较高，在带电导体之间造成闪络；第二，粪便污染了直线悬垂绝缘子串，若积粪太多，会使绝缘子发生污闪事故；第三，当鸟类处在绝缘子串的正上方拉稀屎时，长长的稀屎会沿着瓷裙表面下滑，使绝缘子串上形成一条稀屎短路带，造成绝缘子伞裙短接而使爬距减小，当稀屎短路4片以上绝缘子串时，即可引发一次单相接地故障事故。

目前，线路覆冰可以从很多种角度进行分类，一般情况下，根据其危害程度及电力系统运行、维护、设计和科研的要求，将导线覆冰分为白霜、雾凇、雨凇和混合凇等四类，雾凇是冬季高寒高海拔山区输电线路最常见的一种覆冰形式。输电线路覆冰事故与各地的年平均雨凇日数和年平均雾凇日数有关。一般来说，年平均雨凇日数的影响较年平均雾凇日数更为严重。导线覆冰主要发生在严冬或初春季节，当气温降至 $-5 \sim 0^\circ C$，风速为 $3 \sim 15 m/s$ 时，空气中的很小的过冷却水碰到导线，使得液体的过冷却水发生形变后依附在导线上面形成雾凇。如遇大雾或小雨加雪，则在导线上形成雨凇；如果气温继续下降，冻雨和雪则在黏结强度很高的雨凇冰面上迅速增长，形成冰层。如果气温继续下降，在原来的冰层外层会积覆雾凇。这种过程将导致导线表面形成雨凇—混合凇—雾凇的复合冰层。覆冰对线路的危害有过负荷、覆冰舞动和脱冰跳跃、绝缘子冰闪，会造成杆塔变形、倒塔、导线断股、金具和绝缘子损坏、绝缘子闪络等事故。

（7）学习任务安排计划。

第一阶段主要学习内容：

第一章　带电作业概述

模块 1　带电作业发展概况

模块 2　带电作业特点

第二章　带电作业原理和基本方法

模块 1　高压绝缘材料的电气特性

模块 2　带电作业基本方法

模块 3　地电位作业法的技术条件及等值电路

模块 4　中间电位作业法的技术条件及等值电路

模块 5　等电位作业法的技术条件及等值电路

模块 6　等电位作业进入电场的方法

第三章　带电作业安全技术

模块 1　电力系统过电压

模块 2　带电作业安全距离的确定

模块 3　强电场的保护

模块 4　有关电流的防护

模块 5　有关安全的其他问题

第四章　带电作业工具

模块 1　带电作业工具材料的选用

模块 2　带电作业工具的分类

模块 3　带电作业承力工具的疲劳特性

模块 4　带电作业工具的试验

模块 5　带电作业工具的使用和保管

第二阶段主要学习内容：

第一章　带电更换直线绝缘子串

模块 1　110kV/220kV 输电线路带电更换悬垂绝缘子串

模块 2　110kV/220kV 输电线路带电更换直线悬垂绝缘子串

模块 3　110kV/220kV 输电线路带电清扫绝缘子

第二章　带电更换耐张绝缘子串

模块 1　110kV/220kV 输电线路带电更换耐张整串绝缘子

模块 2　110kV/220kV 输电线路带电更换双串耐张整串绝缘子

模块 3　110kV/220kV 输电线路带电更换跳线（引流线）绝缘子串

第三章　带电更换金具及附件

模块 1　110kV/220kV 输电线路带电更换导线悬垂线夹

模块 2　110kV/220kV 输电线路带电更换耐张跳线（引流线）并沟线夹

模块 3　110kV/220kV 输电线路带电更换导线防振锤（防舞动失谐摆）

模块 4　110kV/220kV 输电线路带电更换子导线间隔棒（环）

模块 5　110kV/220kV 输电线路带电安装（更换）导线相间间隔棒

模块 6　110kV/220kV 输电线路带电安装导线防误鞭

模块 7　110kV/220kV 输电线路带电安装（更换）双摆防舞器

模块 8　110kV/220kV 输电线路安装防鸟刺、防鸟网、消雷器（避雷针）

模块 9　110kV/220kV 输电线路带电安装防鸟罩

第四章　带电更换导、地线

模块 1　110kV/220kV 输电线路带电修补导线

模块 2　110kV/220kV 输电线路带电处理导线异物

模块 3　110kV/220kV 输电线路带电更换孤立挡架空地线

模块 4　110kV/220kV 输电线路带电处理架空地线轻微损伤

模块 5　110kV/220kV 输电线路带电进行架空地线断股补强

第五章　带电杆塔换部件

模块 1　110kV/220kV 输电线路带电更换杆塔拉线

模块 2　110kV/220kV 输电线路带电更换直线 Π 型杆中、下段

模块 3　110kV/220kV 输电线路带电升高 Π 型直线杆导线横担及加装地线支架

模块 4　110kV/220kV 输电线路带电升高或下沉直线 Π 型电杆

模块 5　110kV/220kV 输电线路带电升高或下沉直线单杆

第六章　特殊或大型带电作业项目

模块 1　110kV/220kV 输电线路带电断开和接通空载线路

模块 2　110kV/220kV 输电线路带电加装耐张引流线吊串绝缘子

模块 3　110kV/220kV 输电线路带电调整弛度

模块 4　110kV/220kV 输电线路跨越 110kV 带电线路导线展放

模块 5　110kV/220kV 输电线路带电加装重锤（悬垂绝缘子串、耐张吊瓶）

模块 6　110kV/220kV 输电线路绝缘子带电水冲洗

模块 7　110kV/220kV 输电线路带电顺线路整体移动门型混凝土杆

模块 8　输电线路档中带电开断损伤导线重新压接作业法

第三阶段主要学习内容：

模块 1　带电检测相关术语和定义

模块 2　常见检测项目及仪表装置

模块 3　输电线路检测项目周期

模块 4　输电线路常见检测项目判据

模块 5　检测设备管理及技术管理

第四阶段主要学习内容：

第一章　常规检测方法

模块 1　杆塔参数检测

模块 2　绝缘子参数检测

模块 3　导地线参数检测

模块 4　金具参数检测

模块 5　防雷设施及接地装置参数检测

模块 6　基础参数检测

模块 7　杆塔附属设施及安全防护设施参数检测

模块 8　通道环境参数检测

第二章　特殊检测

模块 1　导地线覆冰参数检测

模块 2　导地线舞动参数检测

模块 3　导地线振动参数检测

模块 4　线路周边微气象参数检测

模块 5　电场和磁场场强参数检测

模块 6　雷电检测参数检测

模块 7　线路电晕及无线电干扰检测参数检测

第三章　带电检测

模块 1　110kV/220kV 输电线路带电检测零值瓷绝缘子

模块 2　110kV/220kV 输电线路复合绝缘子憎水性检测

模块 3　110kV/220kV 输电线路带电检测低、零值瓷质绝缘子

第五阶段主要学习内容：

模块 1　无人机巡检岗位人员资质要求

模块 2　架空输电线路无人机巡检作业现场勘察

模块 3　无人机巡视安全注意事项

模块 4　无人机巡检作业异常处理

模块 5　无人机设备及资料管理

第六阶段主要学习内容：

模块 1　风导致的故障

模块 2　雷击跳闸故障

模块 3　线路污闪故障

模块 4　线路外力破坏故障

模块 5　鸟害导致的故障

模块 6　线路覆冰故障

6.1.5　师徒情深

1. 师傅和徒弟相处的小事

（1）无人机巡检。随着架空输电线路规模的不断扩大，线路走廊地理环境日益复杂，传统线路运检方式已逐渐不能满足当今输电线路运行维护要求。无人机巡检是一种高效、智能、全新的输电线路巡检模式，有别于传统的人工巡检和其他巡检模式，代表了智能电网输电线路巡检的发展方向。无人机巡检具有受地形限制小、塔头巡检效果好、操作简单、可快速部署、巡检成本低等优点，在巡检范围、内容和频次等方面对人工巡检进行有效补充。想要开展好无人机巡检，无人机飞手是不可或缺的。肖师傅作为工区的第一批无人机飞手，经过数年的磨炼，无人机操控技术炉火纯青。然而，输电运检中心职工的平均年龄将近 50 岁，班上的师傅大多年龄偏大，学习无人机的意向不高，这就使得肖师傅空有一身本领，无人传授。自从收了程徒弟这个徒弟之后，肖师傅就下定决心要把他培养成工区的主力飞手。

肖师傅教程徒弟练习无人机操控的时正值炎夏酷暑，那时候班上白天出任务干活一般比较早，趁太阳不大，干活相对凉快，下午三四点就能干完一天的工作任务回到工区。为了充分利用时间，帮助徒弟尽快上手，肖师傅忙完自己的工作顾不上休息更顾不上刚干完活的疲惫，就拉着徒弟到空地上练习飞无人机。由于夏天三四点太阳光照还很强，而练习无人机又必须在空旷的地方，因此没练习两天，肖师傅和程徒弟的脖子和脸被晒得黑红黑红的。后来肖师傅特意买了两顶渔夫帽，每天干完活之后就带着徒弟攮着渔夫帽，拎着箱子（装无人机和电池用的）出去。刚开始工区其他师傅纷纷好奇："老肖，你这师傅当得好啊，教你徒弟去学钓鱼啊，哈哈"。肖师傅嘿嘿一笑："那必须好，我这是高科技钓鱼，要用无人机的！"

学习无人机那段时间，每天下班回到宿舍，程徒弟都是满身大汗，身体虽然疲惫，但是心里很欣慰，因为每天都能学到新的知识和技能。在肖师傅的悉心指导下，不到一个月时间程徒弟已经熟练地掌握了无人机的操控技术，并前往山东济南顺利地考取了无人机驾照，后来逐渐成为工区独当一面的主力飞手。

（2）红外测温仪使用。随着电力行业的新技术发展，输电线路红外测温度技术对高压输电线路的监控和分析成为缓解故障发生的有效手段，也是在无法解决故障的时候进行提前预警的手段之一。因此，红外测温技术在高压输电线路中具有重要的预警和保护作用。现如今，输电线路红外测温技术的学习是从事输电专业工作的青年员工的一堂必修课。

"杨徒弟，是不是觉得这红外测温仪和普通相机一样，只要扫过去拍照存档就可以了？"肖师傅在红外测温设备学习现场问道。杨徒弟回答道"以前用过单反拍照，和咱们的红外测温仪器手感也挺一样的，所以我觉得还挺好上手，嘿嘿。"听到这里，肖师傅神秘一笑，说道："那我们来比试一下吧！"

在输电线路铁塔旁，杨徒弟和肖师傅用红外测温仪在不同角度各拍了 10 张照片，通过对比，肖师傅的照片能够更加清晰、直观地看到铁塔上引流板、耐张线夹和绝缘子等的红外成像，相比较之下，杨徒弟拍的照片存在被铁塔本体遮挡、无法看清整个绝缘子串温度分布、有重影等问题，"原来这里面的门道还挺深呀！"杨徒弟心虚地说道。"你这才是第一次拍，已经很不错了，有拍照的基础果然还是有用的。"肖师傅说道，随后便开始讲解红外测温仪正确的使用方法。"咱们输电线路由于长期暴露在户外，运行环境复杂，线路设备易产生锈蚀、磨损和发热等缺陷，在线路高负荷运行的情况下，电流致热型设备发热问题会尤其突出，包括耐张线夹、引流板、并沟线夹、导线中间接头等部件，电压致热型设备主要是看绝缘子，其中又分为瓷质、玻璃和复合绝缘子，因此，这些地方拍照时要重点关注。在拍照前需要找好角度，尽量选择不遮挡被测物体的位置拍照，同时要设置好相机参数，根据当天环境情况对温度、折射率等参数修正，还要注意拍照也不是距离越近越好。根据以往的经验，在傍晚太阳落山之后、清晨太阳未出之前、用电高峰期间和阴天，红外测温的效果是最好的……"听完师傅的讲解，杨徒弟又拿起红外测温仪对铁塔进行拍摄，看完照片后肖师傅只说了一句话"真不愧是我的徒弟，给你点个大大的赞！"

2. 师傅现场指导徒弟处理问题并教会徒弟学会处理问题

师傅现场言传身教，向徒弟传授经验。2021 年 6 月 9 日 18 时 40 分，110kV 旺上一接地距离Ⅰ段动作，A 相故障，重合失败，旺城变电站故障测距 15.5km/旺上线 67 号附近，故障时负荷约 0.9 万 kW。

6 月 9 日，输电运检中心接到地调通知后立即组织属地乡所人员赶赴现场开展故障巡视。随后安排肖师傅和程徒弟所在的带电二班前往跳闸地点查找事故原因。根据旺城变电站故障测距信息，属地巡视人员重点从旺上线 67 号附近开始排查，经过几遍排查只发现旺上通道附近有废弃的彩钢瓦厂房，但是厂房早已建成，而且导线的安全距离也在10m以上，不存在线路安全距离不足或者风偏跳闸的因素，事故调查一时陷入困局。肖师傅到达现场后，向属地人员了解了巡视情况，随后带着程徒弟再次对旺上线67号附近进行巡视排查。

肖师傅一边巡视一边向徒弟传授输电线路跳闸的一些方法和技巧。肖师傅向程徒弟进行了简要的概括：输电线路故障有设备本体缺陷造成的，有外力破坏造成的，也有不可抗拒的自然灾害造成的；常见故障有雷击跳闸、外力破坏跳闸、漂浮物跳闸、鸟害跳闸、污闪跳闸、风偏跳闸。不同类型的输电线路跳闸故障呈现不同的特征，并且与气象条件、保护动作等有一定的必然联系，线路运行维护人员只有系统地了解各种故障所呈现的特征及与天气等因素的联系，发生线路故障时才能准确判断故障类型、明确查找重点，才能快速查找故障、消除故障。

肖师傅分析道，旺上线此次跳闸发生时的天气状况为阴，东南风2~3级，温度23~33℃，从天气状况可以排除雷击、污闪、风偏等跳闸故障。查看通道附近，发现不存在高大树木、超高建筑物和漂浮物等，初步排除安全距离不足、异物短接等故障类型。经过层层排除，此次故障大概率是外破原因造成的，但地面故障巡视并未发现施工车辆和大型工器具作业。"地面不行，咱就天上瞧瞧看。"肖师傅打趣地说。随后，他让程徒弟拿出无人机，对旺上线67号附近通道进行精细化巡视。通过对无人机拍摄的照片仔细分析，肖师傅发现在厂房30m外的土地上有一条明显的车辙印（由于厂房附近的地面都做了水泥硬化，所以巡视人员一直没有发现明显的车辙印迹），顺着车辙印，在3km外找到了疑似肇事车辆（一台改装的小型吊车）。车辆轮毂上明显的灼伤痕迹和被击穿的轮胎表明，该车辆就是此次线路跳闸的罪魁祸首。随后，属地人员联系到车主，证实了这一点。原来，彩钢瓦厂房的主家为了修缮漏雨的房顶，找了台小型吊车帮助作业，结果吊车司机把吊臂伸得有点高了，所以导线对吊车放电，造成了此次线路跳闸。吊车司机害怕担责，把肇事车辆拖到了3km外的地方。至此，110kV旺上线跳闸故障原因终于水落石出。

通过这次跳闸事故调查，程徒弟深深地被师傅的专业能力所折服。不仅如此，肖师傅还结合自己多年的工作经验，总结了一套自己排查跳闸事故的工作经验，并毫无保留地传授给了徒弟：①跳闸故障如果发生在晴天，且无大风之时，可能是外破，而且多半是通道附近违章施工造成的；②跳闸故障发生在雷雨天气时，可能是雷击造成的；③跳闸故障发生在大风时，可能是漂浮物、导线对导线、跳线对塔身、断线倒塔造成的；④跳闸故障发生在毛毛雨或大雾天气时，可能是线路污闪造成的；⑤跳闸故障发生在酷暑天气和重负荷线路时，可能是交叉跨越物或树障造成的；⑥跳闸故障发生在植被茂盛和存在大面积水域的地方，且在鸟害季节时，可能是鸟害造成的。肖师傅还教导徒弟，他总结的都是一些常规的线路故障的判断与分析，但线路故障的突发性、不确定性千差万别，因此故障查找方法不尽相同，应具体情况具体分析，特别是线路发生故障后，查不到故障点的现象也是有的，但随着电力系统的逐步发展，高科技技术逐步被应用，如 LIS 雷电定位系统、三维地理信息系统等，结合多年运行积累的经验，线路故障的查找、分析和判断也会越来越进步，越来越科学化。

6.1.6　徒弟出师

1. 徒弟经过培训后的变化

经过培训，程徒弟的专业技能和综合素质有了非常大的提升。肖师傅时常教导他，工作有别于上学读书，一定要理论联系实际；在现场肖师傅教导他作为一个合格的输电运检人员，要怎么做才能把工作做好，程徒弟一直在思考如何才能更好地巡视输电线路设备，更快地处理隐患故障，遇到棘手问题如何才能解决等。肖师傅细致入微的要求深深地影响徒弟，如在班前会时要认真听从班长的工作安排，现场干活的时候要穿戴好劳保工具、注意安全，也使他养成了对待工作一丝不苟的习惯。自参加工作以来，程徒弟在肖师傅的严格要求下，认真对待工作，在工作中不断学习，将理论与实际很好地结合在一起。在工作中不断地改变自我、总结经验，掌握新技能，提升业务水平和技能，以满足工作需求及适应社会的发展。在工作过程中，程徒弟也经常向师傅和其他有经验的前辈或同事请教，学习未真正掌握的技术或技能，并学以致用，收集整理工作过程中的重点信息，并将其转化为资料以备所需；业余时间翻看专业书籍，查看专业网站，学习和掌握先进的专业技术知识，提升综合能力。综合上述，经过肖师傅的严格要求和悉心教导，徒弟的理论知识和业务技能有了巨大的提升和进步。

杨徒弟在工作以后，在肖师傅的帮助下，各方面能力都有了大大提升。开始时，杨徒弟需要了解有关输电相关设备原理和基本操作，为尽快提高杨徒弟的水平，肖师傅尽可能地多抽时间带着杨徒弟介绍每一台设备的性能和原理，使其对生产工作有初步的了解，有从理论到实际的过渡过程。工作之余，杨徒弟会对照肖师傅给她布置的学习任务边看边记边学，有不懂的地方就请教肖师傅，从理论到实际做出详细的解答，直到彻底搞明白为止。为尽快熟悉各项工作，在基本技术能力提升之外，还利用业余时间翻阅或者网上下载相关学习资料，以提升自身综合素质。经过肖师傅和杨徒弟的不懈努力，杨徒弟在短时间内不仅熟练掌握了输电专业知识、现场实际操作、设备原理、操作规程和基本的维护保养等，还能熟练地做好一般安全技术措施，对生产实际工作有了更深的见解。在扎实掌握理论的基础上，肖师傅从加强她个人工作实际经验入手，努力培养她熟练的操作能力和管理能力，进而慢慢引导如何通过观察运行过程中的规律来分析掌握实际情况，以便杨徒弟快速累积大量实际操作经验，达到善于发现问题、灵活找出相应对策解决实际问题的目的。总之，在肖师傅的教导、栽培下，在肖师傅认真踏实的工作作风感染下，以及良好人格品质的熏陶下，杨徒弟各方面都有了一定的提高。今后的工作中要更加主动、虚心向各位师傅学习、请教，努力工作、积极创新，做一名合格的输电带电作业技术人员。

2. 徒弟在经过培训后取得的荣誉介绍

肖师傅是工区有名的技术骨干，在他的带领下，程徒弟积极投入工区的科技创新工作，主要参与了"同塔多回路档内任意位置带电作业技术研究""输电线路绝缘子地面快速检测装置的研制""输电线路绝缘子盐密灰密检测"等科技项目的研究。程徒弟还加入了工区的飞翔QC小组，主要参与了"输电线路绝缘子地面快速检测装置的研制"创新型课题研究，该课题荣获2020年河南省质量管理小组二等技术成果；2020年被推荐为地市供电公司优秀青年员工；2021年作为主要参与人申请实用新型专利一项"一种高压输电线路监测装置"。杨徒弟参与的"盐密、灰密测试平台研制""提高瓷质绝缘子绝缘电阻检测效率"获市质协管理小组活动一、二等奖；"输电线路绝缘子零值检测装置的研制"获中南六省质量管理专业级成果奖，2021年获地市供电公司"巾帼建功标兵"称号，2022年获省公司"优秀团干"称号。

3. 徒弟培训感悟，出师仪式及师傅寄语

（1）程徒弟。常言道"一日为师，终身为父"，师傅等同于父母，足以见得师傅在徒弟的个人成长过程中多么的重要。非常幸运，在步入工作之处就能借助公司"师带徒"这个平台，拜肖师傅为师。肖师傅的为人处世、经验心得，工作中那份认真的态度，深厚的专业知识储备，扎实的专业技能，丰富的现场经验，使我获得了很多学习、工作动力，使自己能更好地投入工作中，投入这份事业中去。肖师傅不仅有一身绝好的工作本领，而且非常有耐性，辅导徒弟时也特别用心和认真。刚入职时，对输电运检的技能业务非常陌生，对一些常见的设备也不太了解。肖师傅时常教导徒弟"工欲善其事，必先利其器"，工匠想要使他的工作做好，一定要先让工具锋利，我们要想把工作做好，准备工作同样非常重要。这里的准备工作既有内在因素也有外部因素。内部因素指的是自身的知识能力储备，外部因素就是要有适合的工作条件，包括合适的工器具、工作环境等。肖师傅首先从提升徒弟自身的能力素质入手，从最基本的熟悉设备零部件开始，平时工作不忙的时候就带着徒弟泡在工区库房，介绍各种输电设备零部件，绝缘子、导线、金具的参数规格和电气性能。后来，慢慢地从库房转移到了工作现场，只要条件允许，肖师傅就让徒弟陪同自己一起到工作现场。在现场，对各种输电设备和工器具有了更加深刻的认识。经过不到半年时间，徒弟已经熟悉和掌握了输电线路运检相关的业务技能，得到了工区领导和老师傅们的一致认可。

师傅教的不仅是工作方面的知识和经验,在生活中也给予很多帮助。总之,肖师傅把他的经验毫不保留地传授给徒弟,感谢师傅的诸多关心与指导,使徒弟在工作生涯中不断提高与完善自己,以后的日子里,将更加刻苦地跟着师傅,脚踏实地地向肖师傅学习。

肖师傅对自己的徒弟寄予厚望,他时常告诫徒弟:人生是在进行着无数次入围与淘汰的比赛,无论入围还是淘汰,都应该有一份超越自我心、挑战自我之心、战胜自我之心,以及一份不甘落后、顽强拼搏的精神。所有成功的人都是积极主动的人,拥有积极的思维、积极的态度,不去等待而是变被动为主动。热爱工作,投身事业,在这一过程中,抑制私心,陶冶人格,同时积累经验,提高能力。这样,才能获得周围人的信任和尊敬。也希望在不久的将来,徒弟的个人技能、综合素质和业绩荣誉都能够全面超越师傅。

(2)杨徒弟。肖师傅是一个技术能力过硬、严谨负责、乐于奉献的人,他始终以高昂的工作热情和积极的工作态度投身输电工作中。在输电运检中心,他不仅是输电线路带电作业骨干人员,还是输电运检中心科技创新核心人物。

每次现场工作前,肖师傅都会带着徒弟认真准备现场作业需要的仪器、设备,耐心讲解现场作业正确操作步骤、分析此次现场工作的重点难点。徒弟遇到工作上的难题时,肖师傅总是能够认真聆听,及时进行指导和交换意见,并结合日常工作特点、个人性格等方面加以分析,手把手指导,使技能水平和工作水平得到提升。工作之余,肖师傅也会与徒弟分享工作经验、交流工作心得,是其他同事们的良师益友。

不论是理论知识学习、实际操作锻炼还是如何做人做事,肖师傅都充分发挥一名老师傅的"传、帮、带"作用,毫无保留地把自己全部的经验传授给徒弟,使徒弟在极短的时间里取得了长足的进步。

"路漫漫其修远兮,吾将上下而求索。"在每个人的人生长河中,从学校踏入职场的过程是非常短暂的节点,但却是相当重要的一环。从懵懂的学子向职场人转变的过程充满曲折和坎坷,感谢肖师傅一路以来的教诲,让徒弟不断成长,懂得了静心思考与全面分析,养成了严谨的工作作风,为今后工作打下了良好的基础。

6.2 变电运维专业

6.2.1 介绍师傅

1. 基本情况、工种及工作年限

肖师傅,男,2006年7月东北电力大学输电线路工程专业大专毕业;2006年7月—2007年3月在特高压交流管理处线路部工作,岗位见习巡线员;2007年4—8月在特高压交流管理处特高压交流换流站工作,岗位见习值班员;2007年8月至今在1000kV特高压变电站工作，经历值班员、主值班员、副值长岗位，目前岗位值长。

2007 年 8 月，肖师傅调至特高压交流管理处 1000kV 特高压变电站工作，参与中国第一个特高压工程——1000kV 晋东南—南阳—荆门特高压交流试验示范工程的建设、验收、调试、运维。先后在核心期刊发表论文 5 篇，合著出版特高压培训教材一部，获得国家电网公司颁发的国家电网特高压交流试验示范工程参建证书和国家电网公司优秀班组长称号，还多次获得地市级各项荣誉称号。

2. 能力、荣誉及为人处世

肖师傅在 1000kV 特高压变电站工作伊始，就针对 1000kV 交流特高压新设备、新技术、新知识、新设计、新施工等特殊之处，带头参加培训和学习，使自己的技术和能力不断提高。他先后参加了一次设备厂家的设备集中培训、500kV HGIS 新东北厂家监造培训、监控系统厂家监造培训、二次设备厂家的设备集中培训等培训活动。在整个培训过程中，认真记录笔记，专心听讲，勤学好问，及时考录相关电子资料，学到很多今后工作中有用的技术和知识，在培训结束后的培训考核取得了优异成绩，为今后运行工作打下坚实基础。

通过不懈努力，肖师傅荣获国家电网公司特高压交流试验示范工程参建证书；特高压运行公司"特高压交流试验示范工程先进个人"称号；特高压交流超高压管理处"学习员工守则，树运行人员形象"演讲比赛三等奖；特高压交流特高压管理处"先进工作者"称号；特高压交流特高压管理处"先进个人"称号；特高压交流管理处"质量月"活动中运行专业劳动竞赛三等奖等荣誉和奖项。

通过自己的认真钻研，在《电力电容器与无功补偿》期刊上发表《特高压变电站并联电容器组桥式差电流保护运行分析》（2010 年第 6 期）论文。

从 1000kV 晋东南—南阳—荆门特高压交流试验示范工程的扩建工程设备进站以来，肖师傅以站为家，协调相关施工单位和监理单位，从变电站扩建工程的场地整平、土建接地网焊接到设备全过程安装、调试等各方面开展验收、监督工作，提出多项具有建设性的意见和建议。

先后参与 1000kV 串联补偿装置的验收、调试、送电工作，1000kV 2 号主变压器的验收、调试、送电工作，1000kV 扩建 GIS 的验收、调试、送电工作，500kV 扩建 HGIS 的验收、调试、送电工作，110kV 扩建低压无功补偿装置的验收、调试、送电工作，1000kV 线路 0 号塔的改造、验收、调试、送电工作，积累了大量现场经验。特别是在 1000kV 晋东南—南阳—荆门特高压交流试验示范工程扩建工程的验收、调试、送电期间，最低温度达到 -25℃，在室外一站就是几小时。充分发扬"特别能吃苦、特别能战斗、特别能奉献"的特高压精神，不畏严寒，战胜困难，坚持在现场进行各项验收、调试和送电工作。履职尽责，表现出极强的责任心、使命感和爱岗敬业精神。

在 1000kV 晋东南—南阳—荆门特高压交流试验示范工程的扩建工程施工阶段，既保证在运设备的安全运行，又保证扩建工作的顺利开展，还加强对新增设备、新技术的学习和培训，为特高压交流扩建工程的稳定运行不断积累经验。

变电站扩建工程正式投运以来，在思想上高度重视，在行动上认真负责。特别是在 2012 年交流特高压工程扩建工程迎峰度夏期间，不畏酷暑，不怕疲劳，认真做好高温时期的设备巡视和测温，及时发现设备异常和隐患，保证了扩建设备在第一个迎峰度夏期间安全稳定连续运行。在 2012、2013、2014 年设备年度大修期间，精心操作，认真许可和终结，合理布置现场安全措施，仔细验收相关设备，使大修工作顺利开展和圆满完成。在 2013 年 6 月的"安全生产月"活动中，模拟演练了电容器组桥差不平衡电流动作跳闸后事故抢修处理全过程。从事故汇报、现场检查、故障隔离、备用投入、详细汇报、设备检修到抢修完工、设备验收、汇报完工、恢复送电等环节均进行了现场模拟，提高了应对突发事故的判断、分析能力和事故处置能力。

特高压扩建工程已经顺利投运，作为一名参与特高压扩建的电力职工及现场运维人员，肖师傅一直以"努力超越、追求卓越"的标准来要求自己，以公司劳动模范的事迹来感染自己，勤于思考，力求上进，努力提高专业水平和专业认识。此外，肖师傅还参与了管理处和变电站相关规章、制度、规程的制定，先后参与了生产管理、综合管理、运行管理、运行规程六分册、十六大系统管理等规章制度的制定。

在本值工作中，认真执行"两票三制"，巡视设备认真仔细，倒闸操作标准规范，安全措施布置合理，异常情况处理及时稳妥，还带领其他同事共同学习、讨论，同步提高，得到领导和同事的一致好评。通过不懈努力，于 2012 年 1 月荣获国家电网公司运行分公司"2011 年度先进工作者"称号；特别是在 2012 年 3 月，变电站人员划归山西省电力公司检修分公司管理以来，积极学习检修公司相关规章、规程、制度，快速融入检修公司行列；2012 年 6 月，荣获山西省电力公司检修分公司"2012 年优秀共产党员"称号；2013 年 1 月，荣获山西省电力公司检修分公司"2012 年度先进工作者"称号；2015 年 1 月，荣获省公司检修分公司"2014 年度安全生产先进个人"等荣誉和奖项。

通过认真钻研，肖师傅先后在《电力电容器与无功补偿》期刊上发表论文《特高压变压器低压并联电容器组过电压阻尼装置故障分析》（2012 年第 2 期）、《电力电容器与无功补偿》期刊上发表论文《特高压变电站 110kV 并联电容器组电容器故障分析》（2013 年第 3 期）、《电力电容器与无功补偿》期刊上发表论文《1000kV 串联补偿装置旁路时放电电流周期的分析》（2014 年第 3 期）；2014 年 12 月，其编写的《特高压交流变电运维检修技能培训教材》出版。

肖师傅努力提高自身综合素质，加强交流、培训和学习，积累正确的实践经验，认真执行各级部门下发的文件和规定，并运用于自己的实际工作，还团结同事，互相关心，和谐相处，为特高压变电站的长期稳定运行做出自己的贡献。先后参与中国第一个特高压工程1000kV晋东南—南阳—荆门特高压交流试验示范工程特高压变电站的建设、验收、调试、运维，参与编写多项特高压安全管理规章制度，并通过考核成为省公司专家人才和招投标人员。肖师傅在工作过程中积累了丰富的电网基建、物资、招投标和运维经验，主要有如下三大优势：① 建章立制：中国第一个特高压工程的建设、验收、调试、运维，由于没有可参考、可借鉴的范例，在国内完全是一块空白，其参与编写多项特高压安全管理规章制度，比如"日比对、周分析、月总结"等管理要求已经上升至国家电网公司管理理念。② 责任落实：1000kV晋东南—南阳—荆门特高压交流试验示范工程特高压变电站自2009年1月6日投运以来已连续安全运行将近10年，是安全管理责任制的层层落实保证了电网和设备长周期安全稳定运行。③ 知识储备：参与中国第一个特高压工程1000kV晋东南—南阳—荆门特高压交流试验示范工程特高压变电站的建设、验收、调试、运维，并通过考核成为省公司专家人才和招投标人员，需要在日常工作中，按照规范制度要求不断积累正确的电网基建、物资、招投标和运维的实践经验，遇见问题时发现得见、分析得出、解决得了，切实理顺各项工作流程。

肖师傅荣获2017年国家电网公司优秀班组长，2016年省公司安全突出贡献奖，2015、2016、2017年检修公司优秀班组长，2014年检修公司安全生产先进个人。

6.2.2　介绍徒弟

1. 基本情况、工种及工作年限

王徒弟，2018年8月在检修分公司1000kV特高压变电站工作至今，参与变电站2018—2021年的年度检修工作，参与变电站湛长一线和丹长一线的扩建工程工作，并严格认真完成检修工作中分配的工作任务，与此同时，检修工作中积极主动学习、实践和储备特高压设备方面的专业知识。

2. 能力、荣誉、为人处世，缺点及需要培养的能力

王徒弟参与了变电站湛长一线和丹长一线的扩建工作，自2019年12月扩建工程开工到2020年11月扩建工程带电运行，主要负责扩建工程每周建设进度的整理和汇报工作，扩建工程图纸和档案的整理工作，以及参与完成扩建工程验收和投运的工作。此外，在变电站2020年年度检修试验过程中，发现长久二线中有一台500kV断路器内部连接杆断裂的设备重大缺陷，为变电站的安全运行做出了突出贡献。

在做好变电运维工作的同时，兼职做好变电站关于团委、新闻和工会方面的工作，紧密围绕变电站团支部，使变电站青年员工向组织靠拢，在变电站全体员工的配合中按时圆满完成公司安排的关于团委、新闻和工会的工作任务。另外，2021年5月应公司安排增援雁门关换流站年度检修公司，负责交流滤波厂检修工作，认真监护检修作业，圆满完成分配的检修工作。2021年7月参加长南一线高压电抗器B相返厂解体检查及修复工作，期间全过程查看高压电抗器的解体，对高压电抗器设备的内部构造有了确切的认识，增强了关于高压电抗器设备运行维护方面的技能。

王徒弟在2019年加入省公司检修公司争先创优QC小组，主要参与提升TM8型油色谱监测仪工作效率的课题，最后荣获2019年山西省质量管理小组活动成果三等奖。参加特高压变电站1次前期投产工作、4次年度大修工作，参与特高压变电站运行规程、检修规程、维护规程、作业指导书等技术规范的编写，参与了检修公司组织的特高压变电站精益化互查工作，在工作中发扬不怕苦、不怕累的特高压精神，团结同事、真诚对人。先后发表论文3篇，合著出版专业书籍《特高压交流变电运维检修技能培训教材》；先后获得"2019年工会优秀工作者"、省公司检修分公司"2020年先进个人"和"2020年安全生产先进个人"等荣誉称号。

3. 综合能力评分

参加工作以来，在思想上高度重视，在行动上认真负责。特别是在特高压变电站第一次迎峰度夏期间，不畏酷暑，不怕疲劳，认真做好高温时期的设备巡视和测温，及时发现设备异常和隐患，保证了特高压设备迎峰度夏期间安全稳定连续运行。在投运后的设备年度大修期间，精心操作，认真许可和终结，合理布置现场安全措施，仔细验收相关设备，使大修工作顺利开展和圆满完成。在管理处精心组织的"安全生产月"活动中，模拟演练了电容器组桥差不平衡电流动作跳闸后事故抢修处理全过程。从事故汇报、现场检查、故障隔离、备用投入、详细汇报、设备检修到抢修完工、设备验收、汇报完工、恢复送电等环节均进行了现场模拟，提高了自己应对突发事故的判断、分析能力。

6.2.3 师徒合同及培训计划

1. 师徒结对的原因

肖师傅与王徒弟的师徒结对是传授变电运维技能最直接、最有效的方法，也是培养人才的具体体现，师傅带徒弟既能使师傅们积累下来的操作技能和经验得到很好的延续，又能促进员工之间的凝聚力。在带徒过程中，适时地对徒弟提出不同的要求，激励徒弟在工作中不断学习，将理论与实际结合在一起。培训过程中注重培养徒弟对设备故障的判断能力，加强徒弟对现场设备流程的熟知，不仅让徒弟能在日常工作中不断总结经验，提升工作能力，更让徒弟意识到只有不断学习新知识、掌握新技能，不断提高业务水平和操作技能，才能满足工作的需要。

师徒结对过程中，首先，肖师傅的首要职责是传授技能，从基本业务知识、基础操作技能抓起，言传身教；其次，帮思想带作风，把优良的工作作风和高尚的职业道德及安全生产经验传授给徒弟；最后，热心带徒，对徒弟提出的各种疑难问题耐心解答，把带好教好徒弟视为自己的责任和义务，切实地把自己的一技之长传授给徒弟，努力使徒弟出师。带徒弟学习业务知识与操作技能时，不仅能使师傅认识到自身的不足之处，促进师傅更好学习，提升师傅的战斗力，让师徒共同进步，从而提高整个团队的凝聚力战斗力，让团队的优势更快更高效地散发出来；而且徒弟应多学、多问，更新学习观念和态度。

师傅在指导徒弟的第一天就应该对其提出具体的要求，坚持高标准、严要求，努力夯实基础。师傅应告诉徒弟要多读书，多实践，多上现场，学习新规范、新定额、新图集，并贯穿和渗透工作岗位中，促使学习能力、技能有质的飞跃，以适应企业的发展。让徒弟深深意识到，在工作上要有更大的进步，扎实做好各项工作固然重要，但必须有强大的理论知识去支持，与时俱进的工作理论、新理念对工作非常重要。要求徒弟首先学习电力安全工作规程。此外，肖师傅毫无保留地将自己数十年积累的工作经验全部教授，无论再忙，只要徒弟有问题，肖师傅都耐心、细致讲解，举例，示范，直到徒弟理解、明白；并会操作、分析为止。通过多学、多问，徒弟能从实际出发，积极探索规律，并在工作岗位中得以实施，取得了较好的效果。

授之以鱼，不如授之以渔。通过开展"师带徒"活动，资历深、技术强、口碑好的老员工引导新员工快速成长，提高专业技术素质，从而抓好队伍建设，充实公司技术队伍，全面增强公司竞争力。师傅将其扎实的专业知识、丰富的工作经验、深厚的技术功底，毫无保留地传授给徒弟。师带徒以来徒弟坚持诚心、精心、细心、耐心的学习态度，采用勤学、勤问、勤看、勤练的学习方法，追求成才、成长、成熟、成功的目的，逐渐在岗位上茁壮成长，挑起重担，独当一面。

传即言传，肖师傅将自己扎实的理论知识、合理的工作方法传授给徒弟，扎实的理论知识是所有工作必须具备的；帮即帮助，师傅帮助徒弟总结工作经验，提高实际工作技能；带即身教，师傅为徒弟树立榜样明确目标，带领徒弟为公司更好更快发展做出更大的贡献。公司开展"师带徒"的初衷是取得成绩，快速地让新员工成长起来，建设一支"兵强马壮"的专业技术队伍，让公司的核心竞争力上一个台阶，因此要求师傅具备领头雁的本领，以身作则带领徒弟合格地融入队伍。

师傅要树立榜样，榜样的力量是无声的、无穷的。师傅要有幽默风趣的处事方法，能将快乐带给大家；要有严谨认真的工作态度，能将事情做到最好；要有爱岗敬业的工作作风，将热情传给众人。在榜样的影响下，徒弟逐渐改正了"书生气"，逐渐端正了工作中的侥幸心理，逐渐启动了工作热情。作为师傅，凡事要以身作则，讲究沟通交流的艺术，在指导过程中必须本着诚恳、诚心热情、积极的态度来锻炼徒弟，让徒弟在短时间内快速地成长。以身作则是最重要的，在带徒过程中不因年龄而鄙视或呵斥，而是以一颗平易近人的心去交流，将信其师而听其道作为基本要求。好的习惯随着时间的积累就会变成自己的财富了，师傅要不断地积累知识、开拓视野，加强自身专业水平，还要保持与徒弟的思想交流，如对新事物的看法，既要保持自己的观念，又要找到其相交点；在生活上，要多关心徒弟，主动帮助解决生活上的小困难，多一些安慰的话语，当徒弟思想上有波动时，要帮助他分析，以长远的眼光去看待问题，学习用辩证的观点来分析和解决问题。

师徒结对充分发掘了资深员工的重要性，不仅让师傅们起到传帮带的作用，同时也促进师傅们注重自身的学习。作为徒弟要谦虚好学，勤做勤问。变电站的师徒结对可建立师徒互助、互促、互相监督的双向发展机制，促进师徒共同成长。

2. 徒弟的培训计划

（1）第一月学习内容：油色谱。

1）简介。我国油中溶解气体分析始于20世纪60年代，分析油中溶解气体的组分和含量是监视设备安全运行最有效的措施之一。气相色谱法具有分离度高、分析速度快、定量结果准确、易于自动化等优点，已被电力系统广泛采用，并积累了丰富的实践经验。色谱分析一般不需要设备停电，对发现充油电力设备内部故障的早期诊断非常灵敏、有效，为设备状态检修提供了可靠依据。

2）绝缘油色谱分析试验前期开展的相关工作。第一，勘察工作现场。工作人员与运行人员对现场场地、被试设备进行勘察，记录有关数据，查阅设备运维记录，缺陷记录等资料。第二，召开班前会。在试验前，首先根据运行设备特点，制定试验方案，并制定保证安全的组织措施、技术措施和危险点分析预控措施；准备有关试验技术资料和作业指导书、试验报告、记录单等做检测的主要工器具、仪器、配件等。第三，办理工作票。根据电力安全工作规程要求，工作负责人办理工作票，绝缘油色谱分析试验工作按照要求应办理变电站第二种工作票。

进入检测现场，需要履行工作许可手续，到达变电站，工作负责人应与运行值班员明确工作范围、内容及危险点等，并分别在工作票上签字。随后召开现场开工会，工作票办理完毕后，工作负责人对工作班成员现场交代安全措施、注意事项、危险点分析、人员分工。最后值班成员在工作票上签字确认。

3）取油样准备工作。在油化室内准备好所需的橡胶帽、胶管、活口扳手、玻璃注射器、抹布等，并放入取样箱。取样部位应注意所取油样能代表油箱本体的油，一般在设备下部的取油阀门处取样，特殊情况可在不同部位取样。首先，用活动扳手拧下变压器本体下部取油阀金属帽，将胶管连接至取油嘴（用活动扳手缓慢拧开放油阀，注意阀门不能打开过大，防止取油阀门脱落造成事故），使绝缘油缓慢流出，排净胶管中的空气。其次，将胶管连接注射器，借助设备内部绝缘油的自然压力使油缓慢注入注射器，注射器取满后，排净注射器内的油，反复进行 3～5 次，以清洗注射器，排净注射器内的空气。然后，将胶管连接玻璃注射器，使绝缘油注入注射器。当注射器中油量达到 50～80mL 时，立即取下注射器，在密封胶帽内的空气被油置换后，盖在注射器的头部，用抹布将注射器擦干净，放入取样箱。最后，用活动扳手拧紧放油阀，不能太紧，以免损坏放油阀螺纹，取下胶管，用抹布将油嘴周围擦干净，拧上取油阀金属帽，将设备恢复至正常状态。检查设备油位应正常，否则应及时补油。

4）取油样注意事项。取样应在晴天进行，取样后要求注射器管芯能自由活动，防止形成负压空腔。油样应避光保存，在运输过程中应尽量避免剧烈震荡，注射器在运输和保存期间，应保证注射器管芯能自由滑动，油样放置不得超过 4 天。若在运输和放置过程中析出气泡，在试验时，可不必排出气泡，仍留于油样中投入试验。

5）油样处理。需要取 5mL 玻璃注射器 A，抽取少量试油冲洗注射器内壁 1～2 次后，吸入约 0.5mL 试油，套上胶帽，插入双头针，针头垂直向上。将注射器内的空气和试油慢慢排出，使试油充满注射器内壁缝隙而不致残存空气。检查 1mL 定量注射器 D 的密封性能，定位卡应精确定位在 1.0mL 位置。先清洗 100mL 专用载气注射器 C，用双头针在氮气瓶取样口处取高纯氮气，待氮气充满注射器后，迅速拔出，然后排净注射器内的氮气，反复进行 3～5 次，以清洗注射器，排除空气干扰。清洗完毕后，用双头针在氮气瓶取样口处取高纯氮气 100mL，放置在操作台上备用。色谱分析用氮气纯度应大于 99.99%。从取样箱中取出油样，拔下胶帽，推动注射器管芯将多余的油样排出，精确保留 40mL（40mL 为推荐值，也可根据需要调整试油体积），立即用胶帽将注射器出口密封。为了排除胶帽凹槽内残存的空气，可以用试油填充胶帽或用手指压扁胶帽排除其凹槽内的空气，以便进行振荡脱气。操作过程中，应严格防止空气进入油样。先清洗 5mL 注射器 A，将双头针插入 5mL 注射器 A，然后再插入 100mL 专用载气注射器 C 中，用力推 100mL 专用载气注射器 C 的管芯，使载气充满 5mL 注射器 A，然后排净 5mL 注射器 A 内的氮气，反复 3～5 次，以清洗注射器。清洗完毕后，用 5mL 注射器 A 取 5mL 高纯氮气，缓慢注入油样中。油样与注入平衡气的最佳体积比为 8∶1，如果油样总含气量小于 1%，可适当增加注入的平衡气体积，但平衡后气相体积应不超过 5mL。将已经注平衡气的油样放入恒温振荡仪，尾部要比头部高出 5°，注意注射器出口应在下部位置，防止漏气。按下振荡仪启动按钮，进行振荡脱气。启动后，振荡仪将自动升温至 50℃，然后连续振荡 20min 进行平衡脱气，静置 10min 后振荡仪会发出"嘟嘟"声，提示振荡脱气完毕。振荡脱气完毕后，应尽快转移到储气瓶或玻璃注射器中，以免各组分有选择性地回溶改变其组成。脱出的气体应尽快进行分析，避免长时间存储造成气体逸散。振荡脱气完毕后，从振荡仪中取出油样，并立即通过双头针将其中的平衡气体转移到 5mL 玻璃注射器 B 内。室温下放置 2min，准确读取脱气量，精确至 0.1mL，以备色谱分析用。为了使平衡气体完全转移，也不吸入空气，应采用微正压法转移，使装油样的注射器与转移用注射器都处于微正压状态。即微压油样注射器管芯，使气体通过双头针进入 5mL 玻璃注射器 B。转移过程中如发现管芯卡塞时，可以轻轻旋转管芯。振荡完毕后的油样平衡气如果来不及分析，应延迟气体转移操作，仍将油样注射器保存在恒温振荡箱中，待分析操作准备好时再进行转移气体操作。

6）电力系统色谱分析。采用气相色谱仪，色谱仪一般由检测主机、低噪声空气泵、高纯氢气发生器组成。打开氮气瓶阀门，使载气先流入色谱仪，然后依次打开空气泵、高纯氢气发生器，通气约 10min。氮气的纯度应大于 99.99%，钢瓶压力小于 2MPa 时应予以更换。通气期间检查各设备是否工作正常，色谱仪载气流量一般约为 50mL/min，仪器不同选择也不同。打开色谱分析工作站电脑，系统自动进入色谱分析工作界面，检查工作站与色谱仪通信正常，色谱图基线稳定。气相色谱仪采用外标法计算样品结果，每次开机试验都应标定。在色谱分析工作站上，点击"标样"，检查各参数正确后，点击"确定"，准备进样。用 1mL 定量注射器 D 在标气瓶取气口处取标气，然后全部排出，反复 3～5 次，以清洗注射器。清洗完毕后，用 1mL 定量注射器 D 精确抽取已知各组分浓度的标气（标准混合气）1.0mL，注入色谱仪进样标定。进样后色谱仪会自动进行分析，从而得到色谱图上的各组分的峰高（峰面积）。标样应在色谱仪运行工况稳定且相同的条件下进行，进样操作应尽量排除各种疏忽与干扰，两次标定的重复性应在其平均值的 ±2% 以内。应注意检查标气的有效性，过期或压力过低的标气应及时更换，换气后的浓度应及时输入色谱仪工作站软件中。进针时，要做到"三快"和"三防"，"三快"即进针快、推针快、拔针快，"三防"即防样气失真、防操作条件发生变化、防注射器堵塞漏气。

7）样气分析。在色谱分析工作站上点击"样品"，填写相关设备参数、环境温度、气压、脱气量等参数后，点击"确定"准备进样。在空气中反复推拉 1mL 定量注射器 D 管芯，将注射器中的残气排净。然后，将双头针一端插入 1mL 定量注射器 D，另一端插入 100mL 载气专用注射器 C，轻推 100mL 载气专用注射器 C 管芯，使载气微正压注满注射器 D，然后带双头针拔下注射器 D 并将载气排净，反复 3～5 次，清洗注射器 D 排除干扰。清洗完毕后，用 1mL 定量注射器 D 从样品气注射器 B 中精确抽取 1.0mL，进样分析。抽取样气时应采用正压转移法，即轻推样品气注射器 B 管芯，使样气微正压注入进针时，要做到"三快"和"三防"。色谱仪的标定与样品分析应使用同一只进样注射器，取相同的进样体积、由同一人完成。影响色谱柱寿命的主要因素是进油污染，所以在进样时要尽量防止针头带油。待色谱仪出峰完毕后，色谱分析工作站会自动显示分析结果，点击"保存"按钮保存数据，也可选择打印数据。

（2）第二月学习内容：油色谱。

（3）第三～六月学习内容：高压电抗器。

变电站 1000kV 长南I线装设一组并联电抗器，型号为 BKDF-320000/1000，容量为 320Mvar，额定电压 1100kV，额定电流 503.87A，电抗器器身为双主柱串联绕组结构，两主柱上下均设置磁分路铁芯，冷却方式为油浸风冷。采用三相星形接线方式，中性点装设一台 110kV 电压等级电抗器。

电网中的电抗器是用来吸收电缆线路的充电容性无功的，可以通过调整并联电抗器的数量来调整运行电压。超高压的并联电抗器有改善电力系统无功功率有关运行状况的多种功能，主要包括：

1）轻空载或轻负荷线路上的电容效应，以降低工频暂态过电压。

2）改善长输电线路上的电压分布。

3）使轻负荷时线路中的无功功率尽可能就地平衡，防止无功功率不合理流动，同时减轻线路上的功率损失。

4）在大机组与系统并列时，降低高压母线上工频稳态电压，便于发电机同期并列。

5）防止发电机带长线路可能出现的自励磁谐振现象。

6）当采用电抗器中性点经小电抗接地装置时，还可用小电抗器补偿线路相间及相地电容，以加速潜供电流自动熄灭，便于采用。

并联电抗器作用在超高压输电线路，由于一般距离较长，可达数百公里。线路采用分裂导线，线路的相间和对地电容均很大，在线路带电的状态下，线路相间和对地电容中产生相当数量的容性无功功率（即充电功率），且与线路的长度成正比，其数值可达200～300kvar，大容量容性功率通过系统感性元件（发电机、变压器、输电线路）时，末端电压将要升高，即"容升"现象，在系统为小运行方式时，这种现象尤其严重。

在超高压输电线路上接入并联电抗器后，可明显降低线路末端工频电压的升高，可降低操作过电压。操作过电压产生于断路器的分、合闸操作，当系统中用断路器接通或切除部分电气元件时，在断路器的断口上会出现操作过电压，其实在工频电压升高的基础上出现的，如甩负荷、单相接地等均会使工频电压升高，当断路器切除接地故障或接地故障切除后重合闸时，又会引起系统操作过电压，工频电压升高与操作过电压叠加，使操作过电压更高。因此，工频电压升高的程度直接影响操作过电压的幅值。加装并联电抗器后，限制了工频电压升高，从而降低了操作过电压的幅值。当开断带有并联电抗器的空载线路时，被开断线路上的剩余电荷沿着电抗器泄入大地，使断路器断口上的恢复电压由零缓慢上升，大大降低了断路器断口发生重燃的可能性，也降低了操作过电压，避免发电机带空载长线路出现自励磁过电压。

当发电机经变压器带空载在长线路启动，空载发电机全电压向空载线路合闸，发电机带线路运行线路末端甩负荷等，都将形成较长时间发电机带空载线路运行，形成了LC电路，当空载长线路电容的容抗值合适时，能导致发电机自励磁（即LC回路满足谐振条件产生串联谐振）。自励磁会引起工频电压升高，其值可达 1.5～2.0 倍的额定电压，甚至更高，其不仅使并网的合闸操作（包括零起升压）成为不可能，且其持续发展也将严重威胁网络中电气设备的安全运行。并联电抗器能大量吸收空载长线路上的容性无功功率，破坏发电机自励磁条件，有利于单相重合闸。为了提高运行可靠性，超高压电网中常采用单相自动重合闸，即当线路发生单相接地故障时，立即断开该线路，待故障处电弧熄灭后再重合该相。由于超高压输电线路间电容和电感（互感）很大，故障相断开短路电流后，非故障相电源（电源中性点接地）将经这些电容和电感向故障点继续提供电弧电流（即潜供电流），使故障处电弧难以熄灭。如果线路上并联三相星形接线的电抗器，且星形接线的中性点经小电抗器接地，就可以限制和消除单相接地处的潜供电流，使电弧熄灭，有利于重合闸成功。这时的小电抗器相当于消弧线圈。

（4）学习任务安排计划。

第一月学习内容：油色谱

第一周：气相色谱分析理论

第二周：气相色谱定性和定量分析

第三周：气相色谱仪部件

第四周：气相色谱仪检测及控制系统

第二月学习内容：油色谱

第一周：油中溶解气体分析取样

第二周：油中溶解气体分析振荡脱气

第三周：油中溶解气体分析标样

第四周：油中溶解气体分析进样及分析

第三月学习内容：高压电抗器

第一周：并联电抗器作用

第二周：并联电抗器基本原理、结构

第三周：高压电抗器附件拆除及换相

第四周：GOE 套管更换方案

第四月学习内容：高压电抗器

第一周：并联电抗器新投设备运维巡视

第二周：并联电抗器带电检测

第三周：并联电抗器运维巡检

第四周：高压电抗器油色谱数据分析

第五月学习内容：高压电抗器

第一周：并联电抗器预防性试验

第二周：并联电抗器厂内解体检查

第三周：并联电抗器厂内解体检查

第四周：并联电抗器厂内解体检查

第六月学习内容：高压电抗器

第一周：并联电抗器解体修复方案学习

第二周：充油电气设备故障产气原理

第三周：充油电气设备产气故障的类型及特征

第四周：充油电气设备油色谱分析故障案例

6.2.4　师徒情深

1. 师傅和徒弟相处

每一个人都有自己的工作，都有属于自己的责任和义务。在 1000kV 特高压变电站扩建和检修阶段，王徒弟放弃休息时间，连续多天驻站配合工作，积极参与布置现场安全措施，在来之不易的串联补偿装置停电期间，克服恐惧登上串联补偿装置平台参与验收，一丝不苟跟踪站内工作，严谨规范地完成现场实际的倒闸操作，加强设备运行监视。在变电站第三期丹长一线和湛长一线的扩建全过程中，切身经历了设备从无到有的阶段，包括工程的计划编制、每阶段的扩建进度总结汇报、扩建图纸、设备档案的整理，以及后期的调试、验收和投运工作，让其在实践中飞快成长。完成操作任务后，晚上还会和同事一起研究、熟悉下一步的相关方案，讨论操作步骤，验证防误闭锁逻辑，并进行事故预想和反事故演练，为第二天工作的顺利进行做好充足准备。在变电站高压电抗器套管更换期间，每天跟随师傅去现场跟进工作进度，第一次实际观察到滤油机的运行，并抓紧机会虚心请教现场实验人员，详细了解每个模块的实际作用和使用方法。

本着对工作的热情，对岗位的忠诚与奉献，王徒弟在年检、迎峰度夏、迎峰度冬、防汛等大型保电任务中积极发挥自身力量，圆满完成各项生产任务。掌握了很多基本的检修技能，可以独立完成主变压器、调压变压器、高压电抗器的油色谱试验，避雷器阻性电流测试，充电机的切换，蓄电池的电压测试和高压电抗器、主变压器振动及噪声测试，积极参与电压互感器二次接地点电流测试，配合完成气体微水测试、设备带电补气、更换现场设备位置指示灯等工作。此外，还积极参与完善台账、标示标牌黏贴，以及变电站典型操作票、相关规章、规程的制定与修编工作。王徒弟始终保持极强的责任心、使命感和爱岗敬业精神，在不懈的努力和不断的学习中，变电运维水平也得到了提高。

肖师傅是身边极具现场实践经验的师傅，王徒弟抓住各种学习机遇，始终保持上进心，虚心请教，善于思考，从每一件小事做起，从点点滴滴做起。参加工作以来，积极主动工作，争做师傅们的"小跟班"，只要有任务都积极参与，多看多学，充分利用现场设备检修、安装、验收、调试等工作机会，完善自己的知识库，加深对特高压设备的认知与了解。师傅们在使用 PMS 开展工作流程时，王徒弟也会站在一侧记录下来，等他们空闲后再向师傅请教，了解每一步的缘由与目的，提前熟悉和掌握省检修公司 PMS 的使用流程。晚上空闲时间，也会在值班室里对照着图纸专心学习，回顾白天所学知识，认真做好记录，做到站内管辖设备应知尽知。学习不能仅仅局限在当下的小圈子，想要不断创新，就要向更广阔的方向去看，因此，珍惜每次外出培训学习的机会，学习站内未涉及的新知识、新技能，获得用于创新的基石。

2. 师傅现场指导徒弟处理问题

（1）2019 年春节前夕雪后特巡。践行工作初心、牢记责任使命。肖师傅在工作中牢记责任使命，将工作初心贯穿值内的各项工作中。2019 年初，正值春节前夕，雪停后特高压变电站运维人员积极开展雪后特巡，特巡发现 1000kV 长南 I 线 T021 断路器 B 相机构箱内加热器不热，现场检查加热器空气断路器在合位，加热器回路故障的可能性大，肖师傅立即安排处理并说道："现在正值大雪低温天气，最低气温将达到 −17℃，机构箱内加热器不热将会使 SF_6 断路器操动机构中液压油和润滑油在低温下凝固，严重时将会影响 1000kV 断路器的正常动作，而且还会产生凝露可能造成二次回路的接地或短路，因此这个小缺陷必须引起重视，时间紧迫，咱们必须抓紧时间处理。"

现场按照标准化作业指导书要求，执行工作票处理加热器不热的缺陷，通过万用表测量检查发现，加热器回路温控器损坏，有输入无输出，更换新的温控器备件后，检测到加热器工作正常。肖师傅在关上机构箱箱门时说道："咱们做特高压现场运维的，要想保证设备安全稳定，就得抓早、抓小、抓细节，这样处理起来比较简单、快捷，不要等到发展成大的缺陷或事故时再处理就会更加费时费力。"这是入冬以来一次小小的加热器的检查和处理，像这样的检查还有气室压力检查、充油设备渗漏检查、防小动物检查等，看似一件件不起眼的检查和处理，避免了很多大的事故和缺陷。

肖师傅常说自己做的是国家电网公司特高压交流事业，将工作、任务当成自己的事业和兴趣来做，始终牢记责任使命，他与1000kV晋东南—南阳—荆门特高压交流试验示范工程共同成长，见证了特高压变电站从土建的进场到基础的浇筑、从设备的出厂到最后的安装调试等各个环节。

每次巡视到1000kV GIS设备区时，他总会看看特高压GIS基础，仿佛2007年整块基础浇筑时几十根震动棒同时作业的声音还在耳畔回响；每次巡视到1000kV主变压器设备区时，他总会凝视那个重达577t的主变压器，仿佛2008年那十几个千斤顶作用于主变压器就位时的场景还在眼前浮现；每次巡视到保护小室时，他总会伸手触碰每一块屏柜，仿佛与自己众多老友叙说当年共同奋战时如何结下的深厚友谊。

（2）2019年进行年度大检修。在值内工作中，肖师傅教王徒弟认真执行"两票三制"，巡视设备认真仔细，倒闸操作标准规范，安全措施布置合理，异常情况处理及时稳妥，还带领其他同事共同学习、讨论，同步提高。特别是2019年10月进行的年度大检修，此次大修是变电站扩建后进行的首次年度大修，设备数量众多，检修周期长，涉及交叉施工和交叉停电，安全压力增加，王徒弟在操作票的操作上一丝不苟，在工作票的许可和终结上尽心尽力，在现场安全措施的布置上合理完善，逐项逐条验收大修后的设备，使今年的大修工作顺利开展并圆满完成。

变电站是集特高压变电运行、维护、检修为一体的综合型班组，该班组紧密围绕公司生产经营任务，精心组织日常运维工作，为变电站安全运行打下坚实基础。

在专业技能方面，大力开展学习型班组建设，建立并完善了本值学习制度，倡导终身学习理念，坚持"干什么、学什么、缺什么、练什么"的原则，培养成员胜任本职工作的能力。该班组提出"运维技能人人掌握，技能水平常练常精"的口号，2018年先后开展注油设备取油样、油色谱分析、SF_6设备补气等技能培训，达到胜任日常各种维护工作的水平。在日常运维工作中，牢固树立"在岗一分钟，尽职六十秒"的工作理念。从接班开始，认真开展设备运维、巡视，利用红外测温、紫外测试等带电检测手段对设备状况进行全面的监测，把隐患消灭在萌芽状态。9月2日在例行巡视时，该班组发现110kV 1121C电容器组A相L1-A1电容器漏液，立即对该电容器组进行红外测温、对漏液情况进行定期查看，并将情况向站部领导汇报。9月6日该电容器组转检修，做好安全措施办理工作票后，更换漏液电容器，设备恢复送电，及时消除设备故障。在2019年9月变电站年度检修工作期间，运维一值共执行操作票多达84份1534项，顺利完成操作任务。

将工作初心贯穿本值工作的始终，这就是特高压变电站运维二值值长肖师傅，他抓早、抓小、抓细节，态度认真，把工作当作事业干，始终以高度的责任使命运维特高压变电站每一台设备，保障跨区通道的安全稳定运行。

6.2.5 徒弟出师

1. 徒弟经过培训后的变化

经过培训，王徒弟在专业技能方面得到了极大的提高，获得了同事们的肯定，能从容地应对日常工作中的事情及出现的问题，不仅遇到问题能及时解决，而且也会大胆地说出自己的见解。自出师以来，在学习工作中，一方面积极参加公司组织的各种培训、竞赛，不断提升自己的运维技能水平，使自己能更好地完成各项工作；另一方面也认真编制各类培训方案，将自己所知所学传授给特高压的新员工们，让他们能尽快成长。

安全是一切工作的前提，把安全生产摆在首位，秉着严谨切实的工作作风，认真贯彻落实安全生产的各项管理制度，强化安全管理。在变电站日常运维工作中，王徒弟认真学习各类设备参数、原理，充分运用各种监控系统，全面细致地对全站设备进行监控，不放过监控后台任何可疑信息。通过对设备的各项数据进行详细的收集、整理，做到各项数据日对比、周分析、月总结，从数据中了解设备运行情况，及早地发现问题、解决问题，始终做好本职工作，为1000kV特高压变电站安全稳定运行保驾护航。

在1000kV变电站从事变电运维工作，直接参与了1000kV特高压变电站电气设备出厂监造、现场电气安装、设备验收、工程调试投运工作。在日常生产管理中推行日比对、周分析、月总结的工作方法，要求自己每日精准记录设备运行数据并形成日报、周报；在报表基础上对数据进行横向、纵向对比分析，发现数据异常及时分析，并制定措施予以消除；定期开展设备全面维护工作，对运行设备各项状态、数据进行检测、记录，并形成月度维护总结，为设备运行状态及检修维护提供数据支撑。

特高压变电站三期扩建，王徒弟主要参与了线路保护装置的升级改造和串补保护系统的安装调试，在工作过程中认真学习串补相关的各种知识，为今后串补的运行维护打下了坚实的基础。此次扩建加装一台主变压器及与其配套间隔，线路加装串联补偿装置，经过200多天的奋战，在全体参建人员的共同努力下，变电站完成了设备安装、调试、验收、投运全过程的一次投运成功。

入职四年间王徒弟全程参与了特高压变电站的年度检修工作、迎峰度冬、迎峰度夏、节日保电、G20保电、国庆阅兵保电和各种专项检查工作。按照上级的部署和要求，以实事求是的工作态度，认真学习排查，找出安全生产中的薄弱环节和设备缺陷，保证了设备的安全运行，圆满完成了各项任务。

2020年6月7日，王徒弟在巡视中发现通信机房温度很高，进一步检查发现是空调故障，现场测量室内温度达36℃，根据规定通信机房温度不得高于25℃，由于通信机房都是重要的服务器、信号传输设备，如果不及时处理可能造成通信中断、保护拒动等事故，易造成电网事故。针对该通信机房空调的故障情况，及时汇报公司运检部，安排空调厂家进行检修处理。站内值班人员首先将通信机房所有的门窗打开进行散热，值班人员仔细阅读空调说明书并和厂家沟通，初步原因为室外机灰尘堵塞，散热不畅导致空调停运。同事们从库房找出水管，连接到水龙头上开始清洗室外机，经过2h的反复清洗，空调恢复运行，通信机房温度降到了24℃，此次消缺获得了山西省电力公司2020年安全突出贡献奖。

2021年7月13日23时56分，王徒弟在夜间值班中发现监控后台报"T011断路器保护RCS921A装置故障及失电"，去现场检查发现保护装置运行灯熄灭，界面无法操作。如果不及时处理，可能造成T011断路器无保护运行，严重的话会造成长南Ⅰ线线路跳闸，华北华中电网非计划解列。由于1000kV长南Ⅰ线作为连接华北电网和华中电网的一条特高压通道，线路跳闸有可能造成华北华中负荷波动或震荡等严重后果。值长肖师傅按照要求及时向上级及各级调度进行汇报。针对T011断路器保护的异常情况，积极与站长、副站长进行检修方案制定，确定进行紧急消缺。7月14日0时11分，将T011断路器转检修后对此缺陷及时进行了紧急消缺，更换断路器保护电源板卡后恢复正常，此次消缺获得了山西省电力公司2021年安全突出贡献奖。

2019年作为主要负责人参与了变电站长晋一线、长久三线线路保护的更换工作。王徒弟全程参与了前期方案编写、更换前工作推演，更换时现场调试、更换后向量测试等全部工作。解决了特高压变电站500kV线路保护采用国外保护面临无人升级维护的窘境。

王徒弟始终把不断学习、提升自己，做一名合格的特高压人作为自己的工作信条。随着电网规模的扩大和设备技术水平的提高，越来越感到自己需要继续充电，边工作边学习，在2012年考取武汉大学电气工程学院攻读研究生学位，2015年顺利毕业，通过学习，接触到了世界前沿的电力新思想、新技术、新方法，开阔了视野，提高了发现问题、思考问题、解决问题的能力，提升了自己的专业知识，为自身成长打下了很好的基础。

参加《特高压交流变电运维检修技能培训教材》的编写，王徒弟负责继电保护部分的编写工作，在此期间王徒弟系统收集了特高压交流运行以来的所有继电保护的运维数据，结合特高压变电站的运维经验，系统地完成了继电保护部分的编写工作，对后续国网交流特高压变电站的运维有很大帮助。

2020年8月，王徒弟参加了检修公司举办的心肺复苏技能竞赛，此次培训中，王徒弟认真学习，积极训练，不仅使自己的技能得到了提升，更是获得了理论考试第二名的好成绩。一方面积极参与公司组织的各类技能、安全、研讨班培训，提高自己的专业技术水平；另一方面组织新入职员工不断培训提升自己，让新员工顺利成长为合格的运维人员。

传授技艺，为特高压培养合格的运维人员，取得技师资格证后，先后参加了多次专业技能培训，提高了运维工作技能，使平时运维工作更加得心应手。先后对蒙东公司、江苏公司、天津公司、山东公司等新建交流特高压站的新员工进行了培训，从电力安全工作规程学习到应急处置，从保护原理到保护装置日常维护，从变压器构造到现场数据抄录都进行了详细的讲解，使新员工初步具有了独立值班能力，专业技术水平有了很大的提高，运维技能逐步提高，成为合格的运维人员。

2. 徒弟在经过培训后取得的荣誉介绍

2020、2021 年连续两年荣获省公司检修分公司工会委员会"年度优秀工会积极分子"，并在 2021 年 5 月荣获省公司 2019—2020 年度"优秀共青团干部"。

2021 年 2 月在当代电力文化杂志上发表《维护技术在变电运维故障处理中的应用》，在基层建设杂志上发表《变电运维工作中的危险点和安全管控》；参与《特高压变电站运行规程》《特高压变电站检修规程》《特高压变电站维护规程》《特高压变电站作业指导书》等技术规范的编写。此外，还参与了检修公司组织的特高压变电站精益化互查工作，在工作中发扬不怕苦、不怕累的特高压精神，团结同事、真诚对人。工作期间发表论文 3 篇，合著出版专业书籍《特高压交流变电运维检修技能培训教材》；获得"2018 年工会优秀工作者"、省公司检修分公司"2018 年先进个人"和"2018 年安全生产先进个人"等荣誉称号。

3. 徒弟培训感悟

在肖师傅带领学习的时间里，首先要感谢肖师傅不辞辛劳的系统培训付出，通过师徒培训，徒弟对自己的职业生涯之路豁然开朗，对自己的目标和方向更加明确。俗话说得好："女怕嫁错郎，男怕入错行"，找一份工作容易，而找一份好的、适合自己发展前途的好工作却并不那么容易，认真务实坚持做好一份工作也不是一朝一夕的事情。勤勤恳恳做人、踏踏实实做事、在工作中要安分守纪，还要有积极向上奋发进取乐观的心。对待工作事情要有军人般的气质与气魄，要学习遵照军人般的纪律和习性。做事情要有效率，也要服从领导安排的工作任务，交代的事情要按质、按量、按时完成。多与领导、同事沟通交流，虚心学习。要不断地学习新知识、新技术，唯有不断地充电、求完善自己，才能学到更多的知识本领，才能让自己立于不败之地。

作为一名变电运维员工，应该努力去履行相关的义务，此处培训使徒弟的工作技能得到了提高。培训期间肖师傅很有耐心，通过培训使徒弟认识到自己还有很多需要去提高的地方，促使其在以后的学习中做得更好。此外，在专业知识层面上也得到了提高和锻炼，未来在学习工作上坚持去做得更好。

"师带徒"活动工作旅途里是短暂的，但给徒弟提供了极大帮助，给予了莫大的支持，并且师徒关系一直存在，学无止境，教无止境，这种学习模式不会结束，也将继续传承下去。以后工作中，徒弟要一如既往地坚持做到对工作一丝不苟、勤勤恳恳，在工作中乐于奉献、敢于担当、勇于创新。为了去弊存精，在肯定自己工作的同时又可以了解到自己的不足和缺点，看到自己在专业知识和创新能力上的欠缺，之后工作中将付出更多的时间和毅力去完善自己，不骄不躁，刻苦学习，努力钻研业务，勇于面对各种挑战，充分发扬特高压精神，把满腔的工作热情和知识积累投入自己所热爱的专业技术工作中，为特高压电网安全运行、企业的愿景、国家的发展尽自己的全力。

师徒培训以来，不断提炼自己的学习特色，应明白自己的专业"特色"在哪里，对每天的学习任务要有系统的安排，虽然很多时候工作会有临时任务打断学习过程，回过头来忘记了该干什么。另外，还要更加细心，徒弟在这点上做的不是很好，比如在做表格时，表示的内容一定要简明扼要，内容需要、准确，在检查自己的算量时，要形成自己的系统方法，这样才能事半功倍。

参加工作已三年有余，王徒弟已经从懵懂无知的少年变成了可以独当一面的能将，三年时间过得充实且有意义，之后要不忘初心，在变电运维这项工作中继续发光发热，为国家电力事业贡献自己的一分力量。培训过程使徒弟了解，必须立足本职工作，为1000kV特高压变电站安全稳定运行保驾护航。在变电站日常运维工作中，要用严格的标准要求自己，认真学习熟悉各类设备参数、原理，充分运用监控后台信息系统、智能巡检系统、在线监测系统、工业视频监控系统及机器人自动巡检系统，全面细致地对全站设备进行监控，不放过监控后台的任何可疑信息，不错过监测系统微小的数据变化，对缺陷设备重点监视。在工作之外，需要认真学习研究设备，做到清楚设备原理，了解设备运行规律，掌握设备故障处理方法。在工作中以高度的责任感，认真完成运行值班、设备巡检、倒闸操作等各项工作。

成绩只能代表过去，今后还应提高自身综合素质，加强交流、培训和学习，积累正确的实践经验，认真执行各级部门下发的文件和规定，运用于自己的实际工作，还要团结同事、互相关心，和谐相处，为特高压变电站的长期稳定运行做出自己的贡献。在未来工作和学习中，更加严格要求自己，提高自身的专业技能水平。在今后的工作中，加强各方面知识的学习和摄取，争取成为"一专多能"的复合型人才，在变电运行岗位上发挥更大的作用，为特高压电网安全稳定运行贡献力量。

6.3 配电运检专业

6.3.1 介绍师傅

1. 基本情况、工种及工作年限

高师傅，男，河南叶县人。2002年6月郑州大学电力系统及其自动化大学毕业；1997年7月—2008年9月，在地市供电公司配电运检技术工作，岗位中心专责；2008年9月—2011年4月，在地市供电公司配电运检技术工作，岗位中心主任；2011年4月—2013年1月，在地市供电公司配电运检技术工作，岗位中心主任兼营销部主任；2013年1月—2015年10月，在地市供电公司配电运检技术，岗位专业经理；2015年11月—2017年10月，在地市供电公司配电运检技术工作，岗位运维检修部副主任兼配电专业书记；2017年10月—2019年7月，在地市供电公司配电运检技术工作，岗位专业书记；2019年7月至今，在地市供电公司配电运检技术工作，正科级协理员。

高师傅担任配电运检专业技术岗位专责、主任、书记工作以来，在工作岗位上始终如一，严谨求实，勤奋刻苦，兢兢业业，带领配电运检专业队伍阔步向前，勇攀高峰，以实际行动完成各项工作任务。作为一名共产党员，他时刻以一个共产党员的标准严格要求自己，始终牢记全心全意为人民服务的宗旨，以自己的言行诠释了共产党员的先进性，处处起到模范带头作用。他以饱满的工作热情、扎实的工作作风、优异的工作成绩，赢得了广大干部职工的普遍好评，还多次获得省公司和地市公司各项荣誉称号。2008年4月，省公司授予"金牌员工""抗冰抢险功臣""抗震救灾功臣"荣誉称号；2011年4月，平顶山市总工会授予"平顶山市五一劳动奖章"荣誉称号；2013年12月，国家电网授予优秀专家人才荣誉称号。

2. 能力、荣誉及为人处世

（1）工作能力方面。高师傅作为一名主管，他所在的配电运检技术专业主要承担平顶山市区电力配电网的运行维护、检修、带电作业、故障抢修及供电可靠性管理等工作。多年来，他以自己的实际行动践行共产党员的宗旨，展现了新时代供电人的风采。

在每年市区配电网迎峰度夏的关键时刻，他带领队伍冒着高温日夜奋战在一线，为平顶山市区配电网"迎峰度夏"提供了坚强保障。在抗冰、抗震、奥运保电、迎峰度夏、防污度冬等工作中表现突出，他提出"守护光明 奉献社会"的配电网管理理念，为全市的电力服务工作做出了重要贡献，树立了良好的社会形象。2011年4月，他获得了市总工会颁发的"五一劳动奖章"。配电运检专业全体职工在他的带领下牢记职责、用心工作，保证了配电网的安全运行和可靠供电，连续两年被省公司评为配电网运行管理先进单位。他在配电运检专业组织管理、技术创新、班组建设、完善相关制度标准体系、技能培训等方面进行了不同程度的强化和提升。他充分调动和发挥中心的集体团队精神，发挥全体员工的主动性和积极性，紧密围绕工作主题，将配电网精细化管理要求与迎检工作、供电服务等工作互相融合，并渗透到配电网管理工作的每一个环节，取得了显著成效，平顶山公司的配电网带电作业工作也获得了省公司的管理创新典型经验，并且被推荐为国家电网公司典型经验的申报，省公司主管部门及平顶山市委市政府对地市供电公司近几年来配电网的快速发展给予了充分肯定。2010年5月，在全国首次开展的供电企业可靠性评价中，平顶山公司荣获"全国供电可靠性金牌企业"，是全国20家金牌企业之一、河南省唯一的一家。2012—2014年，在他的带领下，配电运检专业连续开展了配电网架空线路、电缆线路及混合架空电缆配电网旁路带电作业工作，以上工作的成功实施标志着公司配电网线路不停电作业规划发展目标按期达成，公司配电网线路不停电作业已经达到国内先进水平，其公司是河南省电力系统范围内第一家尝试这个项目的地市级公司。他处处以身作则，以高效优质的服务理念，全心全意为客户真诚服务，在同事们眼中，他总是不辞辛苦，对待任何工作都兢兢业业，勤勤恳恳，他的身上时刻体现着一种忘我的精神，总是充满激情地做着每一件事情。

在配电运检专业工作中，高师傅工作踏实、办事认真，凭借自己多年来在配电专业岗位的技术积累和工作经验，以高度的敬业精神和过硬的专业技术能力，在配电网运行管理工作中，从推进技术升级、转变工作观念、创新技术措施、强化闭环管理、修编标准制度几个方面扎实开展工作。具体情况如下：

1）以扎实工作推进技术升级，打造坚强配电网。

a. 他坚持科技创新，用先进设备为建设坚强配电网提供保障，用先进技术为建立高效、智能配电网提供支撑。针对配电网接地故障点查询难度大、故障处置时间长、严重影响供电可靠性的难点，坚持科技创新，积极探索先进的技术手段，采用零序电流、零序电压和零序功率方向相结合的综合判据作为保护原理，与其他公司联合开发了能够30年免维护的具有短路保护、方向性接地保护、过负荷和异相接地保护等功能的配电网智能开关，安装在用户产权分界点处和线路分支、分段处，能够正确隔离配电网所有故障，提高配电网抵御用户故障造成越级跳闸的能力。

通过对智能化配电开关的不断研究和改进，基本解决了平顶山市10kV配电网线路中发生接地故障时，检测精度差、检测效率低、查找故障时间长、停电面积大的缺陷，利用智能型配电开关设备，有效地隔离了配电线路各个区间发生的接地故障，实现分级选择性保护，并有效地提高了城市配网供电可靠率。

b. 不断完善配电网网架结构，提高配电网健康水平。在配电网工程改造中，要求按照线路长度 300～500m、用户数 5～8 个的分段原则增加线路分段开关，进行所属分支线路同步改造。所有线路分支、分段、用户下线处，全部加装故障指示器；设备裸露处加装绝缘护罩；将老旧开关更换为新型智能开关，将老旧设备更换为高质量的进口设备，高标准、高水平建设城市配电网。通过完善配电网结构、缩短供电半径、增大线路截面积、提升手拉手比率、绝缘化率等受端，有效提高了配电网承接负荷的能力，在近年来用电负荷迅猛增加的情况下，配电网故障报修率连年下降。

c. 深入开展配电网设备治理专项活动，不断推动配电网设备技术升级。大量采用国际国内等知名厂家高质量的配电网设备，对配电网中跌落熔断器、空气断路器、高低压隔离开关等易发生故障的低值设备，增加国际知名品牌的使用量，快速提升设备质量和可靠性，有效地减少了因设备故障造成的配电网停电事故，从源头上保证了配电网设备的质量和可靠性。尽量减少计划停电，同时加强设备巡视、测温、测负荷，及时消除设备隐患。加强运行巡视质量管理，落实设备主人责任制，加大设备隐患排查和治理力度，及时消除设备缺陷和隐患。认真落实配电网设施防汛、防雷、防冰雪、防大风、防外力、防鸟害等各项措施，提高配电网抵御自然灾害的能力，近两年平顶山市遭遇了多次冰雪、强气流等极端天气的冲击，平顶山市区配电网经受住了考验，未出现线路跳闸、倒杆、断线等大面积停电事故。

d. 依靠先进技术准确掌握运行设备状态，提升设备检修技术水平，维护设备健康运行。对配电网现有运行设备点检预试（重点部位检查及预试）制度进行探索，通过运用综合性的技术手段，准确掌握运行设备状态，预测设备故障发生、发展趋势，提高了设备可用率，降低了设备检修损耗。对不具备免维护条件的设备，试行改进型状态检修，准确掌握运行设备状态，预测设备故障发生、发展趋势，及时合理地消除设备隐患，对隐患产生的原因进行调查分析，制定合理的改进措施。在工作中采用 H 形压接线夹取代了并沟线夹，解决了导线接头发热的问题；用特制线鼻子和专用线夹替代设备线夹，解决了设备连接处发热的问题，通过运用综合性的技术手段，提高了配电网的整体健康水平。

2）以创新思维转变工作观念，强化工作实效。

a. 转变管理观念，倡导配电网设备检修制度由"计划检修"向"状态检修"和全寿命周期管理条件下的"免检修"转变，配电网管理观念也由"守护设备"向"守护光明"转变。以优质服务为己任、同业对标为压力、增供扩销为动力、可靠性管理为抓手，牢固树立守护光明、不停电、少停电、避免重复停电和尽快恢复供电的责任意识。

b. 探索对配电网设备实施全寿命管理的可行性，对配电网设备的运行维护、检修预试、更换等工作实行全寿命周期管理，有效地降低了配电网设备设备全寿命周期成本，降低了配电网设备运行维护人力、物力的投入，缓解了配电网管理资金及人力资源的紧张局面，取得了较好的实效性。

c. 2009 年与平顶山平高安川公司、美国库伯平顶山爱迪生公司签订了配网设备全寿命质量管理协议，推进配电网设备的"三免"（免维护、免预试、免检修）工作。在设备生产环节即完善质量保证体系，在严格进行质量控制的条件下，产品稳定在一流质量水平，很大程度上激励了设备制造商和安装单位追求卓越质量的积极性。设备运行效果良好，缓解了配电网运维人员紧张与不足，提高了供电可靠性。

d. 定期对配电网高低压故障进行统计分析，并形成故障报修分析报告，通过分析结果，指导配电网大修技改等有针对性地向故障高发点倾斜，有效降低了配电网故障率。

e. 加强警示标志建设，广泛宣传和沟通，多层面、全方位防范外力破坏。针对易撞电杆加装了反光警示标志，针对异物容易造成短路故障的地段加装宣传牌，在设备的裸露处加装保护罩，针对容易遭受外力破坏的地埋电缆加装多样化的电缆走径标示。以上措施的实施，有效地减少了因外力破坏引起的非计划故障停电。

f. 组织编制了《10kV 配电线路故障快速查询手册》，以配电网设备上装设的故障指示器及设备动作信息为依据，制定 10kV 配电线路在发生故障时快速确定故障段、查找故障点及恢复供电的预案，提升了故障处理的快速反应能力。

3）以创新举措强化闭环管理，提升可靠性管理水平。

a. 依靠技术攻关，积极创新各种形式的不停电作业法，拓展带电作业范围。广泛开展带电作业是提高可靠性水平的重要措施，坚持"能带电作业就不停电作业"的原则开展带电作业。充分利用配电网带电作业实训基地进行带电作业演练，不断加强带电作业人员的技能培训，结合省公司平顶山带电作业跨区协作中心和应急发电救援中心基地的建设，不断攻关拓展带电作业项目范围。创新"不停电作业法"，在老线路旁边带电并行架设新线路，对老线路上的配电网负荷分段进行带电转移，实现了不停电对老旧线路的绝缘化升级改造，为提高配网供电可靠性做出了新的尝试，得到有关专家的一致认可。

b. 利用"啃牛皮糖战术"，化整体停电施工为零星带电作业，处理需要长时间停电施工的大型工作任务。如针对旧线路拆除，在原位置新建示范线路工程，从施工方案着手，采用不停电临近作业法，先不停电架设临近线路，临时并接，加装分段开关等手段，采取"零敲碎打"、带电作业转移负荷的方法，将停电影响降到最低，将停电作业转化为带电作业。

c. 带领基层班组针对提高供电可靠性开展 QC 攻关，取得了良好效果。供电值班针对班组生产特点，以缩短配电网倒闸操作时间提高供电可靠性为目标，组织制订了详细的操作预案，包含了操作技术手册及操作技巧、操作时间预算、备用行车操作路线等方面，大大地降低了配电网倒闸操作时间。

d. 强化闭环管理、扎实做好迎检工作。组织制定了可靠性迎检管理办法和迎检预案，明确了各类可靠性事件的处理方法和原则，提出了"日定、周清、月结"的工作要求，各环节数据及关联图形成闭环管理，确保可靠性数据的及时性、准确性、完整性和指标的刚性。树立诚信对标的正确理念，不为对标而追求指标，用真实的可靠性指标检验和指导配电网建设与管理。在迎接检查前，按照数据链再重新梳理，各种材料之间符合逻辑关系，相互印证、环环相扣、精益求精。将迎检资料汇编成册，以扎实的工作、积极的态度迎接检查。在国家电网公司和国家能源局的几次重大检查中，主持完成了受检材料和汇报材料的编写工作，取得了很好的效果。2009 年 3 月，国家电网公司在平顶山召开了配网管理专题调研会，11 月国家电网公司对平顶山可靠性管理进行了专项检查；2010 年 3 月，中国电监会对平顶山公司供电可靠性管理工作进行了专项评价检查；2010 年 5 月，在全国首次开展的供电企业可靠性评价中，平顶山公司荣获"全国供电可靠性金牌企业"，是全国 20 家金牌企业之一。

4）修编标准制度，理顺管理流程，推进精益化管理。

a. 主持修编了配电运检专业岗位工作标准 18 项，安全和生产管理制度 25 项，明确了各岗位职责和管理流程，使配电运检专业的各项工作能够有序开展，连续两年获得省公司配网管理先进单位。

b. 主持编写了地市供电公司可靠性管理规章制度和技术标准 11 项，明确管理流程和各岗位的责任分工，有序开展可靠性管理工作，成为省公司可靠性管理标杆单位。

c. 2011 年 3 月，带队参加了省公司配网带电作业竞赛，主持编写了"标准化作业指导书"和"竞赛评分细则"及"竞赛项目剧本"，取得了团体二等奖的优异成绩。通过竞赛训练，推动了带电作业的精益化管理，提高了配电带电作业的整体水平。

（2）成绩及荣誉方面。

1）教材、手册、标准、规范编写修订方面。

a. 2010 年 3 月，参与编写了省公司配电带电作业现场标准化作业指导书。

b. 2010 年 6 月，参与编写了省公司《配电检修规程》《配电运行规程》《现场操作规程》。

c. 2010 年 8 月，参与编写了省公司配电线路带电作业岗位培训题库。

d. 2010 年 10 月，参与编写了省公司配电岗位工作标准 18 项、技术标准 11 项、管理制度 25 项。

e. 2010 年 10 月，参与编写了省公司电力电缆线路运行规程。

f. 2011 年 3 月，带队参加了省公司配网带电作业竞赛，主持编写了"标准化作业指导书""竞赛评分细则""竞赛项目剧本"，取得了团体二等奖的优异成绩。

g. 2013 年 4 月，参与编写了省公司配电线路带电作业车工具库房车技术规范。

2）论文著作方面。

a. 2009 年 10 月，QC 成果"提高配网单相接地故障检测"荣获河南省质量协会三等奖。

b. 2010 年 6 月，发表的论文《一种新型线夹导线连接工具的研制和应用》荣获供电技术刊物二等奖。

c. 2010 年发表的论文《OFG–12ERA 型智能配电开关》荣获河南省科学技术进步奖二等奖。

d. 2010 年发表的论文《配网接地故障检测新技术与智能型配电开关的研究及应用》获得全国电力系统配电技术协会第三届年会论文三等奖。

e. 2014 年论文《配电网变压器智能管控系统的研究与应用》出版于《数字技术与应用》期刊。

f. 2016 年论文《一种可带电安装的高压电能质量在线监测装置》出版于《电力电容器与无功补偿》期刊。

g. 2012 年 QC 成果"实施旁路综合不停电作业"荣获河南省质量协会三等奖。

h. 2010 年 10 月，参编的《配电线路带电作业岗位培训题库》出版。

i. 2014 年，《配网不停作业资质培训题库》出版。

j. 2016 年，《配电线路带电作业知识读本》出版。

k. 2016 年，省公司《电网设备选型技术原则》出版。

l. 2018 年，Q/GDW 11729—2017《架空输电线路混凝土预制管桩基础技术规定》发布。

3）奖章立制方面。

a. 2010 年 3 月，参与编写了省公司供电可靠性评价迎检材料和汇报材料。

b. 2010 年 12 月，独立编写完成了省公司应急发电救援中心管理制度。

c. 2010 年 12 月，独立编写完成了省公司跨区带电作业协作中心管理制度。

d. 2012 年 11，编写完成了省公司配网不停电作业管理制度。

e. 2012 年 11，编写完成了省公司深入推进配网不停电作业实施意见。

4）科技创新及专利方面。

a. 2011 年 1 月，"配电变压器出线连接线夹"获得实用新型专利。

b. 2011 年 1 月，"带电立杆作业用两相线撑开支杆"获得实用新型专利。

c. 2012 年，"北斗卫星智能配网系统"获得科技创新专利。

d. 2014 年 7 月，"一种临街变压器安装支座"获得实用新型专利。

e. 2015 年 2 月，"一种配电网变压器智能管控装置"获得实用新型专利。

f. 2016 年 10 月，"基于方向性单相接地技术的旁路综合不停电作业"获得省公司运维业务群众创新实践活动成果。

g. 2016 年 8 月，"一种配电网变压器智能保护控制装置及保护方法"获得发明专利。

h. 2016 年 8 月，"一种配电网变压器智能保护控制装置及保护方法"获得发明专利。

i. 2018 年 5 月，"一种可带电装拆的高压电流钳及其装拆工装"获得实用新型专利。

5）授课方面。

a. 2012 年 4 月 13—28 日，进行配电带电取证班技能实训，组织单位为国家电网公司人资部，12 课时。

b. 2012 年 5 月 3—18 日，进行配电带电取证班技能实训，组织单位为国家电网公司人资部，16 课时。

c. 2012 年 5 月 2 日—6 月 4 日，进行配电带电取证班技能实训，组织单位为国家电网公司人资部，16 课时。

d. 2013 年 4 月 22—27 日，进行配电带电取证班理论培训和技能实训，组织单位为国家电网公司人资部，16 课时。

e. 2013 年 5 月 7—21 日，进行配电带电取证班技能实训，组织单位为国家电网公司人资部，20 课时。

f. 2013 年 5 月 22 日—6 月 5 日，进行配电带电取证班技能实训，组织单位为国家电网公司人资部，20 课时。

g. 2017 年 6 月 17 日—7 月 1 日，进行配电带电取证班技能实训，组织单位为国家电网公司人资部，12 课时。

6）荣誉方面。

a. 2008 年 4 月，省公司授予"金牌员工""抗冰抢险功臣""抗震救灾功臣"荣誉称号。

b. 2008 年 5 月，中国科学技术协会授予"抗击冰雪优秀科技工作者"荣誉称号。

c. 2010 年 12 月，地市供电公司授予"名誉技术专家""迎峰度夏""迎峰度冬""强网除患保供电"先进个人荣誉称号。

d. 2011 年 4 月，平顶山市总工会授予"平顶山市五一劳动奖章"荣誉称号。

e. 2011 年 9 月，省公司授予"迎峰度夏工作先进个人"荣誉称号。

f. 2013 年 1 月，省公司授予"省公司安全生产先进个人"荣誉称号。

g. 2013 年 12 月，国家电网授予"优秀专家人才"荣誉称号。

h. 2017 年 2 月，地市供电公司授予"劳动模范"称号。

6.3.2　介绍徒弟

1. 基本情况、工种及工作年限

郭徒弟，男，2003 年 12 月—2005 年 12 月，在洛阳部队服役；2005 年 12 月—2009 年

7月，在省网直属培训中心岗前培训；2009年8月—2013年5月，在地市供电公司配电运检专业带电班工作；2013年5月—2020年5月，在地市供电公司配电运检专业电缆班工作，经历工作负责人、副班长；2020年5月至今，在地市供电公司新城供电公司工作，岗位配电运维技术专责。

2. 能力、荣誉、为人处世，缺点及需要培养的能力

（1）工作能力。郭徒弟自2009年参加工作以来，一直从事配电运检专业技术业务，在思想上积极要求进步，在工作上锐意进取、刻苦学习、努力钻研，先后在带电作业班和电缆运检班组工作，不断充实和提高自身的技能、技术水平，在各项工作中勇挑重担、尽职尽责。虽然年轻却已是配电运检专业的技术业务骨干，在专业领域取得了多项荣誉。

1）协助兄弟单位带电立管塔。2011年，地市供电公司作为跨区域带电作业协调中心，按省公司安排，带领全班组一行5人到驻马店供电公司进行带电立管塔作业项目，其沉稳熟练的操作、敏捷快速的反应受到兄弟单位的赞扬。

2）河南省首例"10kV配网旁路带电作业"。2011年，地市供电公司在河南省首先开展了"10kV配网旁路带电作业"，作为主要斗内电工人，实际操作完成了10kV市东Ⅰ回线路华邦分支1～4号杆导线更换（400m）及华邦断路器的更换。参与编写"平顶山市区配网旁路不停电作业法更换导线及柱上开关现场作业指导书"，并制定了"地市供电公司10kV配网旁路带电作业工作方案"。2012年，参与编写"10kV培训线路3号配电变压器更换工程施工方案（演练项目）""10kV建西Ⅰ回1～33好杆线路检修综合措施""10kV沿南1—利民21—利民10之间线路检修综合措施""10kV帘27板线路检修综合措施"。

3）地市供电公司首次全电缆线路不停电作业。2013年作为业务骨干，参与了地市供电公司10kV旁路不停电更换长安大道6号电缆高压分支箱现场作业，该项目为地市供电公司首次开展的全电缆线路不停电作业，有许多技术问题需要解决，同时由于电缆线路带有负荷，带负荷插拔电缆终端是河南省首例，作为带负荷插拔电缆终端操作手，他集中时间学习研究了电力电缆的知识，并参与编写了"10kV旁路不停电更换长安大道6号电缆高分箱现场作业指导书""新城区配网10kV旁路不停电作业更换长安大道#6分接箱施工三措""地市供电公司新城区配网旁路不停电作业工作方案""地市供电公司配网旁路不停电作业现场应急措施"，成功将一台正在运行高分箱顺利更换。

4）国网电缆不停电作业技术交流。2013年，参加了国网上海电力公司承办的电缆不停电作业培训，并进行了技术交流，同年12月在省公司技术培训中心与培训中心的专家一起完成了省公司的电缆不停电作业教材编写及视频拍摄。

5）协助兄弟单位跨区域带电作业。2015年，地市供电公司作为跨区域带电作业协助中心，作为主要技术指导及 1 号斗内电工，参与信阳 10kV 侯 12 线、侯 21 线同杆架设的双回线路的架空和电缆混合线路迁改，为了保障供电可靠性，迁改工作进行旁路不停电作业，并参与编写了"信阳 10kV 侯 12 线、侯 21 线同杆架设的双回线路的架空和电缆混合线路需要迁改的作业指导书"及施工三措，顺利完成了迁改工作，得到信阳供电公司的一致好评和夸奖。

（2）培训能力。

1）国网技术学院培训师。2014 年，被国家电网技术学院聘为兼职培训师对国家电网公司新入职员工进行培训，由于教学认真，获得学院老师和学员一致好评，并被国家电网技术学院评为"优秀兼职培训师"。

2）省公司培训中心培训师。2014 年，被省公司技术培训中心聘为兼职培训师，对省公司承办的国网电缆不停电作业资质培训班进行实操讲解，被省公司评为"优秀兼职培训师"。2015 年，担任省公司配网不停电作业技术——绝缘杆作业法培训师，对各地市学习人员进行培训；2016 年，担任省公司配电带电作业新技术培训师，授课效果良好，得到技能培训中心和学习人员的一致好评。

（3）获得荣誉。参与研制的"引流线挂钩提高带电作业的安全型""改造带电作业旁路引流线接头"荣获地市供电公司二等奖；"研制 10kV 电力电缆 T 型头快速拆卸工具"荣获河南省质量协三等奖；"电流互感器测试仪一次测试线装置的研制"荣获河南省质量协会二等奖；发明实用新型专利"一种电力设备相间绝缘套"。发表《变压器绕组中的波过程及防雷保护研究》《10kV 旁路跳闸电缆不停电作业探析》《分析电力电缆线路的运行维护以及管理》《跳闸控制字与图纸接线不符引起保护拒动》《智能变电站终端故障引起主变开关误跳的分析》《智能终端故障引起主变高压侧断路器偷跳分析》《定值整定偏小造成正常操作时保护跳闸》等数篇论文于具有 ISSN 和 CN 编号的电力相关期刊。《敞开式电流互感器测试时间较长的原因分析及解决方案》荣获河南省电机工程学会 2016 年度优秀科技论文三等奖；主编的《10kV 电缆线路不停电作业培训读本》《配网不停电作业资质培训题库》等配电运检专业书籍，由中国电力出版社出版。

实际工作中，吃苦耐劳、好学、实干、勤奋、进取为他赢来了几十项荣誉。2010 年荣获地市供电公司 2010 年度"优秀团员"称号；2011 年获得省公司配网带电作业竞赛个人三等奖和团体二等奖、国家电网公司 10kV 配网架空线路带电作业竞赛"优秀学员"、地市供电公司"优秀青年志愿者"称号和"技术能手"称号；2012 年取得地市供电公司营销业务技能竞赛配电检修专业个人一等奖，荣获地市供电公司"技术能手"称号和省公司"优秀共青团员"称号；2013 年取得国家电网公司应急技能竞赛个人竞赛第七名，荣获平顶山市"技术能手"称号、地市供电公司"技术能手"称号、省公司"十佳技术能手"称号、国家电网公司"技术能手"称号、省公司"劳动模范"和"青年岗位能手"称号；2014年被国网技术学院评为国家电网公司2014年第一期新员工培训"安全生产先进工作者"和"优秀兼职培训师"、省公司"优秀兼职培训师"；2015年获得省公司电力电缆技能竞赛个人三等奖、荣获地市供电公司"技术能手"和"先进工作者"称号。2017年取得国家电网公司2017年输变电工程质量工艺技能竞赛110kV电缆终端头制作比赛个人第二名，荣获二等奖。

3. 综合能力评分

郭徒弟入职10年以来，刻苦耐劳、别具匠心、敬业乐群，从部队转业回来初步接触电力知识，到国家电网公司竞赛屡获佳绩，实现省市公司多项作业"零突破"，成为国务院国资委认定的"中央企业技术能手"。"源浚者流长，根深者叶茂"是他对自己工作要求的基本准则，工作期间他不断熟练岗位技能，掌握专业业务知识，摘下了颗颗丰硕的果实。他深知只有技术改革创新，才能做好主动运维和检修、提高客户端供电可靠率，做好"三型两网"根基建设。"一种户内电缆终端装拆辅助工具"等2项发明专利申报并得以公示，"一种变电站柜体安装手推架"等6项实用新型专利已获授权，QC成果"电流互感器测试仪一次测线装取装置的研制"等2项获得省质协二等奖，合理化建议"开发智能化个人证书信息认证系统"等荣获地市供电公司"金点子"奖。他带领的青创队协助信阳公司、禹州公司查询电缆线路故障，被腾讯网媒、《河南电力》期刊"紧急驰援化解难题"等报道。他与客户心连心，以密切保持服务沟通和做好主动运维和检修来提高客户端供电可靠率，营造了良好的营商环境。2019年，在他和班组的共同努力下，圆满完成了辖区内电缆线路的运行与检修工作，其对待工作认真负责的态度，得到了领导和同事的高度评价。

6.3.3 师徒合同及培训计划

1. 培养目标及时间

培养新员工工作的科学性、系统性、逻辑性，使新员工能够早日融入公司，精通业务，先成为一名合格的配电专业员工，然后成长为一名优秀的技术人员。培训时间为23个月。

2. 具体培养措施

结合新员工的实际情况和职业理想，进行入司培训、岗位认知培养、岗位实践、项目引导培养等，培训原则为"尊重规律、因势利导、循序渐进、共同责任、注重实效"。

（1）第一阶段目标分解及培养方式。

1）目标：了解公司、部门、专业的相关管理制度，了解专业的生产状况，进行三级安全教育，初步了解专业涉及的配电设备名称。学习配电文化、配电精神。

2）培养时间：2013 年 3 月。

3）培养方式：采取讲授及员工自学的方式，对新员工加强关于安全方面的教育，并且向新员工介绍公司概况、企业文化、配电专业生产管理及运维工艺流程、规章制度、工作方法、行为规范等内容。

（2）第二阶段目标分解及培养方式。

1）目标：要求新员工深入了解自己所要从事岗位的工作要求、岗位职责，了解工作内容，熟悉工艺流程等。

2）培养时间：2013 年 4—12 月。

3）培养方式：采取理论与实践相结合的方式，使新员工明确了解岗位职责，准备相关参考资料（如工艺流程等方面），让新员工学习。同时培养新员工积极的职业心态，以及对职业生涯的规划。

（3）第三阶段目标分解及培养方式。

1）目标：通过顶岗试用及岗位实践，初步实现能完成简单工作任务的能力，并不断进行考核。

2）培养时间：2014 年 1—6 月。

3）培养方式：结合新员工自身的实际情况及考核中发现的问题进行不断的总结，查找不足，进行针对性加强培训。

（4）第四阶段目标分解及培养方式。

1）目标：初步达到一名专业技术员的要求。在做好工作的同时，加强其他方面知识的学习，如工作需互相协调、互相帮助等。

2）培养时间：2014 年 7—9 月。

3）培训方式：顶岗实操，发现问题及时帮助解决并进行分析和总结，并按要求认真改进。

（5）第五阶段目标分解及培养方式。

1）目标：通过一段时间的学习与培养，使新员工具有独立解决实际问题的能力，真正做一个合格的技术员、优秀的配电技术员工。

2）培养时间：2014 年 10—12 月。

3）培训方式：独立承担相关工作任务，并且对其进行技术考核。

6.3.4 师徒情深

1. 师傅和徒弟相处的小事

作为一名基层班组青工，郭徒弟严格以高标准要求自己，紧跟形势学习贯彻党的方针政策，坚持学习政治上的先进理论，努力学习、不断更新自身的技术知识，逐步成长为一个技术过硬、勇于技术创新的班组青工骨干。近年来，郭徒弟主动要求参加配电专业的职业技能培训考核及技能鉴定取证工作，并结合自身发展工作实际对配电电缆专业及配电不停电技术的技改创新进行深入探索学习，积累了大量的生产实践经验。他始终坚持干一行、学一行、爱一行，在专业领导的指引下，郭徒弟愉快地接受了青工轮岗锻炼工作，分别在带电班、电缆班、供电值班等班组轮岗，逐渐成为复合型技术青工，他立足本职、爱岗敬业、吃苦耐劳、实干苦干、无私奉献的模范精神，在专业内部得到一致好评。他深知掌握技术对生产专业一线的重要性，充分利用轮岗培训的机会，虚心向师傅、专家学习，取长补短，精益求精。在每个班组都针对性找出工作中存在的技术难题，并及时与班组师傅们一起探讨、交流、解决，发挥自身技术能力在生产中的实效。郭徒弟始终保持极强的责任心、使命感和爱岗敬业精神，在不懈的努力和不断的学习下，配电运检技术水平不断提高。他与同事们出色完成了公司下达的"配电专业带电作业工作"，三年持续推进计划的生产任务，将地市供电公司配电带电作业工作推动至河南省电力系统内领跑者的位置，受到上级部门及广大电力客户的一致好评，为地市供电公司赢得了良好的社会效益和生产效益。

2013年5月，配电网电缆线路不停电作业实施的两个月的时间里，郭徒弟几乎没有好好休息过，也没有好好照顾过退休在家的父母亲，5月父亲因病住院，他也没有时间陪护，即使是节假日也能在岗位上看到他工作的身影，老父亲说，儿子当兵回来工作那会儿，还指望他能够呵护照顾，帮忙料理家里的大事小情，但渐渐发现，他工作越来越忙，家里什么事也指望不上，现在家就在办公室附近，他还经常为工作"夜不归宿"，即使回到家也只是睡个觉，经常半夜里接个抢修电话起身就走了，但父母亲都能理解他，也希望他好好工作。

高师傅是一个工作严厉和经验丰富的师傅，他看到郭徒弟所付出的一切，也很心疼他，时常是严在嘴上、爱在心上，总是鼓励他要抓住一切学习技术本领的机会，始终做一个有上进心的人，要从每一件事做起，从点点滴滴做起，要学会舍得，爱岗敬业，为大家舍小家，只有这样才能不辜期望。只有不断提高自身素质和工作技能才能跟得上企业的发展需要，才能更好地回报企业，所做工作离真正的"技能专家"标准和要求还远远不够，作为一名配电专业的年轻人，在平时的工作中，要时时刻刻处处用青年团员的标准严格衡量、约束自己的言行，不断提高综合素质和业务能力，积极完成党的各项任务，才能不辜负领导及父母的期望，才能展现自己的理想追求。

2. 师傅现场指导徒弟处理问题

（1）勇于创新引领国内配电网不停电先进技术。2013年4月，配电运检专业在接到公司要求开展配电网纯电缆线路不停电作业任务通知后，召开了作业动员会，由于该项目在国内配网还属于先进技术，无经验可以借鉴，高师傅作为领导和师傅，以青年技术骨干为班底组建了项目工作组，得知情况后，郭徒弟主动请缨，决心啃下这块硬骨头，在时间紧、任务重的情况下他带领10多名青年员工临危受命。为了尽快掌握先进的旁路电缆带电作业技术，为了实现配网设备全时不停电检修，也为了鹰城百姓的光明事业，在高师傅的亲自指导下，郭徒弟连续一个星期在中心院内—办公室—现场作业车，三点一线工作，一点点绘出现场工作效果图，并制定出施工方案及详细的作业指导书。在实施演练过程中，利用专业知识，创新改造多项专利技术，获得省市专家的高度评价，其中4项成果属国内不停电技术创新，由于是电缆专业创新技术，为保证现场安全，主动要求现场实施操作。由于旁路作业要求专业项目安全性较为复杂，相间距离又小，对作业人员的要求极高。在模拟演练中，他严格要求自己，为做到动作标准、技术规范，不停地反复练习，每次演练完都全身湿透，坐在地上说不出话来，但他都无怨无悔。2013年6月25日，平顶山公司配网电缆线路旁路带电作业工作成功实施，标志着公司配电线路不停电作业规划发展目标按期达成，公司配电线路不停电作业已经达到国内先进水平，公司成为河南省电力系统范围内第一家尝试这个项目的地市级公司。另外，这也是河南省电力系统首次在带负荷成功实施平配网电缆线路旁路带电作业法。此项工作中，郭徒弟同志的付出获得了领导的高度认可与赞誉。

（2）坚持严于律己、努力做好基层青工表率。在工作中，高师傅经常要求并时刻提醒郭徒弟同志积极参加理论学习，要求他始终把学习放在重要位置，在提高自身综合素质上下功夫，在平时工作中主动加强思想作风建设，始终把耐得平淡、舍得付出、默默无闻作为自己的准则；始终把提高自身素质、增强技术水平作为一切工作的基础；始终把作风建设的重点放在严谨、细致、扎实、求实上，脚踏实地埋头苦干，努力成为配电电缆工作一线的楷模；能够正确认识自身的工作和价值，正确处理苦与乐、得与失、个人利益与集体利益、工作与家庭的关系，坚持甘于奉献、诚实敬业，经常加班加点连轴转，做到加班加点不叫累、领导批评不言悔、取得成绩不骄傲，从而保证了个人成长脚步的不断迈进。

郭徒弟在成绩面前不骄不躁，对自己始终坚持高标准、严要求，工作中更加努力地学习科学理论知识，在自己的岗位上取得了更大、更好的成绩，在本职岗位上锐意进取，勇于开拓，为提高公司效益、推动国家电网公司系统配电事业的发展作出了积极贡献。今后，他和同事们将继续以饱满的热情积极投身于踏踏实实的各项工作中，继续钟情于自己的事业，时刻不忘作为一名平供配电人的奉献精神，为把公司各项工作推上一个新台阶做出奉献。

6.3.5 徒弟出师

1. 徒弟经过培训后的变化

经过培训，郭徒弟在专业技能方面得到了极大的提高，得到了领导和身边同事的充分肯定，能从容地应对日常工作中的事情及出现的问题，并能在实际工作中大胆地说出自己的见解，化解了工作中的很多难题。

自出师以来，在学习工作中，一方面积极参加公司组织的各种培训，通过各种竞赛不断提升自己的专业技能水平，使自己能更好地完成各项工作；另一方面也认真编制各类培训方案，将自己所知所学传授给其他新员工们，让他们能尽快成长。

做好本职工作，踏实肯干、刻苦钻研、工作业务水平突出。2011年，地市供电公司在河南省首先开展了10kV配电网旁路带电作业，作为主要斗内电工人，实际操作完成了10kV市东Ⅰ回线路华邦分支1～4号杆导线更换（400m）及华邦1断路器的更换。2013年，作为业务骨干，参与并实施了地市供电公司10kV旁路不停电更换长安大道6号电缆高压分支箱现场作业，该项目为地市供电公司首次开展的全电缆线路不停电作业，同时由于带负荷插拔电缆终端是河南省首例，作为带负荷插拔电缆终端操作手，集中学习研究了电力电缆的知识，参与编写了"10kV旁路不停电更换长安大道#6电缆高分箱现场作业指导书"，并成功将一台正在运行高压分支箱顺利更换。

2014年，被国家电网技术学院聘为兼职培训师，对国家电网公司新入职员工进行培训，获得学院老师和学员一致好评，并被国家电网技术学院评为"优秀兼职培训师"。2015年，地市供电公司作为跨区域带电作业协助中心，作为主要技术指导及1号斗内电工，参与信阳10kV侯12线、侯21线同杆架设的双回线路的架空和电缆混合线路迁改，并参与编写了"信阳10kV侯12线、侯21线同杆架设的双回线路的架空和电缆混合线路需要迁改的作业指导书"及施工三措，顺利完成了此次迁改工作，受到信阳供电公司的一致好评和夸奖。

学以致用，用心创新，参与研制的工具获得多项奖项，并发明多项专利；发表多篇论文于具有ISSN和CN编号的电力相关期刊；编写出版了多本书籍。

2. 徒弟在经过培训后取得的荣誉

2013年，取得国家电网公司应急技能竞赛个人竞赛第七名，荣获平顶山市"技术能手"称号、省公司"十佳技术能手"称号、国家电网公司"技术能手"称号；2014年，被国网技术学院评附件为国家电网公司2014年第一期新员工培训"优秀兼职培训师"、省公司"优秀兼职培训师"；2017年，取得国家电网公司2017年输变电工程质量工艺技能竞赛110kV电缆终端头制作比赛个人第二名，荣获二等奖。2018年，带领团队参加省公司高压电缆检测及制作技能竞赛，荣获团体第二名的历史最好成绩、个人荣获一等奖。2018 年 4 月，荣获国有资产委员会颁发的"中央企业技术能手"荣誉称号；2019 年，获得平顶山市"第十二届拔尖人才""鹰城大工匠"等称号。郭徒弟把刻苦学习和钻研理论作为自己的行为准则，在自己平凡的岗位上为电力事业默默奉献着自己的青春。

6.4 电网调度专业

6.4.1 介绍师傅

1. 基本情况、工种及工作年限

谭师傅，男。1999 年 7 月，东北电力大学电力系统通信工程专业本科毕业；1999 年 7 月—2003 年 5 月，在原地市电业局电力调度通信分局从事电力系统通信工作；2003 年 5 月至今，在地市供电公司电力控制中心（以下简称"调控中心"）工作，经历副值调度员、正值调度员、技术专责、调度班副班长，目前为岗位地区调度班班长，省公司二级技能专家、初级兼职培训师，襄阳供电公司四级工匠，高级工程师、高级技师。

2003 年 5 月在调控中心地区调度班工作以来，调控操作十万余次零失误，参与 12 座 110kV 公用变电站、10 座风电场、15 座光伏电站、4 座用户变电站的验收及投产送电。荣获省公司科技进步奖 1 项，市公司科技进步奖 5 项，QC 优秀成果 5 项，省公司典型经验 4 篇。制定省公司工作标准 2 类 10 项、省公司调控技能人员应知应会手册 1 本，发表论文 6 篇。荣获国家电网有限公司级荣誉 2 次，省公司级荣誉 4 次，地市公司级荣誉 10 余次。

2. 能力、荣誉及为人处世

谭师傅在调控中心地区调度班从事电网运行管理期间，从一名通信员工转岗成电网调度运行管理者，千头万绪从头学，在转岗的一年时间，从发电站与变电站电气设备、继电保护、二次回路等基本理论开始，之后学习《电网调度规程》《两票实施细则》等专业规程。他每天利用下班后的休息时间，不断学习理论与实践，通过师傅传授及自学，到 2004 年 7 月顺利通过地调副值调度员资格考试，成为一名电网管理人员。

从事电网调控运行以来，谭师傅学习电网调控运行的工作流程，学习填写调度操作票，并逐步学会异常及事故处理等调控工作。2011 年 7 月，遇到电网百年一遇的"风灾"，风力高达十一级，导致多座 10～110kV 铁塔倒塔、断线，谭师傅协助调度员从早班忙到中班、从中班忙至夜班，夜间仅休息了 1h，又开始统计跳闸及线路恢复送电情况，为电网后续快速恢复供电立下了汗马功劳。

谭师傅多次参与新能源场站接入方案审查会，参与 12 座 110kV 变电站、10 座风电场、

15座光伏电站、4座用户变电站的验收及投产送电工作，确保了上述变电站、新能源场站及用户升压站顺利投运，优化了电网结构，提高了供电能力，解决了用户上网通道。其中参与的"郑万高铁电力线路迁改工程"被评为2018年省公司第四季度安全工作突出贡献奖。

谭师傅所在公司是省公司水调自动化系统建设的试点，谭师傅全程参与了水调自动化系统的安装、调试及项目验收。该系统建设后，实现了科学调控水库水位，满足地区电网事故应急处理和电网调峰的要求，该系统还可及时掌握流域内降雨和水位变化情况，实现减少电厂弃水甚至不弃水的目标，让水电厂增加发电量。2016年8月25日，水调自动化系统提示南河流域预计48h有洪水。按照洪水调度及时调整发电计划，未发生弃水现象，增发电量100万kWh，直接经济效益在35万元以上。"地调水调自动化系统建设科技项目"荣获省公司2015年度科技成果推广应用三等奖；谭师傅撰写的"地县一体化全景水电管理系统"入选2016年省公司典型经验库。

谭师傅在新能源管理方面积极思考、勇于创新，加强新能源场站运行管理。一是针对地市公司企业负责人考核指标——可再生能源利用率，通过加强县、配调管理，督导电厂解决了分布式光伏信息上传问题，确保电量偏差小于8%。二是通过每日通报新能源场站功率预测准确率，通过约谈等机制，不断提高新能源功率预测准确率。三是通过新能源承载力计算，参与新能源接入方案审查会，以"红黄绿"三色新能源消纳地图为依据，以"主+场"双重预测系统为支撑，对新能源场站开展"四维度"管理方法，护航电网安全运行。2021年1—11月，公司企业负责人指标——可再生能源利用率实现100%，完成了省公司下达的同业对标指标。新能源功率预测准确率由全省排名靠后提升至第二，同时解决了分布式光伏信息上传问题。撰写的"'红黄绿'助力新能源发展，'四维度'护航电网运行安全"成功入围2021年省公司典型经验库。

2020年，谭师傅作为地区调度班班长，无私奉献、周密安排、认真负责，谱写了一曲一线电力人的赞歌。一是靠前指挥，第一时间投入"抗疫"一线，编制"调控系统应对新冠肺炎应急预案"，保障了调控系统正常运行。二是严密组织，构建电网安全"防火墙"，及时编制定点医院、发热门诊、政府部门等保电预案，做到467家重要用户"一户一预案"。三是周密安排，全力完善调控员后勤保障，多次联系后勤部门，40余名调控人员实现了集体食宿、单人隔离，实现"0"感染。四是无私奉献，服务群众，为抗击新冠疫情贡献自己全部力量。在新冠肺炎阻击战中，带领班组先后荣获"市三八红旗集体""市疫情防控阻击战青年突击队""公司抗疫情保供电先进集体"荣誉称号。谭师傅荣获"国家电网公司抗疫先进个人"，个人事迹在《中国电力报》2020年4月3日报道，同时在《当代电力文化》2020年第4期报道。

2016年5—7月，谭师傅在全省调控系统首创"主备调系统应急处置卡"，其简明扼要、内容实用、携带方便。主笔撰写的"主备调应急管理体系",入选2016年度省公司运行管理专业典型经验库。2019年5月,负责省公司组织专家对本地调主备调实战演练迎检工作,顺利完成主备调切换,为今后紧急情况下主调向备调切换打下坚实的基础。

通过努力,谭师傅荣获了多项专业奖项。参与的"基于时空特征寻优的'虚拟新能源电厂'"荣获国家电网公司第四届青创赛银奖;参与地调水调自动化系统建设科技项目,荣获省公司科技成果推广应用三等奖;"规范监控信息管理 提高电网监控效率"荣获地市公司QC二等奖;"研究线路负荷率提升的新方法"荣获地市公司QC一等奖;"高精度新能源集群功率预测平台的研发"荣获地市公司公司QC一等奖。

2008年6月,谭师傅荣获国家电网公司第二届优秀调度员;2015年3月,荣获省公司2014年度调度控制工作先进个人;2016年1月,荣获省公司2015年度电网运行工作先进个人;2017年9月,被省公司授予运行类二级优秀技能人才;2019年2月,荣获省公司2018年度电网调控工作先进个人;2020年10月,荣获国家电网公司抗疫先进个人;2021年7月,荣获省公司优秀党员等荣誉(地市公司荣誉略)。

论文方面,通过自己的认真钻研,2016年撰写《监控信息精益化管理》在《通讯世界》上发表,并应用到实际工作中,大幅减少了监控信息,降低了监视的劳动强度。2017年撰写的《电网运行中备自投装置存在问题与对策分析》在《文化研究》上发表;2018年撰写的《智能变电站站控层顺控操作的应用》在《通信电源技术》上发表;撰写的《规范监控信息管理 提升电网监控效率》在《华中电网调度控制系统专业管理经验汇编》。撰写的《负荷批量控制与应急演练》在《中国新通信》上发表。

业务技能方面,2019年4—7月,省公司组织编写《技能人员应知应会手册 – 电力调度员(主网)》,谭师傅作为组长全程参与此次编写,方便今后技能人员快速掌握应知应会知识。谭师傅于2015年获得省公司初级培训师资格,多次参与地调新员工、地调直调电厂及大用户的调度业务培训工作,累计授课超过100学时。其培训学员已有超过500人获得调控系统运行人员资格证书,获得培训人员好评。

建章立制方面,2012年12月起草了省公司《市供电公司电力调度控制中心调度班班长工作标准》等5项企业标准、《市供电公司电力调度控制中心监控班班长岗位工作标准》等5项企业标准,已在全省发布并实施。2016、2021年两次主持修编《电网调度控制管理规程》,经批准后在地市公司执行。

6.4.2 介绍徒弟

1. 基本情况、工种及工作年限

熊徒弟,男,2017年7月毕业于华中科技大学电力系统及其自动化专业,硕士研究生，2017 年 7 月入职调控中心地区调度班，从事电网调控运行 5 年，顺利完成调控运行各项工作任务，日常工作中积极主动学习，储备了电网调控专业知识。

2. 能力、荣誉、为人处世，缺点及需要培养的能力

熊徒弟参加工作以来，通过谭师傅及其他师傅的传、帮、带，掌握了调控运行的理论与实践技能，能够胜任调控运行工作。2021 年 10 月，参与地区最大容量变压器——220kV 米庄变电站 3 号主变压器现场投产送电工作；2021 年 12 月，完成地区首座 220kV 双母双分段母线——20kV 翁泉变电站 220kV 母线投产送电，负责签订了 4 座 220kV 电气化铁路牵引站并网调度协议，并顺利完成 4 座 220kV 牵引站的投产送电，这也是首次由 220kV 终端变电站由省调委托地调调度的变更。

熊徒弟平时积极参与新能源预测工作，主持了基于时空特征寻优的"虚拟新能源电厂"预测平台项目建设。该产品将区域风电场、光伏电站群集合成一座"虚拟新能源电厂"，通过对风速、风向、光辐射强度等新能源特征寻优，找到与"虚拟电厂"功率最具相关性的特征量，将优选特征与历史数据进行空间资源匹配，高精度预测"虚拟电厂"未来 24h 功率。该平台建立独有数据库，实时优化、滚动更新，并与电网潮流计算、负荷预测等系统实现数据共享，将新能源集群高精度预测值应用于智能化调度、新能源消纳计算、大电网运行方式安排等。该产品可有效解决当前新能源集群预测系统精度偏低问题，为准确计算大电网新能源可接入容量提供精确数据，提升新能源消纳水平，提高电网经济效益；有效应用于电网建设、评估和分析，在新能源分布较广的区域极具推广意义。该项目荣获国家电网有限公司第四届青创赛银奖，并获得市公司 2018 年度科技进步奖一等奖。

熊徒弟加入调控中心地区调度班"启明星"QC 小组，主要参与"高精度新能源集群功率预测平台的研发"QC 课题，该课题荣获市公司 2018 年度 QC 一等奖。先后发表论文 2 篇，并获得"2020 年市公司双文明积极分子""2021 年市公司调控工作先进个人"等荣誉称号。

3. 综合能力评分

熊徒弟在调控中心地区调度班参加工作以来，在思想上高度重视，在行动上认真负责。特别是在电网迎峰度夏期间，认真做好电网运行监视，采取发电机组开、停，转移负荷、调整电网运行方式等措施，减少设备超重载情况；及时发布重载主变压器、线路运行信息，督导设备管理单位加强重载设备特巡特维，确保设备安全运行；及时调整电压，确保电压在国家标准范围内，避免用户出现过电压或低电压情况，引发用电投诉，保证电网迎峰度夏期间安全稳定连续运行。

6.4.3　师徒合同及培训计划

1. 师徒结对的原因

公司将"师带徒"工作向高端延伸，创新开展"名师带高徒"模式，以公司技能人才为"名师"，加大公司后备人才培养储备，特别是在2015年组织培训了一批公司内部兼职培训师，形成了从技术骨干到高层次的后备人才层次清晰，技术人才、技能人才全面覆盖的人才培养体系。这样的一整套"结对帮带"式人才培养链条，使各类人才在成长的各个阶段都有导师引路指导，加快了人才成长步伐。

公司形成了完善的一带一、一带多、多带一等多种带徒方式，同时不断拓展"导师带徒"的载体，将"导师带徒"融入业务竞赛培养、人才团队建设中，培养目标从单纯传授知识向侧重能力提升转变，培养方法从课堂式灌输向实践锻炼转变，培养方式从集体教学向小班式教学转变，培养质量大幅提升，人才培养效果明显改善。

熊徒弟与谭师傅的师徒结对是公司上述工作的直接体现，也是传授调控运行技能最直接、最有效的方法。地区调度班是一个团队，一荣俱荣、一损俱损，工作靠大家。师带徒能够很好地传承操作技能和经验，又能增强员工之间的凝聚力。在带徒过程中，师傅要严格要求徒弟，激励徒弟不断学习，参加实践活动，注重培养徒弟事故处理能力，加强徒弟对工作流程的掌握，让徒弟在日常工作中不断总结，不断提升自己的工作能力。

谭师傅的职责是传授调控运行基本业务知识、基础操作技能，同时把优良的工作作风、高尚的职业道德和安全生产经验传授给徒弟；用心带徒，对徒弟提出的疑问认真分析，让徒弟搞懂弄清，把自己的全部技能毫无保留地教给徒弟，努力使徒弟掌握基本理论与基本技能，能够在一年内晋升调控运行副值调度员。

师傅在传授徒弟知识与技能时，也能根据培训效果及时进行充电，从而促进师傅加强学习，提升业务技能水平，让师徒共同进步，提高团队的凝聚力、战斗力，让团队的优势更快、更高效地发挥出来。徒弟应改变在学校里被动接受老师的讲解的习惯，要主动思考，认真总结，举一反三。师傅签订师徒协议时，应对徒弟提出具体的要求：一是教徒弟做人的道理，凡事先做人，再做事。教导徒弟在学习中，要尊重师傅，特别是班组的其他师傅，平时打扫卫生时要积极主动，见到师傅要主动问好。在工作上，要保持积极向上的心态，要有正确的世界观，吸取师傅们的优点。二是要认真学习，认真查看运行日志、调度操作票、检修申请票等，确保工作准备充分。三是工作时认真监视电网，调整电网电压、频率在合格标准之内，认真学习相关的调控运行知识，学习《电力系统安全工作规程》《两票实施细则》《调度控制管理规程》等。

传即言传，谭师傅根据培训计划，合理安排时间与进度，根据情况决定是否要进行调整。首先要认真学习调控运行最基本的知识，例如《电力安全工作规程》《调度控制管理规程》《两票实施细则》《调度操作票实施细则》等，只有掌握了基本的规章制度及技能，才能做好本职工作。带即身教，师傅要为徒弟树立榜样，明确目标，带领徒弟为公司更好发展做出自己的贡献。公司开展"师带徒"的目的是尽快让新员工成长起来，解决调控专业人的问题，这就要求师傅具备领头雁的本领，以身作则带领徒弟融入队伍。师傅要树立榜样，带领徒弟不断前进；应有严谨认真的工作态度，能将工作圆满完成；应有"高严细实快"的工作作风，起到模范带头作用。在榜样的影响下，带动徒弟的工作积极性。

作为师傅，要坚持原则，以身作则，讲究沟通交流的艺术，带徒弟时要有热情、态度积极，让徒弟快速地成长起来。在带徒过程中，要以身作则，如工作期间要着职业装，谭师傅每天按照要求带头做到；大家加班，谭师傅跟着大家一起做；各种考试，谭师傅带头准备充分，考试争取理想成绩。只有这样才能服众，才能让同事认为这个人值得尊重。谭师傅经常与徒弟进行沟通交流，讲述自己的工作经历，特别是工作的重大事件，分享经验，让徒弟少走弯路，同时带动身边的人保持一颗积极向上的心。

"信其师而听其道"是基本要求。好的习惯随着时间的积累就变成自己的财富。谭师傅在工作过程中不断地积累自己的知识，开阔自己的视野，加强自身的专业水平，与徒弟一起去分享成功的快乐，促进今后共同提高。保持和徒弟的沟通交流，如对新事物的看法，既要保持自己的观念，又要找到其相交点。在生活上，要关心徒弟，主动帮助其解决生活上的困难，多鼓励徒弟前进。当徒弟思想上有波动时，帮助分析，以长远的眼光去看待问题，学习用辩证的观点来分析和解决问题。

师徒结对能够充分利用师傅的丰富经验，让徒弟迅速成长。师傅们在起传帮带作用的同时也应注重自身的学习，调控中心应根据培训成效进行考核，对于顺利完成任务的师傅，应给予物质与精神上的奖励，促使工作更好开展；对于未能完成任务的师傅，应认真分析存在的问题，杜绝今后出现的类似情况。徒弟要谦虚好学，勤做勤问。师徒结对将建立师徒互助、互促、互相监督的双向发展机制，促进师徒共同成长。

2. 徒弟的培训计划

（1）培训计划安排。

第一月学习内容：掌握调控运行基本知识

　　第一周：掌握设备命名规则，背画电网一次接线图

　　第二周：背画电网一次接线图

　　第三周：电网调度控制管理规程

　　第四周：电网调度控制管理规程

第二月学习内容：掌握调度操作指令票填写

第一周：掌握调度操作票实施细则

第二周：学会填写基本的调度操作票

第三周：学会填写复杂的调度操作票

第四周：学会填写新设备投运操作票

第三月学习内容：电网异常处理

第一周：掌握断路器、隔离开关、电压互感器、电流互感器异常现象、影响及处理流程

第二周：掌握频率、电压、线路、变压器异常的异常原因、影响及处理流程

第三周：解补偿设备（电容器、消弧线圈）、继电保护及安全自动装置异常现象

第四周：掌握解变压器异常的种类及其征象

（2）第一月学习内容：掌握调控运行基本知识。调度员日常工作包括对电网设备运行监视，进行电网调整（负荷、出力、电压、频率等）、电网设备操作、事故处理等工作。调度员工作涉及的知识面较广，包括电气设备、继电保护、二次回路、高电压技术、电力系统分析、电子技术等知识，调度员大部分来自电气工程及其自动化专业，在大学学习期间就掌握了相关的课程知识，不再进行培训。调度员从事工作主要应掌握的知识包括《电力安全工作规程》《调度控制管理规程》《两票实施细则》《电网调度》等各种规章制度，以上规程是从事调控运行必须掌握的知识及技能。《电力系统安全规程》属于通用规程，员工在入职时会进行培训。《两票实施细则》各省、市公司可能有不同的要求，员工在入职时也会进行培训。此次培训内容主要从《电网调度》《调度控制管理规程》入手，让实习调度员掌握相关知识。

1）基础知识。接触电网首先应了解本地区电网一次接线图（即主接线图），这是从事调控运行工作最基本的工作。对于熊徒弟来讲，因其在大学学习过电气设备相关课程，对接线图的分类、优缺点等有一定的了解，但为了便于培训，对电网一次接线图进行简单介绍。

电力系统接线方式有以下特点：

a. 单母线接线。单母线接线具有简单清晰、设备少、投资小、运行操作方便且便于扩建等优点，但可靠性和灵活性较差。当母线或母线隔离开关发生故障或检修时，必须断开母线的全部电源。

b. 双母线接线。双母线接线具有供电可靠、检修方便、调度灵活或便于扩建等优点。这种接线所用设备（特别是隔离开关）多，配电装置复杂，经济性较差；在运行中隔离开关作为操作电器，容易发生误操作，且对实现自动化不便。尤其当母线系统故障时，须短

时切除较多电源和线路，这对特别重要的大型发电厂和变电站是不允许的。

c. 单、双母线或母线分段加旁路。其供电可靠性高，运行灵活方便，但投资有所增加，经济性稍差。特别是用旁路断路器带该回路时，操作复杂，增加了误操作的机会。同时，由于加装旁路断路器，使相应的保护及自动化系统复杂化。

d. 3/2 及 4/3 接线。具有较高的供电可靠性和运行灵活性。任一母线故障或检修，均不致停电；除联络断路器故障时与其相连的两回线路短时停电外，其他任何断路器故障或检修都不会中断供电；甚至两组母线同时故障（或一组检修时另一组故障）的极端情况下，功率仍能继续输送。

2）电气一次接线命名规则。通过对电气一次接线图进行介绍，让熊徒弟重温电网一次接线图的定义、优点及缺点，并在本电网的一次接线图中，让其找出哪些变电站属于单母不分段、单母分段、双母线、双母线带旁路、双母双分段、二分之三接线等，以便对各种不同主接线图有更深的理解。

背画电网一次接线图是每名调度员的必修之课，熟记一次接线图，能够让工作得心应手。要想快速记忆一次接线图，首先要掌握规律，即要掌握设备命名规则。为了让熊徒弟掌握相关知识，对熊徒弟培训设备命名规则，下面以所在省公司《关于印发中低压电网设备命名原则及电子接线图管理办法的通知》为例介绍。

a. 厂、站（发电厂、变电站）命名原则。

a）优先考虑沿用基建名称。

b）不得与已投运的发电厂、变电站重名。

c）名称应尽可能体现当地著名风景、人文、地貌、行政区域特色。

d）简称一般取名称的首字，若与其他厂站的简称同字或同音时，按照同一地区的厂站简称不出现同字或同音的原则，依次取名称的第二或第三字，或取其中两个字作为简称。

b. 厂、站内设备命名编号原则。

a）交流设备实行双重编号，即由设备名称和代码编号（以下简称"编号"）两部分组成，其中设备名称包含电压等级和厂站简称。

b）主变压器：按厂、站名简称加"1、2、3……"顺序编号，例如"×1 号主变压器"。

c）母线：按厂、站名简称加电压等级加"1、2、3……"数字从高电压等级起依次进行编号，例如"×110kV 1 号母线""×35kV 3 号母线"等。

d）断路器：按电压等级及现场平面位置顺序编号，均采用四个字，第一个字表示厂、站名简称，第二个字表示电压等级，第三（四）个字表示断路器位置。110kV 电压等级断路器编号的第二位用 1 表示，对应 110kV 间隔顺序，"111"为第一个间隔，依次编排。35kV 电压等级断路器编号的第二位用 3 表示，对应 35kV 间隔顺序，"331"为第一个间隔，依次编排。10kV 电压等级断路器第二位用"4、5、6、7、8、9"表示，对应间隔所在母线编号，"401"为 10kV 4 号母线第一个间隔，依次编排。

e）隔离开关：从属于断路器编号，在断路器编号后加一个数字。对于靠母线侧隔离开关，当母线编号为奇数时取 1，为偶数时取 2，靠线路或主变压器侧取 6；对于母线分段隔离开关，靠奇数母线侧的编号为 1，靠偶数母线侧的编号为 2，例如"×361"分段隔离开关表示 ×36 开关与 ×35kV 1 号母线之间的隔离开关、"×362"分段隔离开关表示 ×36 开关与 ×35kV 2 号母线之间的隔离开关。

f）接地开关：从属断路器编号加一个数字，可选 4、5、7、8、9。具体如下：① 变压器中性点接地开关为 7；② 断路器与母线侧隔离开关间的接地开关为 5；③ 断路器与线路侧隔离开关间的接地开关为 8；④ 线路隔离开关靠线路侧的接地开关为 9；⑤ 电压互感器隔离开关靠母线侧的接地开关为 4，靠电压互感器侧的接地开关为 5；⑥ 分段开关与其两侧隔离开关之间的接地开关为 5 和 8（4），按奇数对奇数，偶数对偶数原则编号；⑦ 母线接地开关采用 4 位数，1 号母线第一个接地开关为 1001，第二个接地开关为 1002；2 号母线第一个接地开关为 2001，第二个接地开关为 2002。

g）电压互感器隔离开关：从属于母线进行编号，例如 ×× 变电站"互 01"表示 × 变电站 1 号母线上 01 号互感器与 1 号母线之间的隔离开关、"互 04"表示 4 号母线上 04 号互感器与 4 号母线之间的隔离开关。

h）发电机组：按厂名简称加"1、2、3……"顺序编号，例如"×1 号水轮发电机组"。

c. 线路命名原则。不同变电站、发电厂之间的联络线，用线路电压等级加各端厂、站名标示，一般将电源端或中枢变电站名称放在前面，按两站站名简称命名，如"110kV XY 线"。当两站间同一电压等级联络线有多回时，用"一回""二回"等加以区别；如"10kV XY 一回线""10kV XY 二回线"等。

谭师傅给熊徒弟讲述上述设备命名规则后，要求熊徒弟记住上述规定，并对照 D5000 系统变电站一次接线图验证上述命名规则。然后逐一背画变电站一次接线图，并建议按照电压等级来记忆。一般来说，省公司调控中心调度 220kV 设备，地市公司调控中心调度 110kV 设备，县市公司电力调控分中心调度 35kV 设备，可以根据调度范围来记忆所需要掌握的一次接线图。对于熊徒弟来讲，其在地市供电公司电力调度控制中心工作，需要掌握 220kV 网络及 110kV 网络，对于 35kV 及 10kV 只需要了解母线、电压互感器、主变压器中、低压侧即可，不必记忆县市公司调控分中心的 35、10kV 出线；然后按照 220kV 主变压器供电片区划分成若干个区域，每天记忆一个片区，力争两周完成。实习调度员一般为新入职员工，年龄为 24～28 岁，背记东西速度比较快。若是转岗的调度员，则可以适当延长时间，一般最多三周应该能够完成。

单个变电站记下来以后，以 220kV 变电站为中心将各变电站连接起来形成网络，再逐渐将各片区的电网连接成整个电网，这样就基本达到了学习的效果。记住并不代表掌握，还需要经常回头看，并在工作中运用，才会记忆深刻。在实际培训中，要求实习调度员每天绘制接线图，并在结束后进行测试，以检验背记的效果，熊徒弟花了大约 7 天记住了电网的 75 座变电站，应该说效果还是不错的。

（3）第二月学习内容：掌握调度操作指令票填写。调度操作票是调度工作的核心部分。操作票是调度员工作需要掌握的基本技能，在本月培训中，必须学习调度操作票实施细则，掌握调度操作票的管理要求，同时教徒弟循序渐进，按照能够填写简单的操作票、填写稍微复杂的操作票、填写比较复杂的操作票、填写新设备投产送电票的顺序进行，为其能够胜任调控运行工作打下坚实的基础。下面对《调度操作票实施细则》进行讲解。

1）调度操作指令票填写细则。掌握调度操作票的填写，首先要掌握调度操作票的基本概念。公司于 2018 年开始执行状态令，下面对状态令的基本含义进行介绍。

a. 单项操作令（简称单项令）：调度员向受令人发布的单一一项操作的指令。

b. 逐项操作令（简称逐项令）：调度员向受令人发布的操作指令是具体的逐项操作步骤和内容，要求受令人按照指令的操作步骤和内容按顺序逐项进行操作。

c. 综合操作令（简称综合令）：调度员向受令人发布的不涉及其他厂站配合的综合操作任务的调度指令，其具体的逐项操作步骤和内容、安全措施，均由受令人自行按相关规程拟订。

2）状态操作令（简称状态令）。调度员下达的仅明确设备初态和终态的一种操作指令。其具体操作步骤和内容由受令人依据调控机构发布的操作状态令定义和相关规程拟定。

a. 交流一次设备状态。从高到低依次分为运行、热备用、冷备用及检修 4 种。

a）运行：设备或电气系统带有电压，其功能有效。母线、线路、断路器、变压器、电抗器、电容器及电压互感器等一次电气设备的运行状态，是指从该设备电源至受电端的电路接通并有相应电压（无论是否带有负荷），且控制电源、继电保护及自动装置满足运行要求。

b）热备用：设备已具备运行条件，经一项合闸操作即可转为运行状态的状态。线路、母线、变压器、电抗器及电容器等电气设备的热备用是指连接该设备的各侧均无安全措施，各侧的断路器全部在断开位置，且至少一组断路器各侧闸刀处于合上位置，设备继电保护投入，断路器的控制、合闸及信号电源投入。断路器的热备用是指其本身在断开位置、各侧闸刀在合上位置，设备继电保护及自动装置满足带电要求。

c）冷备用：连接设备的各侧均无安全措施，且连接该设备的各侧均有明显断开点或可判断的断开点。线路、母线、变压器、电抗器及电容器等电气设备的冷备用是指连接该设备的各侧均无安全措施，各侧断路器全部在分闸位置，各侧的闸刀全部在拉开位置。断路器的冷备用是指其本身在分闸位置，各侧闸刀在拉开位置。

d）检修：连接设备的各侧均有明显的断开点或可判断的断开点，需要检修的设备各侧已接地的状态。

b. 继电保护及安全自动装置状态。

a）投入：装置正常运行，相应的功能压板及其对应出口压板正常投入。

b）退出：相应的功能压板或出口压板断开。

c）信号：装置正常运行，相应的功能压板投入，对应出口压板断开。

c. 电气操作术语。

a）合上：各种断路器、隔离开关、接地开关、跌落熔断器通过人工操作使其由分闸位置转为合闸位置的操作。

b）拉开：各种断路器、隔离开关、接地开关、跌落熔断器通过人工操作使其由合闸位置转为分闸位置的操作。

c）充电：空载的线路、母线、变压器等电气设备带有标称电压的操作。

d）送电：对设备充电并带负荷（设备投入环状运行或带负荷）。

e）停电：使带电设备转为冷备用或检修状态。

f）投入：将继电保护、安全自动装置、故障录波装置等二次设备功能达到投入状态的操作。

g）退出：将继电保护、安全自动装置、故障录波装置等二次设备功能达到退出状态的操作。

d. 合环、解环。

a）合环：将线路、变压器或断路器串构成的网络闭合运行的操作。

b）同期合环：通过自动化设备或仪表检测同期后自动或手动进行的合环操作。

c）解除同期合环：不经同期闭锁直接合环。

d）解环：将线路、变压器或断路器串构成的闭合网络开断运行的操作。

e. 并列、解列。

a）核相：用仪表或其他手段检测两电源或环路的相位、相序是否相同。

b）定相：新建、改建的线路、变电站在投运前分相依次送电，核对三相标志与运行系统是否一致。

c）相位正确：断路器两侧 A、B、C 三相相位均对应相同。

d）并列：将两个独立运行的电网（或发电机、调相机与电网）同期后连接为一个整体运行的操作。

e）解列：通过人工操作或保护及自动装置动作使电网运行中的断路器断开，使发电机（调相机）脱离电网或电网分成两个及以上部分运行的过程。

f）装设地线：通过接地短路线使电气设备全部或部分可靠接地的操作。

g）拆除地线：将接地短路线从电气设备上取下并脱离接地的操作。

f. 调度操作执行术语。

a）调度操作票：调控机构进行电气操作的符合规范要求的书面依据。

b）双重名称：按照有关规定确定的电气设备中文名称和编号。

c）发布预令：对于计划性操作，调度员提前下达调度操作票，监控人员和现场人员根据调度操作票准备相应操作内容。

d）发布指令（简称发令）：值班调度员正式向受令人发布调度指令。

e）接受指令（简称受令）：受令人正式接受值班调度员所发布的调度指令。

f）监控转令（简称转令）：调度员下达操作指令至监控人员后，监控人员将现场操作指令转发至现场操作人员执行。

g）监控远方操作：监控人员通过技术支持系统，按照操作指令，对监控管辖范围内远方的变电站一、二次设备实现远方控制操作。

h）复诵指令（简称复诵）：值班调度员发布调度指令时，受令人重复指令内容以确认的过程。

i）回复指令（简称回令）：汇报人向值班调度员报告调度指令的执行情况，包括已经执行完调度指令的步骤、内容和时间等。

3）状态令填写要求。状态令填写的基本要求及注意事项如下：

a. 线路双重名称：电压等级 + 线路名称 +（断路器编号 + 断路器编号）。例：110kV 邓白线（邓 04 断路器—白 04 断路器）。

b. 主变压器双重名称：变电站简称 + 主变压器高压侧电压等级 + 主变压器编号 + 分隔符（-）+ 主变压器容量（单位 MVA）+ 主变压器各侧开关双重名称。例：白 110kV#2-31.5MVA 主变压器（白 02 断路器 -32 断路器 -52 断路器），需要注意的是，主变压器双重名称中后两个断路器或一个断路器可不带站名简称，主变压器编号填写方法为 #2，不为 2#。

c. 站用变压器及电容器组双重名称：① 站用变压器变电站简称 + 电压等级 + 站用变压器编号。例：米 10kV #2 站用变压器。② 电容器组：变电站简称 + 电压等级 + 电容器组编号。例：太 10kV#1 电容器组。操作票中均不反映站用变压器及电容器组容量。

d. 状态令的操作任务只反映状态转换，如运行转热备用、运行转检修等，不体现工作目的，如停电检修、处缺等。

e. 线路停、送电的逐项票不得跨状态操作，除特殊情况下，如线路核相需要有明显断开点的，一侧不得与另一侧相隔两个状态及以上，即一侧运行，另一侧不得先操作至冷备用状态（运行、热备用、冷备用、检修4个状态）。

f. 全站停、送电的检修操作，原则为停电时按电压等级由低到高，按照出线、母线、主变压器，最后进线的顺序操作顺序分层填写，不得将所有操作任务糅合在一张操作票中，送电时的顺序与此相反，要求相同。如35kV变电站全停检修，操作顺序应为10kV出线→10kV母线、馈线、主变压器→35kV线路→35kV母线，送电时与此相反，10kV母线及主变压器可使用一张综合令。

g. 110kV母线及主变压器的停、送电可使用一张综合令。

h. 涉及倒换方式的操作，操作任务后应有"倒方式"字眼体现，综合令注意事项中应有"操作中不得失压"的提示。

i. 一张票中所列设备起始状态不一致时，操作任务中应有相应设备状态转换体现。例：35kV钱小线（钱35断路器—小34断路器）线路及钱35断路器由运行转检修，小35断路器由热备用转检修。

j. 母线系统仅包含母线、母线TV、纯馈线所属断路器，主变压器断路器及分段断路器、电容器组、站用变压器均不属于母线系统，主变压器断路器及分段断路器停、送电可与母线系统使用一张综合令，电容器组、站用变压器停送电均应使用单独的综合令，不得与母线相混淆。

k. 母线运行方式倒换，只反映需接一条母线运行的断路器，其余断路器可填写"其余断路器均接×母线运行"。

l. 综合令及逐项令中，操作任务已反映设备双重名称的，注意事项或操作项目中可只提断路器编号；操作任务未反映设备双重名称的，注意事项或操作项目中应填写设备双重名称，如多次出现，可在第一次出现时反映一次，后面可不提。

m. 送电核相时，操作项目中应明确核相位置，如互01、02TV二次侧或××隔离开关靠线路侧与××隔离开关靠母线侧一次核相；并要明确同电源或异电源核对相序、相位正确，核相正确后，可按照方式安排试合环一次，合环正常后再恢复正常方式；对于同一母线的两回出线，未经变压器或TV的可视为同电源，否则为异电源。

n. 线路开关单一检修，可使用综合令，注意事项应提示线路侧带电。

o. 更换TV高压熔断器应单独使用停、送电票。

p. 新设备投产送电，操作任务仍为"投产送电"。

填写调度操作要的原则掌握后，要尝试简单的调度操作票填写，同时通过OMS系统查看已经执行完毕的操作命令票，将理论与实践相结合，更加容易理解填票原则，同时快速掌握调度操作票的填写方法。

4）综合操作指令票填写。

a. 操作单位栏：填写操作单位简称。

a）变电站内操作：填写变电站名，如"樊城变"。

b）线路中操作：填写操作人员所属单位名称，如"检修分公司（配电）""襄州县调"

c）开关站内操作：填写开关站名称，如"汉北开关站"。

b. 年、月、日及星期栏：填写预计操作的日期。

c. 操作任务栏：填写需下达的操作任务。

a）线路检修：① 馈线线路。停电：电压等级＋主线路名称＋主线路编号＋"线路由运行转检修"；送电：电压等级＋主线路名称＋主线路编号＋"线路由检修转运行"。如 35kV 钢四线杨 36 线路由运行转检修。② 馈线分段线路。停电：电压等级＋主线路名称＋主线路编号＋线路＋分段开关编号＋"线路由运行转检修"；送电：电压等级＋主线路名称＋主线路编号＋线路＋分段开关编号＋"线路由检修转运行"。如 10kV 尹集线顺 72 线路 Z2 线路由运行转检修、10kV 尹集线顺 72 线路 Z2 线路由检修转运行

b）开关检修：① 主变压器、母线、线路开关检修。停电：电压等级＋线路名称＋开关编号＋"开关由运行转检修"；送电：电压等级＋线路名称＋开关编号＋"开关由检修转运行"如 110kV 汾谷—回谷 05 开关由运行转检修（注意事项见状态令样票）、10kV 东环线米 80 开关由检修转运行。② 线路重合器（分段开关）检修。停电：电压等级＋主线路名称＋主线路编号＋（分支线路名称）＋检修重合器（分段开关）编号＋"开关由运行转检修"；送电：电压等级＋主线路名称＋主线路编号＋（分支线路名称）＋检修重合器（分段开关）编号＋"开关由检修转运行"。如 10kV 董清二回（董 54 开关—清 77 开关）线路 C5 开关由运行转检修、10kV 庞钱联线（庞 63 开关—钱 55 开关、庞 61 开关）线路五星分支 F1 开关由检修转运行

c）母线检修：① 母线检修。停电：站简称＋电压等级＋# 编号母线＋由运行转检修；送电：站简称＋电压等级＋# 编号母线＋由检修转运行。如乔 10kV#4 母线由运行转检修、乔 10kV#4 母线由检修转运行。② 母线系统预试。停电：站名＋电压等级＋母线名称＋系统＋（母线分段、站名 #1 主变压器 10kV 侧开关）＋由运行转检修；送电：站名＋电压等级＋母线名称＋系统＋（母线分段、站名 #1 主变压器 10kV 侧开关）＋由检修转运行。如桃 10kV I 段母线系统（及母线分段桃 53、桃 #1 主变压器 10kV 侧桃 51 开关）由运行转检修、桃 10kV I 段母线系统（及母线分段桃 53、桃 #1 主变压器 10kV 侧桃 51 开关）由检修转运行。

d）主修检修：① 停电：站简称＋主变压器高压侧电压等级＋主变压器编号＋分隔符（－）＋主变压器容量（单位 MVA）＋主变压器各侧开关双重名称＋由运行转检修；② 送

电：站简称＋主变压器高压侧电压等级＋主变压器编号＋分隔符（－）＋主变压器容量（单位 MVA）＋主变压器各侧开关双重名称＋由检修转运行。如白 110kV#2-31.5MVA 主变压器（白 02 开关—32 开关—52 开关）由运行转检修、白 35kV 母线分段白 33、白 10kV 母线分段白 53 开关由热备用转运行。

e）电压互感器检修：①停电：站简称＋电压等级＋母线编号＋母线 TV＋由运行转检修；②送电：站简称＋电压等级＋母线编号＋母线 TV＋由检修转运行。如米 10kV#7 母线 PT 由运行转检修、米 10kV#7 母线 PT 由检修转运行。

d. 注意事项栏。

a）交代带电部位，如 10kV 汾谷一回谷 056 刀闸靠线路侧带电。

b）方式倒换要求，如庞 10kV Ⅱ段母线倒由庞 53 开关供电，庞 52 开关热备用。

c）保护及自动装置的加、停用及切换，如将钱 110kV 进线备自投停用、将桃 #1 主变压器保护接跳桃 53 开关压板停用。

d）需要特别交代的注意事项，如桃 10kV Ⅰ段母线负荷由桃 53 开关供电。

e）是否允许失电压，如操作中不得失压（如未提及是否允许失压倒换，则视为可以失压倒换）。

e. 拟票人/下票人栏：分别填写拟票人和下票人的姓名（不一定为同一人）。

f. 汇报时间/汇报人/调度员栏：分别填写操作完毕汇报时间、汇报人的姓名和接受汇报调度员姓名。汇报人和受令人原则上为同一人（特殊情况例外），调度员必须为值班调度员。

5）逐项操作指令票。

a. 年、月、日及星期栏：填写预计操作的日期。

b. 操作任务栏：填写需下达的操作任务。

c. 联络线线路检修：①停电：电压等级＋线路名称＋线路编号＋停电区段＋"由运行转检修，倒方式"；②送电：电压等级＋线路名称＋线路编号＋停电区段＋"由检修转运行，倒方式"。如 110kV 乔团线（乔 14—团 05）线路由运行转检修，团 110kV 母线分段团 03 开关由热备用转运行。

d. 联络线开关及线路检修：①停电：电压等级＋线路名称＋线路编号＋"线路及 ×× 开关由运行转检修"；②送电：电压等级＋线路名称＋线路编号＋"线路及 ×× 开关由检修转运行"。如 110kV 乔团线（乔 14—团 05）线路及乔 14 开关由运行转检修，团 110kV 母线分段团 03 开关由热备用转运行。

e. 联络线开关及出线电缆检修：①停电：电压等级＋线路名称＋线路编号＋停电线段＋"及 ×× 开关由运行转检修＋出线电缆检修＋倒方式"；②送电："出线电缆检修完

工"，电压等级＋线路名称＋线路编号＋停电线段＋"及××开关由检修转运行，倒方式"。如 10kV 米油二线（米 81—油 74）线路（米 81—C1）段及米 81 开关由运行转检修，出线电缆检修，倒方式。

f. 新设备投产送电、核相。送电：电压等级＋线路名称＋新投设备编号＋"投产送电及核相"，如 110kV 腊宋线（腊 123 开关—宋 05 开关）线路投产送电及核相。

（4）第三月学习内容：电网异常处理。电网异常处理是调度工作的重要组成部分，主要包括负荷线路、母线、变压器、断路器、电压互感器、电流互感器异常处理等。

随着经济社会发展，新建变电站、电厂等设备越来越多，每天都有可能发生设备异常。调度员比较常见的异常有线路接地、TV 熔断器熔断、断路器及隔离开关异常等。以下主要介绍断路器异常。

首先给徒弟讲解断路器的常见异常。高压断路器的基本原理在大学课程已经系统学习过，熊徒弟对理论知识掌握还是不错的，但因入职时间短，对于一次设备的实际情况还是缺乏认识。异常一般有断路器压力告警、拒绝分闸、拒绝合闸、非全相运行等，可以通过查看一些现场处理断路器异常的图片增加认识。

1）断路器拒分闸。运行中的断路器出现拒分闸的原因包括：① 断路器本体不具备分闸能力，如 SF_6 断路器 SF_6 压力低；② 断路器的机构异常造成断路器不具备分闸能力，如液压机构压力低，导致分闸闭锁；③ 弹簧机构弹簧未储能等。此类异常断路器必须立即停运，否则容易引起断路器因线路故障造成越级跳闸，扩大停电范围。具体处理方法如下：

a. 用旁路断路器与异常断路器并联，用隔离开关解环路使异常断路器停电。对 220kV 双母线带旁路接线方式，可以采取此方式，实际工作中这种方法使用较多。操作方法：首先，将旁路断路器的线路保护定值按所要隔离的断路器线路保护定值整定并加用；然后，用旁路断路器对旁路母线充电一次，检验母线绝缘良好；接着，断开旁路断路器，推上异常断路器的旁路隔离开关；最后，合上旁路断路器，此时异常断路器与旁路断路器并列，可以等电位拉开异常断路器两侧隔离开关，从而将异常断路器从系统隔离，然后进行停电处理。

b. 用母联断路器与异常断路器串联，断开母联断路器后再用异常断路器两侧隔离开关使异常断路器停电。此种方法适用于双母线接线（不带旁路）。操作方法：首先，将双母线其中一条母线所接断路器的隔离开关全部倒由另外一条母线供电（拒分的断路器除外），待操作之后，此母线只剩下异常断路器；然后，断开母联断路器，可以将异常断路器隔离。

c. 对于 3/2 接线的断路器，需将与其相邻所有断路器断开后才能断开该断路器两侧隔离开关。必要时可考虑直接拉开断路器两侧隔离开关解环，直接拉隔离开关时应至少断开本串断路器的控制熔断器。

d. 当母联断路器拒分闸时，可同时将某一元件的双隔离开关合入，将一条母线转备用后，再将母联断路器停电。

2）隔离开关出现的异常。一般有隔离开关分、合闸不到位及隔离开关接头（线夹）发热。处理方法如下：

a. 隔离开关分、合闸不到位。

a）原因。由于电气或机械方面的原因，隔离开关在合闸操作中会发生三相不到位或三相不同期、分合闸操作中途停止、拒分拒合等异常情况。

b）处理方法。操作隔离开关时，该元件断路器已在断开位置，因此当隔离开关异常时，可直接下达调度操作指令票将该断路器转检修，然后通知运维检修人员处理。

b. 隔离开关接头（线夹）发热。

a）原因。隔离开关接头发热，高压隔离开关的动静触头及其附属的接触部分是其安全运行的关键部分。因为在运行中，经常的分合操作、触头的氧化锈蚀、合闸位置不正等各种原因均会导致接触不良，从而使隔离开关的导流接触部位发热。如不及时处理，可能会造成隔离开关损毁。

b）处理方法。运行中的隔离开关接头发热时，应降低该元件负荷，并加强监视。双母接线中，可将该元件倒至另一条母线运行；有专用旁路断路器接线时，可用旁路断路器代路运行。隔离开关异常处理一般需要对所接母线停电，母线停电影响较大，特别是 10kV 母线，母线停电会影响用户供电。按照相关规定，造成用户停电需要发布停电公告，一般在报纸或电视台上发布停电信息，有时也在网站发布，提醒用户做好停电准备。停电公告要提前 7 个工作日发布。此类知识在培训时可以进行补充讲解。

3）断路器操动机构异常。在实际工作中，机构异常的情况较为常见。对液压机构，经常会出现"压力低告警""合闸闭锁""分闸闭锁"等异常；对弹簧机构，经常会出现"弹簧未储能"的异常现象。

a. 液压机构异常。以下以 CY-Ⅲ 型液压机构为例进行讲解。该机构预压力为 15MPa，控制油泵起动及停止压力为 26MPa，油压降低闭锁合闸及重合闸压力为 21.5MPa，油压降低闭锁分闸压力为 19.5MPa。当若压力低于 26MPa，油泵会自动启动，进行补充压力，电机设置打压时间为 3min，超过会发"压力低告警"信号。当机构发生内漏或有漏点时，压力可能会进一步降低，当压力低于 21.5MPa 时，将发"油压降低闭锁合闸及重合闸"信号；当压力降低于 19.5MPa 时，将发"油压降低闭锁分闸"信号。信号监控员监视发现以上信号后，会向值班调度员汇报。根据不同的情况进行处理。

a）对于"压力低告警"信号，先询问监视员或运维人员当前压力，一般若没有明显的漏点，压力下降较慢，可以采取带电补气的方式进行处理，不需要将断路器转检修进行处理，这种情况一般在气温明显降低时容易出现。

b）对于"油压降低闭锁合闸及重合闸压"信号，要及时进行处理，根据现场申请退出该断路器的重合闸，如果可能的话，在负荷转移之后，尽快拉开此断路器，否则随着压力的降低可能会发生分闸闭锁的现象。之后将该断路器转检修，通知检修人员尽快处理。

c）对于"油压降低闭锁分闸"信号，因出现分闸锁无法操作断路器，需要隔离该断路器。

b. 弹簧机构异常。"弹簧未储能"信号发出时，由监控员向调度员汇报"弹簧未储能"信号时，通知运维人员到现场检查。应检查电机电源开关是否在分闸位置，同时检查二次回路，若无明显异常现象，应强送一次电机电源开关，若信号还不消失，汇报生产主管部门，听候处理。

异常可能原因有：① 电机控制开关跳闸；② 电机电源开关跳闸；③ 接触器辅助触点接触不良。如果为接触器卡死应迅速断开直流屏上 110kV 配电装置电源开关，然后断开该机构的电机电源开关，再恢复 110kV 配电装置电源开关，处理卡死的故障。"机构控制断线"信号出现后通知运维人员到现场检查设备，应检查机构箱内电机控制开关是否跳闸，应仔细检查二次回路，若无明显异常，应强送一次电机控制开关。不成功则需要停电处理。

6.4.4　师徒情深

1. 师傅和徒弟相处的小事

地区调度班每一个人都有自己的责任和义务。在调控中心工作期间，徒弟跟着师傅学习了电网运行监视相关的知识，包括电压、重要断面、重要变电站负荷等，及时调整主变压器挡位，投退电容器组，调整机组出力，确保母线电压合格、电网功率平衡。在 110kV 拓新变电站投产送电过程中，徒弟到现场进行发令操作，掌握了送电的方案及顺序，了解现场送电操作流程，特别是保护装置操作，核对相序、相位，保护试验等，这些是书本上没有的，通过现场学习增长了知识、掌握了技能，为优化电网结构做出了贡献。

本着对工作严谨细致、认真负责的态度，熊徒弟在迎峰度夏、迎峰度冬、防汛等大型保电任务中积极发挥自身力量，圆满完成各项生产任务。熊徒弟掌握了很多基本的检修技能，不仅可以做好日常调控运行电网监视任务，合理调整电压、调整机组出力，填写调度操作票，开展异常及事故处理，编制各种报表等工作，还积极参加班组的业务技能培训。作为一名共产党员，熊徒弟始终保持强烈的责任心、使命感和爱岗敬业精神，在不懈的努力和不断的学习下，调控运行技能水平不断提高，并于 2021 年顺利通过技师资格考试。

谭师傅具备丰富的调控运行经验，熊徒弟抓住学习机遇，始终保持上进心，虚心请教，善于思考，从每一件小事做起，从点点滴滴做起。参加工作以来，熊徒弟积极主动工作，争做师傅们的"小跟班",只要有任务都积极参与进去,多看多学,充分利用到变电站、电厂现场调研、变电站或新能源场站验收、现场送电等机会,不断提高自己的理论知识与实践经验。工作之余,熊徒弟会在班组会议室学习相关的规程,回顾白天所学知识,认真做好笔记。同时在 DTS 培训室,熊徒弟使用仿真系统模拟事故跳闸,先分析继电保护及安全自动装置动作情况、负荷损失情况;然后启动 DTS 系统,通过比对,检验其分析是否正确。通过日积月累,不断成长。

2. 师傅现场指导徒弟处理问题

践行工作初心、牢记责任使命。谭师傅在工作中牢记责任使命,将工作初心贯穿各项工作中。

2019 年 12 月 11 日,当日某县级市天气晴,气温 3~9℃。13 时 43 分,某 220kV 变电站 10kV 9、10 号母线 B 相接地,值班调度员接到值班监控员汇报后进行接地选线操作,通过倒换运行方式,查找接地母线,缩小选择范围,并进行接地选线。在监控员遥控合上 10kV 7、9 号母线分段断路器 57 断路器后,继续断开 10kV 9 号母线分段断路器 71 断路器操作过程中,71 断路器两次均显示控分失败,断路器位置未变位,有功、无功及电流均未发生变化。

熊徒弟当时当班,准备发令让值班监控员遥控拉开韩 57 断路器。谭师傅当时在调控大厅查看接地选线情况,当机立断,果断制止了熊徒弟的行为,并告诉熊徒弟出现这种情况首先应核实 71 断路器是否拉开,而且该变电站是运维班驻地,站内有人值守,可以通知值守人员检查断路器实际位置,避免情况不清楚,盲目发令,导致母线失压,造成大面积停电事故。13 时 59 分运维人员检查 71 断路器已在拉开位置,此时接地现象自动消失。14 时 9 分,熊徒弟下令现场合上 71 断路器送电,然后再拉开 57 断路器恢复母线正常运行方式。

谭师傅通过此次实际案例教育熊徒弟,遇到现场情况不清楚的情况时,千万不能盲目操作,必须通知运维人员到现场检查断路器实际位置,再做出正确的判断。同时,也可以借助其他断路器遥信、遥测量综合判断,杜绝误下令造成事故。熊徒弟也意识到处理过程确实存在不足,考虑欠佳,要从此次事故处理中吸取教训,避免今后出现类似事件。

6.4.5　徒弟出师

1. 徒弟经过培训后的变化

熊徒弟经过培训后,专业技能得到极大的提高,能够独立开展调控运行日常工作,能够正确处理电网设备异常及事故,得到了同事的认可。工作中遇到问题,会通过查阅相关规程规定、向同事请教等方法解决问题。用熊徒弟自己的话来说,遇到问题不弄清楚,晚上睡觉都睡不着，这种认真负责的工作态度是责任心和责任担当意识的体现。

自出师以来，在学习上，不断学习专业知识，同时紧密结合工作性质，不断学习新知识，如新能源方面、数字化转型、新型电力系统等，不断充实自己。在工作中，积极参加班组、部门及公司组织的培训、竞赛，不断提升自己的调控技能水平，使自己能更好地完成各项工作，还通过认真编制各种事故预案，提升自己的事故处理能力。

做好本职工作，为电网安全稳定运行保驾护航。安全是一切工作的前提，掌握公司的九大安全理念，把安全生产摆在首位，秉着严谨切实的工作作风，认真贯彻落实安全生产的各项管理制度，强化安全管理。在调控运行工作中，熊徒弟认真学习调度员工作手册，熟记变压器容量、各种类型的发电机组装机容量、直调水电站水位参数，以及各变电站备用电源自动投入装置的配置情况、母线差动保护装置的配置情况、各厂站的备用主变压器、断路器等，以便开展调控运行工作。每天接班后，均会对 D5000 系统中各变电站电压、主变压器负荷、断面潮流进行全面巡视，及时调整电压较高或较低的变电站主变压器。对于重载主变压器、重载断面，通过调整电网运行方式，确保不发生主变压器、断面超限运行。特别在迎峰度夏及迎峰度冬期间，每天统计重载主变压器、重载线路，发布电网运行数据，通知设备管理单位加强相关设备的特巡特维，同时编制总结报告，提出合理化建议，供公司相关部门参考，为电网规划提供数据支撑。

在调控中心从事调控运行工作以来，熊徒弟参与了 220kV 甲变电站 3 号主变压器、110kV 乙变电站、110kV 丙变电站投产送电工作。根据新设备启动投运方案，填写变电站新设备投产送电操作票，并参与现场新设备送电，掌握设备送电操作流程，特别是继电保护及安全自动装置压板投退操作，学到了很多现场设备相关的知识。回到单位后进行总结，回顾送电操作流程，总结该变电站与其他变电站的不同之处、在今后的操作中应该注意的问题，以及送电过程中遇到问题时的解决方法等，为今后新设备投产送电打下坚实的基础。在班组的安全学习例会上，对该变电站的送电情况进行交流讨论，让未到变电站的同事能够了解该变电站的基本情况、与其他站不同之处，以及工作需要注意的地方。

在日常工作中，经常遇到变电站预试、大型检修、节假日及重要政治活动保电，需要编制事故预案或保电方案，熊徒弟充分学习现有预案，根据实际情况编制保电方案，做好事故预想，编制反事故演练方案，在安全活动例会进行演练，确保发生事故时能够快速恢复供电。

工作两年间，参与了相关变电站的年度预试、迎峰度冬、迎峰度夏、节日保电、G20保电、国庆阅兵保电和世界军运会保电等工作。按照上级的部署和要求，认真督导设备管理单位落实各项保电措施，确保电网安全运行，圆满完成各项任务。

2020 年 4 月 19 日，熊徒弟在 220kV 甲变电站 1、2 号主变压器调档过程中发现，两台主变压器挡位均在 4 挡，但是两台压器的无功功率差别高达 30Mvar。而且从 D5000 系统调取数据，发现 1 号主变压器调挡过程中，其电压几乎没有变化，2 号主变压器电压却持续提高，而且无功差值越来越大。熊徒弟敏锐意识到 1 号主变压器调挡可能存在问题，表面看挡位升高了，而挡位实际未调整。熊徒弟及时将缺陷汇报给调度班长，并汇报至调控中心分管调度副主任。调控中心经过分析判断，初步判断 1 号主变压器挡位调整时未调到位，果断将 1 号主变压器投切区域无功电压自动调整装置，避免了 1 号主变压器继续自动调挡造成主变压器损坏。当日值班调度员通知变电运检分公司进行异常检查。5 月 10 日 1 号主变压器停电检查发现，1 号主变压器分接开关头部轴销断裂，造成实际调档过程中，1 号主变压器并未真正调挡。检修人员对分接开关进行了更换，直流电阻试验、变比试验均合格。当天 1 号主变压器恢复送电，之后主变压器调挡未出现异常。此次缺陷处理获得了公司的表扬并给予了奖励。

经过此事，熊徒弟深刻认识到，调度工作必须严谨细致，遇到问题不能轻易放过，一定要认真思考，通过查询相关数据，进行比对分析，然后对照现场检查，得出与理论一致的实际结果，此事得到了公司及同事的认可。

2021 年 4 月，省公司在全省范围选拔人员参加国家电网公司配电网调考竞赛，熊徒弟通过地市公司选拔，被推荐到省公司参加选拔赛。在省公司初步选拔比赛后，成功进入 12 人小组，之后省公司将 12 人封闭训练一个月，在培训中心学习结束后，熊徒弟回到寝室仍在认真准备。在第二轮选拔赛中，成功进入 6 人小组，代表省公司参加国家电网公司配电网调考。这一次竞赛对于熊徒弟意义非凡，尽管不是从事配网专业的，但是通过努力，仍然得到比赛的机会，后来省公司还对参赛人员进行了表彰。

2. 徒弟经过培训后取得的荣誉

2021 年 2 月，在《陕西电力》发表《基于 RTDS 的风电场并网仿真试验平台》论文。参与修编《电网调度控制管理规程》《公司两票实施细则》等技术规范；发表论文 2 篇。荣获"国家电网有限公司第四届青创赛银奖""公司双文明积极分子""省公司调控先进个人"等荣誉称号。

3. 徒弟培训感悟，出师仪式及师傅寄语

在谭师傅带领学习的时间里，首先要感谢谭师傅不辞辛劳地对熊徒弟做出的付出。熊徒弟应该更加努力工作。通过师徒培训，熊徒弟深深地感受到了浓浓的师徒情谊，并对自己的目标跟方向更加明确。找一份工作容易，而找一份好的、适合自己发展前途的好工作并不容易，认真务实坚持做好一份工作也不是一朝一夕的事情。勤勤恳恳做人、踏踏实实做事、在工作中要遵章守纪，要有积极向上奋发进取乐观的心态。对待工作事情要有军人般的气质与气魄，学习遵照军人般的纪律和习性，服从领导安排的工作任务，交代的事情要按质、按量、按时完成，多向领导汇报工作、多与同事沟通，虚心请教。不断地学习新知识新技术，只有不断学习充电，完善自我，才能让自己立于不败之地。

培训期间熊徒弟认识到了自己的问题，师傅也会很耐心讲解各种问题，往往为了讲清楚一个问题，查阅相关资料，并从理论与实际进行讲授。通过这次培训熊徒弟认识到自己还有很多需要去提高的地方，尽管理论知识比较踏实，但实际经验还很欠缺，特别是实际电气设备的操作，以后要更加努力学习，以使相关工作做得更好。

"师徒结对"帮助熊徒弟更好地掌握了解了调控运行工作流程。"师傅引进门，修行靠个人"，个人的努力很重要，熊徒弟充满了学习的动力，并且也会在学习中在不断积累经验。熊徒弟不愿辜负公司的期望，充分利用时间学习网络知识，了解当前的新技术、新知识，为自己充电赋能。作为一名调度员，熊徒弟要向谭师傅一样注重党员身份，树立好榜样。"师带徒"活动对熊徒弟的成长起到了关键的作用，尽管已经出师，但是与谭师傅的师徒关系仍将维持，今后在学习与生活中，不仅要向谭师傅学习，还要学习同事们的好作风、好习惯，并且一直坚持下去，对工作一丝不苟，勤勤恳恳，乐于奉献，敢于担当，勇于创新。在获得肯定的同时，也要认真思考工作中的不足与缺点，看到自己在专业知识和创新能力上仍然有欠缺，在今后的工作中谦虚谨慎，认真学习新知识，努力钻研业务，甘于奉献，充分发扬调度铁军的精神，把满腔的工作热情投入调控运行工作中，为电网安全运行、企业壮大、社会经济发展贡献自己的力量。

参加工作已有五年，回首当初背着行囊独自来到公司，到现在独当一面，时间过得充实且有意义，之后熊徒弟将继续在调控运行工作中发光发热，为贯彻执行国家电网公司的宗旨贡献自己的力量。培训使熊徒弟认识到，必须立足本职工作，认认真真，为电网安全稳定运行保驾护航。在电网调控运行管理工作中，应当严格要求自己，继续学习继电保护、电力系统分析、新能源、新型电力系统等知识，同时认真学习风险管控等规定、规章制度，以便更好开展调控运行工作。继续做好电网运行监视，督导设备管理单位加强对缺陷设备处理。在工作之外，认真学习变电站运行规程，了解电气设备的运行操作，只有这样当遇到厂站设备异常时，处理起来才能从容不迫。

成绩只能代表过去，今后熊徒弟将继续提高自身综合素质，加强交流和学习，不断积累工作经验，认真执行各级部门下发的文件和规定，并运用于实际工作中，同时团结同事，互相关心，和谐相处。在今后的学习和工作中，将更加严格要求自己，提高自身的专业技能水平，在工作上兢兢业业，确保本职工作安全无误。在今后的工作中，继续加强学习，特别是继电保护、运行方式、新能源方面的知识，争取成为"一专多能"的复合型人才，在调控运行岗位上发挥更大的作用，为电网安全稳定运行贡献力量。

6.5 客户服务专业

6.5.1 介绍师傅

1. 基本情况、工种及工作年限

张师傅，男，副高级工程师，高级技师。2006 年毕业于电力学校，并至地市供电公司新区分局参加工作；2006 年 9 月—2010 年 7 月，在地市供电公司新区分局从事用电检查工作；2010 年 7 月—2012 年 2 月，担任地市供电公司新区分局业扩专责；2012 年 2 月—2015 年 5 月，调入地市供电公司营销部市场及大客户服务室从事客户经理工作；2015 年 5 月，担任地市供电公司营销部市场及大客户服务室业扩报装服务班班长；2020 年 7 月，担任地市供电公司业扩专业。入职以来从事业扩报装工作已有 13 年。

2. 能力、荣誉及为人处世

（1）能力介绍。张师傅从地市供电公司新区分局调到地市供电公司市场及大客户服务室工作伊始，就和市场及大客户中心的同事们积极探索规范化业扩流程，先后参与编写了《洛阳供电公司业扩报装管理办法（试行）》和《洛阳供电公司新建住宅供配电工程实施细则（试行）》，规范了业扩发展管理细节，缩短了业扩发展时限。

在营销工作中围绕公司工作重心，狠抓落实，为公司赢得了广大客户的高度赞扬，树立了良好的企业形象。通过建立项目定期会商跟踪机制、开展提质增效专项行动，业扩报装工作效率进一步提高，供电方案会签通过率由 75.96% 提升至 88.92%。认真学习"两学一做"教育活动精神，不断强化责任意识，严格执行相关规定要求，利用周例会时间开展典型案例学习，使班组员工意识到党风廉政建设的重要性、严肃性，真正从内心对腐败、违规违纪问题有敬畏之心，形成不想腐、不愿腐的良好氛围。

"放管服"改革前，公司业扩报装工作从客户提交报装资料至送电完成，大多需要 2 个月多，个别双电源用户、专线用户办理时间达 6 个月以上。自"放管服"改革推行以来，张师傅负责与相关协同部门多次沟通，改原有的供电方案会签制度为报备制，改停送电月度计划管理为周计划管理，另采用工单 100% 线上办理、取消冗余审批环节、"四段式"时限管控等方式，极大地缩短了供电方案答复、停送电等环节等待时间。2018 年 1 月—4 月 15 日，班组共受理客户报装 128 户，按照公司可控环节时限统计下的平均办电时长约为 25 个工作日，同比压缩约 40%，成效明显。经过多年的探索与实践，已实现业务"一证办理""容缺办理""最多一次临柜"，电方案统一答复，图纸审查统一受理统一答复；通过建立微信群对临近监控节点的项目进行实时预警、督办；组织班组核心力量强化图纸设计，安排专人负责回访和监督考核，避免人为设置障碍，确保业扩报装各环节承诺时间、监管节点零超期。以某民营军工企业为例来说明，随着客户订单增加，客户二期、三期项目急需上马，张师傅安排班组精锐力量主动走访，详细掌握了客户的用电情况及企业的近、远期发展规划，在充分了解到客户用电需求迫切及报装经验缺乏后，充分利用业扩报装方案全过程管理进行实时控制，同时义务指导客户工程准备、设计、施工，有效缩短了项目周期，降低了业扩报装时限，确保客户提早用电，保障客户项目如期投产。

在从事电力营销工作期间，张师傅虚心学习、刻苦锻炼、大胆拓展，不断提高专业技术水平。随着电力体制改革六个配套文件，特别是售电侧改革实施意见的出台，公司面临严峻的市场形势。张师傅结合自身工作特点，实施重点项目建设专人对接服务机制，对保障房、安置房、省市重点项目业扩报装工程进度进行跟踪监控，编制业扩报装周报，通报工作进度，针对存在的问题提出解决措施和建议，对未按照进度开展工作的项目实施预警督办，实现客户用电报装项目从前期咨询、跟踪，项目报装受理，供电方案编制，电气工程设计、施工、验收、送电环节的全过程管控，保证了公司电量增长。

张师傅工作思路清晰，考虑问题周到细致，为提升业扩报装管理工作，提出了两项措施。一是建立业扩报装协同机制。通过定期召开业扩工作协商会议，与发展、运维、调控等专业协同配合，明确各部门工作界面，加强各部门协同，完善业扩报装"一口对外"工作机制。二是搭建重点项目库，开展"预受理"服务。对潜在客户进行"预受理"，提前开展供电能力分析、提前安排供电方案，将重点客户纳入项目库，减少流程运转限制条件，更好地满足客户用电需求，抢占电力市场。

张师傅在工作上积极探索，因《洛阳市人民政府办公室关于修订印发洛阳市农村五保供养服务机构　管理暂行办法的通知》（洛政办〔2013〕92号）暂停，为规范用户出资户表工程移交工作顺利进行，张师傅查阅多方政策、法规，结合移交工程特点，确立了用户出资新建小区户表配电工程建设、移交新制度，实现全过程管控。在客户服务方面，积极开展供电服务提升工程，重点项目专业经理负责，主动对接大企业客户负荷落地，在此期间负责中移在线服务有限公司（呼叫中心）项目和中国移动通信集团河南有限公司（中原大数据中心）两个省重点项目，由于两个项目工程量大，涉及部门多，在报装期间，对外积极联系客户和政府相关部门，协商解决供电路径报批存在的问题，对内向上级领导汇报项目施工进度和存在问题，组织和协调内部部门之间业务存在的问题和解决办法，按时保质保量完成项目的正式供电，有力保障了多个省市重点项目的正式运营。

张师傅组织协调能力强，在业扩报装协同工作中，积极协调部门协同工作，协助营销部建立了业扩全时限管控平台，明确了协同部门的工作职责及业务处理时限，并完善了监督跟踪及通报考核体系，有效地提升了公司业扩报装工作效率。

（2）荣誉介绍。2015 年，荣获"省公司营销先进工作者"；2016 年，荣获"省公司营销先进工作者"；2017 年，荣获"省公司优秀共产党员"；2021 年，荣获"地市营商环境先进个人"等荣誉。

（3）为人处世。具有强烈事业心和责任感，能够立足岗位干在先，关键时刻冲在前，履行自己的承诺，主动发挥党员先锋模范作用，密切联系群众；时刻牢记自己是一名光荣的共产党员，踏实进取、忠于职守、尽职尽责、克己奉公，出色完成工作任务。专业知识精通，业务技能熟练，注重研究总结工作规律，善于创新提升工作效率，在完成生产经营目标、承担关键任务、破解发展难题中成绩突出，所负责的各项工作业绩优秀、指标领先。

6.5.2 介绍徒弟

1. 基本情况、工种及工作年限

田徒弟，男，工程师、技师。2013 年本科毕业于重庆大学电气工程及自动化专业，2016 年研究生毕业于江苏大学电气工程专业，2016 年 8 月进入地市供电公司参加工作，先后在新区营业部、市场及大客户服务室、营销支持中心工作，从事过客户受理、业扩报装和营商环境等专业工作，目前担任营销支持中心营商环境班班长。

2. 能力、荣誉、为人处世，缺点及需要培养的能力

（1）能力介绍。2017 年 8 月调入市场及大客户室工作并任职客户经理，从事用电客户受理和业扩报装服务工作，工作期间和同事们积极探索规范业扩报装流程，缩减平均办电时长，拓展创新服务措施，夯实业扩基础工作，不断推进业扩报装提质提效。

工作中梳理业扩报装通用制度、标准、规范，苦练业务本领，精研专业技能，逐渐具备扎实丰富的现场工作经验，发表专业论文 5 篇、软件著作权 2 篇。还参与制作了分布式光伏并网手续办理、接入方案编制、高压重要用户的认定、供电方案编制、自备应急电源配置、双电源试运行方案编写、电能质量治理业务等培训课件，整理建立业扩工作依据的相关制度、标准和条款，组织月度业务技能培训，促进业扩工作技能水平不断提升。

为全面贯彻落实"放管服"改革，田徒弟和同事们积极探索建立全时限管控体系，进一步构建完善重点项目跟踪服务机制，全力服务重点工程建设，实现业扩服务时限达标率 100%。对潜在客户进行"预受理"，提前开展供电能力分析、提前安排供电方案，将重点客户纳入项目库，减少流程运转限制条件，更好地满足客户用电需求，抢占电力市场。

（2）荣誉介绍。2018 年 5 月，作为选手参加省公司举办的第三届客户服务技能竞赛，在专业基础、实操技能比武中表现出色，最终荣获个人三等奖的优异成绩。2018 年 11 月，荣获省公司"技术能手"。2018 年 11 月，通过对重要电力客户进行系统化分级分类，按照

负荷特性、安全级别、危险源等方面分类考虑，制定差异化服务策略，有效完善了重要用户的服务管理流程，作为"电力监管新形势下用电安全标准化管理"项目主要参与人，获得了省公司2018年度管理创新三等奖。

（3）为人处世。兴趣广泛，做事认真，能吃苦耐劳，工作脚踏实地，有较强的责任心和荣誉感，具有团队合作精神，又具有较强的独立工作能力，思维活跃，创新意识强，善于接受新事物、新知识。性格开朗、稳重、有活力，待人热情、真诚；有很强的组织能力和团队协作精神，具有较强的适应能力；纪律性强，工作积极配合，意志坚强，具有较强的无私奉献精神。对待工作认真负责，善于沟通、协调，有较强的组织能力与团队精神；上进心强、勤于学习能不断提高自身的能力与综合素质。

（4）缺点及需要培养的能力。

1）业扩报装专业能力。理论学习和实际应用存在脱钩现象，虽然通过学习和工作经验的积累，业务水平上有了一定的提高，但业务水平和工作经验与其他老同志比还是比较低，现场经验不足，学习过程中还是有实用主义思想，缺乏运用理论知识分析和解决工作具体问题的能力，没有将理论武器真正应用到工作中。

2）客户协调沟通能力。业扩报装应急处理能力不强，对于一些协调量大、流程繁琐等不易完成的工作，有时会出现避难退缩的心理，敢作为、勇作为的意识还需要进一步加强。具体负责的业扩配套工程存在进度滞后的问题，开展工作也往往缺乏换位思考的意识。

3）创新创效能力。工作上满足于正常化，缺乏开拓和主动精神，有时心浮气躁，急于求成，平稳有余，创新不足；处理问题有时考虑得还不够周到，心中想得多，行动中实践得少。工作中总习惯从坏处着想，缺乏敢于打破常规、风风火火、大胆开拓的勇气和魄力。

3. 综合能力评分

（1）工作态度：工作认真负责，积极主动，能吃苦耐劳，勇于承受压力，勇于创新。

（2）专业能力：有一定的专业知识基础，但缺少实际业务工作经验和业扩报装相关专业技能。

（3）工作质效：业务应用不熟练，客户沟通技巧和协调能力需要进一步加强。

6.5.3　师徒合同及培训计划

1. 师徒结对的原因

（1）可以尽快熟悉业扩报装工作，节省客户经理成长时间。年轻入职员工平时有繁重的任务，没有时间参加比较系统的培训，通过老师傅带新徒弟的形式可以让新入职客户经理在较短的时间熟悉营销业扩报装业务，尽可能地让新入职员工少走弯路。通过加强新分配人员的学习培养，可以使其尽快适应、胜任各自的岗位，并养成勤学上进，敬业爱岗，互敬互爱的良好工作作风。

（2）可以互相学习、互相监督、共同进步。师徒结对活动制度要求师徒之间必须随时交流、切磋。对徒弟而言，可以在师傅的指导下尽快成长；对师傅而言，也要不断学习进步，在工作上不能落后徒弟，否则很难让徒弟信服。师徒关系需在双方同意的情况下确定，确定之后双方应自觉履行各自的职责和义务。徒弟应尊重师傅，虚心学习，要求进步。在学习理论知识的基础上，积极主动地向师傅学习实际操作技能，爱动脑，重实践。敢于创新，提高工作效率及工作质量。师傅应爱护关心徒弟，精心培养，耐心教育，不摆老资格、不保守，勇于接受新技术、新工艺。

（3）可以因材施教。师徒结对形式一般在同一专业的新老员工之间展开，他们有共同的业务工作、共同的专业追求、类似的客户群体，所以在工作中有很多相似之处，在日常业务开展过程中的要求、体会感悟也几乎相同。所以在师徒之间流动的专业技能、工作感悟、为人处世正是新入职员工所需要的，这对于新客户经理的培养来说真正做到了因材施教。

2. 徒弟的培训计划

（1）第一月学习内容：学习业扩报装岗位职责及工作要求，熟知岗位职责、执业操守、绩效管理办法。地市公司市场营销部是业扩报装业务的归口管理部门，负责制定业扩报装工作标准和管理制度，组织协调发展规划建设部、生产技术部、调度信息中心、安全生产监督管理部、电网分公司等部门及分公司对35kV及以上电压等级供电方案审批，对110kV及以上客户受电工程设计进行审核。对各分公司业扩报装工作实行服务监督、质量控制与管理考核。

（2）第二月学习内容：熟练掌握10kV新装、增容业务。客户经理需承担业扩报装的具体业务工作，履行客户服务的"一口对外"职责；统一受理客户报装用电申请，负责对各供电所呈报的10kV及以上客户各项用电报装业务的登记、立项、用电信誉、客户资料等进行审核；定期组织生产技术部、调度信息中心、安全生产监督管理部、供电所、运行等部门召开业扩报装例会；牵头组织有关专业人员进行现场勘查、制定低压供电方案；受理客户业扩报装工程设计审查、开竣工报告，负责组织、协调生产技术、调度信息、安全监察、供电所、运行、施工单位等部门对高压客户受电工程进行中间检查、竣工检验及送电；负责低压客户自购配电设备合格证书的审核和入网验收；负责本公司每月业扩报装报表的汇总、审核工作，并及时上报；开展供用电业务技术咨询；负责与生产技术部、调度信息中心、安全生产监督管理部等部门的业务衔接，建立业扩报装与各业务部门的信息共享，包括客户用电地址、电压等级、装接容量、现接入的供电线路、预计最高负荷、平均负荷及保安负荷，以及用电重要等级、自备电源、用电需求预测等信息；及时掌握当地经济发展对电力的需求信息，为本企业电网规划提供依据；协调业扩报装接电与供电设施计划检修停电的合理安排，在规定的时限内完成相应的业扩报装流程和报修服务等工作。

（3）第三月学习内容：能够独立编制供电方案。

1）熟知制定供电方案的原则。具体如下：① 符合电网发展规划，与城市建设规划及电网改造相适应；② 供电可靠性应与客户用电工艺性质相适应；③ 供电方式适应电网结构，符合安全、经济、合理原则，并保证及时供电。

2）制定供电方案的要求。具体如下：① 客户基本用电信息，包括户名、用电地址、行业、用电性质、负荷分级，当前核定的用电容量，最终用电容量；② 接入系统方案，包括供电电压等级、供电电源及每路进线的供电容量，供电线路、导线型号及敷设方式要求；③ 受电系统方案，包括受电装置的容量、无功补偿标准、用户电气主接线型式、运行方式、主要受电装置电气基本参数、谐波治理、继电保护、调度通信，以及应急电源及非电保安措施配置要求；④ 计量方案，包括计量点位置，电能计量装置配置类别、精度及接线方式、计量方式、用电信息采集终端安装、回传方案等；⑤ 计费方案，包括用电类别、定量定比、线损分摊、电价分类及功率因数考核标准等信息；⑥ 工程设计审核、施工中间检查及验收送电 10kV 专线及 35kV 以上高压供电客户新建、改建的电气工程设计文件和图纸应在施工前送交供电企业审查，送审的设计图纸应一式两份；⑦ 高压供电的客户应提供：受电工程设计及说明书，用电负荷分布图，负荷组成、性质及保安负荷，影响电能质量的用电设备清单，主要电气设备一览表，节能篇及主要生产设备、生产工艺耗电及允许中断供电时间，高压受电装置一、二次接线图与平面布置图，用电功率因数计算及无功补偿方式，继电保护、过电压保护及电能计量装置的方式，隐蔽工程设计资料，配电网络布置图，自备电源及接线方式，设计单位资质证明，供电企业认为必须提供的其他资料，低压供电的客户应提供负荷组成和用电设备清单。

审核结束后，由客户经理填写"受电工程图纸审核结果通知单"书面回复客户，同时交还用户一份加盖供电企业"审核合格确认章"的设计图纸。

（4）第四月学习内容：能够独立组织中间检查、竣工验收。

1）客户受电工程设计审查应在下列期限内完成：高压客户不超过 3 个工作日。10kV 非专线供电客户受电工程推行典型设计。按照审核合格的设计方案，客户即可委托具备资质的单位进行施工和工程监理；工程施工应达到国家颁发的有关规程的标准及符合供电企业的有关规定。客户受电工程施工，应向客户服务中心提供施工单位的资质证明，施工过程中应接受供电企业的检查。客户受电工程与电网直接连接部分的工程施工时，必须办理相关许可施工手续，并由生产技术部进行必要的监护以保证施工质量和电网安全。施工单位必须保证施工质量符合质量标准及图纸要求，并按合同进度完成施工任务。客户直接入网的电气设备应经有资质的技术检验部门检测合格。高压客户受电工程施工期间由生产技术部根据审核同意的工程设计资料及有关施工标准，组织有关技术人员对客户受电工程中的隐蔽工程进行中间检查，主要是受电工程的接地装置、暗敷管线、电缆头制作、杆塔基础等。对不符合原审定设计方案和安装质量要求的应书面提出整改意见。

2）中间检查启动的期限：自接到客户申请之日起不超过 2 个工作日。

3）工程竣工应提供的资料：工程竣工图及说明，主要设备的厂家说明书、出厂实验报告、合格证，电气设备试验及继电保护整定报告，隐蔽工程的施工记录变更设计及审核资料，安全工器具的试验报告，现场操作规程及运行规程、通信联络方式，运行值班人员名单和电工作业证。工程竣工后，客户施工单位应向供电企业营销部提供相应资料，并填写"受电工程竣工申请验收单"，竣工资料一式两份，营销部门及运行部门各执一份。

4）客户服务中心（或供电所）在下列期限内组织相关部门到现场进行竣工检验：竣工检验与装表接电环节合并，时长不超过 2 个工作日。验收合格后，由相应部门签出"新装（增容）受电工程验收工作单"，客户工程竣工验收合格后方可送电；验收不合格的应开具"工程改修通知单"通知客户，限期整改，整改由市场营销部及生产技术部负责督促落实。收费及供用电合同管理严格执行国家批准业扩报装收费目录和收费标准，统一由客户服务中心收取。严禁擅自设立业扩报装收费名目或调整收费标准。为明确供用电双方的权利、义务与经济责任，维护正常的用电秩序，新装、增容客户在装表接电前，根据有关法律法规，按照平等协商的原则，参照供用电合同范本，同客户签订供用电合同。各分公司可编制具体适用的各类合同范本。合同正式打印前应去除所有可选项和下划线。未签订供用电合同的，不得送电。客户发生用电变更时，供用电双方必须及时协商修订有关的合同内容，以保证合同的完整性和有效性，便于双方共同履行。供用电合同应正本一式两份，供、用电双方各执一份，副本若干份，分送有关部门并妥善保管，合同附件和经双方同意的合同修订的文书、电报、信件等是供用电合同的组成部分。市场营销部负责全公司供用电合同的管理工作，客户服务中心、供电所负责所辖范围内的低压供用电合同签订工作。

（5）第五月学习内容：能够独立组织中间检查、竣工验收。电能计量装置原则上安装在产权分界处，配置与安装应符合 DL/T 448—2016《电能计量装置技术管理规程》及相关技术规程要求。客户不同电价类别用电应分别计量，予以加封，并由客户签字认可。送电前，报装员填写"用电工作传票"，装表人员凭"用电工作传票"装表。受电装置检验合格并办结相关手续后，由生产技术部组织送电，认真审核客户填写的送电操作票，明确指定客户现场负责人，送电前对一、二次设备再次进行全面检查，一次设备的受电检查应严格按电气设备交接验收有关规程的规定执行。低压供电由客户中心（或供电所）组织送电。

给客户装表接电的期限：未实行"三零"服务的低压非居民客户不超过 2 个工作日；高压客户不超过 3 个工作日。

（6）第六月学习内容：熟练掌握公司内部相关生产管理制度；熟练掌握 10kV 配电网设备运行参数。学习工作制度、业扩通用制度、业扩配套工程实施要求、营商环境评价办法。熟练掌握工作标准、送电必备条件等，熟悉相关技术标准、客户分级、供配电设计等相关规范，清楚主要业务流程业务受理、现场勘查及供电方案答复工作要求，熟悉图纸审查及竣工检验工作要求，清楚装表接电工作要点，相关费用收取要求。熟练掌握报批单、变更单、间隔申请、设备编号、供用电合同编写。

6.5.4 师徒情深

1. 师傅和徒弟相处的小事

（1）新装业务实例。在服务某县扩展新型材料有限公司新装业务时，由于该用户为原来老旧工业区搬迁用户，搬至新的产业园区后进行设备升级，因此，在现场勘查时田徒弟与客户了解新旧设备的区别，客户详细介绍了新设备的先进性及特殊性，在客户在介绍喷塑机新特性时发现客户选用的新型喷塑机属于大型离心电机设备，由于工作经验较少，对这种新设备不是很了解，及时向师傅寻求帮助。

师傅教导徒弟编制一个符合客户需求的供电方案，要学会"望"客户的现场是否有注意的问题，"问"客户不注意但是很重要的问题，"闻"客户涉及用电的特殊需求，最后"切"入客户的关键点，量身定制客户供电方案，让客户得到一个最经济、最可靠、最安全的供电方案。

田徒弟认真阅读客户喷嘲机的说明书，了解到设备的启动电流高出额定电流 8 倍多，因此立即修正供电方案，建议客户设计软启动设备，以保证新设备投运后可靠运行，客户随后将新设计的供电方案交给设计单位重新校核设计方案，验证了新方案的正确性。如果按照原设计方案，客户新设备投运后将会发生设备控制开关跳闸情况，给客户造成不必要的经济损失。

（2）用电申请实例。2020 年初，田徒弟接到某公司用电申请后，立即开展现场勘查，为其制定供电方案。勘查过程中发现客户为其报装接电的生产车间面积只占了工厂面积的 1/6，工厂大面积处于闲置状态。勘查时初步制定了两个供电方案，方案一为按照客户申请容量，为其生产车间供电，满足客户用电需求。方案二为客户供电制定战略方案，满足客户日后生产经营发展带来的用电负荷增长。起初和用户沟通时，用户表明只满足现阶段用电需求，不考虑未来发展计划，对方案二表示不理解，甚至有打 95598 投诉服务质量的风险。

师傅听说这个情况后，本着为客户降低用电成本的初衷，带着徒弟及时与客户沟通，站在客户角度分析公司长期用电需求变化。方案一的供电方案只能满足工程现阶段用电需求，如若日后生产规模增大，闲置空地得以利用只能进行增容，若现在采用方案二的规划，充分预留后期增容空间，将大大降低后期增容成本。通过师傅的分析比对和耐心解释，最终客户接受了方案二的规划。一年后，客户工厂规模增大，闲置的场地盖起了车间，用电需求量增加，客户对田徒弟表示深深的感谢，正是由于当时对长期用电规划的耐心讲解，为客户增容大大降低了成本。为客户提供了最经济、最可靠、最安全的供电方案后，客户对其信任也越来越强。

经历了这几次的客户供电方案风波，田徒弟对此后的方案制定工作更有信心了，相信今后不管遇到什么困难和挑战，都能够从容面对，将更专业和更贴心的服务提供给片区的每一个客户。工作之余，盯着地图上不断增加的客户负荷，心里一股自豪感也油然而生，看着夜晚城市下的璀璨灯火，听着城市工厂里的机声隆隆，叩问着自己内心的声音，在加班回家的路上，想到用自己的付出和行动，也温暖照亮过这个城市，心底间不禁升起了一股暖流，虽然有疲惫、有心酸、有委屈，但仍然快乐着。

2. 师傅现场指导徒弟处理问题

在为客户制定最优的供电方案时，师傅教导要学会"望"（即看），通过查看客户的用电地址、用电容量、行业类别、负荷等级、用电负荷分布等基础信息，按照双方约定的时间，去实地勘查客户用电地址周边的电源接入点、线路管沟、通道、线路线径及距离、城市道路布置等情况，从而确定电源进线选型及敷设方式，并结合当地电网容量及供电条件，对初步勘查制定的不同供电方案进行技术经济比较和优选，最终为客户确定一个安全、可靠、经济、合理的高质量供电方案。

2017 年夏天，制定"森林国际"小区的接入供电方案时，在进行现场勘查时发现在客户用电地址周边有 2 个电源点可供接入，于是就根据现场情况初步制定了 2 个供电方案，第一种方案为客户从该小区附近 200m 处电缆顶管接入开关柜，优点为距离近、经济方便，缺点为顶管处经过一段为干枯的河流地段，顶管通道环境不理想；第二种方案为客户从 700m 处架空接入，优点为通道畅通、便于施工，缺点为距离较远，增加了客户投资成本。由于用户用电需求较急，且干枯的河流地段顶管可能存在不确定性，经综合考虑为客户选择了第二种供电方案。但在告知客户后，客户非常不理解，坚持认为该方案在故意为难客户，舍近求远，从近处接又方便、又节省投资，对从远处接入电源点方案非常不满意，认为这样反而增加了其投资成本。

坚持营销专业"一切为了客户"，客户满意才是第一要务，田徒弟谨遵师傅教诲，积极调整心态多次给客户做好解释，并协助客户到城管局查阅该干枯河道历史施工记录，通过查阅资料发现2017年热力部门做施工顶管时，因地下有大型鹅卵石根本不具备顶管施工条件，无奈只好调整了施工路由，客户看着历史施工记录，理解了此方案的良苦用心，最终采用了该方案，并当面表示感谢。客户表示如果不是田徒弟观察细致，这个工程前期不仅白白浪费了投资，也影响了工程正常开展，对田徒弟严谨负责的工作态度和服务给予了高度赞誉和表扬，客户最后也按预期时间送上了电。对于客户从开始对方案的不理解到最后的非常满意，田徒弟也感到由衷的欣慰，付出终有回报，也进一步激发了以后热心服务广大客户的工作热情，后来因此事田徒弟还和客户成为了值得信赖的好朋友。

此事的圆满解决离不开师傅的教导。师傅经常教导田徒弟现场勘查时，除了查看客户提供的基础信息资料外，一定还要仔细观察客户周边的地形地貌，要通过"望"，留意观察用电地址的地理环境，如有无交叉跨越、地埋管道、特殊地质等情况，免得以后留尾巴。

6.5.5　徒弟出师

1. 徒弟经过培训后的变化

徒弟经过培训计划后在专业技能方面得到了极大的提高，获得了身边同事的优秀的肯定。

工作态度方面，工作认真负责，积极主动，能吃苦耐劳，勇于承受压力，勇于创新；专业能力方面，具备扎实的专业知识基础，实际业务工作经验和业扩报装相关专业技能得到了极大提升；工作质效方面，业务应用逐步熟练，客户沟通技巧和协调能力得到进一步加强。

2. 徒弟在经过培训后取得的荣誉

2019年5月，作为"'美团办电'——基于多方共享的云端交互平台"项目专业负责及发布员，参加地市供电公司青创赛获得一等奖，该项目又在之后的省公司第五届青创赛上获得评分第一名的优异成绩。供电企业与电力客户之间缺少便捷的沟通手段，交互全过程信息化程度低，实现客户"最多跑一次"、客户经理现场"一次办结"等工作要求所需的线上交互能力欠缺。供电企业目前业务信息化覆盖范围不全、服务标准化程度不够，随着经济社会发展与技术水平提升，客户需求领域不断扩展，客户无法及时感知交互当前工程进度，客户办电感知提升困难；客户用电过程中，供电企业提供后续增值（综合）服务的流量入口不够丰富，导致客户显性需求不能直接、快捷地传递至供电企业，同时无法通过智能分析、主动提示的方式激发客户增容用电、检修代维、定期预试等隐性服务需求。基于此项目提出并建立多方共享的云交互平台，充分发挥供电企业枢纽型作用，链接市场上下游资源，以实现信息线上实时交互、业务各环节"可视可感知"、市场参与方"可选可评价"为目标，打造电力用户"美团式"办电新体验。该项创新成果已在地市区业扩报装工作中推广使用，该设备研制及投运以来，在原有的营销业扩工作中取得重大改进，极大程度地提升了客户办电体验。

2019年6月，为解决工作要求所需的信息化手段缺失、实现困难等问题，作为专业负责提出以云端平台为载体，应用微信小程序等信息化媒介覆盖业扩业务全链条，实现各市场主体、各业务环节产生的信息"自动触发、在线传递、后台处理、可视可感知"优化服务流程，极大提升了客户办电体验。基于此形成的管理创新成果"基于多方共享的'获得电力'优质服务水平提升管理"，被列为省公司2018年度管理创新重大项目。该项目将营销业务涉及的办电、设计、设备、监理、施工等多个信息数据进行共享融合，实现了以价值共创为目的的数据资源新应用，是国家电网公司转型发展背景下的有益尝试，其为全行业和更多市场主体提供价值服务，创造更大机遇，广泛链接系统内外部、市场上下游资源，利用共享数据实现业务深度融合，满足政府监管部门、能源客户、供应商及行业伙伴的各类需求，全面实现互利共赢。项目实施前，洛阳公司2018年客户服务满意度为97%，平均接电时间为96天，客户平均办电成本为450元；项目实施后，洛阳公司2019年客户服务满意度提升至99.8%，平均接电时间压缩至39天，客户平均办电成本降低7个百分点，有力支撑获得电力指标提升工作。2019年6月，《洛阳自贸片区营商环境评估报告》显示，洛阳企业"获得电力"维度满意度达92%，在世界银行营商环境10个维度中居于首位，有效支撑了以洛阳城市轨道交通为代表的重大项目建设实施，为"洛阳速度"提供了坚强保障。

2019年11月，为解决供电公司高压办电关键业务环节缺少必要的智能化支撑手段，供电方案、变更单、表卡单据、相关费用的编写与计算仍依靠传统的人力模式，效率低且错误率较高，容易引发纠纷等问题，作为主要参与人，参与高压办电业务智能化提升平台——"首辅"智能辅助系统的研发应用。通过语音识别技术，将客户电话语音形成初始办电信息数据并贯通整个业务环节，智能产生供电方案、变更单、试运行方案等内部流程文件和各项交互表单、合同等，实现数据的一次录入、共享共用，从而大幅提升客户办电数据自动获取、灵活运用能力，减少业务环节客户经理案牍工作量，提升办电业务工作质效，进而提升客户办电体验和公司优质服务水平。应用"首辅"智能辅助系统，客户经理仅需简单地描述项目电源点并确定用电性质，即可智能生成供电方案、变更单、供用电合同、电价单等。客户基本信息通过客户用电申请表导入，实现数据一次录入、全程共享，通过后台程序锁定，确保计量设备选择、产权分界点、电价执行等正确无误，业务平均工作时长由 2h 以上压缩至 5min 以内，业扩工作质效大幅提升。

2021 年 6 月，代表公司参加省公司第八届供电服务之星劳动竞赛，在专业考评和模拟业务中成绩优异，荣获省公司"优秀服务之星"。2021 年 10 月，代表省公司参加国家电网公司市场营销客户服务专业调考，以满分成绩助力省公司获得国家电网公司第一名。

做好本职工作的同时，和同事们积极探索规范业务流程化，拓展创新服务举措，先后发表论文专著 5 篇、软件著作权 2 篇、实用新型专利 1 篇。为解决供电企业和用户之间交互手段缺失、信息化程度较低等难题，和创新团队建立"美团"办电平台，应用信息化媒介覆盖业务全链条，实现办电更省时、更省力、更省钱，项目荣获省公司青创赛金奖并入选地市科技创新智库十大调研课题。开发"首辅"智能辅助系统，智能生成 13 项表卡单据，实现数据一次录入、全程共享，业务平均工作时长由 2h 以上压缩至 5min 以内，关键信息错误率降低 86%，基于此的创新成果荣获省公司管理创新二等奖。建立"营商智脑"全景分析系统，全方位实现数据分析、智能研判、辅助决策的一站式管理方式，创新项目荣获省公司数据挖掘竞赛三等奖。

经过培训后，2020 年荣获省公司优秀共青团干部，2021 年荣获地市供电公司劳动模范，2021 年荣获省公司优秀服务之星，2021 年荣获省公司青年岗位技术能手。

3. 徒弟培训感悟，出师仪式及师傅寄语

在师傅带领学习的时间里，田徒弟从原来的一名基层供电员工转型为高压客户经理，需要学习的业务知识也越来越多。随着国家优化电力营商环境政策相继出台，相关电力惠民政策不断更新，服务客户办电的工作任务也越来越紧迫，肩上的担子也越来越重。对田徒弟来说，最有挑战性的工作是现场勘查并为各类客户制定不同的供电方案，其中的酸甜苦辣也只有自己能够体会；最大的烦恼是出具的供电方案被客户误解；最大的开心是出具的供电方案取得客户的认可。

随着师傅的关怀和热心指导，田徒弟渐渐地融入集体，慢慢地开始对用电服务这项工作有所了解，明白了用电服务的职责所在和一些日常的例行工作。随后，开始跟随师傅学习各种日常工作，慢慢了解到营销岗位听起来轻松，实际干起来可一点都不轻松。每个月例行的抄表催费工作容不得半点马虎，顶着烈日冒着寒风对用户进行营业普查工作，以及各种活动的保电任务。每天接打无数个电话解答用户的疑问或是协调与其他部门的工作，突如其来的电力故障哪怕是半夜，哪怕是狂风暴雨，都要第一时间赶赴现场，师傅们爱岗敬业，坚持奋斗在工作一线的精神深深地影响着田徒弟。

工作期间，田徒弟意识到业扩报装简单来说就是服务客户新装、增容用电，也是供电企业与用户联系的纽带，虽不同于生产一线的工作，但对于供电企业来说也十分重要，是直接面对用户、服务用户的一项工作，不仅考验电力相关的专业知识，也考验为人处世的能力，以及面对突发问题如何快速稳妥地解决的能力。业扩报装是一项服务性很强的工作，而一如既往提供优质服务又恰恰是营销工作的核心内容。因此，只有在加强相关专业知识学习的同时，提高处理解决问题的能力，才能满足业扩报装工作的要求。

客服中心业扩报装服务班主要负责辖区范围内 220kV 及以上客户业务受理、供电方案答复、业务收费、计量装置安装、供用电合同起草及签订、资料归档，参与 220kV 及以上客户供电方案（含接入系统方案）评审、电能质量评估报告及治理方案审核、设计图纸文件审查、中间检查、竣工检验、送电等工作。在短暂的学习期间，田徒弟基本了解了业扩报装业务的基本流程，掌握了一些必备的专业知识和业务技能，并切身参与了双电源客户的送电工作，对自己的岗位职责有了更清醒和直观的认识。身为客户经理，应该熟练运用专业知识，并具有优秀的协调能力和严谨细致的工作作风，同时在平时的工作中还必须严格自律，做到遵纪守法、廉洁奉公、不徇私舞弊、不以权谋私。

时光飞逝，岁月如梭，半年来忙碌而又充实的拜师经历，田徒弟从刚入职时对工作一无所知的门外汉，到逐步接触到不同专业的业务范围，再到对公司主营业务流程形成一个清醒直观的认识，也逐渐在日常工作和学习中树立起作为一名国网员工的自豪感和使命感。在一年短暂的时间里，田徒弟逐步了解到调控和营销两个不同的专业，接触了许多技术精湛、工作认真、倾囊相授的师傅，也结识了一批志同道合、互帮互助的电网人，掌握了一些必备的安全生产知识和业务技能。在今后的工作中要更加努力，运用所学的知识做好电力营销工作，不断改进工作方法，提高工作效率，踏踏实实，任劳任怨，勤奋工作，成为一名合格的电力专业技术人员。

附录 A　师带徒常用表格

下面列举部分师带徒过程中用到的表格，具体见表 A1～表 A17。

表 A1　　　　　　　　　　　　**国网供电公司青年员工学习记录表**

国网供电公司青年员工学习记录表

姓名		单位（部门）/班组		学习时间	
学习内容					

学习记录：
（学习过程中的笔记、感想、总结等）

表 A2　　　　　　　　　　**国网供电公司青年员工成长积分登记标准**

积分类别	积分项目	积分分级定义		分值标准	备注
工作贡献	个人年度绩效	A		5分	根据员工年度绩效考核成绩计算积分
		B		3分	
		C		1分	
		D		0分	
创新成就	管理创新	一等奖		3分	根据每年国网评奖结果进行评定
		二等奖		2分	
		三等奖		1分	

积分类别	积分项目	积分分级定义		分值标准	备注
创新成就	发明专利	第一作者		3分	
		第二作者		2分	
		第三作者		1分	
创新成就	科技课题研究	申报	第一作者	1.5分	
			第二作者	1分	
			第三作者	0.5分	
		结题	第一作者	3分	
			第二作者	2分	
			第三作者	1.5分	
	党建课题研究	第一作者		2分	
		第二作者		1.5分	
		第三作者		1分	
		参与		0.5分	
	QC小组成果	按成果个数计算		0.8分/项	
荣誉奖励	竞赛调考	地市公司级	参与	0.1分	若获奖则参与得分不累加；奖项划分包括个人获奖与团队获奖，积分分数相同
			三等奖	1.5分	
			二等奖	2.5分	
			一等奖	3分	
		省公司级	参与	0.3分	
			三等奖	2分	
			二等奖	3分	
			一等奖	4分	
		国网级	参与	0.5分	
			三等奖	3分	
			二等奖	6分	
			一等奖	8分	
	个人荣誉	区县公司级		1分	如"优秀共青团干部""优秀工程师""优秀共产党员""先进个人"等
		地市公司级		3分	
		省公司级		5分	
		国网级		8分	
学习成长	学历提升	本科		2分	每年年终评定一次，根据当时学历水平计算积分
		硕士		5分	
		博士		10分	
	技能鉴定	初级工		2分	每年年终评定一次，根据当时技能鉴定等级计算积分

续表

积分类别	积分项目	积分分级定义		分值标准	备注
学习成长	技能鉴定	中级工		4分	每年年终评定一次，根据当时技能鉴定等级计算积分
		高级工		6分	
		技师		10分	
		高级技师		15分	
	专业技术资格认证	助理级		5分	每年年终评定一次，根据当时专业技术资格认证等级计算积分
		中级		8分	
		副高级		10分	
		高级		15分	
	培训学习	自学		0.1分	1）员工进行自学且有详细读书笔记、学习总结可获得积分； 2）员工弄虚作假，一旦发现，所有自学积分作废，再扣5积分且当年不得再次申请自学积分； 3）培训迟到、早退30分钟及以上或缺课不得分
		班组级		0.1分	
		区县公司级		0.2分	
		地市公司级		1分	
		省公司级		5分	
		国网级		10分	
	交流分享	参与交流分享活动		1分	
		担任主要分享人		3分	
	优秀经验萃取	文字案例	通过评审	2分	
			三等奖	6分	
			二等奖	7分	
			一等奖	8分	
		视频微课	通过评审	10分	
			三等奖	11分	
			二等奖	13分	
			一等奖	15分	
			入选国网大学	20分	
	学术著作或论文发表	第三作者		1分	1）论文被EI、SSCI收录，加3分/篇； 2）论文在中文核心期刊发表，加2分/篇； 3）论文在具有ISSN或CN号的正式期刊上发表，加1分/篇； 4）在学术交流会议或国网系统内部发表论文，加0.5分/篇
		第二作者		3分	
		第一作者		5分	

表 A3　　　　　　　　　**供电公司青年员工成长规划年度考核表**

×× 供电公司青年员工成长规划年度考核表
（　　　年度　　季度）

单位		专业	
导师姓名		职工姓名	
培养内容		考核时间	得分
季度考核总结 （考核情况、存在的问题、如何解决等）			
		考核人签字：　　　　　时间：	

说明：

1）考核时间可根据实际情况动态安排，每年可多次进行考核。

2）评分标准：优秀（90分以上）；良好（80～89分）；一般（60～79分）；不合格（60分以下）

表 A4　　　　　　　　　　　　导师带徒年度考核评价细则

考核项目	分值	考核内容	考核方式	考核标准	考核时限
导师带徒培训协议书	3	导师带徒培训协议书	检查导师带徒培训协议书	培训目标和内容每缺一项扣1分，培训目标和内容不具体或不具可操作性的每项扣0.5分	半年
导师带徒培训过程	24	导师带徒培训记录本中徒弟的学习记录情况	检查导师带徒记录	每月不少于2次，少一次扣2分；内容简单应付、跟实际工作联系不紧的一次扣1分；每月超过2次的，根据质量和次数另外给予1~5分的加分	半年
	12	导师带徒培训记录本中师傅的指导意见		每月不少于2次，少一次扣1分，指导意见滞后（徒弟学习后一周内师傅没有填写指导意见的）或不符合实际情况的一次扣0.5分	半年
	3	导师带徒培训记录本中各单位指导意见		师傅填写指导意见后3个月内各单位没有填写指导意见的，一次扣0.5分	半年
	6	徒弟参加各单位日常考试成绩	查阅资料	参加考试且均及格的本项得6分；无故缺考或不及格一次扣2分	半年
	3	徒弟半年培训总结	查阅资料	总结缺一次扣1分，总结不具体、没有实际内容的一次扣0.5分	半年
	3	师傅年度培训计划和总结	查阅资料	没有培训计划总结或计划总结不具体、没有实际内容的一次各扣0.5分	年度
导师带徒培训结果	6	徒弟工作情况	查阅资料、各单位评价	根据徒弟全年的实际工作业绩进行打分	年度
	40	师徒在导师带徒活动中的日常表现，及徒弟思想作风、安全生产、理论知识、操作技能等方面的提高，导师带徒半年目标和任务完成情况	各单位评价（导师带徒半年考核写实登记表，由师傅填写）	根据每对师徒全年的表现进行评价，评价分优秀、良好、合格、不合格四个等级	半年
	根据实际加分	徒弟参加公司及以上级别技能竞赛或者技术比武	各单位申报、查阅资料	参加加10分	年度
		徒弟参加公司级的技术比武获前三名者，参加省公司及以上级别技术比武获团体三等奖及以上或个人前十名	各单位申报、查阅资料	直接认定为"优秀出师"	年度
		徒弟在协议期间通过高一等级职称评定或技能鉴定的	各单位申报、查阅资料	加5分	年度
		徒弟获公司技改措施、合理化建议奖	各单位申报、查阅资料	按照获奖等级和其在获奖集体中排名情况加1~10分	年度
特殊情况		对于有下列情况之一的，直接定为"不合格"： 1）徒弟发生严重违法违纪现象的。 2）因徒弟违规或误操作造成事故或设备损坏的			

表 A5   **职 业 导 师 选 拔 标 准**

适用范围	（ ）分公司/机构（ ）部门
年份	（ ）年
工种	（ ）工种
岗位级别	（ ）岗位（ ）级别
技能等级	中级工、高级工、初级技师、高级技师
工作经验	本工种至少工作（ ）年
政治面貌要求	中共党员、团员
其他要求	

表 A6   **职 业 导 师 自 荐 表**

姓名：	员工号：		岗位：		司龄： 年
工种：			工作经验： 年		
岗位级别：			技能等级：		
技能特长					
曾获奖励					
奖罚情况					
对培训的理解					
自我评价					
个人签字				直属领导签字	

表 A7　　　　　　　　　　　　**职 业 导 师 推 荐 表**

被推荐人信息：

姓名：	员工号：	岗位：	司龄：　　年

工种：	工作经验：　　年

岗位级别：	技能等级：

技能特长曾获奖励奖罚情况	

推荐人信息：

推荐人姓名：	推荐人岗位：

推荐人评	
推荐人签字	被推荐人直属领导签字	

表 A8	重点工作总结及突出业绩记录

××供电公司员工年度学习总结表

员工姓名		单位（部门）/班组	
导师姓名		年度积分排名情况	
年终自我总结	（多方面自我评估能力，包括政治思想、工作业绩、专业技能、综合知识等）		
年度学习完成情况	（以"学习目标—达成方式—完成时间"的格式列出）		
个人学习成效总结	（全面总结经过一年学习后的自我提升成效） 时间：		

表 A9   **供电公司青年员工学习计划表**

××供电公司青年员工学习计划表

员工姓名		单位（部门）/班组	
导师姓名		单位（部门）/班组	
学前自我评估	（多方面自我评估能力，包括政治思想、工作成绩、专业技能、综合知识等）		
年度学习计划大纲	（以"学习目标—达成方式—预期时间"的格式列出）		
预期学习成效	（分条列出预期学习成效）		
预期个人积分排名情况		审核部门签字	

表 A10   指 导 协 议

指导对象信息

姓名		SAP 编号		部门	
签订时间				岗位	
电子邮箱				电话号码	
辅导期限				指导对象类型	

导师信息

姓名		SAP 编号		部门	
电子邮箱				岗位	
辅导期限				电话号码	

导师承诺

作为学员　　的导师，我要在　年　月至　年　月履行以下带教义务：

导师签字：

指导对象承诺

作为导师　　的学员，我要在　年　月至　年　月承诺做到如下几点：

学员签字：

表 A11　　　　　　　　　　　　　导 师 沟 通 反 馈 表

导师姓名		部门		车间/班组	
指导对象姓名		辅导期限		现岗位	

第一部分：指导对象自评

（请学员将沟通要点、收获、体会、提高措施等简要描述）

第二部分：导师评价

（请导师根据指导对象表现和上述自评做简要评价）

部门经理意见	

注　1. 正式书面反馈 1 次/季，过程中的沟通时间、频率和形式不限。
　　2. 该表由指导对象和导师共同完成，交人力资源部存档。
　　3. 人力资源部每季度跟踪沟通情况与效果，请按时完成。

表 A12   导 师 奖 励 细 则

导师奖励细则奖项设置	最佳导师奖	优秀导师奖	园丁奖
奖项比例	导师人数的 0% 以内	导师人数的 20% 以内	不限量
评选条件	1）导师与指导对象定期有效互动，编写出系统性的指导教材； 2）指导对象有创新性工作表现或完成有影响力和推广价值的项目； 3）按要求提供指导文档和员工成长事例	1）制定并完成带教目标，编写完成相应的指导教材； 2）导师指导意愿强，方法有效，得到指导对象的好评； 3）按要求提供指导文档和员工成长事例	1）制定并完成指导目标； 2）定期给予有针对性的指导和反馈，得到指导对象认可； 3）按要求提供指导文档和员工成长事例
奖励标准	奖金激励 3000 元/年 + 荣誉证书 +1 次外训	奖金激励 1000 元/年 + 荣誉证书	奖金激励 500 元/年
评选程序	"最佳导师奖"和"优秀导师奖"由指导对象的部门经理和指导对象本人共同推荐，人力资源部审核，总裁批准		"园丁奖"由人力资源部根据导师指导关系备案和指导材料进行推荐，总裁批准

表 A13   导师带徒培训计划表

师傅姓名	
徒弟姓名	
培训专业	
本年度目标	

教学计划

日期	学习内容		达到标准（程度）	
	理论学习	实际操作	理论学习	实际操作
××年第一季度	安规学习：对各站现场运行规程进行学习	处理 110kV SF$_6$ 断路器的异常运行方法、步骤	熟练	熟练
××年第二季度	学习工作票填写及两票规定学习	倒闸操作、工作票、操作票办理步骤	熟练	熟练
××年第三季度	巡视（特巡）制度及项目，能看懂 110kV 变电站对本站 110kV 一个间隔、35kV 一个间隔的控制回路图，会根据原理图画出展开图，母线的事故处理，学会如何进行检查巡视，判断故障点，进行处理的方法步骤		熟练	
××年第四季度	35、10kV 断路器控制回路培训，现场进行故障排查		熟练	

师傅（签字）   徒弟（签字）

表 A14　　　　　　　　　　　　　导师带徒半年考核写实登记表

徒弟姓名		岗位	
师傅姓名		岗位	

序号	培训内容及目标	计划完成时间	实际完成时间	是否达到要求	师傅签字
1	安规学习，对各站现场运行规程进行学习，学习工作票填写及两票规定，学习处理 110kV SF$_6$ 断路器的异常运行方法，倒闸操作、工作票、操作票办理步骤	2014.9	2014.8	合格	
2	巡视（特巡）制度及项目，能看懂 110kV 变电站对本站 110kV 一个间隔、35kV 一个间隔的控制回路图，会根据原理图画出展开图，母线的事故处理，学会如何进行检查巡视，判断故障点，进行处理的方法步骤，35、10kV 断路器控制回路培训，现场进行故障排查	2015.3	2015.3	合格	
各单位考核意见（师徒在导师带徒活动中的日常表现，徒弟思想作风、安全生产、理论知识、操作技能等方面的提高，导师带徒半年目标和任务完成情况）					
各单位综合考核评价格次： （优秀）（良好）（合格）（不合格）		考核时间：　　年　　月　　日			

本单位领导（签字）

表 A15　　　　　　　　　　　　　导师带徒徒弟阶段成绩表

徒弟		理论得分	操作得分
	第一季度		
	第二季度		
	第三季度		
	第四季度		

表 A16 　　　　　　　　　　　　　　导师带徒半年检查情况登记表

检查人		
检查项	检查情况描述	得分
安规学习，对各站现场运行规程进行学习，学习处理 110kV SF$_6$ 断路器的异常运行方法、步骤	良好	
学习工作票填写及两票规定。倒闸操作、工作票、操作票办理步骤	良好	
巡视（特巡）制度及项目，能看懂 110kV 变电站对本站 110kV 一个间隔、35kV 一个间隔的控制回路图，会根据原理图画出展开图，母线的事故处理，学会如何进行检查巡视，判断故障点，进行处理的方法步骤	良好	
35、10kV 开关控制回路培训，现场进行故障排查	良好	

表 A17 　　　　　　　　　　　　　　阶 段 性 总 结 表

师傅对徒弟阶段性总结

上半年

下半年

徒弟自我总结

上半年

下半年

附录 B　培训评价示例

徒弟工作、学习成绩评价示例：

　　能够熟练地进行变电站的日常工作处理，事故处理已经有了初步的进步，对变电站的工作已经心里有底，保证设备的安全运行及人身的安全。

师傅对徒弟评价示例：

　　××同志自工作以来，虚心向我跟经验丰富的同事请教，工作经验有了较大的积累，同事关系相处融洽，变电站的日常维护工作已经能完全胜任。希望以后再接再厉，不断提升自己的业务水平，更上一层楼。

签字：
部门、单位评价：
部门、单位签字（盖章）

参 考 文 献

［1］ 王星. 中国工厂师徒制变迁历程的社会学分析［M］. 北京：社会科学文献出版社，
　　 2014，11.

［2］ 陈诚. 企业导师制研究［M］. 武汉：华中师范大学出版社，2015.

［3］ 曾颢. 师带徒：工匠精神的内涵与培育［M］. 北京：知识产权出版社，2020.

［4］ 徐庆文. 裴春霞培训与开发［M］. 济南：山东人民出版社，2004.

［5］ 郭京生，潘立. 人员培训实务手册［M］. 北京：机械工业出版社，2005.

［6］ 赵曼，陈全明. 人力资源开发与管理［M］. 北京：中国劳动社会保障出版社，2002.

［7］ 谢广元，张明旭，边炳鑫. 选矿学［M］. 徐州：中国矿业大学出版社，2001.

［8］ 许涛，严骊. 国际高等教育领域创新创业教育的生态系统模型和要素研究——以美国
　　 麻省理工学院为例［J］. 远程教育杂志，2017，35（04）：15-29.

［9］ 戴尔·卡耐基. 有效沟通的艺术［M］. 北京：北京理工大学出版社，2010.

［10］ 李欣禹. 非常话术［M］. 北京：机械工程出版社，2008.

［11］ 邢桂平. 沟通就这么简单［M］. 北京：北京工业大学出版社，2010.